反智的年代
美国知识分子的危机和困境

Richard Hofstadter
（美）理查德·霍夫施塔特　著

易如　易雨茜　译

山西出版传媒集团　山西人民出版社

图书在版编目(CIP)数据

反智的年代：美国知识分子的危机和困境 /(美)理查德·霍夫施塔特著；易如，易雨茜译. — 太原：山西人民出版社，2025.8
ISBN 978-7-203-12151-0

Ⅰ. ①反… Ⅱ. ①理… ②易… ③易… Ⅲ. ①文化研究 - 美国 Ⅳ. ①G171.2

中国版本图书馆CIP数据核字(2022)第017936号

反智的年代：美国知识分子的危机和困境

著　　者：	（美）理查德·霍夫施塔特
译　　者：	易　如　易雨茜
责任编辑：	王新斐
复　　审：	贾　娟
终　　审：	梁晋华
装帧设计：	阎宏睿
出 版 者：	山西出版传媒集团·山西人民出版社
地　　址：	太原市建设南路21号
邮　　编：	030012
发行营销：	0351-4922220　4955996　4956039　4922127（传真）
天猫官网：	https://sxrmcbs.tmall.com　电话：0351-4922159
E - mail：	sxskcb@163.com　发行部 sxskcb@126.com　总编室
网　　址：	www.sxskcb.com
经 销 者：	山西出版传媒集团·山西人民出版社
承 印 厂：	山西出版传媒集团·山西人民印刷有限责任公司
开　　本：	890mm×1240mm　1/32
印　　张：	15.75
字　　数：	420千字
版　　次：	2025年8月　第1版
印　　次：	2025年8月　第1次印刷
书　　号：	ISBN 978-7-203-12151-0
定　　价：	88.00元

如有印装质量问题请与本社联系调换

序　言

通常序言中的内容，如撰写本书的初衷、意图及其核心概念，我将放在本书的前两章介绍。在开头先要特别澄清的是：我所做的不过是将"反智主义"这一概念作为一种视角，以从不同的方面看待美国社会和文化，其中有些地方并不令人欣赏。尽管书中有很多页的内容阐述存有偏颇之处，但本书并不是一本严肃的历史性读物，而更倾向于是一本带有个人特色的著作，其中很多事实性的细节都是根据我个人的观点建构起来，并受制于此。对本书主题的展开也多是兴之所至，不可避免会有片段零碎之处。

假如有人像我这样从底层去看待一个社会，那他就必定会冒着使其民族自尊心受损的风险，这会转移我们的关注点，忘了原来审视美国文化所面临的问题才是要讨论的话题。同时，他肯定还会冒些风险，迎合了那些正在欧洲盛行的自以为是的反美主义倾向，他们会把这种倾向掩藏在一些评论文章中。美国人喜欢自吹自擂，并且格外敏感，但他们即使算不上最善于自我批评，至少也是世界上最具自我觉察力的民族，他们永远关注的是自己以及其他人的不足之处，如民族的品德、文化和使命方面的。正是这种对不足之处的关注，赋予了美国知识分子对批判的特殊偏好。然而，这种自我批判的程度会被国外的理论家们有意地曲解夸大，这无疑是有害无益的。但是，假如一个能够进行自我纠正的优质企业因为这种被误导和滥用的可能性，而放弃了自我批判才是最可悲的。在这方面，我非常钦佩爱默生（Emerson）的思想，他曾经写道："让我们诚实地讲述事实。虽然我们美国人拥有浅薄的恶名，但在这个伟大的民族以及诸多不平凡的伟人中，也并非全是自吹自擂的小丑，他们也是艰辛生活的观察者，并在生活中塑造了自身去直面生活的惨淡。"

目　录

第一部分　导　言

第一章　我们时代的反智主义…………………… 003
第二章　被冷落的智识……………………………… 029

第二部分　宗教信仰

第三章　福音派精神………………………………… 063
第四章　福音主义与复兴分子……………………… 093
第五章　反现代性的浪潮…………………………… 135

第三部分　民主政治

第六章　士绅的没落………………………………… 165
第七章　改革者的命运……………………………… 196
第八章　专家的兴起………………………………… 225

第四部分　实用文化

第九章　商业与智识 …………………………… 267

第十章　自立和技术信仰 ……………………… 290

第十一章　主题的变奏 ………………………… 311

第五部分　民主制下的教育

第十二章　学校和老师 ………………………… 343

第十三章　人生调整之路 ……………………… 370

第十四章　孩子与世界 ………………………… 408

第六部分　结　语

第十五章　知识分子：疏离与同化 …………… 447

致　谢 …………………………………………… 492

第一部分

导　言

第一章 我们时代的反智主义

1

本书主要是从特定的方面对美国的早期历史进行梳理，但是写作灵感却来自20世纪50年代美国的政治氛围和智识境遇。在这之前，"反智主义"这一术语还鲜为人知，但在那十年之中，却进入了美国人交相批判以及学院派内部彼此谩骂时所使用的话语体系。过去，美国的知识分子往往会对普遍存在的蔑视智识的现象感到沮丧甚至痛恨，但美国智识圈外的广大民众在反对智识上却达成了前所未有地一致，仿佛掀起的是一场全国性的批判知识分子的运动。

最初，正是"麦卡锡主义"（McCarthyism）唤起了大家的惊恐之心，理性批判在这个国家坠入了毁灭性的低谷。当然，麦卡锡掀起的系列风暴并不只针对知识分子，他背后还酝酿着一步更大的棋，但知识分子却首当其冲地成为被攻击的对象，甚至麦卡锡的追随者们还因为知识分子们遭到攻击而欢呼雀跃。他每一次针对知识分子以及大学的攻击都会在全国范围内引起一大群中低层检察官们的竞相效仿。麦卡锡发动的一连串批判掀起了民众的狂野恶毒、无知无趣，在这种氛围之下，1952年的总统竞选戏剧性地成了互相对立的候选人之间展开的一场理智和粗鄙的对决。其中一方是阿德莱·史蒂文森（Adlai Stevenson），他是一位气度非凡、才智过人的政治家，他认为知识理性在美国近代历史中的作用无人能敌。另一方则是艾森豪威尔，他思想相对传统且不善言辞，又受到不太讨人喜欢的尼克松的牵制，甚至其竞选策略都并非出自本人之手，而是由他的竞选副手及其（共和）党内麦卡锡派们一手策划。艾森豪威尔取得决定性的胜利既有知识分子自身的问题，也跟他们遭受的批评有关，这反映了知识分子在美国不受待见的程度。连《时代》这个时论周刊也不可思议地大摇其头，它指出，艾森豪威尔的胜利"揭露出了一个长期存在的令人不安的事实：在美国知识分子和民众之间存在一个不该有的巨大鸿沟"。小阿瑟·施莱辛格在选举后所写的一篇文章中辛辣地指出，知识分子"处在一种境况之中长达十年而不自知"。在民主党执政的二十年间，知识分子一直受到主流意识的理解和尊重，但之后，商人重新掌握了政权，而"商业挂帅的后果之一就是不可避免地带来庸俗化"。如今，知识阶层被人们视为怪物和呆瓜，对执政党来说，他们没有太大的利用价值，而且也不被人理解和认可，却常常成为替罪羊，从珍珠港遇袭到所得税，为所有这一切背锅。施莱辛格指出："反智主义一直就是企业家们的反犹主义……美国社会中的知识分子如今在劫难逃。"[①]

当这个新政府步入正轨之时，一切都被合理化。史蒂文森的话语中"推行新政者"被"汽车销售商"取代，这似乎是压垮知识分子价值与尊严的最后一根稻草，跟那些经年出入法院"本真"出演的政客相比，知识分子们相形见绌。如今这个国家已经沦落到了这种地步，对纯科学研究的投入成为（美国国防部长）查尔斯·E.威尔逊的调侃对象，而艾森豪威尔喜欢阅读西部小说这样的故事成为被人津津乐道的话题，在艾森豪威尔的口中，知识分子

---

① Arthur Schlesinger, Jr : "The Highbrow in Politics", *Partisan Review*, Vol.XX（March-April 1953）, pp.162-165；引自《时代》周刊，p.159.

成了一群喋喋不休的装模作样的人。不过，就在艾森豪威尔执政期间，国民的政治氛围达到了一个转折点：在由一个共和党人担任总统后，麦卡锡风暴逐渐平息。这位来自威斯康星的议员最终被孤立，因饱受指责而灰心丧气。1957 年，苏联成功发射了斯普特尼克号（Sputnik）卫星，它在美国掀起了一场自我觉醒的思想浪潮，使得美国公众的思想发生了倾斜。斯普特尼克号的发射令美国的民族自尊心受到了一次巨大打击，这是美国为这场席卷整个教育体系以及美国日常生活领域的"反智主义"浪潮付出的代价，并引起了广泛的关注。突然之间，对知识阶层的排斥不仅变成一件丢脸的事情，而且还关乎整个国家的生死存亡。多年来他们对教师的关注点放在审查他们的忠诚度上，如今这个国家开始关心教师的薪资是否太低。科学家们多年来一直在呼吁，对于国家安全性的重视正在削弱大家对基础科学研究的积极性，突然之间，他们的声音有了听众。反对削弱美国教育的呼声之前只得到了极少数教育批评家们的响应，如今它已经得到了电视、大众杂志、企业家、科学家、政客、海军上将和大学校长们的呼应，并很快发展成为一场席卷全国的自我反省浪潮。当然，所有这一切都未能立即让那些监视者消失，也不能去除美国生活中的"反智"势力。即便在受其影响最为深远的教育领域，公共热情还是放在了如何生产出更多斯普特尼克这样的卫星上，而不是去发展智力、培养人才。教育方面还是出现了一些新的论调，如主张天才儿童应该被视为冷战时期的重要资源。不管怎样，整体氛围确实发生了显著的变化。在 1952 年，似乎只有知识分子受到了这种"反智主义"幽灵的困扰，而等到 1958 年时，大部分稍有头脑的美国人都相信这种反智倾向的存在，并认为它对美国危害至深。

今天，我们能够更加客观地研究 20 世纪 50 年代美国的政治文化,但我们依然能够感受到在麦卡锡主义时代,甚至在艾森豪威尔的政府内,知识分子们在公共生活中所遭遇的末日般的危机,不过,这些如今已经成为过眼云烟。现在哈佛大学的教授们和学者才俊们又成为华盛顿的座上宾。假如还有人怀疑文化水准会成为政府公务员升迁道路中的一大障碍的话,则新任总统①的表现会彻底打消这种顾虑。这位总统对思想抱有浓厚的兴趣,尊敬知识分子,在官方场合更是高姿态地表达这种尊重。他乐于与知识精英们为伴,倾听他们的建议,最重要的是,自其执政之初,他就开始精心笼络精英、搜集人才。另一方面,对这些人才聚集所产生的社会效应我们曾经抱有过度的期许,随着时间的变化,这种不切实际的幻想已经逐渐消退。不过,如今知识分子们已经能对反智主义进行平心静气地讨论,不带有任何党派偏见或者陷入自怨自艾之中。

2

20世纪50年代美国政治上的动荡不安以及教育理念上的冲突使得"反智主义"这一术语成为美国人进行自我评估时的一个核心概念。在不经意之间,它未加定义地就进入了我们的用语体系。通常,用它来描述各种负面的现象,那些猛然间接触到这个词的人往往还会以为反智主义是一股在生活领域中随处可见的新生力量,是近期政治生态的产物,或许还会发展成为一股势不可挡的潮流。(美国知识分子的历史观弱得可怜,再加上现代人常常笼罩在某种末世情怀之中,社会层面发生的微小波动在知识分子们看来都会卷起惊天巨浪。)可对美国的学生们来说,打上20世纪50年代烙印的反智主义并不新鲜,而且还相当熟悉。20世纪50年代的反智主义并

---

① 译注:指约翰·肯尼迪,作者写作此书时,正值他在任。

非是在这个国家的第一次上演。实际上，美国的反智主义要比这个国家的历史还要悠久，有着深厚的历史背景。对这一历史背景进行整理后我们就会发现，美国知识分子的地位并没有步入一个稳步下降的趋势，也并未遭遇断崖式的下滑，而是处在一种周期性的波动之中。它也表明，在我们这个时代知识分子所遭遇的怨恨并非其地位下降的表现，乃是其声誉上升的结果。我们很少系统性地对之进行研究，也缺乏足够的历史资料来夯实这一主题。有关美国知识分子和他们的国家之间长期存在的争论和分歧的著述甚多，但这些著作主要是站在知识分子的角度来看待美国，只有极少数情况下才有一些从国家的视角来看待知识理性以及知识分子的论述。①

反智主义的这种模糊性使它能够在辩论中作为一种修辞被广为采用，这也正是其还没有获得清晰界定的原因之一。不过，在任何情景中都很难轻易为这个词语下一个定义。作为一种观念，它不只是一个命题，而是一些相关命题组成的复合体。作为一种态度，它又并非一种单向的态度，而是爱恨交织的——纯粹而全然地反感知识理性及知识分子的情况并不多见。假如可以把它称为一个历史主题，则缺乏一条贯穿始终的轴线，只是一股忽起忽灭的力量，从不同的来源中汲取动力。我并不想用寥寥几页纸来给它一个严谨而狭隘地定义，现在并非这样做的恰当时机。我也明白，一个合乎逻辑而保守的定义不仅没有太大意义，而且在历史研究中还会显得过于

---

① 就我所知，唯一对这个问题进行大量研究的美国历史学者是 Merle Curti，他在专著《美国的两难选择》(*American Paradox*) 以及就任美国历史学会会长的就职演讲《知识分子与他人》("Intellectuals and Other People", *American Historical Review*, Vol.LX, 1955, PP.259–282) 中都涉及此问题。Jacques Barzum 在《知识之屋》(*The House of Intellect*, 1959) 中从当代的视野以及站在知识分子内部的角度来看此问题。《社会问题学报》(*Journal of Social Issues*) 还就这一主题发行了一期专刊，数位作者一起讨论了"反智"现象。

武断，这势必要求从它复杂多样的特质之中摘取某一个特性。而我感兴趣的恰恰是其特质的复杂性——它包含了很多态度和观念在特定历史境遇中相互交叉、汇集而成的复合体。将这些态度和观念捆绑在一起的链条，我称它为反智，它包含有对理性生活及其代表者们的愤恨与猜忌，以及不断贬低理性生活价值的一种姿态。这种混合体，则是我所能找到的最为接近的定义。①

一旦这个定义被采纳，那么就可以很清楚地认识到，反智主义不可能成为官方历史中的一个主题，也不能按照研究一个人的生活、一个机构的发展抑或一场社会运动那样的方式去开展研究。在对美国思想产生的社会环境以及氛围进行研究的过程中，就不得使用印象式的手段，运用这些手段可以复制一个社会环境或捕捉某种氛围。

在给出一些例子以阐述我对反智主义所欲何为之前，我可能会先就本书不想做的事情做一番解释。除非是无意，我并不想染指美国知识分子团体内部的观点与分歧。美国的知识分子和其他地方的知识分子一样，常常对自身所担任的角色感到不安；他们被赋予了自我怀疑甚至自我憎恨的人设，还不时会对自己的类群冷嘲热讽一番。这种内在的自我批判虽然有趣且意味深远，但并不是我主要的关注点。我也不想涉及某个知识分子对另外一个知识分子实施的无礼行为或开展的肆意批评。举例来说，在对美国学院派的教授们进行无情揶揄上，恐怕没有谁能够超过 H.L. 门肯，也没有谁能像玛丽·麦卡锡那样在自己的小说中对其他作家进行赤裸裸的恶毒攻击；但是我们并不想将门肯与被视为教授公敌的威廉姆·F. 伯克利

---

① 要想找到一个有趣的定义，请参阅莫顿·怀特（Morton White）的《反智论的反思》（"Reflections on Anti-Intellectualism"），*Daedalus*（summer, 1962, pp.457–468）。怀特提出了一个蛮有用的区分，就是反知识分子（the anti-intellectual），意指对知识分子的敌意，而反智性（the anti-intellectualist）则指反对在一切知识及生活上都以智性为依据。他在文中花了相当篇幅分析了两种主张下各自的策略及异同处。

（William F. Buckley）等同起来，也不想将这位麦卡锡女士跟与她同名同姓的一位参议员混淆在一起。① 毕竟知识分子最重要的功能之一就是对其他知识分子进行批判，他不过是欣然地行使了这一职责而已。我们可以幻想，但很难期待他会抱有慈悲、宽容和审慎之心。因为多元而对立的思维正是知识分子们的立身之本，所以他们彼此定会争论不休，这是我们必须接受的代价。

最后，这里的反智主义并不等同于某种哲学学说，若是这样，反理性主义这个词语会更合适，为了避免没有必要的混淆，澄清这点非常重要。像尼采（Nietzsche）、索瑞尔（Sorel）以及伯格森（Bergson）、爱默生（Emerson）、惠特曼（Whitman）和威廉姆·詹姆斯（William James）这样的哲学家，以及像威廉姆·布莱克（William Blake）、D.H. 劳伦斯（D.H.Lawrence）和欧内斯特·海明威（Ernest Hemingway）这样的作家或许可以称为反理性主义者，但从社会学和政治学角度来看，这些人都称不上是特定的反智主义者，而我也主要是在这两个领域里使用这一术语。反智主义运动往往会援引某些反理性主义思想家的言论（仅爱默生就为他们提供了大量可供援

---

① 这些事情强烈地提醒我们，在美国以及其他地方，知识分子社群内部都存在不同的观点。对于某人是属于圈内还是圈外人士，大家都心知肚明（纵使偶有例外）。而对待批评，知识分子圈子也有双重标准：如果是发自内部的批评，则多以善意视之且采纳其有见地处；但若是来自外部，即使是同样的批评，也会被认为是恶意的，被贴上了"反智"的标签，存在潜在的危险。例如，数年前很多人批评各基金会纷纷推动大型研究计划，因为它们挤压了个体研究者获取辅助的机会。但是当"理斯委员会"（Reece Committee）介入调查此事时，同一批学者却非常不高兴地看到由这样一个机构提出同样的批评意见。这并不是因为他们已改变态度，而是他们不喜欢也不信任提出批评的这些人。当然，并非只有知识分子会这样，其实任何组织都有这种情形。政党成员或是少数族群成员对一些批评同样持双重标准，视其由内或外来而定。这种双重标准有其历史原因，而非逻辑的理由，因为批评后面的动机也是大家考虑的一个要素。批判基金会的知识分子希望能建设性地扭转基金会的不当政策，但理斯委员会展开的批评却可能使基金会受到制约或被瓦解。同理，我们都知道关于犹太人或黑人的笑话，由自己人说或是外人说，它的寓意就可能不同。

引的文本语句），但是即便如此，我也只是会在极小程度上涉及反理性主义。在本书中，我主要关注的是普遍存在的社会态度、政治行为以及中低层群体对知识分子的看法，只会偶尔涉及相关的理论。最让我感兴趣的是一些社会态度，一旦它们在社会事务中产生影响力，在某种程度上就会削弱知识分子以及文化生活的功能，断送他们发展的机会。在我们近期历史上就有一些活生生的事例可供我们在定义"反智主义"时参照。

3

让我们先来看看那些对美国知识分子最不满的人给出的定义。

例1：在1952年总统大选期间，需要有一个术语专门用来表达对智识群体的蔑视。当时这种情绪成为美国政治生活中表明立场的一个标识。起初，采用的是"呆瓜"一词，这个词原本并不会引起别人强烈的反感[1]，但很快就被赋予贬义的内涵，跟之前所用的"高眉"一词相比，显得更加尖酸刻薄。在总统竞选后不久，一个右翼鼓吹者及通俗小说作家路易斯·布伦菲尔德就宣称，人们不久就会发现这个词在字典中的解释将会是如下情形：[2]

"呆瓜"：指的是那种假装自己拥有知识，实际上却非常肤浅的人，这种人往往是一名教授或他的弟子。处理问题时他们

---

[1] 该名词由作家爱梭普在他的专栏中首次使用。当时他记录了与弟弟约翰的一次谈话，作家说许多政治倾向偏共和党的聪慧之士都很仰慕民主党总统候选人史蒂文森，他弟弟则回答："当然，只要是呆子都会喜欢他，可是你认为有多少呆子呢？"Joseph&Alsop：*The Reporter's Trade*，(New York)，p.188.

[2] Louis Bromfield："The Triumph of the Egghead"，*The Freeman*，Vol.III（December 1, 1952），p.158.

总是过于情绪化，缺乏男子气，他们傲慢而自负，目中无人，蔑视能工巧匠们的实践经验。其实他们自己思想混乱，执迷沉醉于某种强烈而伤感的末日综合情绪中，赞同中欧社会主义的信条，反对沿着古希腊—法国—美国所传承的民主自由思想；推崇尼采的旧式哲学伦理观，这种伦理观束缚人性，强调羞耻感。一个道貌岸然的以自我为中心的人，遇事喜欢思前想后、左顾右盼，以致会因不知所措而举步不前。他就是一具活生生的僵尸。

布伦菲尔德评论道："这次大选反映了很多情况，其中很重要的一条就是这些'呆瓜'与常人的思维和感受有着天壤之别。"

例2：艾森豪威尔总统在上任两年后正式认可了这种对知识分子近乎侮辱性的观点。1954年，他在洛杉矶一次共和党会议上发表的演说中提到一位工会领袖告诉他的一个观点，只要让人民了解整个真相，他们便会做出正确选择。艾森豪威尔进一步补充道：[1]

> 很高兴能听到一位工会领导说出这样的话。我们身边还有很多巧舌如簧的所谓知识分子却在到处说着那些跟他观点不合的人的不是。
>
> 我还顺便听到了一个非常有意思的知识分子定义：一种啰里啰唆，说的比自己懂得还多的人。

---

[1] 白宫新闻稿《总统在南加州共和党团体早餐会之讲话，1954年9月24日》，斜体字为作者所加。很可能总统是从国防部长威尔逊那里听到类似的说法，因为有人在其他场合引述了部长的话："呆瓜指的就是那种对自己所知道的事情完全不理解的人。" Richard and Gladys Harkness,《威尔逊的机智与智慧》,《读者文摘》(*Reader's Digest*, Vol.LXXI（Auguest, 1957）, p.197.

例3：在20世纪50年代各种颇具争议性的话题中，有一个关于政治生活中专业知识地位的陈年辩题。当一家连锁店的经理麦克斯韦尔·H.格鲁克被任命为驻锡兰国① 大使时，这场有关反对专家，选用外行的辩论达到了高潮。根据他自己的估算，1956年格鲁克先生捐赠了2万—3万美金用于支持共和党的竞选活动。但就跟很多他这样的人一样，格鲁克在外交及政治上并无任何履历和经验。参议员富布莱特就他出任这个职位的资格提出了质疑，格鲁克先生处境不妙：②

> 福布莱特：你认为在锡兰你能够处理什么问题？
>
> 格鲁克：问题之一就是那里的人民。我认为我能够建立，除非我们——重复一下，除非我遭遇到了之前从未遭遇过的情况——建立良好的邦交，增进人们对美国的好感……
>
> 福布莱特：你认识我国驻印度大使吗？
>
> 格鲁克：我认识约翰·谢尔曼·库珀，前任大使。
>
> 福布莱特：你知道印度的总理是谁吗？
>
> 格鲁克：知道，只是我叫不出他的名字。
>
> 福布莱特：你知道锡兰的总理是谁吗？
>
> 格鲁克：我现在还不太熟悉他的名字，暂时叫不出来。

对格鲁克先生就任驻锡兰大使资历的质疑又逐渐转向了规则本身。格鲁克之所以能够被任命这一职位是因为他在共和党人竞选中进行了捐赠。1957年7月31日举办的一场新闻发布会中，一位记

---

① 译注：现在的斯里兰卡。
② 《纽约时报》，1957年8月1日。

者再次提出了这个问题。艾森豪威尔总统随即做出的回应是，我们无法想象政府会对政党竞选中的捐赠给予职务任命的回报，针对就任者的胜任能力，他辩护道：①

> 至于这个人欠缺专业知识而得以委任，其途径是这样的：他是由很多我非常尊重的人推荐的，他们在一群人当中挑选了他。他从事的商业活动也经受了审查，在FBI的报告中，他的记录也都没有问题。当然，我们也知道他从未去过锡兰，对于锡兰的情况也不十分熟悉和了解，但是假如他确实是我们所相信的那种人，拥有那些品质，那他是可以慢慢学习的。

需要补充的重要一点是：格鲁克先生在锡兰就任一年后就辞职不干了。

例4：最令美国科学家们愤愤不平的一件事情就是他们发现美国人对纯科学研究的轻视不仅令他们在接受审查时处处被制约，而且大大地妨碍了国防部对基础性研究项目的支持和推进。1954年，密苏里州的联邦参议员斯图尔特·赛明顿当着国防委员会成员的面询问国防部长威尔逊时援引了这位国防部长以前所做的一个证词，他曾经说过，在诸多事项当中，即便有从事纯科学研究的必要，那也应该由其他部门而非国防部来资助，威尔逊部长公开承认："作为一个军事项目，我对于在炸土豆的过程中它为什么会变焦这样的问题毫无兴趣。"针对威尔逊部长的这番话，联邦参议员赛明顿指出正是因为这样的论调，才造成了美国在炸弹、核反应堆、电子仪器、导弹、雷达及其他一些领域缺乏足够的研究经费，它们可不是土豆。

---

① 《纽约时报》，1957年8月1日。

这时，国防部长回应道：[1]

> 所有这些领域都在开展重要的研究，并且这些研究都取得一定的进展……
>
> 不过，从另一方面来说，这些家伙处处想要提前考虑，但是让他们将想要做的以及具体实施的方针和行动纲领标明则非常困难，他们只是想要得到一笔钱却不想受到应有的监管……
>
> 重要的是，假如你知道自己在干什么的话，那就不必叫它为纯科学研究了。这会让问题变得更加复杂。

例5：20世纪50年代，正式场合中出现的这种反智主义主要表达的是传统商人对那些专家们的一种猜忌和怀疑，无论是在科学实验室、大学校园还是外交圈，都不是商人所熟悉的领域。而极右翼分子对知识分子所表达的敌意则要尖锐无情得多，他们不分青红皂白地仇视一切受教育的、有教养的、受人尊重的、井然有序的、脉络清晰的人和事。20世纪50年代在右翼分子所掀起的运动浪潮中充满了各种蛊惑人心和冷嘲热讽的语句，像"国务院里……哈佛教授，思想扭曲的知识分子"，还有"那些人胸前挂着PBK协会的金钥匙[2]、荣誉等身"，却缺乏"基本的诚实和常识"；"今天美国最受尊敬的一群人，血统纯正、有教养、学历高的绅士和学者，他

---

[1] 国会纪要，第84届国会，第二卷，有关军备服务委员会：听证会，XVII, pp.1742, 1744（1956年7月2日）。

[2] 译注：PBK即Phi Beta Kappa，PBK协会又称美国大学优等生协会，其象征是一把金色钥匙。其一面刻有一只指向上天的手、三颗夜星和协会名称的希腊字母。三颗夜星寓意了莘莘学子的伟大志向和协会的三大准则：友谊、道德、求知。在钥匙的背面则刻有协会拉丁文名称的首字母"SP"。

们获得的大学学位多如牛毛……支持阿尔杰·希斯①的好人";"穿着条纹西裤,模仿英国口音的傲气十足的外交官";还有那些带着儿童手套,待在香气扑鼻的客厅里却装模作样想要对抗共产主义的人";"那些鄙视处在美国中心的中西部和西部地区居民的"东岸佬;还有那些"祖先可以追溯到18世纪甚至更早时期"的人,然而他们对国家的忠诚度却令人怀疑;还有那些深谙"西斯·艾奇逊团体内格罗顿腔调的人"②。发现语言学上这种"乡巴佬式"精神的是《自由人》杂志的社论员:③

> 真正令人震惊的现象是那些受过大学教育的人在针对约瑟夫·R.麦卡锡时所表现出来的非理性……假如麦卡锡先生确实如那些受人尊敬的媒体所揭示的那样是个粗鄙的人……那又该如何评价整整一年以来,源源不断地从纽约和华盛顿特区优雅别致的编辑办公室里发出来的铺天盖地的批判文章?……在麦卡锡的个性中确实存在一些问题,他似乎拥有动物本能中的某种负能量,使得那些哈佛、普林斯顿以及耶鲁的毕业生们极力排斥他。我想我们知道那是什么:这位年轻人无法按部就班地接纳现有的社会阶层分化。

麦卡锡自己也发现,美国当前困境的核心原因是美国社会的某

---

① 译注:美国国务院官员阿尔杰·希斯(Alger Hiss,1904—1996),在1949年和1950年因作伪证而被审问。
② 这个复合形象摘自 Immanuel Wallerstein 在未发表的硕士论文《麦卡锡主义与保守派》中对1950年代的替罪羊的详细描述,哥伦比亚大学,1954年,pp46 ff.译注:西斯-艾奇逊(Hiss-Acheson)曾担任过美国国务卿;格罗顿镇位于马萨诸塞州,这里指的是他们内部交流的话语体系。
③ 《自由人》(Freeman),Vol. XI(1951年10月5日),p.72.

些领域中存在着最牢固的阶级固化现象,他在已经公开出版的惠灵演讲中指出,真正的问题在于:①

> 实施反叛行为的往往是那些在美国得到优待的人。出卖这个国家的并非那些少数族群或者不太幸运的群体,而是那些能够享受地球上最富裕的国家所提供的各种福利的人——最优雅的豪宅、最好的大学教育、政府部门所能提供的最好的工作。在国务院中,这点尤为突出。那些出生时嘴里就含着银汤匙的年轻人是其中最糟糕的。

例6:大学,尤其是那些名牌大学,经常是右翼分子批评攻击的对象;根据《自由人》一位撰稿人的观点,针对常春藤大学的歧视必定有其特定的原因,而他认为其原因就是共产主义正在美国所有大学内传播:②

> 我们的大学为未来培养的是野蛮人,那些人表面上看起来很有学问,实际上却头脑空空、愤世嫉俗,只会诋毁损伤残余的人类文明成果。推倒高墙的不是居于社会底层的乡下人,他们不过是追随着那些有知识的人……而将个人自由从人类思想体系中抹去的也将是这些有知识的人。假如你今天将儿子送入大学,你将会制造出明天的刽子手。理想主义只能从那些散落各处的非学院派的修道院里复活。

---

① 国会纪要,第81届国会,第二卷,p.1954.(1950年2月20日)
② Jack Schwartzman《自然法和大学校园》(*Natural Law and the Campus*),《自由人》(*Freeman*),Vol. Ⅱ(1951年10月3日),pp.149,152.

例7：右翼分子对大学的敌意部分来自对社会地位的不满以及不肯顺从，不过还有部分原因是受到旧杰克逊主义思想①的影响，这种思想排斥专家和学者。弗兰克·乔德洛夫是一位业余经济学家，著有《收入税：罪恶之源》一书，他是最卖力的右翼发言人之一，针对普通人（此处应是普通女性）与所谓的专家能力是否相当这一问题，他曾有过一段立场坚定、观点鲜明的论述：②

洛克菲勒兄弟基金会邀请了一小撮著名的经济学家来商讨如何诊断经济萧条这一问题，然后他们开出了一个处方，稍微进行压缩后，刊登在了《纽约时报》上，占了整整两个黄金版面。这些诊断者们个个声名显赫，任何一个没有主修过经济学的人若是想要去逐一检验这个一揽子方案的有效性，都是不知天高地厚的行为。然而，事实上我们每一个人都注定是一名经济学家，因为我们都从事着谋生的活动，这也就是经济学家们所从事的工作。只要我们将专家们添饰在文中的那些冗长的专业术语剔除干净，恐怕任何一个会读书写字的家庭主妇，只要具备一点点基本常识，就能对这篇文章做出一个优劣的评价。

例8：尽管下文可能会被一些客观中立的读者视为反文化的，而不是反智的，但我还是不能对密歇根州议会议员乔治·唐德罗所做的这个评论进行任何的删减，长期以来他都对共产主义在大学里

---

① 译注：指的是美国第七任总统安德鲁·杰克逊（Andrew Jackson）所倡导的平民政治思想。
② 《预先斟酌》（*Shake Well before Using*），《国家评论》（*National Review*），Vol.V（1958年6月7日），p.544.

的传播存有戒备之心,他还反对艺术领域里掀起的各种运动潮流,如立体主义、表现主义、超现实主义、达达主义、未来主义以及其他运动:①

> 艺术领域的思潮曾是俄国革命采用的武器,如今已经输入到美国,并且已经渗透并弥漫到美国各大艺术中心,它们震慑、藐视和压制美国所继承的优良艺术传统。在我们所热爱的这片国土上,所谓的现代或当代艺术蕴含着各种腐化、堕落、邪恶以及毁灭性的思想因素……
>
> 所有这些思潮都源自国外,根本不应该让它们在美国有立足之地……它们全都是用来搞破坏的武器和工具。

例9:我将会在后文中另辟一章专门讨论美国福音传统中的反智主义,不过在这里至少先举一个跟这一传统相关的例子还是非常重要的。这段论述主要援引自我们这个时代最为成功的福音传播者葛培理的一段话,在1958年盖洛普发起的民意调查中,他被美国公众投票评选为"世界上最受人钦佩的人物"之一,仅排在艾森豪威尔、丘吉尔和阿尔贝特·施韦泽之后:②

---

① 国会纪要,第81届国会,第一卷,p.1954(1950年2月20日),p.11584(1949年8月16日);也可参阅 Dondero 的演讲《我们学校的共产主义》(*Communism in Our Schools*),国会纪要,第79届国会,第二卷,pp.A.3516-3518(1946年6月14日),《艺术剧院博物馆里共产主义的阴谋》(*Communist Conspiracy in Art Threatens American Museums*),国会纪要,第82届国会,第二卷,pp.2423-2437(1952年3月17日)。

② Willion G.McLoughlin, Jr: *Billy Graham: Revisionist in a Secular Age*(纽约,1960),pp.89,212,213;盖洛普名义测验参见 p.5。

昨天的道德标准对今天很多个人来说已经不再适用,除非得到所谓知识分子的支持。

假如我们的教育只是关注智力却忽略灵魂,那我真心认为这种不完整的教育甚至比没有教育还要糟糕得多……一个生活在这个世界的人不信神便无异于怪兽,但要是受了不完整的教育,则比完全没有受到教育还要危险。

你可以在美国每一个城市的每一个街区设立一个公立学校或一所大学,但是如果只教导知识的话,也无法阻止这个国家今后在道德上走向堕落。

过去几年来,知识分子的气焰已被普通百姓的理论所击败,学院中的教授现在也愿意倾听牧师的声音。

现在大家用理性、理性主义、心智文化、科学信仰、政府效能、弗洛伊德主义、自然主义、人文主义、行为主义、实验主义、唯物主义、唯心主义等来代替《圣经》上的教诲,这些都是那些知识分子所为。成千上万所谓的知识分子公然宣扬道德相对主义——也就是世界上其实没有绝对的价值标准可言。

例10:斯普特尼克号事件① 之后,美国教育界掀起了一股反省的浪潮。其中加利福尼亚的教育体系遭到了最猛烈的抨击。因为他们的教育以在课程体系中贯穿实验方法为特色。旧金山的一个学区聘请了一些专业学者组建一个专门委员会对学校教育进行检查评估,该专家委员会建议学校应回归到加强学科基础知识的传统上去。针对这份报告,有六家教育机构提出一份措辞尖锐的抗议书,他们批评了这份有关旧金山教育报告的撰写者只在乎学科,骂他们

---

① 译注:指的是1957年,苏联人将"斯普特尼克1号"人造卫星送入了外层空间。

学术视野狭隘且目光短浅,将教育目的限制在"教授知识,提高智力"上,所提出的建议超出了自身能力范围。在这份抗议声明中,他们反复强调教育应该还要兼顾其他目标的价值和意义,比如公民教育、职业训练、美满家庭生活以及伦理、道德、美学以及精神层面的自我实现以及强身健体等。而教育专家们则辩护道,在美国教育中有一个特别值得推崇的特点就是:①

> 它会极力避免教育体系的过于僵化。要做到这一点并不意味着学术竞争力在社会上没有受到高度重视,但是这一点也确实让我们认识到,过去强调知识的积累与吸收的教育体系因为自身的原因会逐渐走向没落。那些想要固定课程体系,冻结教育目的的人误解了美国民主教育中这一独一无二的功能。

例 11:接下来的引文摘自一份家长报告,这份报告最初写作动机是为了回答一位老师的抱怨,这位老师抱怨当代教育的学科标准过于宽松。这份由学生家长撰写的报告思路清晰,通篇都值得一读,显然这位家长完全赞同孩子不需要进行学术训练的观点,并支持这种新的教育方式。我们可以感受到,文字中透露出一种对学校教师形象的刻板印象,而这种刻板印象的形成有着深刻的历史根源。②

---

① 学校评估及改进:专题(*Judging and Improving the Schools:Current Issues*)(Burlingame, California, 1960), pp.4, 5, 7, 8. 遭受批判的文章是 William C.Bark 等:《旧金山课程调查委员会报告》(*Report of the San Francisco Curriculum Survey Committee*)(Sanfrancisco, 1960)。

② Robert E. Brownlee:《一位家长的呼声》(*A Parent Speaks Out*),《进步教育》(*Progressive Education*), Vol. XVII(1940 年 10 月), pp. 420—441.

幼儿园的老师最理解孩子，幼儿园教育是一个以儿童为中心的课程体系。上学的日子里，孩子们可以不断地享受游戏、音乐、色彩和友谊所带来的快乐。从一年级、二年级再到三年级，愉快地生活漫天飞……直到算术的出现。失败、挫折就像幽灵一样在我们身边日夜游荡，令我们夜不能寐。爸爸妈妈开始参加心理学的讲座，阅读有关自卑心理的读物。我们跌跌撞撞地读完了四年级，然后进入五年级。有些题目连老爸也搞不定。必须做点什么才行，于是我决定去学校找老师谈一谈。

学校的垫子上没有印着"欢迎"的字样，没有谁来主动跟一个陌生人打招呼，也没有人对你的到来进行登记。一条阴暗的走廊两边是一扇扇间隔有序、紧紧关闭的大门，偶尔从里面传来陌生的声音。我拉住一名匆匆忙忙的年轻人问路，然后敲开了一扇写着"禁止入内"的大门。当我向老师介绍自己的名字时，脸上尽量挂满笑容，"哦，是的"，她说道，似乎已经知道了我此行的目的。她从抽屉里迅速取出了班级簿，就像电影中的枪手掏出了自己的枪，一张画满格子的纸上按照字母顺序整整齐齐地排列着学生们的名字。老师毫无血色的手指顺着页面往下滑，并在我女儿名字的旁边停下来。在每个名字后面都有一些小方块，小方块的里面画着一些我看不懂的标记和符号。她的手指在孩子们的名字旁上下点着，我发现我孩子名字上的标记和其他孩子的不一样。这时，她得意洋洋地抬头看着我，好像无须再多说什么了。这时，我的脑子里出现了一个晃动着的小小罗盘，她竟然将一位活力四射的小女孩的整个学习生活压缩进这个像罗盘一样的表格里。我感兴趣的是孩子的整体学习生活状态，以及个性的全面发展，可是这位老师却只关心算术能力。我真希望没有来过学校，我一无所获地离开学校，心情格外复杂。

例 12：接下来的这段由阿瑟·贝斯特所做的评论已经广为人知，不过它还在反复地被人提及。它的作者伊利诺伊州一位中学校长在发表并公开出版这篇演讲之后，并未因此影响其职业前途，反而在纽约长岛的格雷尼克镇谋得了一个类似的职位，这是全美中学热度榜中排名靠前的一所学校。后来他又受邀担任美国中西部大学教育学院的客座教师。①

多年以来，我们给阅读、写作以及算术套上了一层光环，我们一直强调这是我们每一个人都需要掌握的技能，不管你是穷人还是富人、聪明的还是愚钝的、喜欢擅长的还是讨厌不擅长的。老师说这些东西是所有人都要掌握的；校长也宣称所有受过教育的人都应该学会拼写和阅读，对于这几门神圣的功课，要是有哪位学生胆敢宣布不喜欢，就会被警告说，假如他连读写都不会，长大以后就会没有前途。

所以，读、写、算适合每一个孩子，每一个孩子也都要学习这三门功课，这是毋庸置疑的。

我们已经开始慢慢摆脱这种观念。但是，时不时会有一些 PBK 的母亲或者不幸雇到一位连读写都不会的女职员的雇主会跳出来对学校的教育评头论足一番……于是一切又得从头开始……

当我们逐渐意识到并不是每一个孩子都必须学会读、算、写和拼……有很多孩子既学不会也不愿学习这些东西……所以

---

① A. H. Lauchner：《如何提高初中课程体系？》（*How Can the Junior High School Curriculum Be Impoved?*），中学校长全国委员会公告（Bulletin of the National Association of Secondary-School Principals），Vol. XXXV（1951 年 3 月），pp.299-301. 该讲话是在委员会的一次会议中发表的，参阅 Arthur Bester 的《回复学习》（*The Restoration of Learning*）（纽约，1955），p.54.

我们应该着手完善初级中学的课程体系。

当然在发生改变之前，还有很多事项需要准备。不过，现在时机已经来临。终有一天，我们会接受这样的想法：要求每一个男生都会读写就像要求他们每一个人都会拉小提琴一样不现实，同样要求每一个女生都能拼会算就像要求她们每一个人都能烤出美味的樱桃派一样不讲道理。

大家不能都去做同样的事情，我们也不喜欢做跟别人一样的事情，也不愿意这么做。当成人们终于意识到了这一点时，每个人才会更加快乐……学校也将成为一个更加美好的地方……

假如我们说服一小撮家伙，让他们承认掌握阅读、写作及算术的能力并不是通往幸福、成功生活的唯一途径，接下来便可在初级中学的课程中削弱对这些课程的重视程度以及削减相应的学习时间……

东部有一所初级中学在经过了长期而细致地研究之后，接受了这样一个事实，即有20%的学生的阅读水平无法达标……于是学校正着手培养这些孩子其他方面的能力，这是比较严谨的做法。相比之下，有些中学还在要求"每一个学生在毕业前都必须会背乘法口诀"。

尽管其来源和意图多种多样，但这些例子还是反映了一个共同的思想倾向，那就是反智。这种倾向认为，知识分子往往装模作样、骄傲自负、文弱无力却目中无人、势利偏心，他们动不动就会道德沦丧，成为带有极大破坏性的危险分子。一旦经过成功实践经验的检验，普通人的平常感知所具备的能力即使不会表现得更好，也足以取代学校传授的正规知识和技能。而在一些深受知识分子影响的组织机构，如大学和学院内则已经迂腐不堪。无论如何，与这种只注重培养理性思维的教育相比,心灵的内在法则、旧式的宗教教义和伦理道德给我们的生活提供的指导恐怕还更为可靠些,而学校教育只会让我们对纯思想和抽象艺术的新趋势做出反应。即使在小学教育阶段,学校教育也是过分强调知识的灌输,而忽略了孩子们身体的茁壮成长以及情感生活的体验。这样的学校培养出来的人会变得麻木而冷酷,很容易走向堕落与沉沦。

4

为了避免误解,有必要声明,本书针对单一主题开展研究,不可避免地会凸出该主题对整个美国文化史的影响,放大其重要性。我只能表示,我无意花时间和精力将复杂的美国文化史简化成一场书呆子与乡野村夫之间的战斗。若是从文化以及知识冲突的角度来考察美国历史,我们也不能简单地把公众划分为知识派和反知识派。公众中的绝大多数,甚至是那些非常有头脑的,不容易被忽悠的群体中多数也只能算是非知识派。在美国,大家对于知识和知识分子的态度是五味杂陈、爱恨交加的,因此面对时下的文化事件,其态度也是忽左忽右、摇摆不定。一方面,美国人骨子里就不信任这些书呆子们;另一方面,却对于文艺复兴精神和文化有着由衷的崇敬之心。当然,仅凭一本有关美国反智主义的书是无法平衡美国公众在文化上的这种纠结心态的,就像一本破产史无法代表整个商业史一样。尽管我相信美国的文化中到处弥漫着这种反智主义,但它依然不能成为文化的主流。我一次又一次地注意到,我也希望读者们能关注到,越是温和、良性的反智形式其影响就越为深远,而那些粗暴的反智形式只能在一些人数很少,却纷争不断的团体中出现。此外,或许它应该是,但我做的并不是比较研究:我对美国反智主义的研究重心不超过美国社会的范围,关注美国文化中一些特别的,也许是具有美国本土特色的东西。我也并不是由此推断其他地方不存在反智现象。当然，我承认美国的反智倾向要比其他地方更严重一些，这确实是一个问题，但是我相信，绝大多数的人类社会或多或少地存在着某种形式，以及某种程度的反智现象：管理者通过提炼毒药来达到控制的目的；市民和公职人员之间发生的冲突；严密组织和审查制度以及国会调查。尽管反智是人类社会的普遍性现象，但我还是倾向于相信它是我们英语文化遗产的一部分，在英美社会中这种现象尤为突出、严重。几年前，莱昂纳德·伍尔夫曾宣称："没有哪个民族像英国人那样强烈地鄙视知识和知识分子。"① 或许伍尔夫先生发表这个观点的时候并没有充分考虑到其实美国在这方面的表现是有过之而无不及。（不过考虑到一个多世纪以来，英国人早就厌倦了美国人的这种自吹自擂，那么伍尔夫先生这样说也就更好理解了。）但是，一个深受本国文化浸染，有文化，有教养的英国知识分子尚能对自己国家的文化做出这样的评价，这值得我们深思。尽管美国知识分子的处境已经算是特别危险和悲惨，但他们的很多困难也是其他地方的知识分子共同经历过的，所幸的是，美国生活中还存在着一些可以进行弥补的气氛和环境。

这是一本批判性的读物，并不是一份支持知识分子反对美国社团的法律文书。我无意暗示他们拥有古老的美德而唤起他们自怨自艾的情绪。我们不会坚称尊重知识以及重视知识对于社会和文化健康发展的作用，因此应该赋予知识分子更多的权利和优待，即便美国社会极度缺乏这种尊重。与知识分子共处的人就不会对他们有过度理想化的期待。知识分子虽然在人类的知识体系里担任了重要角色，但他还是会犯错。这让我想起教会的情形，教堂里的神职人员虽然也难免犯错，

---

① 引自《G.E. 摩尔》(*G.E.Moore*)，《文汇》(*Encounter*)，Vol.XII（1959年1月），p.68; 据说，这段话前后文表明伍尔夫非常清楚这个评价是有必要条件的。

拥有肉体的欲望，但这并不会影响教会的神圣。不过，我并没有忘记大家对于知识本身的评价可能过高，而将知识的地位和作用摆放在人类社会事务中的恰当地方，这是合理的行为，不应视为一种反智现象。T.S.艾略特发现"没有融入更多人性的纯粹智识能力就像一个儿童象棋天才所具备的那种才华一样。"[1] 在美国，可能存在着整个社会对智识的态度过度紧张的问题，或者高估智识的价值，而忽略其他传统价值，不过，在这个危机四伏的世界里，这种倾向可以不予理会。

反智主义者认识上的一个最大错误就是鼓吹它是一种纯粹的、毫不含混的观念。显然，那些表面上抗拒智识的人对它总是有着矛盾的心态：他们一方面对智识尊重又敬畏，另一方面又满是猜疑与愤恨。人类历史上的很多社会和时代都有过这样的心态。很多情况下，反智主义并不是由那些一味拒斥思想的人带来的，恰恰相反，正如饱学之士最危险的敌人是那些一知半解的人一样，领导反智运动的往往是那些思想的深度沉迷者，他们常常痴迷于摆弄一些过气的，或者被抛弃的观点和思想。很少有知识分子没有经历过反智的阶段，也很少有那种对智识缺乏专注热情的反智主义者。反智主义若是一种足以载入史册的现象，或者被广为传播并进入现代思潮的讨论语境之中，则需要一些具备一定才识的代言人。能够担任代言人的并非那些未受教化的人或缺乏智慧的人，而是那些边缘化的知识分子、潜在的知识分子、失意潦倒或愤世嫉俗的知识分子，领导着半开化之人，他们拥有严肃认真的态度和高度的使命感，希望能够借此引起世界的关注。我发现有些反智领袖是福音派牧师，他们大多都才智过人，有些人还是饱学之士；还有正统基督教派人士，能够清晰地阐述本教派的教义；还有一些精明的政客；商人以及美国文化里各种需求和利益群体的代言人；有着强烈的知识分子认同

---

[1] 《文化定义笔记》(*Notes towards the Definition of Culture*)，伦敦，1948，p.23

感及知识分子意识的右翼编辑；形形色色的不入流的作家（参阅"垮掉一代"的反智主义）；对知识分子团体大分裂并倒向左翼而耿耿于怀的反共权威；在这个意义上，也应该包括共产主义领袖，当知识分子群体可以为他们所用时，他们就会加以利用，但他们对知识分子所关心的事情却不以为然。以上这些人的内心都满怀着强烈的敌对情绪，但这种敌意并不是针对思想本身，甚至也不是在每种情形下都针对知识分子。反智主义的代言人针对的往往是一些特定的思想，虽然他们痛恨同时代的一些主流知识分子，但却是历史上另外一些知识分子的崇拜者，比如亚当·斯密、托马斯·阿奎那、约翰·加尔文，甚至还有卡尔·马克思。

要是我们以为那些时常高举着反智主义大旗的男男女女们必定会将反智视为必须奉行的信条和某种教义，那就大错特错了，这么认为是缺乏同理心的表现。实际上，反智主义往往是由其他事情引发的偶然结果，往往还有些正当的意图。几乎没有人会认为自己是一个反对思想和文化的人。人们不会在清晨起床后，对着镜子中的自己露齿一笑，说："哈哈，今天我要好好踩蹋一个知识分子，掐灭一个思想的火花！"只有在极少的情况下，而且往往是存在极大误解的情形下，我们才会指认某个人是一个不折不扣的反智分子。无论如何，将人分门别类或贴上标签的做法毫无价值，当然更不是我的本意。不过，对某些态度、运动和思想的历史走向做一个估算则是一件比较重要的事情。① 这样，我们就会发现有些人一会儿站在这边，一会儿又站在那边。实际上，反智主义的一大特点就是往往会出现在彼此对立的两股势力中。商人和工会领袖对知识分子阶层的看法竟然惊人地接近。进步主义教育中蕴含着源于自身的牢固

---

① 作为一个相关的案例，我发现讨论一下杜威教育哲学中所蕴含的"反智"想法以及所造成的"反智"后果是一件非常有意义的事情，但以此判定杜威是"反智"派则是鲁莽而荒唐的。

的反智要素，而该教育最为坚定且严厉的反对者右翼派却有着一套旗帜鲜明、风格不同的反智主义立场，它更加激进和明确。简单而绝对的邪恶是不存在的，也别指望着要去对抗它。此处也不属于这种情况，假如反智主义正如我所相信的那样，成为美国文化中到处蔓延的一种品质，能做到这点是因为反智主义往往和一些善意的、合理的，以及至少是值得辩护的因素关联在一起。反智主义首先牢牢地控制了我们的思维方式，而这种思维方式是由福音派基督教培养起来的。同时，基督教还孕育了人道主义精神和现代民主观念，反智主义能够进入政治领域是因为它跟我们对平等的渴望有关，而它能够在我们的教育体系中变得不可动摇，部分原因是我们教育理念中的平等思想本身就带有基督教的色彩。因此，我们的反智主义必须本着善意的动机，采取持续、适度的行动来实施知识变革，以去除自身的冲动和欲望。只有这样，反智主义才能被控制和包容。我不是说要一起消灭反智主义，因为我相信这不仅超出了我们的能力范围，而且那种不顾一切地想要清除这种或那种罪行的冲动其实是很危险的，就跟我们时代的任何一种谬误一样危险。

第二章　被冷落的智识

1

在试图分析"智识"在美国社会受冷落的原因之前,有必要介绍一下我们对这个词语的一般理解。而要想明白我们对这个词语普遍抱有的偏见,最好先从人们对它的通常用法开始。任何一个有好奇心的人只要搜索一下美国的通俗文献,就会惊讶地发现原来智识(intellect)和智力(intelligence)这两个词语竟然如此不同。[①] 前者经常用来做修

[①] 译注：intelligence 从 14 世纪开始,就被视为一种普遍的理解能力,跟知识、学问、智力有关。intellectual 作为一个普通的形容词,涵盖了 intelligence 的通常的内涵。作为一个名词,用来表示一个特别种类的人,或从事一种特殊工作的人。它的复数形式 intellectuals 慢慢演变成为一个特定所指词,指涉一个类别的人,有趣的是 intellectual 这个词因为更多地出现在政治语境中,故而因政治语境的不同而拥有多面的意涵,而且在整个西方语境当中,负面语境要多于正面的。比如,intellectuals 指涉的是一种特殊类别的人,中文翻译成知识分子,根据中文字面意思理解就是拥有或掌握知识的人。而中文中的"知识"则是一个语义非常宽泛的词,泛指人类通过各种途径获得的有用的认知,比如通过直接经验获得的知识,通过教育等方式学习到的知识,以及通过(理性)思维能力创造的知识,跟英语单词"knowledge"更为接近。但是,英语语境中,intellect 更强调的是一种对知识或信息的内在加工能力,以及围绕这个能力而形成的特定知识,中文经常的翻译是智力、理解力、理性思考的能力,跟知识获得的形式和表现形态有关,一般抽象的、理论的、理性的知识,我们才称为 intellect,而拥有这些知识的人才是 intellectuals 在西方语境中的所指。intellect 这种知识跟技术、技能知识和经验知识不同,是不能直接应用到生活实践中去的。在西方语境中,intellectuals 包含的负面内涵要更多,他们是掌握了一定理论知识,并遵循一些理性原则的人,因此往往就会伴随着知识空洞、缺乏经验这样的人设,所谓四体不勤、五谷不分就可以用来描述这样的阶层。另外,intellectualism(理智主义)实际上跟 rationalism(理性主义)可以相互替换,前者强调的是知识形态,而后者则是强调知识产生的途径。

饰词，而后者则从没有这样的用法。没有人会质疑智力的价值，作为某种抽象的品质，它受到普遍地尊重，而那些拥有高智力的人也会得到社会的高度认可。聪明的人总是会得到别人的赞扬，有智识的人偶尔才会得到，而且还是当大家认为智识中包含聪明内涵的时候。智识丰富之人常常会招来别人的不满和猜忌，人们只会说一个有智识的人不可靠、不讲道理、浮夸，而且会瞎捣乱，但绝不会说一个聪明人如此。甚至有人会因为智识丰富而被人认为不够聪明。①

智识与智力之间的差别不是由定义来清晰界定的，更多的是人们从语境中推导出来的。根据经常使用这两个词语的语境，就可以发现他们之间的种种区别，对大部分人来说这并不难：智力指的是一个优秀的头脑或思维能力，往往跟专注力、直觉力和预测力有关；它还是一种控制能力、自我调整的能力以及持续稳定的行为能力，这是一个动物所能具备的最杰出的也是最宝贵的一种能力。这种能力在工作时，能够锁定思维的对象范围，并且目标清晰，它能够迅速地排除头脑中一些不必要的想法，并及时发现问题。最后，在日常生活和工作中，无论是头脑简单还是复杂的人，都能经常用到这种能力。

然而，智识则是我们思维中批判的、创造性的以及需要思考的那一面。因此，高智力的品质寻求理解、掌控、恢复秩序和调整，而智识则负责检验、考量、怀疑、批判、理论化以及建构。智力高的人善于抓住具体情境中的当下意义并做出快速地判断。而智识则会对直觉判断进行再评估，从整体上去把握具体情境的意义。我们可以用聪明这个词来夸赞动物；但智识则只能是人类所独有的能

---

① 我并非强调这种现象只存在于美国，似乎只要有地方存在某个讨厌知识分子又不愿意放弃自以为"聪明"的想法的阶级，就会存在这样的现象。例如在法国，当知识分子成为一股社会力量后，我们就会看到 Maurice Barrès 在 1902 年写道："我要的是聪明的人，而不是一个知识分子。"Victor Brombert：《智识英雄：法国小说研究（1880—1955）》（宾夕法尼亚，1961），P.25.

力品质，作为一种人的品质，它有褒贬两层含义。阐明了两者之间的区别后，我们就很容易理解为什么有的时候我们会评价一个玲珑通透的聪明人不够理智；凭借同样的标准，我们会发现在智识（intellectual）丰富的头脑中包含了很多聪明的直觉（intelligence）。

这种区分看起来或许太抽象，但是却在美国文化中表现得非常突出。举例来说，在我们的教育理念中，智力的培养和发展是重中之重，这一点从未遭到质疑。但是，应该给学生什么程度的智识教育，则一直是备受争议的话题。在大多数的公立教育机构中，智识教育的反对者们占了上风。一个最有力的证明就是，美国人非常重视发明创造的技能，却忽略了纯科学研究能力的培养。美国最伟大的发明家托马斯·爱迪生几乎被美国公众奉为楷模，有关他的传奇故事到处流传。我无法想象一项纯科学领域的研究成果也能够获得公众们同样的喝彩，因为爱迪生这样的发明创造能给人们的日常生活带来直接而显著的影响。但是，或许我们可以期待，美国纯科学领域里最伟大的天才，奠定了现代物理化学理论基础的约西亚·威拉德·吉布斯能够在公共教育领域获得同等殊荣。然而，吉布斯虽然在欧洲受到赞誉，但在美国却完全生活在公众视野之外，甚至都没有人知道他是耶鲁大学的教授，在那里教了32年书。19世纪的耶鲁，其科学研究水平在美国处于领先地位，但在这32年间能够理解吉布斯理论的研究生不超过六个，耶鲁也从未想过要给他授予一个什么荣誉学位。①

当我们讨论智识在美国社会所遭受的待遇时，还存在一个特别

---

① 吉布斯的遭际常被用来说明美国文化对智识的态度。对他所象征的智识的总体境况请参见 Richard H. Shryock：《19世纪美国对基础学科的忽视》(American Indifference to Basic Science during the Nineteenth Century)，《国际科学史档案》(Archives Internationales d'Histoire des Sciences)，No. 5 (1948)，pp. 50–65.

的困难，该困难来自这样一个事实，即我们被迫从职业的角度来讨论智识，但我们知道不能将智性简单地理解为跟职业有关。从智识的一般用法来看，它可以被视为从事某种职业和工作需具备的才能；我们会谈论一位作家、评论家、教授、科学家、编辑、记者、律师、神父等职业所具备的智识（intellectual）。雅克·巴赞曾说过，知识分子是拎着公文包的人。要想让人们消除这种形象几乎不可能。"拎着公文包的人"反映了人们心目中知识分子的地位和作用，很少有人认为某个职业的从业者，哪怕是从事学术研究的人注定会成为一名知识分子，不管怎样理解这个词语。智识对大部分职业都是有帮助的，但一个聪明的头脑即使没有智识也完全可以在工作中应付自如。举例来说，我们知道并不是所有从事学术研究的人都是知识分子，这是一个令人悲哀的事实。我们知道智识理性与可以经过职业训练获得的聪明技巧不同，它其实跟我们所从事的职业没有太大关系，而是跟人有关。当我们担心智识和知识分子阶层在美国社会的地位时，这种担心针对的并不是我们脑海中某一个职业群体，而是一种跟某种精神品质相关的价值观。

在美国文化中，尽管像记者、律师、编辑、工程师、医生，当然还有一些作家和大部分大学教授的工作主要依赖于思想观念，但他们中很多人都不能算真正意义上的知识分子。为了工作，一个脑力或半脑力工作者一定掌握了满脑袋瓜僵化的知识，假如他干得不错的话，那他一定会聪明灵活地运用这些知识，但他只是将这种才智当作一种工具来利用。借用马克斯·韦伯在政治上的区分，脑力工作者靠知识谋生，而不是为了追求知识，这句话可谓一语中的。一个人在工作上的角色和技能并不能让他成为一名知识分子，他不过是一个脑力劳动者，一个技术员。或许他碰巧也是一个知识分子，假如他称得上的话，那是因为他赋予所从事的职业一些独特的非工作所需的思想。工作中培养出来的脑力劳动的能力可以给他带来利益。但即便这种能力超强，如果他在工作中做不到聪慧且公正，不会推理，不能进行自由地思考、没有敏锐的观察力和丰富的创造力，缺乏强烈的批判意识，那我们就不会认为他属于知识分子之列，而只是一个受雇佣的脑力技术人员，运用他头脑中的知识去追求外部目的。这一目的是创造知识的过程之外的某种利益或好处。正因如此，一个人既可以是一种智性的狂热痴迷者；也可以是一个从事脑力工作的技术人员，这两种特点可以兼备。脑力劳动者的头脑不是用来自由发挥的，而是为了出卖。他的动机是外在的，而不是自设的，而知识分子的生活则具有某种自发性和自设性的特点，而且知识分子还自带一种特别沉着冷静的气质，知识分子对待思想理念有两种基本态度，既玩世不恭又虔诚信奉，我相信正是这两种态度之间的纠缠赋予了他们这样的气质。

　　一位教授或律师是不是一名知识分子，要给知识分子一个明确的定义，我们就得先找到两者的差异，或者换句话说更恰当些，即我们凭什么说在这个时刻，一位教授或律师的行为表现是不折不扣的职业化态度，而在另外一个时刻则表现为一名知识分子。这种区别并不是他们在工作中运用了不同的思想观念，而在于他们对思想观念的态度不同。我之前提到过，一个是他为了理念而活，这就意味着他会像献身于宗教一样投身于某种理想信念。其实这点并不奇怪，因为从某个重要的方面来看，知识分子的角色本来就是从教士的职位继承而来，他们都是主张通过理解的方式去把握终极价值。苏格拉底说过，未经审视的人生不值得过，这句话一语中的。我们屡屡听到历史上各种各样的知识分子在各自的时代、社会和文化中发出这样的感叹。但丁在《帝制论》中说："总而言之，人类在历史上的使命就是竭尽所能地彰显智识的光芒,首先是思考的能力,其次就是通过思考扩展智识,以及以思考为目的付诸行动。"人类最高贵也是最接近神性的就是"知"。洛克在《人类理解力论》中的第一句话就是:"正是理解力将人类置于其他感性物种之上,赋予人类各种优势及统领其下万物的权力。"这句话表达了同样的意涵却更为通俗和激进。作家霍桑在小说《福谷传奇》接近结尾的一段中提到,自然界赋予人类最高的意义就是"觉察到了智性的生活和感性的生活"。最后,当代小说家安德烈·马尔罗在他的一部小说中提出了这样一个问题:"怎样才能达到人生的最高境界呢?"他回答道:"尽量将所有的人生经验转化为智慧!"

虽然无意仅局限于怀疑论,不过将理性主义封为至尊的恐怕也唯有怀疑论者。几年前有位同事请我阅读一篇短文,是写给有意从事他所在领域研究工作的学生看的。这篇文章的目的貌似是想要告诉学生在他的理论框架内如何去培养学术的头脑,但实际上却花了大量的篇幅去表达他个人投身于学识的意愿和决心。尽管这篇文章出自一个坚定的怀疑论者之手,但我却似乎在阅读一篇虔诚的文学作品,有些方面跟理查德·斯蒂尔的《商人的召唤》或者科顿·马瑟的《从善文集》类似。因为在文章中,智识的任务被视为一种召唤,风格很像一位旧式的新教徒作家。他把工作视为一种奉献行为,一种个人的担当。这是因为工作的意义远远超越了谋生的饭碗或职业本身,它成了一种让我们思考的活动,工作的目的是追求真理。知识分子的生活此时已承担起重要的伦理道德功能。知识分子对理念的这种态度可谓虔诚,他是"献身者",做出承诺,投入并实践。当其他人都只是口头承认观念和抽象思维在我们生活中的重要性时,知识分子则身体力行地去实践这些理念。

当然,智识所包含的远不止纯粹的个人准则,也不仅是对人生的思考和理解。因为对人生的思考，即便被视为人类最高级的一种行为，也只是一种使得其他的价值在社会群体中得以确立、提升、重申，以及实现的媒介。全体知识分子总是努力地扮演人类道德先锋的角色，在这些基本伦理道德规范被人们觉察之前，就对它们进行规划设计，如果可能的话还给予澄清。这些思想者觉得自己应该成为理性与公正等价值的捍卫者，因为这些价值与追求真理息息相关，一旦他们的尊严受到诋毁和中伤，他们就会充满激情地高调地出现在公众视野中，这让大家想起伏尔泰为卡拉斯家族①进行的辩护、左拉为德雷福斯案②的发声、萨科和万泽蒂案件③在美国知识分子中激起的公愤。

假如只有知识分子独自在捍卫这些价值，那将是社会的悲哀。虽然他们的热忱也会有跑偏的时候，但跟其他群体相比，知识分子对这些价值能做出更积极正确的反应，这也是不争的事实。在现代，西方社会的知识分子们也曾有过历史上的高光时刻，在所有能够称为享有特权的阶级中，知识分子对位居其下的阶层的福利给予了最大也是最持续地关注。支撑知识分子这种使命感的是：一种相信世界在某种程度上会回应其理性以及对秩序与公正的热情。知识分

---

① 译注：18 世纪时的法国是一个天主教国家，而卡拉斯（Jean Calas）与其妻子为新教徒，其信仰不受法律保障。1762 年，他被法国政府以谋杀其子的罪名判处死刑，一向对天主教会的不宽容持批判立场的哲学家伏尔泰为卡拉斯辩护，并成功让他在 1764 年洗清罪名，法王路易十五开除审判的官员。

② 译注：1894 年，法国陆军参谋部犹太籍的上尉军官德雷福斯被诬陷犯有叛国罪，被革职并处终身流放，法国右翼势力乘机掀起反犹浪潮。此后不久即真相大白，但法国政府却坚持不愿承认错误，直至 1906 年德雷福斯才被判无罪。

③ 译注：1920 年 4 月 15 日，马萨诸塞州一家鞋厂的出纳与警卫被两名男子抢劫谋杀，三个星期后，意大利移民萨科和万泽蒂被指控杀人，长达七周的审判后，在罪证不足的情况下仍被宣判谋杀罪并处死刑。但有大量证据显示两人是无辜的，声援他们的行动在全美展开，甚至蔓延至东京、伦敦、巴黎等城市。1977 年，在两人死去 50 年后，麻州州长杜卡基斯（Michael Dukakis）宣布他们遭受到不公平的审判。

对人类做出的贡献主要都来自这些信念,当然他们所产生的破坏力也源自此。

2

关于知识分子,有种说法认为他们有种制造悲剧的独特本领,这让我们意识到光凭一颗虔诚的心是远远不够的。知识分子如我之前所说是为理念而活,但是必须做点什么去阻止他们只为了某一种理念而活,不能让他们执迷不悟或举止怪异。我们可能会把很多狂热分子看作知识分子,但狂热只是外在地表现而非本质。当一个人沉湎于某种理念的时候,不管他是多么得坚定与虔诚,都要控制住不能太极端,要将它们投入一些具体的、重要的、预先想好的事务中,或者一些外在的目标,过度的狂热会吞噬人类的理性。在智识生活中,对一些特殊的偏狭的思想过度沉迷要比盲目地信奉更危险。它能在政治领域起到如宗教一般的效果;将过度的虔诚投入一些狭隘范畴中会压制知识分子本应发挥的作用。

虔诚有时也需要一些调和剂,才不会显得过于呆板。在大部分知识分子身上,都有一种我称之为玩世不恭的气质。我们会说到智力游戏这个词,而知识分子则会出于自身的目的享受智性的愉悦,并从中去发现生活的主要价值,这是知识分子在所从事的活动中获得纯粹快乐的本质。若是如此,智识则可以看作一种动物正常的思维能力,是大脑在满足了基本生存所需之后,释放出来的多余能量。德国诗人席勒说:"只有在游戏的时候,人才是完美的。"这句箴言反映了诗人对人类拥有这种超出生存所需的多余能力的觉察。凡勃伦常说,人的智力就是一颗"睡着了的好奇心",不过,这里的用词似乎不太恰当,因为一个好奇的讲究趣味的头脑应该会非常活跃和不安分。正是这种永不安分和活跃给了知识分子一个广阔的心灵去追求真理，冲破教条的束缚。

理论上说，追求真理乃是知识分子内心的事业所在，可作为一份事业，又显得过于沉重，也不足以成事。作为一种快乐，追求真理的过程本身就充满了乐趣，但通常看不到终点，因为一旦真理在手，便失去魅力。众所周知，随着时间的推移，真理也会转变成谬误。无论知识分子起初所确信的是什么，假如他持有一种健康的玩世不恭的态度，那他很快就会开始不满足于此。对知识分子来说，人生的意义不在于拥有真理而在于对不确定性的质疑。哈罗德·罗森伯格说知识分子就是那个不断把答案再变成问题的人，这恐怕是对知识分子智识生活最好的一个总结。

正是这种玩世不恭的态度催生了形形色色的精神产品，从阿贝拉《是与否》到达达主义风格的诗歌。不过我使用"游戏"和"玩世不恭"两个词并不是暗示他们态度不够认真，恰恰相反，你只要观察一下玩耍中的儿童或成人，就会发现其实游戏和认真两者并不冲突，有些形式的游戏所需要投入的专注度并不比工作中少。玩世不恭里也没有不务实的意思。美国公众在讨论时会经常用实用性的标准来衡量智识，但原则上，智识既不是实用的，也非不实用的，而是超实用性的。狂热分子会被自己的虔诚之心所控制，而出卖脑力者却只关心他头脑中具有市场价值的技能，对于他们来说，思想理念的作用从一开始到最后都是为了一些外在目的，而不是为了产生智识。知识分子并不是一开始就关注这样（实用性）的目的。这并不是说他们瞧不起实用性，很多现实性问题都隐含着大量的智识性内涵；也不好说他们不切实际；知识分子只是更在意其他东西，即问题的实质，它无法用是否具有实用性来限定。认为知识分子天生就不务实的看法经不起推敲。（我们可以轻而易举地列出像亚当·斯密、托马斯·杰斐逊、罗伯特·欧文、瓦尔特·拉特瑙、约翰·梅纳德·凯恩斯等知识分子在从政或经商时都非常务实。）只是实用性并不是他们的兴趣点所在。阿克顿的看法更偏激些,他说:"我认为做学问就应该漫无目的。我们应该带着一个纯真的心灵去追求它,就像数学一样。"

数学家兼理论物理学家詹姆斯·克拉克·麦克斯韦就电话的发明做过一个评论,它很有代表性地表达了知识分子对纯实用性事物的看法。当麦克斯韦受邀就这个新装备的运行发表看法时,他表示当开始有传言说美国一直在设计这样一件东西的时候,很难相信它真能做到。接着,他又说:"当这个小玩意儿最终出现的时候,我们对组成它的每一个零部件都不陌生,却被一个非专业人士组合在了一起,它不起眼的外表有点令人失望,还好我们发现它还是可以通话的。"或许,令人遗憾的简单外表可以通过引进"某些深奥的物理学原理"得到弥补,"它或许值得占用一个从事学术研究的人一小时的时间"。但事实并非如此,麦克斯韦所认识的每一个人都懂其中的物理过程,甚至日报社的科学版记者也能正确地理解它。[①]这个发明毫无挑战性,它一点也不深奥、难懂、复杂和艰涩,从思想和理论性(智识性)来说一点也不新颖。

麦克斯韦的反应在我看来一点也不值得称道。单从一个从事纯科学研究的科学家的视角而非历史学家或社会学家,甚至一位家庭用户的角度来看待电话机的发明,他的视野过于狭隘。从商业的、历史的乃至人类的角度来看,电话机的发明都是一件了不起的事情,它成为通信工具的潜力给了我们极大的想象空间,即便是一种折磨人的工具。然而,麦克斯韦只站在他所关注的物理学这一狭

---

① 参阅 W. D. Niven 编辑的《詹姆斯·克拉克·麦克斯韦科学论文集》(*The Scientific Papers of James Clerk Maxwell*)(剑桥,1890),Vol. II,p. 742.

隘的领域内,用这种执拗、无礼的语气谈论着知识分子对这一事件的兴趣点所在。对于他这样的一个物理学家来说,这个新的发明不能给他带来任何值得玩味的东西。

玩世不恭与虔诚笃信是知识分子所具备的两种精神特质,有人会问,两者之间是否存在着不可调和的矛盾呢?当然,两者的关系确实有点紧张,但还没有达到你死我活的程度。这种存在于人性的不同特性之间的紧张和冲突反而会激发我们的创造性。实际上正是这种理解和表达不同甚至完全对立观点的能力,以及想象并发自内心地接纳跟自己相反的想法与感受的能力催生了所有人文领域及许多科学研究里一流的(脑力)工作。人类就是一个矛盾体,即使知识分子的生活也是没有逻辑的,这并非出自福尔摩斯的推理,而是源于经验。仔细揣摩一下历史上或者自己周围的那些知识分子,或许能想起谁更玩世不恭一些,而谁又更虔诚恭敬一些。不过在大多数知识分子身上,这两种特质都是彼此映照又相互限制的。二者在内心保持平衡的能力可以用来衡量知识分子思想的张力。在这一端,过度的玩世不恭可能会导致肤浅,喜欢炫耀卖弄和消遣,不肯进行创造性的努力。而在另一端,过度的虔诚则会导致思想僵化,滋生狂热、救赎的宗教情结,以及一种在道德上或吹毛求疵或崇高伟岸的生活方式,两者都不是智性的表现方式。①

从历史上看,玩世不恭和虔诚分别是从贵族和神职人员这两种

---

① 这是朱立安·班达(Julien Benda)在《知识分子的背叛》(1927)(*La Trahison des Clercs*)中指控的一部分,许多当代知识分子为了追求这种救世主式的政治而牺牲了智性的价值:"今天,如果我们提到 Mommsen, Treitschke, Ostwald, Brunetière, Barrès, Lemaltre, Péguy, Maurras, d'Annunzio, Kipling 等人,我们必须承认他们用所有的情感方式表现出了无比的政治热情——付诸行动并渴望立竿见影、全身心地投入心中的目标、蔑视论证、无节制、仇恨以及僵化的思想。"(见 Richard Aldington 翻译的《知识分子的背叛》,波士顿,1955, p.32.)

智性背景中继承过来的。游戏的因素源自有闲阶层的精神气质,它在创造力、想象力和人文知识的发展历史中处在核心地位。而虔诚的因素则要追溯到智性传统中的宗教遗产:对真理的存疑和保有是一件神圣的事情。作为他们的继承者,现代知识分子继承了贵族的特点,被清教徒和平等主义者敌视;也沿袭了神职人员的特点,即面对反教权主义与等级制度遭到挑战时的无力。即便在美国这样一个国家,民主和唯信仰论之乡,知识分子处境不佳也就不足为奇了。

在知识分子心目中,自身及其工作是最有价值的,这与社会对他们的评价颇为不同,这也许是知识分子的悲哀。社会对知识分子的评估是根据其多样的实际用途,从大众娱乐到武器的制造。但是,对我所阐述的智性要素的这两种精神气质,社会上的理解就很不充分。知识分子在很多场合所表现出来的这种玩世不恭的态度对大多数人来说似乎是一个无法企及的奢侈品;在美国,脑力游戏恐怕是各类游戏中唯一一个不受人待见的游戏形式。知识分子的虔诚态度即便没有什么实际的危险性,但也令人厌烦。在现实的日常生活中,这两种精神气质都被认为是没用的东西。

3

我曾提过在美国探讨智识和知识分子时首先被问到的问题之一就跟实用性有关。反智这个词的指涉今天已经发生转变的原因之一就是我们对智识不实用的看法发生了变化。在19世纪,商业的价值标准在美国文化中占绝对支配的地位。当大部分商人和职业人士即使没有受过很多正规教育也能获得显赫地位时,学术性的训练常常被认为是没用的。大家都认为上学不是为了培养某些独特的精神品质,而是为了取得个人的进步。为此,解决现实生活中的问题成了更有用的教育性目标,而对智识和文化的追求被认为是脱离尘俗的、缺乏阳刚气的、不切实际的行为。尽管人们在陈述这种观点的时候往往用词粗鄙、不讲究，不过这倒也与美式生活中的现实和需求相匹配。这种对正规教育培养智识的质疑态度一直延续到20世纪。当然，美国社会已经变得更为复杂，跟其他世界的联系也大大增加。在生活中的很多领域，接受某种正规训练成为个人取得成功的前提条件。同时，现代生活的复杂性正逐渐削弱那些具有一定智识、自我理解力和判断力，并能进行自我调节的市民在社会中的作用。一个普通人掌握全面的知识与技能，这在美国梦流行之初是非常必要且普遍的。大家认为无需太多的刻意准备，一个普通人就应该能够从事某项职业以及运作一个政府。可如今，要是没有一些设备，他甚至连一顿早餐都做不了，而他也无需了解这些设备中所包含的专业知识就能进行操作。每天早晨，他坐在餐桌前一边享用早餐，一边阅读一份新闻晨报，他能读到各种各样重要的、错综复杂的事件，虽然能知晓，但坦白地说，其中大部分内容他是无法进行判断和评价的。

在现实的事务性世界里，受过训练的知识分子被认为是一股至关重要的力量。过去对智性及其正规教育的一些无伤大雅的嘲讽和讥笑，如今已转变成了针对知识分子专家能力的恶毒抨击。过去大家对知识分子毛毛糙糙的旧印象，以及教授心不在焉的刻板形象依然健在，但它表达得更多的是人们为克服内心恐惧的一种防御心态，而不是一种怀旧。过去知识分子会因为不被需要遭到冷嘲热讽，而现在他们却因为被寄予厚望而受到更加猛烈的抨击。他们已经变得非常务实而有效率，知识分子成为受抨击的对象是因为地位的上升而非下降。他们不是因为太过抽象、空洞、无用而招来恶意的攻击，而是因为他们的成就、影响力、生活安逸或大家想象出来的奢靡，还有就是那种靠本事吃饭的独立性。知识分子因为实力或特权而遭人怨恨。

不过，有人或许会马上指出，此时我们脑海之中所想到的应该不是知识分子，而是专家。很多知识分子并不像专家那样在公共生活中有重要的影响力，很多人甚至从未闯入公众的视野。① 这是毋庸置疑的，而我要说的是目前流行的对知识分子的态度正是由那些冒犯公众的知识分子造成的。能够对公共思想产生影响的知识分子主要有两种类型，专家型和理论家型。这两种类型的知识分子都能激起公众深刻的、在某种程度上符合法律规范的恐惧和愤恨，他们强化了我们生活在现代社会无处不在的无助感，公众因为不断成为被控制的对象而会加剧对专家的愤恨情绪；理论家则处处让大家体会到一种被颠覆的恐惧，加重了现代性带给公众的各种精神压力。

近三十年来，对公共事件稍加了解的人士已经开始认识到机械化的趋势，专家们也是通过机械化让公众认识到了自己。首先，在罗斯福新政期间，设立了一些智库及相关机构以应付经济危机，在第二次世界大战期间，设立了"战略服务中心"与"科学技术研究发展中心"等；直至今日，中央情报局（CIA）、原子能总署（AEC）、兰德公司、总统经济顾问室，以及所有的战争战略和设备研究机构都在从事一些超出常人理解范围，却能决定他们命运的研究。在这个难以做出准确判断的世界里，大部分的公众自愿放弃了在政治上表达意见的权利。但一些小政客和小商人过去认为在公共事务和私营企业的管理领域里，大部分事务都在他们的掌控范围之内，自从罗斯福总统上台后，这些人就被迫去面对大量受过良好教育和复杂训练的专家，并不断地遭受挫折和打击。与所有公众一起，这些人

---

① 对于专业化的发展是否危及智识这一问题，知识分子群体有很多内部讨论。大家关注的问题是知识分子作为专家的角色是否会破坏智识的功能，令知识分子降格为一个"心智技师"（mental technician）。例如，参见 H.Stuart Hughes 在《论和平途径及其他论文》（*An Approach to Peace and Other Essays*，纽约，1962）的第十章中说的："知识分子是否被淘汰了？"在最后一章我们还会回到此问题。

在做出重要决策时不会投入太多的精力和知识。他们对权力的内在运作机制了解得越少，就越容易分享甚至挑起公众对权力运作方式的质疑。来自小镇的律师和商人一旦经选举进入国会后，并不能剥夺专家们作为核心咨询人员的地位，除非他们通过国会调查和干预权给予报复。我们应该明白他们定会秉持某种道德使命感来完成这一任务。毕竟专家提议的政策中总有数不清的以案例失败而告终，而这些失败在成千上万公众的眼中就不仅是个人的过失，而是各种无情操纵的结果，其中充满了阴谋甚至背叛。像阿尔杰·希斯[①]以及其他类似人物的公共报道就是引发民众产生这样想法的经典案例。还有一些牵涉高科技领域的惊天大间谍案似乎坐实了公众对现代政治的想象：这个世界正在被一群掌握着不可告人的秘密，以及到处去窃取别人秘密的人所统治。[②]

虽然有很多这样的专家并不值得信任，但物理学专家的建议还是会受到重视并被公众接受。相较之下，社会学领域的专业知识会被人嗤之以鼻，不是奇谈怪论，就是愚蠢而无用。一位国会议员在反对将社会科学研究纳入国家科学研究基金时，说道：[③]

> 除我以外，我想每个人都可能认为自己是社会科学家。我确信我不是；但是我相信其他人似乎都自认为具有某种上帝赋予的特殊权力，去决定其他人应该干什么……普通美国人都不

---

① 译注：阿尔杰·希斯间谍案可谓 20 世纪 50 年代最为轰动的案件之一，阿尔杰·希斯曾任总统顾问、国务卿助理等要职，50 年代被揭露为苏联间谍，在公众中掀起轩然大波，但最终因为时效问题，没法定罪。
② 希尔斯（Edward Shils）的《秘密的折磨》(*The Torment of Secrecy*, Glencoe, Illinois, 1956) 对大众政客对抗专家的背景做了极富洞见的研究。
③ 州际及对外贸易委员会附属委员会证词，美国众议院，79 届国会，第 2 卷，1946 年 5 月 28、29 日，p.11, 13.

希望自己被一些专家围绕着,对他的生活和个人事务指手画脚,指指点点,替他决定应该怎样生活。假如在国会中这样的意见占了上风,这项立法将会导致一些组织机构出现,一些留着短发的女人和留着长发的男人出入其中,把每个人的个人生活和事务搞得乱七八糟,一天到晚去调查他们爱不爱自己的妻子这样的问题。因此,不能让这项立法通过。

从这位政客的观点来看,在罗斯福时代专家们的形象就已经够惹人厌了。他们似乎享有自由出入白宫的特权,而总统则与政治家们保持一定的距离。到了冷战时期,情况变得更加糟糕,涉及最高公共利益的事项往往只能由专家来界定。更加不可思议的是,爱德华·希尔斯曾指出,在民粹主义文化当中,大家对一个由大众领导并由大众来决策的政府寄予厚望,并深深地相信公意的神圣性。这位政治家在这里表达的是绝大多数公众的感受。市民们既离不开专家,又无法摆脱专家的控制,但他可以尽情嘲讽那些疯狂的教授、不负责任的智囊团成员,以及疯狂的科学家们来满足一下自己的报复之心。甚至当政治家们开始追踪那些离经叛道的老师、形迹可疑的科学家,以及被指控有叛国罪的外交官们时,公众们还会拍手称道。在我们的国家,总是有这样一种类型的思想,能将"恨"提升到某种信念的程度。受这种思想影响,政治上就会出现群体性憎恨,类似于在一些其他现代社会中的阶级斗争。人们心中充满了莫名的、模模糊糊的愤怒和挫折情绪,被各种精心炮制的秘密和阴谋所蛊惑,这些怒气冲冲的群体需要找到替罪羊来发泄情绪。美国在不同时期有不同的替罪羊,包括共济会员、废奴(除死刑)主义者、天主教徒、摩门教徒、犹太人、黑人、移民、私酿酒者,以及国际金融家。在无知论追随者们罗列出来的这份替罪羊名单上，知识分子的名字终于出现在我们这个时代。

大家不断地攻击和讽刺知识分子以专家的名义干预公共事务，我们这个时代的反智主义有很大一部分都是被这些讽刺激发出来的；知识分子在宗教和世俗事务中都承担着一定的责任，他们对自己名誉的过分敏感在很大程度上是因这两个角色总是尴尬地并存。像在先知、学者、艺术家这样神圣的角色中，知识分子会受人尊重和认可，尽管会受到一些约束：在现代城市文明的夹缝中，他们拥有隐私权和匿名权；假如他是一位学者的话，则会从这种还有待完善，但却有效的学术自由原则中获益。基金会、图书馆、出版社、博物馆，以及大学供他使用，他的生活优雅而有尊严。但作为一个专家时，知识分子通过融入公共事务而承担一些世俗性的角色。他或许会惊恐地意识到成为一个公共人物后，他会很容易被一些没有道德底线的论辩中伤。这股风气在政治上正大行其道，隐私不被尊重，整个社会都是如此。他甚至分辨不出这些诽谤和中伤是专门针对他本人还是他这类人，几乎所有声名显赫的政治家都会有这样的遭遇，甚至连美国最伟大的政治家——杰斐逊、林肯、富兰克林·D. 罗斯福这些人都不能幸免，爱默生曾经质问道："只要他稍有名气就会招来诋毁和诽谤，难道这不是美国人的头号特征吗？"[1]

4

专家型知识分子即使被人畏惧，但还是能得到社会的认可，与之相比，作为思想先驱的知识分子就成为无穷的猜忌、不满和怀疑的对象。专家存在控制或摧毁一个常人的危险，但很多人相信理论

---

[1]《爱默生日记》(Journals)（波士顿，1909-1914），Vol. IX（1862 年 7 月），p.436.

家们已经毁掉了美好的美国社会。为了理解这种想法所产生的背景，有必要回顾一下知识分子是如何成为美国自始至终的反右势力的。当然，这并不是美国政治所独有的现象。知识分子成为一个阶级、一股独立的政治力量，这些现代理念乃至"知识分子"这一术语都与政治与道德思想联系在一起。广义上说，知识分子在历史上一直存在，只是在工业社会以及类似思想交易市场出现之前，很少有人会想到把智识的生活分割成一个个职业，社会上也并没有产生将他们团结起来的需求，更别说动员他们了。在19世纪中期，虽然知识分子做了很多事情，像酝酿1848年革命、俄国解放农奴运动，以及美国的废奴运动，但当时在英语中还没有一个被广泛使用的词语将他们称作一个群体。

"知识分子"这个词最早是在法语中出现的，很快就传到了其他国家。当时德雷福斯案件激起了广大知识分子群体的抗议，他们站出来反对针对德雷福斯的阴谋，并逐渐卷进了一场与法国反动派开展的意识形态斗争。① 当时，斗争双方都在使用这个名词，右翼使用时带有贬义，但对于德雷福斯的同情者来说，"知识分子"这一名词就像一面高高飘扬的旗帜。"让我们用这个词来称呼自己吧，"有人在1898年写道："因为它已经变得如此高尚而神圣。"次年，威廉·詹姆斯在一封信中提到法国知识分子在德雷福斯事件中所起的作用时写道："我们美国的知识分子必须一起努力捍卫宝贵的、与生俱来的个人权利与自由，以免被（教堂、军队、贵族和王室）这些机构所剥夺。每一个宏大组织都注定会走向腐化堕落——不管

---

① 关于intellectual这个词在法语中的前身及早期用法，请参考Victor Brombert：《知识分子英雄》（*Intellectual Hero*）第二章。俄语中intelligentsia这个词出现在19世纪中期，起初是用来指涉某些从事自由职业的人，但不久就变成政权反对者的代称。见Hugh Seton-Watson：《俄国知识分子》（*The Russian Intellectuals*），《文汇》（*Encounter*），（1955年9月），pp. 43–50.

它曾经发挥过多大的积极作用。只有在自由的个人交往中，所有的理想才能实现。"① 据我所知，这是美国历史上第一次使用这一词语，它竟然出现在这样一篇"激进的"、乌托邦的、反制度性的声明中。至少，从美国的进步时代②开始，大部分美国知识分子领袖的政治口号就一直被解读成开明的、进步的或激进的。③（当然美国政治的图谱非常简要，它区分左右派的中间点实际上在法国偏右的位置，区分知识分子的点也差不多在这样的位置。）我并不否认美国有很多保守的知识分子，甚至还有一些反动的。不过，假如美国的知识分子确实存在着某一政治立场的话，那么这个立场虽然算不上极端激进（激进并不适合来表达一种立场），但也是在偏左的位置。这引起了右派对知识分子持续不断的、难以缓和的怨恨，因此他们总是喜欢有意模糊渐进派和革命派之间的界限。

只要知识分子阶层的进步主义与普通大众所接受的抗争精神多多少少地保持一致，就像美国进步时代和罗斯福新政时期那样，知识分子受到极右派攻击的机会就会比较少。但在20世纪30年代，知识分子阶层与共产主义及其同道中人志趣相投，这给了右翼分子很好的攻击借口。此时，在反智的案例中，给出一些现实的判定因素就非常重要。尽管可以说，知识分子在这点上所遭遇的攻击是被

---

① 《威廉·詹姆斯通信录》(*The Letters of William James*)（Boston, 1920），Vol. II, pp.100–101.

② 译注：一般指1890—1920年代的美国，这是美国历史上发展最为迅速、社会经历急剧变革的时代。思想和社会运动方面，有平民主义和人民党运动、黑幕揭发运动、市政改革运动、反托拉斯运动；这一时期也出现了新工业、新发明及大公司。

③ 有关美国知识分子的这种心态与立场，可参见社会学家李普塞特（Seymour M. Lipset）：《美国知识分子：政治立场与地位》("American Intellctuals: Their Politics and Status"，Daedalus，Summer, 1959），pp. 460–486. 李普塞特对美国知识分子的地位有其独到的看法，但我并不认同他说的美国知识分子的社会地位在任何情况下都很高的观点。

右翼宣传抹黑了，或者说20世纪30年代的知识分子对共产主义的同情程度被夸大了，甚至于说，上一代知识分子中最有影响力、最果敢的人都不是共产党人或同情者；但这些说法无济于事。以上所说都是事实，但在20世纪30年代，知识分子对共产主义的兴趣确实要远远大于其他社会群体，针对知识分子的案子一个接一个地出现就是基于这样一个事实，其中还有几个为共产主义信仰而从事间谍活动的惊天大案。我相信，人们一定开始意识到共产主义及其同道者在智性与道德上的前后不一不仅给反智主义者递了一把刀，而且令过去的轻信者们羞愧不已，对过去卷入的政治运动抱有负罪感让知识分子内心变得麻木，在面对20世纪50年代的大整肃运动时表现得无能为力，甚至时不时地沉浸在痛苦的相互指责中。有一个令人回忆起来依然感到痛苦和尴尬的例子。1939年8月，纳粹与苏联签订和平协议前夕，有400多个开明的知识分子发表了一份联合声明，宣称"将苏维埃与极权国家混为一谈是严重的错误"，并视苏维埃联邦为和平的保障。这份文件就在希特勒与斯大林签署条约的那个星期刊登在《国家》杂志上。① 这使得知识分子失去了历史上、道德上，以及心理上的最佳位置，无法对麦卡锡分子予以有力回应。

对理论型知识分子的怨恨要远甚于对共产主义者及其同道者的谴责，我相信，对很多希望了解美国反智主义背后动机的人来说，这点非常重要。美国新政时期一名相当务实的知识分子雷克斯福德·盖伊·特格韦尔就是最好的例子。他与共产主义者没有任何瓜葛，却依然被视为同党而遭到非议。今天，当共产主义的影响在美国国内已经变得微乎其微时，依然不时能听到让共产主义成为替罪羊的叫嚣声，当调查者无法就被调查者的共产主义背景进行举证时，他

---

① 《国家》(*Nation*)，Vol.149（1939年8月19），p.228.

就会捡起同路人、同情者这样的老把戏，或者竭尽所能地混淆自由人士和共产主义者之间的区别。事实是，右翼分子迫切需要共产主义者作为靶子，因此极不情愿放掉这样一条大鱼。①20 世纪 50 年代大审查的真正用意绝不是像抓间谍或阻止间谍活动那样简单理智（若是这样，有警察就足够了），甚至都不是去揭发真正的共产主义者，而是为了释放那些不满与失望的情绪，倾泻其他敌意，与共产主义相比，它们的影响更加深远。这就是为什么反智运动会这样持续不断，并对斗争对象也不细加甄别的原因，若是抓到的对象是有头有脸的人物，他们会比一不小心抓到一个所谓的布尔什维克还要高兴。麦卡锡分子及其支持者们宣称，他们即使不赞同这位参议员的手段，但依然赞同他的目标，但他们忽略了这一点：真正的麦卡锡主义者衷心拥戴的是他的手段，因为他的目标总是显得捉摸不定。对他们来说，麦卡锡层出不穷进行指控是一件积极的好事，因为他们可以借机扩大怀疑的对象，得以抓住更多受害者，哪怕他们不再是或从未是共产主义者。麦卡锡恐吓威逼利诱的手段也是受欢迎的，因为它迎合了某种迫切的报复心态，他们渴望看到那些在罗斯福新政时期树立起来的权威们身败名裂。

假如只有共产主义者才是大审查针对的对象，那它就应该更加精确，在搜查的时候加以甄别。但事实是：主事者似乎并不怎么在意一个共产主义者和一个独角兽之间的差异。真正的共产主义者其实并没有那么重要，并不值得大费周折地去搜捕；如果不是能够借机直接打击军队以及军队之外的艾森豪威尔政府，麦卡锡是不会自

---

① 这种心态曾被戈德华特（Barry Goldwater）参议员露骨地表露出来，他在 1959 年 7 月说："我绝对不接受美国已无共产党这样的说法，只要翻遍所有角落，我就不信找不出来一个。"可见 James Wechsler：《一位愤怒中年编辑的反思》（*Reflections of an Angry Middle-Aged Editor*, New York, 1960），p.44.

找麻烦地揪住一个毫无名气、具有军方背景的左派牙医不放的。大审查努力想要打击的对象是自由派、罗斯福新政派、改革派和国际主义者、知识分子，甚至是没能纠正自由主义政策的共和党政府。最重要的是，卷入其中的是一系列针锋相对的政策：罗斯福新政与福利国家的理论有关联，而福利国家又与社会主义思想有联系，社会主义又跟共产主义有关。在这场政治运动中，共产主义并不是目标，而是武器。正因如此，才有如此众多的人以最饱满的热情到处搜索国内那些无足轻重的共产主义者，却对国际共产主义力量毫无兴趣，毫无作为，而在世界政治舞台上，这才是真正值得在意的势力。

麦卡锡的信徒们通过对其他一些事情的热衷，更好地揭露了产生大审查运动的更深层的历史源头：对罗斯福总统的怨恨、对新政改革的极度不满、对取消或摧毁联合国的渴望、反犹太主义情绪、对黑人的恐惧、孤立主义、对取消收入税的拥戴、对加入氟的饮用水是否有毒的恐惧，教会对现代主义的抵制。麦卡锡本人就用"二十年的背叛"来暗示这种由改革派孕育的不满情绪已经长期存在。不过右翼发言人弗兰克·乔多洛夫用了一个更好的视角来阐述这个观点，他说对美国的出卖实际上从1913年所得税修正案通过时就开始了。

显然，在这些人心中，这要比20世纪30年代的异端思潮，以及冷战时期的安全问题更严重，甚至比朝鲜战争中所遭受的巨大挫折还要严重：麦卡锡时代采取了一些有力的措施以应对长期存在的反现代化的抗争。直到19世纪80年代，在有些方面甚至是到1914年，旧式的美国都一直跟欧洲大陆相脱离，身处乡村社会，在新教信仰的裹挟和工业资本主义的繁荣中安然无恙。但几十年过去后，美国很不情愿地进入了20世纪，被迫面对一些严酷的事实：首先是世界主义与怀疑主义的侵入；然后是美国不再孤立于世界之外；脆弱的军事安全；传统资本主义的崩塌；以及被一个中央集权的福利国家所超越；最后就是应付第二次世界大战、朝鲜战争，以及冷战所花费的巨额开销和财政紧张。结果，在美国的核心地带，充斥着原教旨主义的信仰者、带有偏见的本土主义者、在外交政策上的孤立主义者，以及经济上的保守主义者，不时发出反对的骚动声，掀起种种浪潮，反对美国现代化所带来的种种痛苦和不堪。

即使我们不喜欢他们的反应，却不能对这个群体的困境视而不见，迄今为止，他们只是一群单纯的，关注于内在精神发展的人，却被迫从自己关注的内心世界中走出来，投入一个异化的物欲横流的世界，被迫在短时间内努力学习以适应时代。美国人对现代世界最正常的反应就是克制容忍和慷慨大方，或许仅凭这一点就非常了不起。在短短两代人的时间，在第一次世界大战前还随处可见的乡村新教文化就遭受了多次冲击并发生改变。美国不得不面对宗教、文学和艺术领域里出现的现代主义、道德上的相对主义，种族平等成为伦理与法律的规范，大众媒体上充满性暗示的内容，还有接踵而来的达尔文主义（参见猴子审判案①）、弗洛伊德主义、马克思主义，以及凯恩斯主义等，而政治、品质和良知这些方面的事务，则托付给一个新兴的，受过良好教育且见多识广的社会阶层来领导。

美国的每一场变革运动中都有作为意识形态家的知识分子参与其中，并发挥着领导作用，使这个国家更快地去接受改变。因而，人们自然会认为他们是打破美国传统模式的主力军，他们也因此遭受了很多过分的谴责。毕竟，在早期阶段，大家认为美国注定就应是一个国家，而不应被各种意识形态分裂。十八、十九世纪，随着欧洲各种派别林

---

① 译注：1925 年 3 月 23 日美国田纳西州颁布法令，禁止在课堂上讲授"人是从低等动物进化来的"。由美国公民自由联盟唆使的田纳西州的生物教师斯科普斯（Scopes）很快以身试法，制造了轰动整个美国乃至整个世界的历史性事件——"美国猴子案件"；也称斯科普斯案件。

立的思潮渐渐在美国消退,并失去意义,这个新兴的国家并没有从这些纷争不断的思想中拣选出某一个意识形态,而是发展出一套自己的思想体系,具体有:折中而朴实的处事态度、鼓励勤奋工作、偏好常识的作用等,与那些空泛矛盾的抽象教条相比,这些要更务实,效果也更好。信念的分歧曾经导致了美国内战爆发,这是美国历史上的一次大失败。它所产生的影响就是进一步强化了美国人的信念:即最好远离抽象的政治理念和意识形态。没有外国那些所谓的"主义",美国也能维持下去,美国人继续以自己拥有这个能力而自得,就像他们庆幸自己能够摆脱欧洲的"腐败"和"颓废"一样。

但就在过去的几十年内,美国公众开始痛苦地意识到:想要破除政治和军事上的孤立主义就必须破除思想上的孤立主义。一些强大的意识形态正在世界各地扫荡,美国也无法独善其身,成千上万的人将被灌输殖民主义、种族主义、民族主义、帝国主义、社会主义、共产主义,以及法西斯主义等各种各样的信念。而具有讽刺意味的是,我们对这些东西所知甚少。原本美国对这个世界的期待就是世界要向美国学习:放弃刻板的意识形态,采取美式民主制度,努力工作,勇敢追求幸福,遵循常识的指导,世界便会安好。然而讽刺的是,这一远大抱负不管成功与否,都会令美国承受伤害。要是没有美国积极进取的精神,那相信生活会越来越好,殖民地人民能像美国那样获得解放,不必再忍受贫穷和压迫,落后的国家也能实现工业化并享受高水平的生活,每一个人可以去追求幸福快乐,这些深入民心的信念又从何而来呢?那些殖民地国家都在努力地学习美国,但却不惜用武力来摆脱美国领导,苏联一边羡慕美国的工业化,一边挑战美国的势力。不过这种竞争无意中已经披上了意识形态斗争的外衣,并带来了未曾预料的后果。大家竞相效仿的是美国行动主义的榜样,却不是美国的生活方式。

在大多数思想封闭的美国人看来，似乎只有那些被抽象的概念所蒙蔽，没有基本常识的民族才看不到且不会欣赏美国制度的所有优点，而外国社会系统无法正常运转是因为一些道德上的致命缺陷，尤其是接受了一些邪恶的意识形态的影响。然而苏维埃政权不仅持续稳定，而且成功发射了人造卫星，在太空领域取得的成就甚至超过美国，这使美国的自信遭到了一记重创。美国此刻正面对着一股强大势力的挑战，足以给美国带来永久的、难以消除的威胁。更有甚者，催生这股势力的恰恰是那些被美国人称作危险的外国"主义"中的一个。面对这个奇怪的、危险的、无端的意识形态世界，普通美国大众无所适从，却怀疑知识分子如鱼得水，甚至有人臆想这是知识分子一手造成的——某种程度上也确实如此。20世纪所发生的变化绝不是由某种邪恶的势力操纵或设计的，或至少不是什么由严重的或愚蠢的错误造成的，但不相信这点的美国人会把自己的怨恨洒到知识分子身上。或许正是知识分子这一群体消解了传统美国力量所依赖的品质。当然，这些不愉快的变化发生时恰逢知识分子走上世界历史舞台之际，即使这不是他们的错，也得承受大家的审视。

5

对那些认为知识分子具有社会破坏力的人来说，跟他们说智识是安全、温和、怡人的东西并不能改变他们的想法。在某些方面，那些多疑的保守派和强硬的平庸派的观点是对的：智识是危险的。若不加约束，没有什么东西不被它反思、分析和质疑。① "让我们承认保守派说的吧！"约翰·杜威曾写道："一旦我们开始思考，就没有谁能保证结果会如何，除非有很多的对象、目的和条件被设定死。

---

① 似乎即使没有自由也会如此，看看苏联与东欧各国发展起来的大量知识分子秘密组织就知道了。

每一个思想家都会让明明很稳定的一部分世界陷于危险之地,没有人能充分预测在这里会发生什么。"①

此外,我们无法保证知识分子阶层在利用智识的影响力时会慎重而克制。唯一有把握的是禁止自由地使用智识要比放开更加糟糕,这点适用于任何一个社群。跟那些文化纠察队所想象的正好相反,知识分子并不会去颠覆整个社会,却也总是走在反对压迫、欺诈、虚妄、教条的道路上,他们也会被仔细审视,并常常成为揭露、批判和嘲讽的对象。

经过几十年,那些因为知识分子的所作所为而深受其害或者害怕、憎恨知识分子的人就逐渐创作出有关知识分子角色和作用的负面故事。在当今时代,那些致力于跟知识分子作对的人发现没有必要单独去建构一个新话题,因为故事版本已经在美国的历史经验之中深深地扎下了根。下一章会介绍有关的一些细节,这套故事是如何被创造出来并生生不息的,以及在美国如何自我演绎。这里我只简明扼要地介绍一下反智现象的一贯托词和应该如何看待。

我们可在一系列杜撰出来的、完全抽象的对立概念中发现反智现象。智识被打上了反对情感的烙印,说白了就是它跟温情脉脉的情绪有点不搭。它还被打上了反对个性的烙印,因为人们普遍相信智识代表的只不过是聪明而已,它很容易转变成狡猾或邪恶。②它还被贴上了不切实际的标签,因为理论的提出总是为了对抗实践,而

---

① 《人物与事件》(Characters and Events, New York, 1929), p.xi.
② B.R. Hall 在谈到早期美洲印第安社会时说道:"无知的坏人也比聪明人好些,所以一个聪明候选人的道德品质总是遭到质疑,因为聪慧常与狡诈连在一起,而无知则与善良联系在一起。" B.R.Hall:《远东七年半》(The New Purchase, or Seven and a Half Years in the Far West, 1843; ed. Princeton, 1916), p.170. 连注重理性与智性的清教徒也存在这种观念。John Cotton 说:"人越聪明,就越容易受撒旦诱惑……"《倾倒七瓶水》(The Powring Out of the Seven Vials), (London, 1642), 第六瓶, pp. 39-40.

人们对"纯"理论的东西总是敬而远之。它还被打上了反民主的烙印，因为人们以为智识主张区别对待，是反对平等主义的。一旦这种反衬的观念体系被接受，那么就会丧失尊重智识，支持知识分子的传统。知识分子被人看作是耍小聪明的人，这还算是好的。更差的情况是被人认定为危险分子，谁会冒着牺牲温情脉脉的情绪、稳定的个性、实践的能力和民主情操的风险去为这样一群人辩护呢？

当然，这套虚构出来的概念对照表存在一个基本错误，即它并不是致力于从美国的生活实践中去发现智识的局限所在，而是将智识和其他的人类品质简单地割裂开来，而他们原本应该是结合在一起的。诸多的问题就套进这样一个简单而又抽象的模式中，既不在个体性格发展中，也不在历史的进程中。基于同样的原因，为知识分子辩护就等同于反对感性、个性和实践，接受这样一种非此即彼的对立形式其实毫无意义。我们不应把主张智识看成反对其他人类优秀品质，否则我们将为此付出巨大的代价。应该把智识看作是对它们的补充，缺了智识，这些优秀品质也不能充分地展现出来。发挥智性力量是人类尊严的基本表现之一，起码也能算我们生活中的一个合理目的，任何一个理性的人都不会去否定这一点。假如不把智识看作一种危险，而是一种指导；假如既不把智识看作是德性的卫道士，也不认为它必然会威胁到德性；假如我们认为理论是有用的，而不是注定去误导实践的；假如我们的民主理念能够建立在一些现实而合理的概念基础之上，承认社会精英的存在，那这些假想的对立就都会失效。事实放在这样的语境中似乎会更加清晰，但是历史上这些显而易见的事实却少有人知。本书的目的就是通过追溯美国历史中的一些社会运动，去了解智识是如何从人类美德的范畴中剥离出来并成为一种特殊的、邪恶的东西。

首先，我们可以从美国宗教历史的框架中去挖掘反智现象。这不仅仅是因为理性主义和宗教信仰之间一直存在着历史张力——尽管这本身就是人类永恒的一个困境，还因为现代思想的模式无论是宗教方面的还是世俗方面的，都曾在早期的宗教历史中出现过。所有的文化都接受这样的观念：即宗教主要负责我们的心灵，或者直觉思维；而理性思维则跟信仰无关或属于更低级的思维。在大家心目中，理性的人内心是贫瘠的，甚至是危险的。要是博学的或者专业的神职人员在社会上遭到质疑，往往相应的知识分子阶层也会受到抵制，无论是在宗教还是世俗领域。在现代文化中，福音教派是这种宗教反智主义和反传统道德主义最坚定的拥护者。当然，美国并不是唯一一个受到福音教派影响的国家。但是福音教派的精神却在很大程度上塑造了美国的宗教文化，而且在与基督教派的角逐中，福音教派很早就占据明显的上风。要了解这个情况的真实程度，我们只需要跟英国宗教历史的发展相比较，英国的保守派准备吸纳和驯服福音派运动的大部分思潮；而在美国，福音教派则迅速地取代、超过，甚至碾压了传统的礼仪派教会。

与福音派精神的影响力相近的还有一种原始主义流派，它在美国赢得了超级广泛的信任，在这里需要特别提及，因为我在本书中并没有将它作为一个独立的力量进行探讨。原始主义一方面和基督教有关系，另一方面又和异教有关联。它吸引人的地方或许在于，通过原始主义，一名基督徒也能一窥异教的风采，或者一个异教徒能通过原始主义发现信仰也有疗愈心灵的功能。原始主义会对原始的基督教精神进行追寻，主张恢复人的"自然"能力。通过原始主义，要不你接近自然，要不就接近上帝——两者之间区别尚不十分清晰。但是，原始主义中有一种追求直觉智慧的执着偏好，认为直觉思维是天然的或者神授的，它要比通过人工教养出来的理性更高级。

在西方历史和美国的实践中，原始主义有着多种表现形式，并且是一股会反复出现的力量。当知识阶层中有人对这种由理性所规范的生活感到失望或者产生质疑时，抑或他们想要摆脱文明所带来的那种一成不变的、单调的、精致的生活时，原始主义就会变得更加活跃和强势。在美国，很多人的思想都深受原始主义的影响，但因为他们受过良好教育，无法赞同极端复古派，只会同情他们对文明的怀疑态度。在先验主义思想中就能看到原始主义的影子，先验主义可谓是知识分子阶层的福音派，① 尤其是在历史和文学领域的影响非常大，从帕克曼、班克罗夫到特纳都属于该流派，② 这也是美国作家在写到印第安人和黑人时惯用的主题。丹尼尔·布恩、大卫·

---

① 李普利（George Ripley）在 1939 年攻击反三位一体的"一元神论"和哈佛神学院时说："我曾见过福音洗涤虔敬者的心灵与良知的效果，他们依赖灵魂的直观能力找寻到了神性的启发……我虽然知道适当的逻辑思考有一定的价值，但我确定上帝并不是要我们以它来对抗原罪的坚固堡垒。逻辑可以侦测错误，但让我们无法瞥见上帝的荣耀。逻辑可以驳斥谬误，但无法让心灵爱慕圣洁……诸位强调博学是宣教的基础，但耶稣当年却不是以此为标准从后人中挑选十二门徒；他将福音传给'粗鄙无知'的低下百姓；将最高的真理交付给一般的心灵；这样，'上帝让愚笨的人知晓世间的智慧'……看到书本所传达的智慧在'每一个人心智的开启面前'简直是微不足道的。而整部历史就是表明这样一个事实：'贫苦者才是上帝派给人类的大使'……耶稣并没有为门徒们建立大学，他也没有重建没落的先知所，他并不重视学识，他有时还会警告学识会成为掌握真理的屏障；他曾经对聪明人隐瞒天国的秘密，却将之示给无知的百姓。"《有关不忠行为最新表现之书信录》(*Letters on the Latest Form of Infidelity*)，(Boston, 1839)，pp.98–99, 111, 112–113.

这段话的观点与福音派经常使用的观点类似。宗教主要不是通过逻辑和学识来传播的，这点确实很难驳斥。然后继续引申为无知的人是传播福音的最佳人选，由此再得出结论：这样的人要比那些拥有知识、受过教养的人更优越。实际上，学识和教养确实是宗教信仰传播的一个障碍。既然信仰传播乃是人类最为重要的使命，那么，"无知"的人在最基础的道德品德方面比那些致力于逻辑与学识的人拥有更强大的力量。于是，尽管我们要避免过于简单化的推论，但作为个人品质来说，无知与谦卑远远要好过一个受过教化的头脑。最终，类似这样的观念在美国福音派和民主思想中影响深远。

② 有关 Turner 的原始主义思想，参见 Henry Nash Smith 的《处女地》(*Virgin Land*)(Cambridge, Massachusetts, 1950) 最后一章的阐述；Charles L. Sanford 的《天堂之问》(*The Quest for Paradise*)(Urbana, Illinois, 1961) 中也搜集了一些有价值的信息。

克罗克特这些拓荒者的传奇、现代西部小说、侦探小说，甚至包括所有那些孤身探险家的故事就是传播着原始主义。D.H. 劳伦斯用他那尖刻、夸张，但清晰的语气说道，美式灵魂的精髓是"强硬、孤独、冷漠，就像一个杀手"。主张性神秘主义的原始主义成了推动美国文学的强大动力，近几年来，那些深受威廉·赖希理论影响的作家则将原始主义元素应用到极致。它也成了美国政治上的一股势力，在很多不同的公众人物身上可以看到其影响，像安德鲁·杰克逊、约翰·C.弗雷蒙特、老罗斯福和艾森豪威尔等。

所有这些并不令人意外：美国是由那些对欧洲文明的压迫、颓废，以及其他问题感到不满的男男女女们建立起来的，他们发现美国最吸引人的地方不是自己创立起来的社会形态，而是那个自然与蛮荒的世界。远离文明的喧嚣，寻找世外桃源，逃离欧洲，奔向大自然，这样的故事在美国历史上反复上演，从东部到西部，从开发处到蛮荒地。美国人的心灵也变得越来越抗拒那种有组织的文明社会，它会让人觉得重新套上了刚刚挣脱了的枷锁。我们虽然不对文明进行总体的抵制，但依然有人认为文明的发展在某些方面是有害的。

假如是福音派和原始主义在美国文化意识中植入了反智主义种子，那么随后的商业社会则确保了它一直保留在美国式的思维当中。从托克维尔时代开始，美国的商业主义又给反智主义加上了一个重重的砝码，对美国学生来说，这已经是常识。托克维尔发现，民主和重商是美式生活的特点，能给生活带来持续稳定的行动和决策，这种生活方式过度强调粗线条的思维习惯，快速的决策和及时抓住机会——而思想上的细腻、精确和详细则不被鼓励。①

统一整个大陆并建立工业化的迫切需求使人们渐渐地放弃那些

---

① 《美国民主》（*Democracy in America*），Vol.II，pp.525-256.

没有什么利润和声誉的追求。不仅如此，美国商业的最高理想不仅是追求贪欲和权力，还提供一种美好的愿景，这个愿景吸引着建设者、投机者和统治者，它带来的运动刺激强于捕猎，权力刺激多于政治。正如托克维尔所说："在民主政治中，没有什么事情的光芒能盖过商业，"那些投身商业的人，"不仅是为了追求利润，还为了追求这一过程中不时带来的兴奋和刺激"。① 除了在很少的传统社区，在美国没有哪个阶级也没有哪套价值体系可以与之抗衡——这里没有贵族可供嫁娶，除了商业抱负之外再无其他令人敬畏的民族志愿。商业不仅吸引着精力旺盛、野心勃勃的人，还为其他人确立标准，律师、医生、老师，甚至是牧师都在模仿商人，调整自己行业的标准以适应商业化。实际上，美国知识分子一直在抱怨他们再也无法和这些职业的从业人员维持过去的那种融洽关系，因为这些职业已经商业化了。最终，正是商业使得文化边缘化、女性化，它建立了所谓的男权神话，宣称智识和文化不是男人应该关心的事情，类似这样的事情应该留给女人们，她们大多是伊迪丝·沃顿笔下所描述的这种类型，因为担心文化会被单独落下，而成群结队地去追求。

美国生活中到处弥漫着咄咄逼人的平等主义思想，宗教和商业都受到了它的影响，而在政治和教育领域平等主义的影响力更大。② 贵族政治在美国很早就站不住脚了，我们统称的"杰克逊式民主"

---

① 《美国民主》（*Democracy in America*），Vol.II，pp.642-643.
② 观察美国学界的人经常困惑地问道：为什么体育天才在美国能受普遍的爱戴，而智识天才却被人憎恨。我想这种怨恨恰好是美国民主重视智识的一个反证。体育技能拥有的时间是短暂的，且用途狭隘，在我们实际生活中并没有多大的重要性；运动奇才能赢得社会的赏识是因为我们从中获得了娱乐。而智识既不能供我们（大多数人）消遣，又不能超然物外，所有人都认为它是生活中一能够长久持有的重要优势，因而就与大多数普通人形成了对立。

则完全摧毁了贵族统治的基石。早些时期，文学和学问被视为无用的贵族阶级的特权遭人鄙视，而这种态度在今天也没有得到些许缓和，因为大部分美国知识分子实际上都支持民主的理念。建立一个没有文学和学问却依然能够运转良好的社会，这似乎成了普通美国人的心愿，或者将文学和学问的发展控制在非常基础的水平，让普通的美国人也能够掌握并使用。因此，19世纪早期的美国，公民的识字率更高，普通市民具备公共意识，美国人见多识广、独立、自尊，这些方面的成就要比它在鼓励一流的科学和学术研究，以及创办一流大学方面更加引人注目。

尤其在最近几年里，人们逐渐开始注意到，在美国，智性作为一种杰出的、与众不同的品质，对平等思想构成一定的挑战，是普通美国人在日常生活中接触不到的东西，因而成为被人诟病的对象。这种现象在教育领域表现得尤为突出。美国的教育在很多方面确实令人称道和值得辩护。但是，我也相信美国是世界上唯一一个将教育系统中至关重要的部门交给一些反智主义者，这些人兴奋而肆意地表达自己对智性的敌意，刻意维护那些在智性方面表现最差的孩子。尽管受历史资料残缺的限制，本书还是会在最后一部分展示美国的教育是如何建立在一些我们广泛接受的思想前提之上——比如，对"效用"和"技艺"的偏好、对平等观的误读，以及对儿童发展的原始主义态度。

第二部分

宗教信仰

第三章 福音派精神

1

美国精神是现代早期新教思想塑造出来的。宗教是美国人开展智性生活的第一个平台,因而也是反智运动发起的第一个平台。早期美国宗教生活对理性和学识的所有诋毁后来也继续运用在贬低它们在世俗生活中的作用上。思想最重要的是要有用,空洞的教条和精雕细琢的理论不值一提,有思想的人应该服从有情商的人或掌握管理技巧的人,这些观点都不是20世纪的新生事物,而是美国新教的遗产。

头脑和心灵、情感和理智之间长期存在着无处不在的紧张关系,这是基督教文化的一大特征,因此反智并非美国宗教文化中的独有现象。在发现美洲大陆之前,基督教就永久分为两派,一派把智识在宗教中的作用放在首位,而另一派则将之置于感性之下。在新大陆并没有出现一种新的或更恶意的反智形式,只不过在美国的环境下,传统建制派与复兴派或狂热运动派之间角逐的天平竟然戏剧般地倒向了后者。于是,有学识的专业教士地位下降,理性在宗教中的影响也随之减弱。在这场运动早期,由于美国继承了新教和反体制传统,这场具有普遍历史意义的宗教斗争在美国就演变成了一个独特的版本,狂热运动派和复兴派大获全胜。美国的宗教生活比较独特，尤其是没有亲知识分子的稳固制度体系，而福音派内部则派系纷争不断，这是反智主义的兴起和蔓延的主要原因。

在美国，教会和教派在很大程度上起到了划分社会阶层的功能，某个社会群体祷告的方式和教义对另一个群体就不适合。有产阶级一般会对理性色彩较浓的教派更感兴趣，喜欢成熟的宗教礼拜仪式；而无产阶级尤其是文盲则容易被更具情感煽动性的宗教打动；在反对上层阶级教会的风格、仪式和教士的斗争中，重情感性的宗教往往会更活跃，这些斗争往往也指向贵族式的行为举止和道德规范。[①]社会底层的宗教更喜欢启示录或世界末日这样的内容，更注重内在宗教体验的有效性，反对需要读写和讲究礼仪的宗教，主张简化礼拜仪式，排斥知识型教师，甚至任何与专职牧师有关的构想。

早期的美洲大陆吸引了大量对欧洲心怀不满且一无所有的欧洲人奔赴，成为那些宗教狂热人士的天堂，他们的狂热主要源自直接跟上帝联结的渴望。宗教狂热人士并不是要消除神学和宗教仪式，而是主张探寻内在的信念及直接与上帝沟通[②]，他们既不太需要仪式的表达也不需要用智性来提高宗教的信度，智识在他们心目中的作用跟艺术差不多：传统教堂认为艺术和音乐能引导人的精神走向神性，而狂热派则觉得它们会对心灵的纯粹和直觉产生干扰，甚至是阻碍，不过卫理公会教派吟唱赞美诗是一个例外。狂热派教徒对内在体验的依赖隐含着陷入无政府主义、主观主义的危险，它们主张

[①] Richard Niebuhr 说过："这些中下阶层的人喜欢素人的布道超过饱受神学教育、熟悉圣仪的牧师，因为前者能够满足他们宗教情感的需要，同时也跟他们具有相同的文化背景和经济地位，反对那些因为剥削他们而获得优渥生活的上层统治阶级。"——《宗派主义的社会起源》(*The Social Sources of Denominationalism*)(Meridian ed., 1957), p.30.

[②] 有关这个话题，我的评论观点主要来自 Msgr.R.A.Knox 的《热情》(*Enthusiasm*)(Oxford, 1950) 一书。

彻底摧毁传统和外在的宗教权威。

这在某种程度上能够解释长期以来狂热派内部不断地分裂和再分裂,但狂热派并没有把宗教权威肢解得支离破碎,总是有这个或那个权威占据上风,只要有一个拥有非凡动员力的传道士,能够激发出教徒内在的信念就可以。因此,狂热派的权威往往是某一个有超凡魅力的个人,而不是什么教会组织;像卫理公会这样的教会,其创建者都出自狂热派教徒,他们具有超强的组织能力,能将众多的追随者聚拢在一个屋檐下。不过,福音会教派则更加稳定,它们不会陷入主观主义之中。他们认为得到正确阐释的《圣经》才是宗教权威的真正源头。但是,在诸多教派之中,大家对正确的阐释也有各自的理解,有的认为专家学者的解释尤为重要,有的觉得一片赤忱便可。反智主义者就认为每一个人都能读懂自己的《圣经》,不需听取专家学者们的意见。在经过了一番激烈的批判后,个人阐释《圣经》的有效性成了关乎原教旨主义教派生死的问题。

当美国处在西方文明的边缘,还是英国的一个前哨基地的时候,英国本土的宗教抗议运动中就出现了很多将对美国宗教产生重要影响的思想。当英国宗教的改革者们越来越确信宗教改革远不能满足其追随者的社会需求和精神需求,千禧年派、再洗礼派、寻求派、豪言派、贵格派对建制派(正宗派)的秩序和神职人员发起一波又一波的攻击,他们宣扬要建立一个穷人的宗教,为直觉和灵感辩护,反对学识和教义、选布道士作为领导、排斥专职传教士,称他们"固执、无用且没有权威"。在清教革命年代,模范新军①的牧师双管齐下,冷酷无情地反专业化与反智,还反对传教士、大学老师和律

---

① 译注:模范新军是英国内战期间议会派于1645年成立的一支军队。1660年,斯图亚特王朝复辟后被解散。它是由职业军人组成,并不驻扎在固定地点,在英国各地都能执行任务。

师。大多数的新教教徒实际上发自内心地希望有一个受过良好教育的牧师，但是平等党（the Levellers）和掘地派（the Diggers）阵线中的左翼牧师在指责中立的教育在减少邪恶方面毫无作为，以及激发穷人的平等意识时，借用杰拉德·温斯坦莱的话，把大学比喻成"一潭散发着恶臭的死水"。①

在美国，圣公会、长老会和公理会都有着严密的教会组织体系、正式的章程制度，以及受过良好教育的牧师，他们一开始成功地抑制住了这种思想倾向，但当一些反对者开始挑刺的时候，这些教会几乎都毫无作为，尤其是南方边界地带的人有一段时间干脆跟所有教会都脱离干系。剩下的一些人对自己的教会不是批评就是恼怒，特别是宗教激进主义盛行的新英格兰地区。举例来说，在马萨诸塞湾成为殖民地的第一个十年间，就受到过安妮·哈钦森女士的严重打击，她对抗受过教育的牧师并反对大学教育，在正统教会内引起了强烈的不安与焦虑。② 这位不幸的女士后来受到迫害，部分原因是她坚持己见，不肯妥协退让，但更主要的原因是她所在的教区被说服，认为她的所作所为会完全毁掉整个社区。直到 18 世纪大觉

---

① 有关被剥夺者的宗教的总体介绍，参阅 Niebuhr：前揭，第二章和第三章；参阅 Leo Solt 有关"新教革命中的反智主义"的评论，《教会史》（*Church History*），Vol. XXIV（1956 年 10 月），pp.306-316；以及 D.B.Robertson 的《平等派民主的宗教基础》（*The Religious Foundations of Leveller Democracy*）（New York，1951），尤其见 pp.29-40.

② 正如 Samuel Eliot 所说，激进的新教信徒的这种敌意是"信仰中的一个信条。狂热派认为大学是'反基督的窝点''谎言之家'，'在上帝面前发出极端恶心的恶臭'"。Edward Johnson 认为 Anne Hutchinson 女士和"她的伙伴们强烈地憎恨学识，极力警告人们不要被知识玷污了灵魂"。她的一个追随者曾对她说："跟我来……我带你去见一位女士，她讲的福音比任何一个身穿黑袍、上过大学的传教士都好，她拥有与众不同的灵魂，得到了很多启示……我宁可听这样一位从未读过书的人发自肺腑的讲道，也不愿意听那些有学问的人传教，尽管他们熟读《圣经》。" Edward Johnson：《锡安山救世主在新英格兰的神迹》（*Wonder-Working Providence of Sions Saviour in New England*，ed. By J.F.Jameson）（New York，1910），pp.127-128.

醒时代，狂热派才在唯一的殖民地之外获得了普遍胜利。此时，狂热派的地位在美国东海岸地区正式确立，它不仅为19世纪福音派的卷土重来奠定了基础，而且为美国的反智传统奠定了基础，至此之后，反智的传统就混迹在林立的宗教派别之中。不过，要理解大觉醒时代，我们必须对殖民地的神父做一番考察，尤其是新教神父，他们的地位非常有趣，因为新教神父非常有可能是美国历史上有过的最具智性的统治阶层，或者更恰当地说，是跟统治阶层有着亲密关系的知识分子阶层。

2

就像大多数知识分子一样，新教牧师也会犯些严重的错误，而一旦牧师掌握了权力，这些错误就会变得非常危险。不过，对我们来说最重要的是——这也可以作为一个展示美国知识分子处境的范例——人们能记住的几乎全是新教牧师犯的错误，哪怕该错误更多出自所在教区，而非牧师本人。此外，还有一点也很突出，就是新教牧师的形象在美国主流历史文化中都是非常不讨人喜欢的，科顿·马瑟就是一个典型的代表，人们对历史上的知识分子的认识也受到这个形象的影响。这些牧师——第一代美国知识分子——的声誉一落千丈，声名狼藉，甚至后面几代知识分子也常常会挑起对他们的批判。

没有哪个教区会像马萨诸塞湾那样如此看重学问和智识的价值。摩西·科伊特·泰勒在介绍美国殖民地时期的文学史时略带夸张地写道：[1]

---

[1] 《美国文学史（1607—1765）》(*A History of American Literature*, 1607-1765), (Ithaca, New York:1949), pp.85-87.

新英格兰地区从一开始就不是一个农业社区，也不是一个制造业或商业社区，它是一个思想社区，是一个思想交流的平台和场所；这里最重要的器官不是手、心脏、肚囊，而是大脑……或许没有哪个新移民的社区能如此重视学习、尊重所有的知识成果。这个社区建立在书本的基石之上……在约翰·温斯洛普到达塞勒姆港六年后，马萨诸塞人就自掏腰包建立了一个基金，并用这个基金创办了一所大学；刚收割过的稻田里的麦秆还未变黄，村外狼群每晚的嚎叫还未停息之前，新教徒们就安排年轻人在旷野之中开始学习亚里士多德和修昔底德、贺拉斯、塔西佗和《希伯来圣经》……有学识的人在他们中间确实属于更高贵的那个阶层。

在第一代美国新教徒中间，知识分子数量不少，而且受人尊重。大概每四五十个家庭中就会有一个上大学的人，往往不是在牛津就是在剑桥。新教徒希望自己的牧师具有一定的学识，在整个殖民地时期，新英格兰卫理公会5%的牧师拥有大学学历；这些新教移民倚重《圣经》和学术积累，建立起来的智识和学术传统使得新英格兰地区的教育和学术成就三百年里在美国遥遥领先。

我们不能认为最早的那一届哈佛毕业生除了神学之外什么都没学到。有一个广为流传的观点认为，哈佛和其他殖民地大学在创建初期仅仅是神学院——尤其是新教徒的神父们总是担心被别人说成文盲，这种担心似乎也佐证了这个观点。但事实上，创建哈佛大学的人是在牛津和剑桥接受的教育，而这两所大学很早就开始教授人文学科知识。殖民地教育的创建者们认为神父的基础教育与其他接受自由教育的人的基础教育间并没有什么区别。他们从未想过要建立特殊的神学院，这一想法是现代专业划分、教派竞争的产物，以及大学对世俗化威胁的反应。他们更迫切需要的是知识型牧师而不是其他专业知识人才，但他们又想让神父们跟其他市政官员和重要人物在同一个课程体系里接受教育。事情果真如此发生了，在哈佛最早的两届学生中，只有一半的人毕业后成为神父，还有一半进入了世俗工作领域。

形成一个受过教育的、能够读书写字的阶层之后，新教教区给了这个阶层极大的空间去发挥他们的才能。新教牧师得到了教区很好的奉养，他们认真地服务教区给予回报。当这个国家逐渐稳定下来的时候，神职人员发现有足够的闲暇时间用来写作，表达自己的思想，他们中有些人的效率惊人。新教派，作为一个信仰《圣经》的教派，非常重视诠释和理性论述，不赞同激情澎湃的夸夸其谈。新教的布道融合了哲学、学术和虔诚，而将一个俗人培养成能够听懂这些话语的人是新教普识教育的目标之一。至少在早期，这一目标貌似实现了。

不过，它所取得的成就远不止于此。评估新教殖民地居民在智识方面所取得的成就时必须记住：甚至到了1700年，即欧洲人在美洲大陆定居70年后，新教教徒只有106000人，大部分都是稀疏散居状态；1699年，最大的波士顿镇也只有7000信徒；而在1670年代，他们与印第安人之间爆发了一场激烈且代价巨大的战争，差点被摧毁，上战场的每十六个战士当中就有一个被杀死，一半的村镇被毁。即便在如此孤立、穷困，以及其他种种不便的情况下，他们还是建立了一个学院，培养出一批批市政官员和神职人员，它授予的学位在学院创立后不久就获得了牛津和剑桥大学的同等学力认可。在这所学院里，年轻人学到的不仅仅是阅读和阐释《圣经》和其他神学著作，还要读赫西俄德、荷马、索福克勒斯、阿里斯托芬，以及其他古典作家的作品。有充分的证据表明，马萨诸塞湾区能读写的人都变得有教养，喜欢人文和神学，他们成功地把欧洲文明最好的文化遗产带给这个新世界。除了哈佛大学之外，他们的领导者还建立了小学、出版社和一些超赞的图书馆这一整套体系。牧师们还从事大量的文学创作，布道文、历史、诗歌，有时还会撰写一些政论文章，美国革命时期的政治作品从中汲取了很多素材。他们把夯实教育体系及社区道德基础的重心放在了学术上，这让新英格兰地区和新英格兰的精神在美国历史文化中耀眼夺目长达三个世纪之久。神职人员既传播启蒙思想也传播神学，既促进科学研究也推动技术进步，他们在一个个的小村庄里树立起个人投身于智性的现实榜样，若非他们，这些地方的人是看不见这些榜样的。①

现代人对新教神父最常见的看法就是认为他们在教区中不仅不能独善其身，而且还会发起迫害行为。对这一判定我们需要进行认真考量。确实，按照现代启蒙思想的标准来看，他们身处一个非常严苛的时代，因而牧师也难辞其咎。尤其是第一代移民时期的牧师，他们有一般知识分子处理政治事务的弱点，他们幻想自己能够改造整个社会，使之具备优秀的道德品质以及宗教理想，并且在这样一个社会中维持统一的、高标准的信念体系。为了证明这一点，他们不惜远涉重洋来到这片蛮荒之地。当然，在他们为实现这一愿景采取了很多过激手段之后，以失败告终。

不过，按照包容和开明的最高标准去评价像新教神父这样的知识分子群体是不公平的，应该把他们置入所处的时代、所生活的社

---

① 对早期文学成就的评论和欣赏，参阅 Samuel Eliot Morison:《新英格兰殖民地知识分子的生活》(*The Intellectual Life of Colonial New England*)(New York, 1956); 参考 Thomas G. Wright:《新英格兰早期文学》(*Literary Culture in Early New England*), (Cambridge, 1920); Kenneth Murdock:《新英格兰的文学与神学》(*Literature and Theology in Colonial New England*), (Cambridge, 1949)。

区，以及他们所侍奉的教徒中去衡量。持有现代开明思想的人会假定作为教区的领导，神职人员是像塞勒姆巫蛊案①这样令人发指的事件的主要推动者，当时那个社区暴发的过激行为，主要责任也应由神职人员来承担。

真相其实更加复杂。神职人员本身不可能是完美无缺的，而且随着第一代牧师们的离去，社区也扩展得更大，神职人员群体也变得多元了②，代际和位置的差异是最重要的分歧点。老一代的牧师，尤其是那些边缘郊区的牧师会坚守新教社区创建之初的传统。到了17世纪末，出现了一批年轻的传教士，他们主张世界大同，拥有比较开明的宗教思想，掌握了欧洲最新的思想动态，他们主要在沿海新兴的城镇地区担任教职。

有大量的证据表明，作为知识分子阶层，神职人员中学问更好，见识更广的人（包括马瑟父子这样的人）逐渐获得了特权地位。他们的领导权虽然没有完全发挥，也不具控制力，但他们会运用已有的影响力去鼓励大家更加包容，追求更宽广的知识，培养科学精神，抑制那些一般教徒、公众和不够开明的神职人员常有的偏执倾向。等到了17世纪末，神职人员的主流思想要比那些年长的，没有受过教育的教徒们开明得多，不过，这种教徒在大部分农村教区和地方政客中还是占大多数，这些地方的政客为了拉选票往往会投其所好，鼓吹宗教原教旨主义。

---

① 译注：1692—1693年，马萨诸塞殖民地发生了塞勒姆巫蛊案。有200多人被指控施行巫术——魔鬼的把戏，处死了20人。最终，殖民政府承认这是冤假错案，并给予受害者家庭赔偿。自此，这段历史成了妄想症和不公正的同义词。

② 有关1680—1725年的牧师状况，参阅Clifford K. Shipton:《"冰河时代"新英格兰地区的牧师》(*The New England Clergy of the "Glacial Age"*),《马萨诸塞州的殖民地社会》(*Colonial Society of Massachusetts Publications*), Vol.XXXII（Boston, 1937）, pp.24–54.

1680年后，新教神父就更加开明且包容，对待像浸信会、贵格会这样的持异议者的态度要比波士顿大部分群众都友善得多，波士顿有影响力的神父——包括马瑟父子——在这方面也要比农村地区较年长的传教士们更加开明。而那些主张世界大同的传教士们不断从英国引进最新的自由主义思想，年复一年地，越来越远离加尔文主义严苛的传统，占主流的教徒常常抵制这些变化。至于科学的发展，在18世纪中期之前，基本是靠个人赞助（当约翰·温斯洛普1738年开始执教时，哈佛大学才有了第一批科学家）。当时最有争议性的一个科学话题就是天花疫苗的接种，一些杰出的知识分子职员又一次为捍卫新生事物而冲在前面。科顿·马瑟就是其中重要一员，哪怕一名反接种分子往他的书房扔一颗炸弹，他都会依然坚持自己的立场。甚至在广受诟病的塞勒姆巫蛊案中，神职人员的表现好坏不一，但还是要比那些法官和一般公众要好。就像西方社会很多睿智的人一样，大部分神职人员都相信有关巫术的看法，他们强烈反对的是草率取证的做法，很多神职人员还起到了克制民众情绪的作用。①

　　到17世纪末，新教的宗教情感中出现了一些明显的紧张情况，影响了神父的生活和地位。新教思想一直需要在理智和感性之间保持某种微妙的平衡，在新英格兰，智识受到尊敬，它在真正的宗教信仰中不可或缺，而感性则是保持新教信仰虔诚度和持续性时所必需的。不过事实证明，它们之间的这种平衡并不稳定，并逐渐在教区内部发展出分裂的趋势。教会的一方对待智识的态度倾向宽容、

---

① 当该事件中的第一批被告被吊死后，其他嫌疑人正等待审判，一些牧师给州长和审判委员会写信指出，"务必认真审查、谨慎调查，以免轻信妄言，这将导致一连串悲剧性结局"。但民间权威却无视这一提醒，继续采纳那些不利于嫌疑人的所谓"确凿证据"，带头的牧师们继续发出警告，他们中有十四位向州长 Phips 请愿，在他们的坚持下，州长终止了这个不当审判。Shipton:《新英格兰的牧师》(*The New England Clergy*)，p.42.

开明、自由，遵守社会规划，但在宗教上则中规中矩，甚至有点冷淡；另外一方也可以归为狂热派，则受到宗教狂热和理性狂热的影响，其教徒陷入最痴狂的状态时，就会成为反道德主义分子和反智主义分子。在神职人员的领袖中，乔纳森·爱德华兹脱颖而出，他是新英格兰旧式知识分子和虔诚信徒的表率，能将两者结合起来，并能创造性地处理新思想。到了18世纪中期，新英格兰的宗教就像其他殖民地一样，已经蓄势待发，准备迎来一场觉醒运动，它对有学识的神职人员的地位产生了深远的影响。

3

18世纪中期的大觉醒运动①向有学识的牧师们发动了第一波严厉攻击和责难。这一宗教复兴运动虽然并未对智识和学问带来明显的负面影响，但却为今后攻击有学识的神父开了一个重要的先例，在这些运动中，宗教信仰变得不那么正式，其领袖也不那么专业。

美国的觉醒运动是面对欧洲类似宗教运动所做出的一个回应，其中最引人注目的一个变化就是德国"虔诚派"和英国卫理公会的兴起。不过，美国宗教觉醒运动的时机更为成熟，很多美国人不是异议派——例如，不安分地寄居在圣公会和公理会下的浸信会教徒——或不属于任何教会，没有任何教会背景，也没有去教堂的习惯，这群人无论是地理上还是心灵上已经远离传教士们所能企及的范围。在有些地区，尤其在弗吉尼亚州，大部分圣公会的牧师完全发挥不了作用。甚至在新英格兰地区，宗教氛围也冷却了。到了18世纪三四十年代，新英格兰的国教教会（在殖民地中部和其他地

---

① 18世纪中期北美殖民地的新教复兴运动，它是一次争取宗教自由和复兴宗教的运动。该运动以奋兴传道方式来激发信徒的宗教情感，其矛头指向传统正规教会（新英格兰的公理会教派和南方地区的圣公会教派）。

区往往是长老教会)已经明显失去了人气,而沦为一个沉闷的、为中上层阶级存放正确信仰的场所。抽象和智性的宗教传统使他们无法抓住那些头脑简单的人;有关宗教改革的争议曾引起教派林立,但如今大多已经失去了意义。① 第一代新教教徒的一片赤忱之心和他们受过良好教育的下一代都已经消失在历史的长河之中。牧师们自己也失去了往昔的动力,因而也没有了以往所享受的威望。他们都是有很高教养的人,往往还多才多艺;但在某些方面,他们似乎又太有教养、太多才多艺又太精于世故了,以至于忽略了做好自己的本职工作。他们的布道只有一些睡眼惺忪的会众参加,内容乏味,沉溺在深奥的教义辩论中。作为觉醒运动中的一员,乔治·怀特腓德说:"会众们死气沉沉的原因在于向他们布道的人死了。"② 从马萨诸塞一直往南到弗吉尼亚,甚至更南部地区,人们心中潜伏着的宗教热情一触即发,只要布道者有能力去激发它们。

　　1720 年,当荷兰人在新泽西建立的教会开始被一位年轻的牧师西奥多·弗灵海森(Theodore Frelinghuysen)唤醒时,大觉醒运动拉开序幕。这位年轻的牧师在英国和荷兰新教主义的感召下来到新大陆,他在新泽西发起的宗教复兴带动了殖民地中部苏格兰—爱尔兰长老会复兴运动的兴起。1726 年,他们中有一个叫威廉·滕南特(William Tennent)的人在宾夕法尼亚的内沙米尼建立了他的"木屋学院",这是一个基础性的神学院;在接下来的二十年里,他在那里训练了一批年轻人把宗教复兴主义的精神带进了长老会。1734 年,在新英格兰地区出现了独立的宗教复兴运动。在这些被唤醒的牧

---

① Perry Miller 曾经在《新英格兰精神:从殖民地到外省》(*The New England Mind: From Colony to Province*, Cambridge, Massachusetts, 1953)中精辟地分析了这一衰败制度性和教义性的原因。

② 引自 Edwin Scott Gaustad:《新英格兰的大觉醒》(*The Great Awakening in New England*, New York, 1957), p.27.

师中独一无二的乔纳森·爱德华兹将旧式新教注重教义以及书写布道文的习惯与狂热派的宗教狂热和激情结合起来。爱德华兹宣扬复兴的布道虽然在1734年至1735年间让北安普顿及其周边村镇兴奋不已，但是与乔治·怀特腓德的布道相比还是逊色不少。他在英国时是卫斯理兄弟的同道，年轻，口才好，分别在1738年和1739年两次来到美国传播福音派的教义。他在美国的第二次传教活动是从佐治亚州开始的，并两次往北推进；最后在1740年的秋天来到新英格兰地区。大卫·加里克（David Garrick）曾说，怀特腓德只要高喊一声"美索不达米亚"，就会将听众带入一种癫狂的状态，他在美国的布道获得了狂热的反响。数以千计的群众从乡村涌入他布道的城镇，他让很多人觉察到了自己的罪念，获得了精神上的重生。在怀特腓德第一次新英格兰之行之后，威廉姆·滕南特的儿子吉尔伯特也来到该地区布道，他把宗教复兴推到了一个令原本对早期的灵魂觉醒运动持欢迎态度的人都感到极度不适的程度。

宗教复兴运动中还有一个更狂热荒诞的代表詹姆斯·达文波特（James Davenport），他是长岛的一个牧师，毕业于耶鲁大学。1742—1743年间，他在康涅狄格和马萨诸塞游历布道，达文波特肆意地谩骂正宗教派的牧师，将不满和愤怒都发泄到正统的宗教礼仪上（比如，在行仪时唱歌），引起了当地权威人士的不满。1742年夏天，他在康涅狄格以打着宗教聚会的名义破坏和平之罪被起诉，不过对他的判决还算仁慈，他逃过了更严厉的惩罚，只是被驱逐出境，因为当局认为他"大脑失去了理智"。几个月后，他又出现在波士顿，在那里又因为诽谤牧师罪被关进了监狱，不过再次以"精神失常"之名被释放。达文波特返回长岛，又因疏于管理自己的教区而被起诉。经过康涅狄格纽伦敦又一次类似的经历之后，他终于决定退出。1744年，达文波特不得已写了一篇类似悔过书的东西。达文波特受到了吉尔伯特·滕南特尖锐的批评和排斥,虽然最早动摇他思想的就是吉尔伯特的传教,这一事实说明温和的觉醒运动参与者跟普通的牧师一样,也害怕这场运动所掀起的嘶叫和怒吼。①

一开始,普通牧师中的绝大多数都欢迎宗教复兴分子来做巡回布道,认为他们会提高本教区居民的宗教热情,甚至像波士顿的本杰明·科尔曼(Benjamin Colman)这样身份显赫的开明上层知识分子都表示了欢迎。但是觉醒运动开始不久,普通牧师们就发现觉醒运动分子并没有把他们当作从事灵魂工作的伙伴,而是竞争者,还是非常低劣的那种。

在一场"论一个未觉醒的牧师之危险性"的布道中,吉尔伯特·滕南特就表达了复兴派对老式牧师的看法(那些"正统的、识字的、循规蹈矩的法利赛人")。他攻击他们是狡猾、残暴、冷血、执拗,且没有信仰的伪君子,瞧不起普通大众。滕南特发现这些没有觉醒的牧师们动机不纯,不够虔诚,视他们为敌人而不是合作伙伴。("只要有办法,他们就不会让一个虔诚的人进入教会;这种反对本身也是一种支持。")滕南特的这种方式几乎不可能讨好社会,但他相信自己提出了一个真正的问题,我们也很难去否定他所倡导的算是宗教民主。假如在现有的教会组织下,这个教区现有的牧师是一个冷漠的、没有觉醒的牧师,又假定没有他的同意就不能接纳已经觉醒的牧师,那么这个教区如何有机会获得一个"真正虔诚的"牧师呢?② 就像一个真正的新教徒一样,滕南特再一次论述了一个

---

① 有关达文波特的介绍参阅 Gaustead:同前,pp.36–41. 爱德华兹本人在《论宗教影响力》(*Treatise Concerning Religious Affections*,1746)中大篇幅地表达了他对这种传教方式的反感。

② Gilbert Tennent,《论一位未觉醒的牧师就〈马克福音〉第六篇布道之危险》(The Danger of an Unconverted Ministry Considered in a Sermon on Mark V, 134),(Boston, 1742),pp.2–3, 5, 7, 11–13.

主要问题——在宗教专政的条件下如何传播信仰。这个问题对原有的牧师来说则意味着另外一个问题：在传承下来的教会戒律的束缚下，他们如何与像滕南特、怀特腓德这样充满激情的牧师们竞争，何况他们还把正统的牧师视为敌人。

说实话，正宗教派的牧师发现难以对付宗教觉醒分子的挑战。正宗的牧师，跟他们的会众们年复一年地生活在一起，宗教活动中也没有特别令人激动的地方，在克制内敛的日常生活环境下，却要负责让会众们的灵性意识保持活力。面对像怀特腓德这样热情似火的传教士，甚至像吉尔伯特·滕南特、达文波特这样影响力更小些的传教士，传统牧师就像是一个上了年纪的家庭主妇，眼睁睁地看着她的丈夫带回来一个合唱队前排的妙龄女子。宗教复兴者认为讲道时没必要借助听众的理性能力，他们自己也不愿在宗教教义的释疑解惑上费心，不过在智识水平上远超常人，令其教友望其项背的爱德华兹是例外。他们（同样不包括爱德华兹）散发写好的布道文，面对听众发表即时性的对话。他们会直接触及宗教经验中一些终极性问题——人的原罪感、救赎的渴望、希望得到上帝的爱与怜悯——毫不犹豫地激发听众的情感；昏厥、痉挛、尖叫、呻吟、匍匐和痴呆等现象成为后期宗教复兴运动中的特色。比如，滕南特在布道时会捶胸顿足，最后变得语无伦次，常常会把听众吓得皈依于他。像他这样的表演显然满足了大家的需求。在新英格兰长达三个月的巡回布道期间，他常常站在一尺深的雪地里布道，而让信徒们匍匐在地。提摩太·卡特勒（Timothy Cutler）是一位相当偏激的圣公会教徒，他记录下了自己的亲身经历，"他（怀特腓德）走后又来了一个滕南特——他简直就是一个怪物！吵闹而冒失——他告诉听众他们都是该死的！该死的！该死的！这个咒骂反而吸引了听众。于是，在最寒风刺骨的冬日里，我曾看见人们日日夜夜地扑倒在雪地里，就是为了听到他那令人作呕的高谈阔论；很多人都是在这样的疲惫不堪中死去。"①

不久，宗教复兴派极端分子就开始公然挑战每一个正规教会的教规，不管是公理会、荷兰归正宗、长老会或是圣公会。新英格兰地区的公理会和其他相应地区的长老会都如我之前所讲过的那样，强调牧师必须是有学问的专业人员。一直以来，他们的牧师受到尊重不仅仅是因为他们的学识，还有他们的虔诚和精神品质。但学识是必要的，因为智识及对宗教教义的理性解读被认为在宗教生活中至关重要。此外，正规的教会都有条不紊，秩序井然。牧师们必须得到邀请及被委任，他们和教区教友的关系稳定、严肃、有序。没有执照的传教士是不会被任用的，也不会出现不请自来的传教活动。

所有这些教规都受到挑战。最激进的宗教复兴分子用自己的行动摧毁传教士职业的尊严。他们侵犯并离间了教会会众对传统牧师的拥戴；通过谴责他们冷漠而固执，努力破坏原来牧师的形象。②他们鼓吹精神而非学识才是获得救赎的关键；最后（尽管一些像滕南特这样的觉醒分子不同意），他们还委任一些门外汉——也称外行规劝者——来担任说服的工作，以此来威胁牧师的专业性基础。不久，很多教会就开始一分为二，像公理会与长

---

① L.Tyerman：《乔治·怀特腓德的一生》(*The Life of the Rev. George Whitefield*, London，1847)，Vol.II，p.125. 参阅 Eugene E.White 的《1741—1746 年间新英格兰地区大觉醒运动的没落》，《新英格兰季刊》，("Decline of the Great Awakening in New England:1741 to 1746"，New England Quarterly)，Vol.XXIV（March，1951），p37.
② Charles Chauncy 整理了吉尔伯特在反对正统牧师时所用的一些称呼："受雇者、软骨头、道貌岸然的人、狡猾的狐狸、狠毒的狼、装模作样的伪君子、无赖、魔鬼的种子、蠢材、受恶魔驱使的人、内心干涸的护工、不会吠叫的死狗、瞎子、死人、魔鬼的附庸、背叛上帝的人、上帝的敌人、像石头般又聋又瞎的人、撒旦的孩子……残忍的伪君子。"《当下新英格兰宗教状况》(*Seasonable Thoughts on the States of Religion in New England*，Boston，1743)，P249. 大部分的例子都摘自吉尔伯特《论一位未觉醒的牧师就〈马克福音〉第六篇布道之危险》。

老会这样的主流教会都分裂成了几个互相争论不休的流派,情形就这样慢慢失控。埃兹拉·斯泰尔斯(Ezra Stiles)二十年后回忆道:"群众就是这样认真地、有节制地、严肃地失去了理智。"①

4

很快,觉醒运动参与者就透支了传统牧师的欢迎。到1743年,牧师群体内部出现分裂,不是因为像任命外行或未经邀请就侵入教区这样出格的事情,因为这本来就没有人支持,而是因为觉醒运动本身的意义。有一小部分人(大概占三分之一)认为,尽管觉醒运动存在很多问题,但它还是"一场令人愉快的宗教复兴运动";但大部分牧师已经把觉醒运动看作一阵迷信和狂热发作,是一场反对传统和理性权威的反智性的暴动。觉醒运动中最顽固的反对者之一,查尔斯·昌西(Charles Chauncy),波士顿牧师的领袖,虽然有点一本正经,但他思想开明,写了一篇驳斥文章对觉醒运动进行了最全面的分析。他在1743年出版的《当下新英格兰宗教状况》中对这些鱼龙混杂地想要挑战牧师权威的暴发户们傲慢无礼的态度表达了愤怒——虽然这些人完全不够格,却无比自负。他抱怨道,复兴运动给那些外行规劝者打开了一扇门:"这帮人来自各行各业,自以为是,觉得自己能为人师;他们既没有学问,能力又很差,还不学习,却想象自己能够给那些愿意倾听他们的人带来精神上的获益。"②

"不需要学习",这恐怕就是大觉醒运动的核心问题之一。昌西认为"过去时代"的错误又复活了,这是宗教异端者的错误。牧

---

① 同前,P103.
② 《当下新英格兰宗教状况》,P226.

师们说"他们需要的是《圣经》,而不是书本"、"他们申辩布道不需要学识,他们中的任何一个凭借精神就能比那些依赖学识的牧师要做得更好;似乎精神和学识是彼此对立的"。昌西认为,这恐怕就是宗教复兴主义者所犯的根本错误所在。①

> 他们依赖精神的帮助,却蔑视学识的作用。正因此,才有这么多的人轻视学校和大学。只要彰显每个人内心纯净、善良的心灵,就能去除知识的迷障,直达真理的庙堂。基于同样的原因,成群的外行规劝者涌现出来,被人追随膜拜,尽管他们中的很多人连基本常识都讲不出多少……基于同样的原因,才会有这么多的牧师不用《圣经》,也无须学习就能进行布道。他们这样做的理由就是为了防止预先的准备限制灵性的发挥。

对那些信奉《圣经》的教徒来说,《圣经》的正确解读是一个非常关键的宗教问题。一个人仅凭借着灵性,不需要学习和研究就能够解释清楚上帝的话语,成为他人救赎的代理,这些思想简直就是异端邪说。宗教觉醒派与传统教会观点的分歧关键在于:正确而理性的理解《圣经》——上帝的话与跟上帝进行情感上、内在的链接,这两者哪一个更重要。

一个复兴派牧师协会将他们的观点写明在以下条文中:②

> 上帝赋予每位弟兄传道的能力和权利;是否具备从事传道

---

① 同前,P256-258.
② Leonard W. Labaree:《针对大觉醒运动的保守态度》("The Conservative Attitude toward the Great Awakening"),(*William and Mary Quarterly*, 3rd ser., Vol.1),(October, 1944), pp.330-340. 摘自 Tracy:《大觉醒》(*Great Awakening*), p.319.

的基本要件由上帝来决定；口舌之技和科学之术不是传道所必需的；虽然它们能带来便捷，在运用得当时也能获得不少好处，但在传递上帝的意愿上，事实证明理性与科学只会迷惑那些使用者和追随者。

保守主义者在这段文字中能读出对学识在宗教中所起作用的彻底排斥；从复兴派牧师传教时乐于使用的那种感性方式，他们看到了"对宗教生活中理性的全部抹杀"。"唯有理性的人才能产生信仰，"一位反对福音派的南方人写道：①

> 没有理性，就没有真正的信仰，两者在宗教中无法分离，信仰包含真理和意义，而理性则加以鉴别。在我们选择信仰时，脑海内必定有一个自我说服的过程，假如我们凭着出身、好玩、兴趣或任何其他外在的环境或动机就确定信仰的话，那我们就把所有的信仰都放在同一个水平上了。而通过教育的过程，我们可以确立真正的信仰，如果我们没有通过自己的理性进行理解的过程，我们也就不能从这样的信仰中获得什么有益的东西，上帝得到的也不过是一个傻瓜，对他来说也没啥乐趣可言。

在一些受到宗教复兴浪潮影响的殖民地地区，很多保守的牧师一开始还期待复兴运动能够带给宗教一些好的影响，但很快他们就开始对这场运动深恶痛绝了，认为牧师的地位、教会本身以及所有真正的信仰都受到了威胁。基本的信条被忽略，在任的牧师被绕开并受到中伤，那些即兴发挥的布道会消灭宗教中的所有理性。很多

---

① 摘自 Labaree：同前，p.345，《南卡罗来纳公报》(*South Carolina Gazette*, September 12–19, 1741)。

传教者承认,他们的布道是被一种灵感所驱动,是上帝将一连串的思想放进他们头脑中,一连串的词语塞到他们嘴边。保守者认为即使是受过良好教育的牧师,这样做也不好,而由"那些没有受过教育,没有学识,对福音教义所知甚少的外行规劝者们"[1]进行这样的布道则会更糟糕。最后,宗教复兴导致了教会分化,引发了大量教派内部的纷争,传统牧师的恐惧也是原因之一,他们担心传播福音的人不需要上大学,以及经过牧师正规培训,这会打击到所有受过教育的牧师。

这种恐惧被夸大了,但宗教复兴分子极力地贬损大学,有几次,一些极端分子还焚烧书本。甚至温和的怀特腓德还认为有些书本应该烧掉,并成功地说服他的追随者将那些书付之一炬。1743年3月,詹姆斯·达文波特鼓动新伦敦地区的人们焚烧搜集来的珠宝、个人奢侈品以及由英奎思·马瑟、本杰明·科尔曼、查尔斯·昌西及其他传统牧师写的书和布道文。在一个周日的早上,市镇码头上堆放了一大堆柴,达文波特和他的追随者唱着《荣耀颂》和《哈利路亚》,并高喊着:"这些书所带来的烦恼与书中的错误思想都将和这些书一样随着冉冉升起的青烟被送入地狱。"[2]

大觉醒运动给教育带来的直接影响很复杂。像掌管长老会这样的组织的主要是来自苏格兰大学的受过良好训练的牧师,该会复兴分子的行为就很可能会被指控为反学识罪。威廉·滕南特在他的"木屋学院"里培养了一批非常能干的学者,他的儿子吉尔伯特并非如坊间所描绘的那样是一个粗鄙无知的人。更重要的是,长老会中的复兴主义分子于1746年创办了新泽西大学(即后来的普林斯顿大学),以确保拥有自己的学识中心;此时其他一些机构——如布朗

---

[1] 同前,p.336.
[2] White:同前,p.44.

大学、罗格斯大学与达特茅斯学院等都是由那些受到宗教复兴运动影响的人创办起来的。只是到后来，复兴运动才开始慢慢地一致反对教育。必须说明的是，教育成为宗教派系斗争的附属品，成为教会加强大学控制的传统道具，这是大觉醒运动的影响之一。那些狂热的派系分子最想要的并不是学识中心，而是他们自己的教育工具；他们把宗教教义和虔诚摆在重要的位置，而不是人文知识。甚至博学的乔纳森·爱德华兹还曾批评过哈佛和耶鲁没能成为"信仰的摇篮"，说它们在学术和人文知识上所花费的精力要比宗教教育多。①

另一位重视学识的牧师怀特腓德本人就对两所新英格兰大学表示了不满。他抱怨，这些大学已经"黯淡无光"，当他1744年返回新英格兰的时候，那些曾在他第一次到来的时候为他提供讲坛的牧师们此时都紧闭大门，耶鲁和哈佛的教职人员还印发了小册子抵制他，否认怀特腓德对大学的指控，并反过来对他提出了一堆指控。怀特腓德的一些反对者指控他想要"诋毁和颠覆"新英格兰的大学，以推翻传统牧师对大学的掌控，建立一套全新的培训自己传人的模式，我们并没有理由去接受他们的观点。但是，当许多本地的牧师被觉醒派的人当着自己教派会众的面指责，说他们不是魔鬼的代言人，就是毫无虔诚之心的时候，他们内心激发出一种彻底被推翻的恐惧感，这也是能够理解的。②

焚烧书籍和觊觎大学当然不是觉醒分子的典型做派，而是一种过激行为的表现。觉醒派一开始并没有要分裂教会、攻击大学或诋毁智识和学问，他们之所以这么做，只是为了达到他们最初的目的，

---

① 《工作》(*Works*, New York, 1830), Vol.IV, pp.264-265.
② 有关大学对大觉醒运动的反映，参见 Richard Hofstadter 和 Walter P.Metzger 的《美国学术自由的发展》(The Development of Academic Freedom in the United States, New York, 1955) pp.159-163.

即激发宗教的热情，向上帝展示灵魂。即使有"昌西"们尖酸刻薄的批评，新英格兰地区和殖民地中部地区觉醒运动中反智主义的影响还是非常有限的，因为这些地区的公理会和长老会有着强大的尊重知识和理性的传统，其反智倾向依然没有超出传统框架。然而大觉醒运动即使在新英格兰地区也还是显露出了走向极端并差点失控的趋势。宗教复兴运动的反对者会说，大觉醒运动中激发出来的狂热和反智是运动的本质表现，但复兴派的支持者则认为这些只不过是这场本质上有利于基督教改革的运动的副作用。短期来看，在新英格兰教会有限的环境下，大觉醒运动的支持者或许是对的，但他们的反对者对这场宗教复兴运动的内在演变趋势及未来发展方向的判定更加准确，尤其是当复兴浪潮开始摆脱新英格兰的传统和限制，蔓延到整个美国的时候。一位最近研究新英格兰觉醒运动的历史学家虽然在字里行间流露出明显的同情心，但依然总结道："这场运动展示了一场不受智识约束的传播福音的狂热运动是怎么发生，又如何成为一股风潮的"，他观察到，"诋毁人文学识的人在大觉醒初期只占少数，但后来成为新教教徒的主流"。①

　　大家基本认可我们对大觉醒运动的总体评价：它使得宗教信仰方式更适合普通大众，给他们一个新的选择，从而取代原来主要由有闲阶层管理并为他们服务的传统教会；大觉醒运动加快了美国民主精神的传播，通过告诉民众他们有权利去听他们喜欢并且能够听懂的布道，甚至在某种情况下有给自己布道的权利；宗教复兴分子打破了传统教会的控制，增强了美国人民的自信和自立，这是后来一波又一波的海外游客从美国人民身上所看到的。此外，美国历史上还有几个人道主义的举措，如废奴运动和对奴隶与印第安人的宗

---

① Gaustad: 同前，pp.129，139。

教感化运动都可以算是受到大觉醒运动的影响。对一位秉持着美好善意的觉醒运动的参与者来说，没有谁的灵魂是不值得关注的。但不得不提出的是，宗教中的智识和学问为此也付出了代价（除了那些新成立的学院外）。觉醒分子并不是第一个站出来反对理智价值的，但他们确实加快了反智主义的蔓延。它给美国的反智主义带来了第一次短暂的胜利。大觉醒运动之后，美国的新教时代结束，福音时代开始。随后，美国的宗教复兴运动也不过是在一个更大的舞台重复着18世纪的版本，无论是积极还是消极的方面。

5

当宗教复兴运动从新英格兰和中部殖民地及公理会和长老会内部慢慢发展到美国西南部的未开化地带时，变得更加原始、感性，更醉心于狂热的神灵现象。布道者的文化水平更低，更倾向于用身体语言来表达宗教的感化作用：俯伏、抽搐、怒吼、吠叫。从一开始，怀特腓德的传教在南部殖民地就非常有效，在他的感召下，随着中部殖民地长老会中复兴派的流失，福音运动在18世纪40—50年代开始传入弗吉尼亚、北卡罗来纳及更边远的南部地区。在那里，复兴主义者发现大量没有入过教会的人，偶尔有一些被流放的圣公会的神父会去传教，因而那里攻击传统牧师的基础也要比北部地区好很多。因为圣公会跟当地的上流社会联系紧密，所以民主思想和宗教复兴分子的不满情绪也更加强烈。在南部地区，尽管有像萨缪尔·戴维斯（Samuel Davies）这样杰出的长老会传教士（后来担任过普林斯顿大学的校长），但因为浸信会和卫理会先后占据主流，这些教会都不像长老会和公理会那样重视牧师的学识。因此，宗教复兴运动中推行的牧师巡回布道制度、非专业的布道活动，以及对传统牧师的谴责等在那里遇到的阻力很小。

南部的宗教复兴主义者给那些没入教的，甚至还未开化的人们带来了福音。圣公会的查尔斯·伍德曼森（Charles Woodmason）神父在18世纪60—70年代曾深入到卡罗来纳的穷乡僻壤四处游历传教，他描绘了当地令人胆战心惊的野蛮生活，并带有一定偏见地写道："这些到处游荡的教士蛊惑人们的精神，挑动他们反对传统教会及其牧师——任何一个有教养的人士面对这样的处境都会觉得极度不适、荒诞和不快。"

在这么大一片领地，除了文集、教理问答、瓦茨的赞美诗、班扬（Bunyans）的《天路历程》，以及卢梭、怀特腓德、厄斯金（Erskine）这些人的布道词之外，几乎看不到一本《圣经》。他们也不喜欢历史书籍，不鼓励阅读，就像英国当年的乡野鄙夫一样，这些人不喜欢知识，对有学识的人也不敬重，无论是艺术、科学还是语言，任何一种智慧和知识形式，他们都加以鄙视甚至粗暴地对待。连当地的首领们的态度也是如此。

伍德曼森几年后还提及浸信会中的复兴派和新光明派几乎都是反权威的，他们在成功地对传统教会展开攻击之后，现在又准备破坏这个国家。"法律界的人士此刻似乎已经注意到这些人的意图：就像1381年爆发的英国斯特劳和泰勒［约翰·莱克斯特劳（John Rackstraw）和瓦特·泰勒（Wat Tyler）］农民暴动一样，他们想要抹杀整个跟学识有关的职业。因为人类的学识与上帝精神背道而驰。"[①]

---

① 了解南方落后地区的文化条件，见 Richard J. Hooker:《卡罗来纳落后地区的革命前夜》(*The Carolina Backcountry on the Eve of the Revolution*, Chapel Hill, 1953), pp.42, 52–53, 123. 也可参阅 Carl Bridenbaugh:《秘密与现实：南部殖民地社会》,(*Myths and Realities: Societies of the Colonial South*, Baton Rough, 1952), 第3章。

伍德曼森在 18 世纪的卡罗来纳地区观察到的现象便是一个例子，虽然有点夸大其词，但基本反映了人口快速变迁的情况。在美国革命之后，人们向西部推进，他们西进的速度永远比社会组织建立得快，要想让社会组织能够迅速及时地跟上人口增长的速度是不可能的。1790 年，整个阿勒格尼地区的人口大概是 10 万，三十年后则跃升到了 225 万。很多家庭在短短的几年内迁移了两三次。原有的社会组织解散，各种限制消失，教会、社会关系和文化团体经常遭到解散，并且无法在这些拓荒者家庭再一次消失在荒野草原之前得到重建。萨缪尔·J.米尔斯（Samuel J. Mills）是"美国《圣经》协会"的发起人之一，他在 1812—1815 年期间带领两位同伴到西部旅行，他发现多年前建立的一个个社区竟然连一所学校和教堂都没有，甚至根本就没有建的打算。在伊利诺伊州的首府卡斯卡基亚，他们甚至连一本完整的《圣经》都找不出来。①

约翰·曼森·派克（John Mason Peck）是第一个在伊利诺伊和密苏里地区侍奉的浸信会传教士，他后来回忆，"这些冲在最前面的拓荒者们在 1818 年还处在非常原始的状态。"②

大概在九点钟，我找到了要到访的家庭。这个家庭是早期边疆拓荒族的典型代表。其中有些特别的描述可能会令读者觉得新奇，因为我认为如今（1864 年）在整个密苏里地区，恐

---

① Colin B. Goodykoontz:《美国边疆地区的传教》(*Home Missions on the American Frontier*, Caldwell, Idaho, 1939), pp. 139-143. 在移民过程中，不只有新教经历了这种宗教疏离，一名印第安纳州的牧师这样描述 1849 年他所在教区里的爱尔兰移民："他们几乎不知道上帝的存在，他们羞于参加教会活动，即使参加了也听不懂布道。"修女 Mary Carol Schroeder:《1847—1877 年文森纳教区的天主教会》, (*The Catholic Church in the Diocese of Vincennes*, 1847-1877, Washington, 1946), p.58.
② Rufus Babcock:《约翰·曼森·派克四十年的先驱生涯》, (*Forty Years of Pioneer Life: Memoir of John Mason Peck*, D.D., Philadelphia, 1864), pp. 101-103.

怕都找不出类似的家庭。在距离一片麦田不太远的地方搭着只有一间房的小木屋，未加任何粉饰。这个家庭的家长和他的妻子，两个已经出嫁的女儿及女婿带着他们的三四个小孩，一双成年的儿女，大家都住在一起。这位老人说他识字，但非常有限。老太太想要一本赞美诗，但她却不认字。而这个怪诞家庭的其他成员对书以及类似的"垃圾"都没有任何的想法。我介绍自己是一名浸信会的牧师，正在这个地区向人们传播福音。这两位老人是浸信会的教徒，至少当他们在此定居时曾经是某个浸信会的成员。对他们这个阶层来说，当时所谓的"定居地"指的是弗吉尼亚和卡罗来纳的西部地区，以及老肯塔基和田纳西更偏远些的部分地区，他们以前在这些地方居住过。但是，在这些地方听到浸信会传教士布道的机会极少。这位老人还能向我讲述曾经在圣弗朗索瓦参加浸信会的情形，还能告诉我法拉尔长老在圣米迦勒附近的具体住处。这个老太太和那些年轻的家庭成员自从居住在这片土地上，有八到十年了，就再也没有看见过一个浸信会的传教士。他们偶尔参加循道宗的聚会。这便是那些散落在密苏里新开垦地的为数众多的民众的生活状态。很多还知道如何祷告的老人们对我们的"旅行传教"给予了热情招待，但年轻人就显得很害羞，远远地站在房子的外面，我们没法说服他们走进房间聆听布道、诵读《圣经》及进行祷告。这是很明显的落后现象，这家人的财产状况以及从事的家务活动皆如此。

房间里看不到一张桌椅或任何一件家具。这种匮乏在开垦地是普遍现象。因为从定居地迁移时一般骑上马就上路，除了必不可少的厨具、容器、床，以及一两件换洗的衣服之外，其他设施都不带。不过，一家之主总不至于这么没出息，缺乏生活在边远地区所需的技能和进取精神,连一张桌子也造不出来。在我当时所处地区,这件生活中所必需的家具有两种样式。一种就是一块厚板,或"板子",是从一个大的原木上劈开的,有四英尺长,十五到十八英尺宽,劈成一块木板的厚度,这种桌子还装有四条高度适当的腿,样式跟凳子或板凳一样。另一种样式就是先有一个粗糙的木框,木框上有几根柱子就算是脚,一块表面刨光滑了的拼接起来的木板盖在木框上,用一些小木楔固定住。我们在到过的几百个小木屋里,都能看到这两种餐桌……

要想完整地再现拓荒人真实生活的画面,只需再讲讲他们的食物就可以了。坏掉的培根肉在烹煮时散发出来的恶臭即便在院子外也能闻到。跟着一起煮的豆子咬起来嘎嘣作响,根本烧不熟。从搅乳器里倒出来的牛奶都馊掉了,牛奶在那里保存了整个季节,他们认为从奶牛身上挤出来的东西是不能倒掉的。拓荒者们在早上九点以后所做的一顿像样的早餐,也不过是清水煮玉米而已。

有时,传教士们完全茫然无措。有人记载下了1833年他在印第安纳的奇那的经历:[①]

一大家子人都无知和邋遢,普遍没有文化。到处都禁止文学读物,除了我和怀尔德兄弟之外,这里找不到一个有文化的人。据我了解,这里也没有一个语法或地理方面的学者,以及能够介绍这些知识的老师。有些街区从未有过学校,父母和孩

---

① Goodykoontz: 同前, p.191.

子都是彻头彻尾的文盲。有些街区，一年上几个月的学，用的都是最古老、最迂腐的教学方式，喋喋不休地读和写。"无知先生"这样的称号就是他们的真实写照。那里除了不教纯粹的知识，什么都教，他们对此并没有罪恶感。当然，也没有任何想要改善的意愿。这里的男人、女人和孩子觉得不识字不比长了一个长鼻子更加羞愧。我们的教会竟然选了一个连《圣经》都不会读的人来做长老。我所认识的有报纸以及政治和宗教类读物的家庭不到十家，他们在邮局的所有花费还不如我一个人的。毋庸多言，在这样一潭死水一样的环境里也就只能制造出这样的货色：嫉妒、偏执、怀疑、盲目、怨恨……

生活在这样贫困、艰难的环境下的男女，还要对付印第安人的侵袭、热毒、疟疾，终日在酒精和谩骂中度日，根本无力支付教育和文化的开支。他们发现排斥不能拥有的东西要比承认因自身不足而缺少它们更容易些。

一个住在印第安纳州附近市镇的工人几乎在同一时期以更加同情的笔调写道："人们一贫如洗，远离市镇，在他们新开发出来的土地上辛苦地劳作，改善土壤，种植作物。"但是，他发现人们的文化条件则非常相似：①

> 由来自联邦各个地方的人聚集在一起，还未形成一种稳定的社会形态……一边是宗教派别林立，一边又是鱼龙混杂——有些传教士都不认字，有些工人不肯遵守安息日传统，还有些人竟然试图消除耶稣的神性。而唯有在反对教育这件事情上，

---

① 同上：pp.191-192. 有关早期印第安纳州类似状况的描述，参见 Baynard R. Hall：《新交易》(*The New Purchase*, 1843, Princeton, 1916), p.120.

大家的意见却都高度地一致——一方面需要公立学校教师，另一方面却辱骂那些通过宗教服务获得报酬的有学问的神职人员。

西部地区这种无知和谬误统治的局面什么时候是个头啊？

当然，对美国状况的这番描述，恰恰为传播福音的人提供了最充分的辩解。他们不是去降低当地的文化水平，而是要把这片文化沙漠带入一个受到正常约束和规范的文明社会。他们中最优秀的人，其文化和才智水平明显要比周围的人高，即便是最差的人也不至于把情况弄得更加糟糕。教会组织派去的家庭传教士们不时要去对抗社会解体过程中出现的这样那样的问题：脱离教会及没有宗教信仰的人口越来越多，教会中不符合教规的婚姻、生活不检点、酗酒和打架斗殴等现象。他们虽然通常受到大家的欢迎，但还得在一种比较敌意的环境下工作，情况好的时候会挨几句骂，糟糕的时候还有性命之忧。最著名的卫理会巡游牧师彼得·卡特赖特（Peter Cartwright）就讲过一个经历：他曾参加的一个集会上来了一些携带尖刀、大棒和马鞭的人想要终止布道。一个周日早晨，当他的布道被这些身强力壮的汉子们打断的时候，卡特赖特不得不带领教友们进行反击。那些在宗教西进运动中承担了最艰巨任务的背包传教者，如果像东部那些待在建好的教堂里布道的牧师们一样，那肯定是没有效果的。假如他们不能发展出一套本土的布道风格，不能和听众在某种程度上分享，哪怕是假装分享一些情绪和偏见，如反权威、反贵族、反东部人、反学识等，他们就无法感化这些到处游荡的信徒。各种教派也采取了不同的方式来做必要的调整：总的来说，教友地位升高，而牧师地位下降。简而言之，大家对基本社会秩序的需求降低了文化精英在宗教传播中的提升作用。假如我们的目的是要给传播福音的牧师们一个评价，那么这些例子很好地表明了他们忠诚、勇敢、奉献和聪明。但是，我们的重点是去评价文明的演变和文化的发展，因此我们必须牢牢把握当时呈现出来的社会状态——这是一个充满了勇气与个性的社会，人们容忍坚强，务实机灵，但它不是一个适合产生诗人、艺术家和专家学者的社会。

第四章　福音主义与复兴分子

1

回顾历史，我们便能很清楚地看到，正是19世纪早期美国的历史条件使一种全新而独特的基督教形式得以产生，它有着与众不同的教会组织及其神职人员标准。几个世纪以来，基督教并非教派林立，而是有着单一的教会传统。而美国一开始就是由各种各样的移民群体建立起来的，欧洲大革命后涌现出来的五花八门的宗教派系都可以在这里找到——既有宗教左派，也有右派。最初，这些定居地各自为政，但要维持它们之间的边界是极其困难的。18世纪中期开始，殖民地居民就开始探索以合法的方式，利用宗教的社会整合作用实现彼此和平共处、相互包容。

宗教的不统一会导致多元化，在这一过程中美国放弃了单一教会制度，拥护了宗教自由。在18世纪末期以及19世纪早期，美国的自由主义思想大行其道，那些原本被视为异端邪教的宗教团体也建立起自己的正式教会组织，虽然没有过去的教会那么正规，但也算稳定且管理得当，称为宗教派系也不为过。地位提升的旁门左派和不断屈尊的正统教会在美国这种自发的、自由竞争的宗教环境中变得平起平坐，形成了后来被称作宗派主义的局面。[①] 美国宗派主义的实质就是教会成为一种自愿性的组织。生活在一个没有强制性入会要求以及传统宗教教会意识薄弱的社会，教徒们可以在众多的派系中自由选择所要侍奉的教会。而在旧式教会里，教徒出生时就属于某一个教会，往往会被要求一直待在该教会，按照教会所规定的礼拜仪式获得宗教体验。不过，美国的教徒并不是简单地出生于某一个宗教派系，也没有继承什么献祭礼仪，宗派其实就是一个自发形成的社会，教徒往往是在经历过某种信仰体验的转变才会选择加入。

这种选择性并不是虚构的。在 18 世纪末期，流动性是美国生活的常态，去组织化是美国大革命的后果。1790 年，没入教的美国人大概占 90% 之多。不过，在接下来的十年里，这种令人震惊的宗教无序状态得到了大大改善。教友们自行甄别、选择，大部分人都归入了某一个教派。在确定教会的过程中，很多人都会一而再、再而三地重新选择。教徒们所选择的宗派往往既受到之前教会的影响，同时又融入了与过去决裂的美国式期待、对未来抱有的热诚，以及对历史的不屑一顾。欧洲是腐朽过去的代表，美国必须超越它，这是美国盛行的一种政治信念。新教主义就是建立在类似的宗教历史观上，[②] 大家普遍相信，基督教发展并非一个制度形式和宗教活动

[①] 熟悉 Sidney E. Mead 阐述美国宗教历史文章的读者会发现以下几页的阐述主要都是受到他的影响，尤其是《宗派主义：美国新教的类型》(*Denominationalism: The Shape of Protestantism in America*)，《宗教历史》(*Church History*, Vol.XXIII, December, 1954), pp.291-320; 还有就是 Richard Niebuhr 和 Daniel D. Williams 编的《历史上的传教士》(*The Ministry in Historical Perspectives*, New York, 1956), pp.207-249 中的《美国福音派牧师观的兴起（1607—1850）》(*The Rise of the Evangelical Conception of the Ministry in America*, 1607-1850)。

[②] 要想进一步了解 19 世纪美国人想要超越过去的心情，参阅 R.W.B. Lewis：《美国的亚当》(*The American Adam*, Chicago, 1955)。

不断进步的历史过程，而是纯粹的原始宗教精神不断消失、腐败、退化的过程。保留原有的形式并不是虔诚的表现，行动起来重新恢复宗教的纯净才是。"这是一个自由的时代，"一位杰出的福音派长老会信徒阿尔伯特·巴恩斯（Albert Barnes）在1844年写道："人将会享有自由。正统宗教固守一成不变的老套智慧，充斥着过去的种种愚论偏见，不肯适应自由和多元化的潮流，扩大自己的视野。"①

因此，他们的目标是要回到原始基督教的纯洁状态，而《圣经》则是这种回归的关键，甚至那些对美国宗教的这种趋势不认可的人也能明白这点。1849年，一个德国教会的发言人就各个派系诉诸私人判断和《圣经》的做法评论道：②

> 当然包括反对以往一切权威，除非它肯认同真理之所在；检验真理的唯一标准不是历史上所谓的权威，而是心智，仅凭这就能自成一宗……无论是一开始还是之后，一个纯粹的教派绝不会因不能从过去的历史追溯到根源而感到难堪。它更愿意自己的教义直接发源于《圣经》，或者通过《圣经》直达天庭……一个教会生命的历史延续性对于认识这个宗派没有任何意义。

于是，能够将绝大多数教派联系在一起的纽带是当下的目标和动机，而不是传统、继承下来的忏悔仪式，也就是说，不是过去的某种教条信念体系。因此，在教派内所需要的只是一个忏悔告解的形式，过去有关神性的理性讨论是教会里抽象教义产生的一大来源，

---

① 《圣公会内福音派的地位》（"The Position of the Evangelical Party in the Episcopal Church"），《杂文录》（*Miscellaneous Essays and Reviews*, New York, 1855）Vol.I, p.371. 这篇文章彻头彻尾地攻击了与福音精神不一致的宗教形式。

② John W. Nevin:《分级系统》（"The Sect System"），《摩尔西斯堡评论》（*Mercersburg Review*），Vol.I, 1849年9月，pp.499-500.

而现在成为一种精神游戏，一种能够制造分歧的力量。因此，抽象理性尽管还没有被完全摒弃，但已经位居实践理性之后，后者被认为重要得多。[1] 所有的宗派都有一个独特的看法和举措，假如某一项教义主张被认为无助于整体的福利或者教团共同的利益，就会被毫不留情地放弃。[2] 教团的使命就是传播福音。在一个流动性和变化性很强的社会里，有如此众多的未入教的人有待获得信仰，教派最基础的职责便是接收新的信徒，其他的目的和使命都得位居其次。

要是有人还没有加入传统教会组织，或者不再定期参加礼拜或遵循教义行事，不管出于什么原因，各教派都努力地想要获得他们对本教会的忠诚。不过，要想重新获得这些人的加入，靠那些宗教仪式和教义是没有吸引力的，重新激发基督教传播之初第一代信徒们的那种本真的热诚或许会更有效。宗教复兴派就在传统派跌倒的地方站起来。情感上的鼓动取代了传统教会组织的清规戒律。头脑简单的人被简单的思想重新带回到信仰面前，那些富有蛊惑力的布

---

[1] 这段历史背景可能足以解释 Will Herberg 为何能够成为当代美国宗教领域中如此重要和著名的人物——对整个宗教的坚定信念配上对宗教内容的极度忽视。(参见艾森豪威尔 1952 年的话："我们的政府没有意义，除非建立在一种深刻的宗教信仰上——至于是什么宗教并不重要。")这种普遍信仰观是几个世纪以来教派之间妥协的产物。参见 Herberg：《新教徒、天主教徒、犹太教徒》(*Protestant*, *Catholic*, *Jew*)，(Anchor ed., New York, 1960)，第 5 章，尤其是 p.84-90.

[2] Crèvecoeur 甚至在 1782 年就发现，在美国，"假如一个教派没有聚居一处，假如一个教派与其他教派相混合，他们的热情会因为缺乏需求的燃料而冷却，不久就会消失。"然后美国人对待宗教的态度就像他们对国家一样，联合在一起，各个教派就像各族裔一样联合在一起；宗教上的冷淡态度就不知不觉地从大陆的一端传播到另一端，这是目前美国人最突出的特征之一。没有人知道它会发展到什么程度，或许会留下一个真空来接收其他信仰体系。迫害、信仰的傲慢、偏好冲突，这些维系我们常称之为宗教粮食的动力在美国已经停滞；宗教的热情在欧洲受到限制，而在美国却容易在广袤的空间里传播时蒸发；在欧洲，宗教派系总是外面所包裹的一层一触即燃的粉末，而在美国它却随风飘散，激发不出一点火光。《一个美国农民的来信》(*Letters from an American Farmer*, New York, 1957)，pp. 44, 47. 当然，在 1790 年之后的几十年里，恢复了一些宗教热情，但对宗派间差异的执着却不复当年。

道牧师能够将复杂的宗教思想变成简单的选择题,是天堂还是地狱。连救赎也是一种可以选择的事情,有罪的人可以选择信仰,而不是说教会接不接纳有罪的人。只要能够将人吸引进教会就是好的。说到灵魂不懈的拯救者,德怀特·L.慕迪(Dwight L. Moody)曾经指出:"如何让一个人信上帝并不重要,重要的是你让他信了。"① 远在实用主义成为一大哲学流派之前,它就被传播福音的人所采用了,虽然方式有点简单。对于信徒来说,宗教实用性的检测就是被感化的体验,对于神父来说,则是激发这种体验产生的能力。传教士在收获灵魂上的成功便是他传播真理的有利证据。②

牧师制度本身受到教会体系和传播福音思想的影响发生了很大改变。不管属于哪个教派分支或教派组建的计划是什么,所有教会都会程度不一地倾向于教徒自治(公理宗:强调教徒自行管理教会)和地方主义。地方主义和复兴主义两者结合所产生的势力大大助长了其他宗教异端流派和分支,只要结果是好的,谁又会去干涉呢?同时,它也助长了教徒信众的力量。传教士不再拥有强大且稳定的核心教会的支持,他必须动员自己个人的资源来和教友建立联系。当然,他也会尽最大努力树立自己的权威,但在美国的生活环境中,往往由教徒说了算。甚至在南方殖民地的圣公会教会里,牧师虽然还拥有传统的权威,但其大部分权力已经转移到教区委员手中。美国各地的牧师们都要由教区的信徒来评价,在某种意义上被他们使

---

① 引自 William G. McLoughlin:《比利·桑迪是他的真名》(*Billy Sunday Was His Real Name*, Chicago, 1955), p.158. 像 Washington Gladden 这样更为老练的牧师也会说,他自己的神学"必须被钉在铁砧上,以便日常在讲坛上使用"。实用性是检验神学的唯一手段:"它有用吗?"《回忆录》(*Recollections*, Boston, 1909), p.163.

② Charles G. Finney:《宗教复兴演讲录》(*Lectures on Revivals of Religion*, New York, 1835)中有一章就以"一个明智的牧师会成功"为标题,并引用了《箴言》11∶30的一句"赢得灵魂的人是明智的"。

唤。克雷夫科尔曾经评价过低地荷兰人在18世纪时对牧师的态度："除了雇员，他们想不出更恰当的身份来描述神父的地位；假如他工作干得好，就会得到相应的报酬；假如做得不好，就会被解雇；要是没有布道，就让他的教堂关闭几年。"①

反过来，牧师也不能够像过去那样依赖教会以及自己身份的权威。那些最成功的牧师会成为处理教会事务方面的天才政治家，娴熟地运用世俗的那套管理技术。此外，在宗教和国家方面兼有治理才能的牧师，还格外受到重视，他们的目的就是改造这个国家，使整个大西部地区都转信基督教。一位牧师谈到1800—1850年间出现的致力于实现这一目的的社会组织时抱怨道："人们往往最希望牧师是一个管理社会的经理，一家营利机构的幕后操纵者"，除了牧师之外，还有谁经常被人评价为"在改造社会的工厂里能够完成各种琐碎任务的人"。② 于是，西德尼·E.米德指出："牧师的概念实际上已完全失去了它传统上的意义，而变成了一个受上帝召唤的兢兢业业的公职人员，指导这个看得见的教会从事有目的的活动。"③

牧师的工作最后还是由他所在行业的成功——拯救灵魂的具体数字——来决定。对本地牧师进行评价的依据既有他个人的魅力，又有他动员教众来参加巡回布道会的能力，那些具有非凡个人魅力

---

① Crèvecoeur：同前，p.45. 这不应被看作是暗示传教士们没有受到尊重。他们只是没有因教职而得到尊重，但他们能够且经常赢得尊重。Timothy Dwight 谈到早期康涅狄格神职人员时说："他们没有官方权力，但却拥有很大的影响力。在这里，牧师们因为他们的本性和所作所为而受到尊敬，而不是凭借他们的职务或偶然获得的东西受到尊敬。"p.236.

② Andrew P. Peabody：《牧师的工作》（*The Work of the Ministry*，Boston，1850），p.7. 正是新教神职人员用爱国者和政治家般的情怀关心西部的基督教化，让托克维尔说道："如果你与这些基督教的传教士交流的话，就会惊讶地听到他们会经常讨论现实世界的利益，你以为遇到的是一个牧师，却发现他原来是一个政治家。"《论美国的民主》（*Democracy in America*），Phillips Bradley 编辑，（New York，1945），Vol.I，pp.306–307.

③ 《美国福音派牧师观的兴起》，p. 228.

以及超级动员能力的牧师则负责进行巡回讲道。①"明星"体系在它进入演艺圈之前就在宗教界盛行了。当传播福音变得越来越普及、越来越关键时,复兴派牧师中所提倡的那些标准规范就成了挑选和培训牧师时的参照。面对福音派塑造的改革者和激励者的理想牧师形象,清教徒有智识和教养的领导者的理想牧师形象日益削弱。神学教育本身也变得越来越功用化,对教条进行一些简单的公式化的解读被认为是必要的。大量的教会从空泛的智性思辨中抽离出来回到世俗世界,他们逐渐放弃了宗教是整体智性生活中的一部分的观点,不再重视理性研究领域,而认为它只是自然科学研究的范畴。到了1853年,一位著名的神父抱怨:"有一种普遍的印象,一个有智识的神父必定缺乏虔诚,而一个激情澎湃的牧师则缺少理智。"②

2

以上所述只是概括性的,其中涉及美国宗教方面的内容难免唐突,因为美国宗教有着巨大的地区差异性和多样性。但是我想,这些概括大致描述了美国宗派主义普遍的宗教模式以及福音派的独特影响。当然还有一些重要的传统教会大部分或者完全没有受到福音派的影响。像罗马天主教会、路德会,除了表面的方式方法会受到

---

① 牧师个人魅力在传教中的重要性从未消失。Phillips Brooks 就说过:"真理通过个性彰显,这才是真正的传教。"与他同一时代的 William Jewett Tucker 也同意:"牧师的个性越鲜明,其影响力就越大,让人们对真理的认识就越深越广,这是一个规律。"参阅 Robert S. Michaelsen:《1850年至今美国的清教徒牧师》(*The Protestant Ministry in America: 1850 to the Present*), Niebuhr and Williams: 同上, p. 283.

② Bela Bates Edwards:《论虔诚对智识力量的影响》("Influence of Eminent Piety on the Intellectual Powers"),《写作》(*Writings*, Boston, 1853), Vol. II, pp.497–498. 其中说道:"我们不愿意把智性与内心分离,将知识和虔诚对立起来,以牺牲辨别力为代价来抒发情感,并造成一种普遍印象,即卓越的知识和优雅的举止彼此是不兼容的。"同上, pp.472–473.

福音派潮流的影响之外，其他都没有受到影响；而像圣公会受其影响的程度则因地区差异有所不同；长老会和公理会则因福音运动而产生了内部的分裂。

假如将美国大革命末期与 1850 年的美国社会相比较，前者只占阿勒格尼山以东的地区，而后者的疆域范围则大了很多，宗教派系也已经基本确立，福音派团体的力量明显得到了增强。在大革命结束之际，美国主要有三大教派，圣公会、长老会和公理会，其中两个曾经都不只是一个地方性的教会组织，而第三个则有着浓厚的美国本土特色。截至 1850 年，美国教会状况发生了惊人的变化。当时，全国最大的教派只有天主教。在新教群体中，排在前两位的是卫理会和浸信会，它们曾经都被视为异端邪说。接着按顺序排下来的是长老会、公理会与路德派。而圣公会则掉到了第八名的位置——这是它没有竞争力的一大表现，作为一个属于上层社会的保守教会，它在美国这样的环境中完全不为人所动。①

总体来说，在西部新开发出来的乡村和不断增长的城市，新教基督教在教会维持和会员开拓方面都取得了成功，这主要归功于福音派等几个宗派，而非传统教派。而卫理会和浸信会在美国的拓展则是它们适应美国生活环境的一大明证。福音派成功地吸纳了像公理会与长老会这样的教派，这本身也充分体现了福音派转换旧式宗教结构的能力。

福音派是传播新教基督教的主体，宗教复兴运动则是烘托气

---

① 关于不同教派的数量、教派分支、神学的奉献，以及不同教派间的共同联系，请参见 Timothy L. Smith：《复兴主义与社会改革》（*Rvivalism and Social Reform*，New York and Nashville，1958），第 1 章，"美国新教的内部结构"。1855 年，所有卫理公会团体（包括南北）共有 150 万人；所有浸信会团体有 110 万人；所有长老会组织有 49 万人；所有路德教会、德国改革派和类似团体，有 35 万人。公理会成员大约有 20 万人；圣公会教徒，只有大约 10 万人。

氛的主要手段。从18世纪的最后几年开始，直到进入19世纪，一波接一波的宗教复兴浪潮从一个地方到另一个地方，席卷了整个美国。第一波复兴浪潮大概是在1795—1835年间，在田纳西和肯塔基的新西部地区尤其猛烈，其次是纽约西部和中西部各州。这波浪潮直到1840年一波新的浪潮涌现之时才逐渐消散。第二波浪潮席卷了各个城市小镇，涌现出了德怀特·L.慕迪、比利·桑迪和比利·格雷厄姆这些复兴运动领袖，表明宗教复兴运动不仅仅是一个郊区现象。这波浪潮在不太平的1857年和1858年间达到高潮。这种强烈的情感流露深深地打动了纽约、波士顿、宾夕法尼亚、辛辛那提、匹兹堡、罗切斯特、宾厄姆顿、福尔里弗以及其他一些小镇的人们。①

宗教复兴运动并非福音派使用的唯一手段。到19世纪30年代，福音派建立了大量的社团，有牧师学会、圣经学会、教育学会和主日学习联盟、修习团体等，其中大部分都是跨宗教派系的。这些机构的成立是为协助一场改革运动做准备，其最初目的是实现密西西比河谷地区的基督教化，改变该地区对宗教冷漠、不忠的态度，或者脱离罗马教会；而最终目的则是改变整个美国乃至整个世界。宗教派系之间长期存在的分歧在这一目标下暂时化解了，大家合力对付共同敌人，包括怀疑主义、对信仰的消极态度和罗马教会。在各个宗教派系还没有展开深度合作的地方，这些社团就给那些对宗教感兴趣的个人提供了一个接触的机会；在牧师们不愿意参与的一些

---

① 我对复兴主义的阐述很大程度上归功于William G. McLoughlin对整个运动的杰出调查成果：《现代复兴主义》(*Modern Revivalism*, New York, 1959)；之前引用的Timothy L. Smith的《复兴主义和社会改革》对1840年以后及城市的复兴运动做了出色的研究；Charles A. Johnson 在《开荒营地聚会》(*The Frontier Camp Meeting*, Dallas, 1955) 中如实还原了1800—1820年的原始边境的生活条件；Bernard Weisberger的《他们聚集在河畔》(*They Gathered at the River*, Boston, 1958)。

联合慈善活动里,社团还会让一些活跃分子参与领导。福音派社团在 1795—1835 年间宗教复兴运动快速发展的时期基本能够维持彼此间的合作关系。但到了 1837 年,这种共同的努力失去了动力,部分原因是教派之间以及教派内部又开始出现分歧和争论,还有就是福音派改革运动的主要目的基本已经达到。①

种种迹象显示,无论从哪个角度来评价福音运动都是成功的。数字表明在极其艰苦的环境下福音派发动的感化教众运动成就斐然。在 18 世纪中期,与所有其他基督教国家相比,美国加入教会的人口比例要小很多。众所周知,美国宗教统计数据很不可靠,但根据它的数据显示,1800 年,大概每十五个美国人中就有一个是教会的;到 1850 年,这一数字达到七分之一;1855 年,两千七百万人口中就有四百万以上入教。到了 20 世纪,美国人口的绝大部分已经加入了教会组织,大家已经习以为常了。这些数字或许并没有太大的说服力,但是要记住,教会成员虽然在今天稀松平常,且没有太大意义,但在当时是一件非常严肃,而且要求非常严格的事情;所有的福音派都要求教徒有皈依的仪式并遵守严格的教规。而实际去教堂的人应该比教会会员数还要多——根据 1860 年的一份报告显示,所有教堂的席位可容纳两千六百万人,而当时美国总人口是三千一百万。② 所有教派中成就最大的是卫理会和浸信会,他们的

---

① 关于这一时期各教派的共同努力及其消退,参见 Charles I. Foster:《仁慈之错:1790—1837 年间的福音派联合阵线》(*An Errand of Mercy: The Evangelical United Front, 1790–1837*, Chapel Hill, 1960)。

② Winfred E. Garrison 对 1800 年数据的估计出自:《美国宗教组织的特征》("Characteristics of American Organized Religion"),《美国政治与社会科学学会年鉴》(*Annals of the American Academy of Political and Social Science*), Vol. CCLVI, March, 1948, p.20.1855 和 1860 年的数据出自 Timothy L. Smith:同前, pp. 17, 20–21. 教会成员占人口比例从 1855 年的 15% 左右上升到 1900 年的 36%,1926 年的 46%,1958 年的 63%。Will Herberg::《新教徒、天主教徒、犹太教徒》, pp.47–48.

会员加起来占新教教徒的 70%。

3

随着宗教复兴运动第一次向西部蔓延,继而进入到新兴的城市,美国的宗教版图逐渐清晰,呈现出卫理会、长老会和浸信会三分天下之势。了解这几个宗教派别有助于我们对美洲大陆的福音派文化有更深的认识。

在福音派中,长老会表现出了最强的智性偏好,它把新英格兰公理会和殖民地时期长老会的传统都带到了西部地区。在 1801 年签署的联盟计划书中,长老会和公理会将他们的教会活动进行了整合,公理会失去了新英格兰以外的地盘。联盟计划的基础是这两个教会共同采纳了加尔文神学理论;由于大部分马萨诸塞州之外的公理会成员没有极力反对长老会的教会组织形式,公理会在纽约和中西部地区的教会组织就逐渐被长老会吸纳。但是公理会却给中西部的长老会注入了浓厚的英格兰风格的文化气息。

长老会信徒通常是执拗的教条主义者。实业家及商人阶层是长老会主要的目标阶层,在非传统的教派中,长老会属于精英分子的教会。[①] 长老会非常关注培育一种有用的高等教育形式,并利用这个形式来为教会发展服务。最终,长老会还是成为自己教条主义情结的牺牲品,内部产生了分裂。长老会的一部分牧师受到公理会盟友的影响,开始宣讲"新庇护所神学",这是自由化版的加尔文主义,它更期待将神的恩典布施到更多的人身上,因此他们能欣然接受福音派宗教复兴运动的精神和实践。旧式学派的加尔文主义者更加严

---

① 一些新教的民间传说揭示了各教会的社会地位。据说,卫理公会教徒是穿鞋子的浸信会教徒;长老会教徒是上过大学的卫理公会教徒;圣公会教徒是靠投资生活的长老会教徒。

格地遵守苏格兰及苏格兰—爱尔兰传统，他们创办了普林斯顿学院和普林斯顿神学院，不接受新教教派的观点。从1828年到1837年间，长老会受到各种异端邪说的冲击，其福音派的领袖如阿尔伯特·巴恩斯、莱曼·比彻、阿萨·马汉和莱曼·比彻的儿子爱德华都被指控为传播异端邪说。最后，在1837年，旧学派将新学派驱逐出去，从此全国的长老会教区会议和教务评议会都必须在这两个派别之间挑选一个。除了神学上的差异之外，旧学派发现新学派总体过于同情那些跨教派的牧师团体，而在反对那些势头正健的废除信仰论的支持者和煽动者时态度又过于暧昧。耶鲁大学、奥伯林学院（Oberlin College）和辛辛那提的雷恩神学院（Lane Theological Seminary）是新派福音主义的智识大本营。其中最著名的人物就是查尔斯·格兰迪森·芬尼（Charles Grandison Finney），他是生活在介于爱德华兹、怀特腓德与德怀特·L.慕迪之间那个时期的一位杰出的宗教复兴派人物。

查尔斯·格兰迪森·芬尼的例子很好地向我们展示了福音派所谓"长老—公理派"教义的含混不清以及界定"宗教反智主义"的难度。芬尼和他的同伴继承了新英格兰智性传统，认为如若不能发展学识，那至少要关注它的延续性。这种杰出的思想遗产移植到了像奥伯林学院、卡尔顿学院这样的美国北方的大学里，也证明了这种传统的生命力。而在其他福音派的团体中就很难找到像芬尼、阿萨·马汉和莱曼·比彻这样有学识的人物了；试想在内战之后又有多少福音派分子能够写出像芬尼的《回忆录》这样水准的自传呢？这些人的头脑因为不断地咀嚼加尔文主义和新加尔文主义的神学教义而变得坚定执着，因为总是想要提炼出自己的神学理论而变得严于律己。但是，他们的文化却非常狭隘，他们对学识的认识非常功用主义，他们非但没有扩大所继承的智性传统，反而不断地进行压缩。

现在只有那些对美国宗教和社会历史有着浓厚兴趣的人才会知道芬尼这个人,但他应该被列为美国伟人之一。芬尼来自康涅狄格州一个在西进运动中建立起来的家庭,他的童年首先是在纽约中部的奥奈达郡度过的,后来搬到安大略湖畔。在新泽西州教了一小段时间书后,他获得了在离尤蒂卡市不远的一个小镇里当律师的资格。在二十九岁的时候,他才开始信教。他讲述道,当时他正在一间阴暗的律师事务所祈祷,希望能够得到精神上的指引,于是他感受到了一股强大的来自神灵的力量,这是他人生中第一次经历的神秘体验。第二天早上,他告诉一个客户:"我已经从主耶稣那里接受了委任,成为他的代理,所以我不能做你的代理了。"[①] 从那以后,他就全身心地投入到传教事业中。1824 年,他被长老会任命成为一名牧师,在 1825 年至 1835 年间,他发起了一系列的宗教复兴运动,这让他在当时的福音派牧师中声名大噪,确立了他成为美国宗教历史上最有影响力的人物之一的地位。

芬尼天生嗓门大,布道时擅长声情并茂的表演,不过他最大的身体资本是他的那双眼睛,目光如电、炯炯有神,充满了睿智与热情,在 19 世纪的美国人物画像中,除了约翰·C. 卡尔霍恩(John C. Calhoun)的眼睛之外恐怕无人匹敌。他的布道在理性与感性、严苛与柔情之间穿插自如,给教会会众带来强烈的震撼,"上帝让我用一种巧妙的方式去打开他们的心门",他在回顾早年一次最成功的布道时写道:"教众们开始从椅子上东倒西歪地倒下来,哭喊着

---

① 《回忆录》(*Memoirs*, New York, 1876), p. 20, 24;在 Whitney R. Cross 的《焚毁之地》(*The Burned-Over District*, lthaca, 1950)中对芬尼及纽约西部地区的热情做了精彩的点评。

祈求上帝的宽恕……几乎所有的教众不是跪着就是俯伏在地。"①

在神学方面，芬尼是一个自我成才的人，犹如一个特立独行的乡野哲学家，他的这种独立精神感染了托克维尔，让他看到了美国人追求一些未经检验的新思想的能力。作为一名长老会牧师的候选人，他礼貌地回绝了一些资深牧师的邀请，他们愿意保送他到普林斯顿大学学习神学，"我很明白地告诉他们，我不会将自己置于一个曾经影响过他们的环境之中。我相信他们所受的教育是不对的。他们这些牧师不符合我心目中的牧师形象。"虽然芬尼承认自己是神学研究的一个菜鸟，但当碰到跟他的观点相左的神学思想时，他仍然拒绝接受指导和修正，"除了《圣经》之外，我没有读过任何其他相关的读物，我已经把从中发现的神学思想按照我所理解的方式进行了解释，就像我解读法律文书中的段落一样"，再一次，"我最终还是发现自己没法接受那些权威们的神学理论……除了直接回到《圣经》，回到哲学或者回到我自己的心灵，我无处可去。"②

芬尼在布道时从法学中引入了旧式新教所注重的理性与思辨精神（他曾经说过，他在跟信徒们讲话的时候像是面对陪审团），尤其是当他碰到的信徒是受过教育的中产阶级。尽管他在布道时也投入了全部的情感，但他还是很快被福音派的一些牧师同事们认为太过理性，他们在1830年警告芬尼，朋友们也发出了这样的询问："他是否存在成为一个知识分子的危险啊？"③但芬尼依然对自己的布道方式引以为豪，他能够根据公众的情感来调整自己的布道风格，在

---

① 《回忆录》，p. 100，103.

② 同上，pp.42，45-46.尽管芬尼意识到他缺乏独立阐释《圣经》的学识，但他还是坚持了这种独立性。随着时间的推移，他学会了拉丁语、希腊语和希伯来语，但他"对古代语言的掌握还不足以让自己认为有能力独立地批评《圣经》的英文译本"。同上，p.5.

③ McLoughlin:《现代复兴主义》(*Modern Revivalism*)，p.55.

小村镇里突出感性，而在像罗切斯特这样较为成熟的西部城镇时就会适当地加入一些理性思辨的因素。"法官、律师和受过教育的人在我布道的影响下纷纷皈依。"①

无论如何，芬尼都不会有变成"知识分子"的危险。大体来说，他的布道方式及对牧师概念的理解与宗教复兴派是一致的。他并不主张传教士无知无识，但他认同以皈依的灵魂论成败，而不管用什么方式。他对撰写好的布道词嗤之以鼻，因为它没有了临场发挥的灵感；他视世俗文化为获得灵魂救赎的潜在威胁。

牧师的教育和那些有学识的牧师所采用的布道方式对芬尼来说用处都不大，正如他所说："还没有享受到高等教育所带来的好处"，他非常强烈地感觉到自己被牧师们看作业余的，他也知道别人认为他有辱尊严。在职业生涯早期，他就知道很多人认为"假如我能成为一名成功的牧师，那将是学院派的耻辱"。在积累了一定的布道经验后，他确信地认为"在很大程度上学院派正在毁掉牧师这一职业"，这些牧师被灌输了大量的有关《圣经》的知识和神学理论，但完全不知道怎么去运用。实践才是一切，"一个人不去讲道的话永远也学不会布道。经过学院培训的牧师，他的布道文退化成了文学散文……诵读一篇优美的文学作品不能算是布道。符合文学审美旨趣的，并不适用于灵魂的启迪。"②

芬尼反对所有跟优雅有关的形式，无论是文学还是其他。在他看来，服装上的装饰、室内家具的精致以及生活上品位和风格的讲究就和追求抽烟、喝酒、打牌、看戏一样，是腐化堕落的表现。至于文学，"我不相信一个从不知道上帝之爱的人能够从一篇世俗小

---

① 《回忆录》，p.84; cf. 参阅 365–369.
② 这些观点都来自芬尼的《回忆录》，第 7 章中关于牧师教育的评论，p.85–97；参阅芬尼《关于宗教复兴的演讲》(Lectures on Revivals of Religion)，p.176–178.

说中得到乐趣","让我看看你的房间、客厅和你摆放书籍的地方",他威胁自己的教友,"那里有些什么书呢?拜伦、司各特、莎士比亚,还是其他一长串亵渎上帝的人"。甚至对于被普遍认为是牧师必修功课的古典语言,芬尼也怀疑它的用处。"东部大学的学生花费四年时间学习古典作品,但上帝并不在其中,而这里毕业的大学生或许嘴上精通一些拉丁文,内心却瞧不起卑微谦逊的基督徒,嘲笑没有受过教育的牧师无知,尽管这个牧师能够赢得的灵魂比五百个受过培训的牧师还要多"。① 将虔诚和智性视为天然的死对头,芬尼发现神学院毕业的年轻牧师的心就像学院的高墙一样坚硬。神学院教育的问题在于他们努力教授年轻人知识,却几乎完全忽略了培养他们的道德。"他们是一帮知识分子,激情、热诚都是为了智识。年轻人……失去了对宗教的热诚之心……他的智识提高了,但是他的心灵却荒芜了。"②

我们很难判断芬尼对美国牧师教育体制的描述是否正确,但可以确定的是,他的态度代表了福音派的主流观点。因而,不管这些刚经过学院培训出来的牧师的智识水平如何充沛,芬尼都会对这种训练方式加以反对。

4

我之所以花这么多的篇幅来谈论芬尼是因为他在长老会的福音

---

① McLoughlin:《现代复兴主义》,pp.118—120.McLoughlin 指出,芬尼认可的一个教育领域是科学。和古代的清教徒一样,他认为科学不是对宗教的威胁,而是一种荣耀上帝的手段。中西部教会大学继续重视科学并培养了许多学院派科学家。有关这点,参阅 R. H. Knapp 和 H. B. Goodrich 的相关讨论:《美国科学家的起源》(*Origins of American Scientists*, Chicago, 1952),第 19 章。

② 《关于宗教复兴的演讲》,p.435–436.

派运动中相当具有代表性：他既没有受过最好学院的培训，也非粗俗不堪。福音派运动探索一种新的宗教形式，以让更多人接触到信仰并拯救更多的灵魂，它产生的影响削弱了长老会和公理会重视智识和教育的传统。卫理会身为美国最大的教会组织，在感化蒙昧的美国人皈依上帝方面取得的成就要比长老会大得多，但卫理会的历史却正好相反。美国的卫理会创立的时候并没有一个智识传统，也不太重视教育和牧师的培训，但是随着时间的推移，他们慢慢失去了大部分的宗派精神，成为一个正规的教会，他们吸引的教会会员都是逐年重视教育的群体。在19世纪中叶之前，卫理会教会间歇性地受到派系冲突的打击，其中喜欢怀旧的一派主张回归到过去不讲究智识，但非常有效的巡回布道的时期，还有一派则主张向前看，认为未来更需要受过良好教育的神职人员去给受人尊敬的普通教徒布道。卫理会和浸信会的历史都可作为展现美国宗教路线斗争的范例。一方面，很多教会成员可以自由地表达带有强烈反智倾向的福音派精神；另一方面，在很多大教会内部，又总是有一派在发出强烈的呼声，要求尊重礼仪、体面和中立的学问。菲利普·拉夫（Philip Rahv）形象地把这种冲突描述为红皮肤与白脸蛋（粗鄙与优雅）之间的分歧，这成为美国文学上的一个象征符号，而这种分歧在美国宗教历史中早就出现过。

约翰·卫斯理（John Wesley）本人是一个在哈佛大学接受过培训的神职人员，他博览群书，身上既有着知识分子式的好奇心，又有着鲁莽轻率的个性。他本人为卫理会确立了令人称羡的智识标杆，但其美国的追随者们却没有很大的兴趣去保持这一水准。福音派本身的精神实质无疑会推动福音派的宗教复兴运动走向反智，而美国的环境则进一步助长了反智浪潮，使反智的声音得到更加自由地表达。①

卫斯理本人和美国卫理会的第一个创办者弗兰西斯·阿斯伯里（Francis Asbury）都是巡游牧师出身，不过他们进行巡游讲道不是出于便捷的考虑，而是为了一种理念。他们相信一个牧师若是定居一处（有如很多英国教区牧师），就会没有活力，最终失去对教众的掌控，相反，巡回布道则会给宗教带来新的活力。在美国的土地上，巡回布道是一个具有战略意义的策略，卫理会因而大大提高了吸引美国流动人口皈依基督教的能力。早期美国卫理会的堡垒和骄傲就是著名的巡游牧师队伍，他们是由一群灵活机动、充满勇气、不畏艰难、富有献身精神的人组成，或许他们缺乏正规的牧师训练和高贵的牧师身份。这些巡回牧师以自己不畏艰难的奉献精神为荣，将福音传给民众。低廉的薪酬、繁重的工作，他们顶着风吹日晒、寒

---

① 卫斯理在回应一位早先诋毁卫理会的人时宣称："这是我们的一个基本原则"，"放弃理性就是放弃宗教，宗教和理性是携手并进的，所有非理性的宗教都是虚假的宗教。" R.W.Burtner 和 R.E.Chiles：《卫斯理神学思想概论》（*A Compend of Wesley's Theology*, New York, 1954), p. 26. 但是，正如 Norman Sykes 所指出的，福音派复兴运动在智识上还是一种倒退，因为它的兴起部分是针对神学历史发展中出现的反对感性和苏西尼派趋势的一个回应。与主流的神学自由主义者相比，卫斯理主张神性要介入到最普通的生活细节中，这种观念近乎迷信。Sykes 评论道："怀特腓德的情况更糟糕，因为他缺乏教育，也没有受到同伴的文化影响……" Norman Sykes:《18 世纪英格兰的教会与国家》（*Church and State in England in the Eighteenth Century*, Cambridge, 1934), pp. 398-399.

A.C. McGiffert 论及英格兰福音派复兴时写道："在阐释人类及其需求时，复兴派故意转向过去，而不是面向未来。它激化了基督教和现代之间的关系，并传递了这样一个概念，父亲的信仰对他们的孩子来说并没有特别的意义。在确定基督教信仰的过程中，它的思想也变得狭隘和中世纪主义，它感性而缺乏智性，信奉粗浅的超自然主义和《圣经》文学主义，它想要对艺术和科学以及一般世俗文化表示同情，却把他们置于永久地反对宗教的立场。尽管福音派取得了不小的成就，但结果在许多方面都演变成了一场灾难。"《前康德时代的新教思想》（Protestant Thought before Kant, New York, 1911), p.175. 有关早期美国卫理会的智性缺陷，参阅 S.M.Duvall:《1869 年之前的卫理会圣公会的教会与教育》（*The Methodist Episcocpal Church and Education up to 1869*, New York, 1928), p.5-8, 12.

冻酷暑，在恶劣的环境下旅行，完成自己的使命。（在碰到一场特别猛烈的暴风雨时，人们往往会说："除了乌鸦和卫理会牧师，今晚没人出门。"）他们所经受的磨难似乎足以证明他们的忠诚，① 而他们在吸纳教众方面也取得惊人的成就。1775 年，美国卫理会只是一个拥有 3000 会众的小教派，在阿斯伯里加入四年后，成为美国最大的新教教派，八年后，拥有超过 150 万的教徒。这都要归功于这些牧师们。

不管那些走上层路线的教派中受到更好培训的牧师们以何种理由反对，巡回布道的牧师们很清楚自己的这种方式是有效的，他们甚至发展出一个简单粗暴的实用主义方法，概括为一条基本的原则：他们的使命就是在最短时间内拯救尽可能多的灵魂。为达到这个目的，那些受过训练的牧师喜欢用的精致的神学理论不仅没必要，甚至很有可能会成为一个巨大的障碍。巡游牧师们在面对没有思想和知识的批评时只需说出效果就足够了，用皈依教会的会众人数来说话。很少有人能够反驳这个理由。

正如卫理会批评者所发现的，他们宣教的主要受众群体是穷人和没有受过教育的群体，卫理会的领袖们也很清楚这点。他们想要发掘其中的优势。弗兰西斯·阿斯伯里有一次在耶鲁大学感到自己

---

① 早期教职人员都明白的一件事就是他们影响力的大小在于这样一个事实，即他并没有在文化和生活方式上将自己与普通人区分开来。一位已经习惯了英国国教主教傲慢态度的英国游客在 1825 年被介绍给一位卫理公会主教时被震撼到了。他惊讶地发现主教竟然住在一个普通的农舍里。当他有点不耐烦地等待主教的出现时，一位美国传教士告诉他，罗伯特主教到了。"我看到那里有一个人，但不是主教，"他说道，美国传教士叫道："但那个人就是主教啊"，"不！不！绝不可能，这个人竟然只穿一件衬衫。"罗伯特主教一直在自己的地里干活。Charles E. Elliot:《罗伯特主教的生活》(*The Life of the Rev. Robert R. Roberts*, New York, 1844), pp.299-300. 有关开荒地的主教，参见 Elizabeth K. Nottingham:《卫理会与开拓地》(*Methodism and the Frontier*, New York, 1941), 第 5 章。

被一些学生冒犯,而原因是这些学生是"上流社会的",他随后甚至发现贵格派也过于"体面"——"哈,这个词里有一股死气。"①在全国范围内,卫理会在感化教众上轻松超过其他宗教流派。不过,新英格兰地区是一个例外,因为该地区人口相对稳定,也更熟悉受过教育的牧师,就像是一块格外坚硬的土地,卫理会在这个地区的拓展成果最差。但在19世纪早期,卫理会也开始浸入到这些地方的宗教生活之中。起初,他们扯起了一面大旗,其风格令人回想起新英格兰觉醒运动:"我们一直以来更迫切维系的是一个有生命力的牧师,而不是一个有学问的牧师。"② 杰西·李(Jesse Lee)是新英格兰卫理会的领导人,当有人挑战他的教育水平时(这是卫理会的牧师在与有学问的神职人员竞争时常会遇到的场景),他只简单地答复道:他所受教育足以让他游历整个国家。③ 当时,新英格兰成为一个检验卫理会适应性的地方。不过,他们并没有如某些人所愿,经过一系列的调整之后,卫理会形象变得可敬、高贵、有教养,这也为它日后在其他地方的调整做好了准备。

比如,在1800年的一本小册子里,康涅狄格州诺维奇的卫理会信徒被描述成"最虚弱、最无知、最没有学问、社会最底层的人"④,

---

① George C.Baker, Jr.《早期新英格兰卫理公会的历史导论,1789—1839年》(*An Introduction to the History of Early New England Methodism*, 1789-1839, Burham, 1941), p.18.

② 同上, p.14.

③ 同上, p.72. 据称,这些话摘自卫理公会在康涅狄格的布道:"兄弟们,我所坚持的是:学问不是宗教,教育也不会赋予人灵魂的力量。给真实的生活带来恩典的是天赋的才能。圣彼得是个渔夫,你觉得他上过耶鲁大学吗?然而,他就是耶稣建立教会的基石。不,没有,亲爱的兄弟姐妹们。当上帝想吹倒耶利哥之墙时,他既没有铜喇叭,也没有抛光法式号角;没有这样的事情;他拿了一个羊角号——一个普通的天然的羊角号——就是它天生的样子。所以,当他想吹倒耶利哥之墙时……他不会挑选一位皮肤光滑、彬彬有礼的绅士,而是用像我这样普通、自然的人。"S. G. Goodrich:《一生回忆录》(*Recollections of a Lifetime*, New York, 1856), Vol. I, pp.196-197.

④ Baker: 同前, p.16.

但到了 19 世纪中期,一名公理派会员回忆里奇菲尔德附近的卫理会教会所发生的变化时,写的一段话具有一定的代表性①:

> 尽管起初,它(卫理会)是在社会最底层的群体中蓬勃发展起来的,但现在它的教众和镇上其他宗教团体的人一样受人尊重。他们不再在谷仓、学校和简棚陋屋里进行祈祷聚会;他们不再瘦弱、愁眉苦脸、披头散发;他们在布道的时候,也不再爱用错误语法、低俗俚语和口技了……受过教育、优雅而庄重成为牧师的新形象。

随着卫理会沿着边界地带进入不太重视教育的南部地区,并向全国扩展,他们依然会重申最初与受尊敬的、有学问的、生活稳定的群体对立的立场,然而拓展上的成功也促使卫理会内部发起了一场斗争,反对教会内日渐渗透进来的优雅高贵的势力。在一个管理分散的教会里,每一个地方教会都有很大的自由度来确立自己的特色,但在像卫理会这样高度集中管理的教派内,对教派风格的争论就会更加频繁。我们可以通过卫理会高知刊物《卫理会杂志和季度评论》及其接续者(1841 年更名为《卫理季刊》)中的文章来捕捉该教派内观点的变迁。在 1830 年代早期,卫理会显然很清楚地知道自己是很多传统宗教团体攻击的对象,并因内部分歧而摇摆不定,一方面有人支持由巡游牧师主持的布道,另一方面有些教徒和受训的牧师想要改革。②1834 年,这场争论因一篇文章而达到白热化的

---

① Goodrich:同前,p.311.
② 《卫理公会杂志和季刊评论》(*Methodist Magazine and Quarterly Review*),Vol. XII,1830 年 1 月,pp.16,29–68; Vol. XII,1830 年 4 月,pp.162–197; Vol. XII(1831 年 4 月,pp. 160–187; Vol. XIV,1832 年 6 月,pp.377 其后。

程度，写这篇文章的人是拉·罗伊·桑德兰牧师（Reverend La Roy Sunderland），他提出废除巡游牧师的制度，要求所有卫理会牧师都接受良好的教育，他大声疾呼：

> 我们卫理会教会中可有任何部门的任何章程中明确一个牧师在得到传播福音的资格之前必须接受哪一种特定的教育吗？没有，我们许多教规的制定是想直接给大家这样一个印象：即教育是不必要的吗？难道我们没有在即兴的布道和会议中说到，假如一个人拥有天赋、优雅的仪态和好的理解能力就足以成为一名牧师了吗？

桑德兰的质问得到了一个旧式教派发言人的回应，他认为那些要求严谨而精致的神学教育的人应该为此感到羞愧，他们将布道看成了"生意和买卖，看成了和律师、医生一样的世俗职业，也需要类似的专门训练"。但是，我们现有的牧师并不是无知之人，若是这么说的话无疑就是"确认了敌人对我们的指控"。难道卫理会没有创办自己的学会、学院，甚至大学吗？"我们所有年轻人现在都受到了教育，却并没有让那些堕落的、没有信仰的老师们侵害他们的道德感；也不必面对教授或校长们对卫理会的嘲弄"[1]。随着时间的推移，期刊反映的内容里改革派的声音超过了保守派，因为有关旧式巡回牧师的回忆文章越来越少，它曾经长期占据了杂志的主要版面，而有关基础神学和通识旨趣的主题越来越多。

---

[1] La Roy Sunderland:《论神学教育》("Essay on a Theological Education")，《卫理公会杂志和季刊评论》, Vol. XVI, 1834 年 10 月, p.429.David M. Reese:《关于桑德兰'论神学教育'的几点批判》(*Brief Strictures on the Rev. Mr. Sunderland's 'Essay on Theological Education'*), pp.107, 114, 115.

在 1830—1840 年间，卫理会实际上正处在一个重大变革的阵痛时期。从上一代教会传统继承过来的宗教复兴主义和反智倾向逐渐褪去，对高尚、体面的热情取得了压倒性的胜利。无论是对教众还是牧师的教育政策再一次成为焦点。早期卫理会对教育的重视程度总体上是不够的。① 在最早的时期，教会不愿将精力放在教育上，不仅是因为缺少受过教育的会员，更因为缺少兴趣，从最底层的教友到阿斯伯里这样的人物都是如此。② 大部分的卫理会教徒无力支付普通教育的开支，而对于那些主要向头脑简单的教众传播简单福音的牧师来说，神学教育又是一种浪费。

早期即使建立了这样的学校，也会因为缺乏支持而失败。但在 1816 年阿斯伯里去世后，一批主要来自新英格兰地区的意志坚定

---

① 卫理公会的第一所"大学"马里兰州阿宾顿的寇克斯伯里学院或许是一个探索。这个项目是卫斯理公会特使 Thomas Coke 博士的创意，他给美国人带来了受到牛津启发的国外教育理念，尽管受到 Asbury 的反对，他还是成功地说服卫理公会建立一所大学，而 Asbury 更喜欢卫斯理在金斯伍德创办的那种普通学校。成立于 1787 年的大学最初与一所预备学校合并（早期美国大学经常如此），但这两所学校都远谈不上成功。学院成立不到一年内，三名教员辞职。1794 年，大学部关闭，只留下了预备部；重新建立大学的计划又被 1795 年和 1796 年的两场大火中断，于是这个项目彻底结束。Asbury 觉得这是浪费时间与金钱。"上帝既没有叫怀特腓德先生，也没有叫卫理公会信徒去建造大学。我希望有学上就可以。"《弗朗西斯·阿斯伯里的日记和书信录》(*The Journal and Letters of Francis Asbury*)，Elmer T. Clark 等人编，London and Nashville, 1958, Vol. II, p.75. 还可参阅 Sylvanus M. Duvall：《1869 年之前的卫理公会圣公会的教会与教育》, pp.31-36. 弗吉尼亚圣公会福音传道者德弗罗·亚拉特知道圣公会传教士的教育标准，也被卫理公会在阿宾顿的努力惊到了："我确实不明白，任何一个考虑周全的人怎么会期待从神学院那样的地方学到什么伟大的东西，同时还要受到那些工匠、裁缝、织工、鞋匠及各种机械师的指导和控制，或者换句话说，那些目不识丁的，对大学及其所学内容一无所知的人。"《德弗罗·亚拉特自传》(*The Life of the Reverend Devereux Jarratt Written by Himself*, Baltimore, 1806), p.181.

② 该教会第一位著名的历史学家 Nathan Bangs 说，早期卫理公会信徒对学识的敌意是众所周知的，事实也是如此。《卫理公会的历史》(*A History of the Methodist Episcopal Church*, New York, 1842), Vol. II, pp.318-321.

的教育改革派在数量日益增多且思想开放的信徒们面前强调教育的重要性。他们的付出在1820年代后期有了回报。卫理会开始捐助了几个研究学会和几所优等学院。康涅狄格州的卫斯理学院创建于1831年，紧随其后的是狄金森学院（它是1833年从长老会接管过来的）、阿勒格尼学院（1833年）、印第安纳阿斯伯里学院（1833年建立，后来的德堡大学），以及俄亥俄卫斯理学院（1842年），这里提到的都只是些最著名的学校。从1835年到1860年间，教会开办的学校和学院超过两百所，但在过去，很多学校的经费都有限，仅能维持而已。彻底的工具主义是卫理会当时对教育的主流观点，但跟宗教信仰中的学问无用论相比，这在当时还算是一种进步。卫理会牧师领袖们希望有一个受过教育的神职人员队伍，随着批评的增多，捍卫卫理会神学地位的需求也愈发强烈，[1] 这些最终打破了卫理会对有教养的牧师的戒备之心。神学院依然被视为异端邪说的源头，因此卫理会最早创办的两所神学院都命名为"《圣经》研究所"，而这些机构的领导者都是来自新英格兰地区——并不是卫理会势力最大、教友最多的地区，而是教育水准最高的地方。[2]

对于新兴的卫理会创办自己的学校、研究所、神学院和期刊，最著名的巡游牧师彼得·卡特赖特在他写于1856年的自传中进行了总结，介绍了旧式福音派牧师的观点，这是一篇非常全面和直率的陈述，完全体现了反智的立场，以下是详细的摘录：[3]

---

[1] 同上，Vol. III, pp. 15–18.
[2] 第一个这样的神学院直到1847年才成立：它是在新罕布什尔州康科德组织的卫理公会总圣经学院，后来转移到波士顿，成为波士顿大学的神学院。随后是1854年在伊利诺伊州的埃文斯顿建立的加勒特圣经学院。德鲁神学院是第三个这样的机构，是由著名的华尔街海盗Daniel Drew资助，成立于1867年。
[3] Charles L. Wallis 编：《彼得·卡特赖特自传》（*Autobiography of Peter Cartwright*, New York, 1956），pp.63–65, 266–268.

假设此刻,卫斯理先生在开始他每天神圣而荣耀的工作之前,不得不等待一帮饱读诗文、精通神学的牧师,那卫理会今天又会怎样?……假如阿斯伯里主教也要仰仗这些爱咬文嚼字的牧师传教,那么偷奸耍滑的风气将会席卷整个美国……

长老会及其他新教加尔文主义的分支过去总是主张教会要有受过培训的牧师、供教友们坐的椅子、用来演奏的乐器,牧师要有固定的薪水等。卫理会则普遍反对这些观点;那些没什么文化的牧师们就像是火柴,他们只要用热情点燃自己,就能将整个世界(至少是整个美国)燃烧……

我并不想贬低教育的价值,但我确实也见过很多受过教育的牧师,总是让我很不舒服地想起长在桃树下的莴苣,或是一只踩着泥污穿过湖泊的鹅。现在这些受过教育的牧师和神学训练不再算尝试了,因为其他的派系已经尝试过并且证明它们完全是没用的……

我为所深爱的卫理会感到极度的担忧,增加学院、大学、神学院和研究所,增加我们的机构和教会职位,把我们最优秀、最高效的牧师安插进去,这就相当于把他们束缚住并世俗化了,于是他们不再做巡回布道,当事已至此,卫理会便与公理会无异,不再有存在的必要了,而我们所止步的地方正是其他教派开始起步的地方……

在这些机构和职位中雇佣如此众多的牧师难道不正是导致从事正常工作的牧师缺乏的原因之一吗?尤其这些校长、教授、行政和编辑工作更加稳定,得到的报酬要比那些风餐露宿,四处巡游布道的牧师们要多,而且后者的津贴还不够开销。因此,这对那些有资格进入那些办公室的人来说是很大的诱惑,会让那些有才华的人不愿从事日常的布道工作,放弃拯救人类的灵魂……

或许在几千个从事拯救灵魂这一神圣而荣耀的工作、组成卫理会教派的巡游和本地牧师中，不会超过五十个牧师受过比正规英语培训还要高的教育，他们大多数没有受过什么教育；当中没有一个曾经在神学院或是《圣经》研究所里学习过，然而几百个这样的牧师在传播福音上所取得的成就，在他们任期内所赢得的信徒要比现代所有的那些多如牛毛的才智之人所做的都要多。现代这些聪明人不愿从事这项伟大的拯救灵魂的工作，而是想要在大学里谋一份主任、教授或编辑的职位，任何一家机构的职位都可以，只要他们有丰厚的薪酬，他们还不断地创造出一些新的组织机构以独占高收入的生活，不顾成百万的穷人和行将死去的戴罪之人因为得不到上帝的福音而被扔进地狱……

我绝不会就此罢休，告诉大家我喜欢有学问的、受训的牧师，因为这是甩掉一个执着真理最简单的方法。这些饱读经书、文质彬彬的牧师反过来会说，所有那些反对当前正损害我们神圣职责的牧师是在倡导无知，认为只有无知才是虔诚之母。一位有学识的牧师把这个世界当作科学来研究，却为这个世界做出过什么贡献呢？回顾一下传教士的历史就明白了。人类的心灵很容易滋生出骄傲，这种因学历高而滋生的骄傲毁掉了原本可以从事传播福音工作的优秀牧师。但我不想以恶治恶，以牙还牙，而是感谢上帝让我们有了教育，培养了有良好素养的牧师。可倡导牧师必须接受良好教育会让那几百个只受过普通教育的牧师做何感想呢？在我们中间确实有很多倡议，希望牧师的水平能够提升，接受良好的教育，但他们提到那些在早期拓荒年代创建卫理会和诸多教会的旧式的、没有文化的牧师时却带着一种高高在上的、轻描淡写的语气。我之所以说这些并不是为了取悦我的灵魂。假如他们能够清楚地表达自己的观点的话，那真实的声音就是多亏了这些人的无知，才有卫理会的成功。

无疑，这段话确实表达了一些巡回牧师的批评意见；但是卡特赖特应该明白这些批评也有一定的道理，并不是所有传播福音的兄弟都否认这一点。有一群福音派工作者早于芬尼几年前就说过："跟受过教育的人一起工作要比跟没有受过教育的人困难得多，这些人老于世故，尤其喜欢怀疑一切。"①

5

在很多方面，浸信会的历史跟卫理会相仿，不过浸信会的会众更分散一些，其教义兼容性更差，更坚持牧师无须培训的制度，甚至是无薪的牧师制度，与卫理会相比，他们转变的速度要慢些，范围也窄些。威廉·瓦伦·斯威特（William Warren Sweet）发现："其他宗教组织没有谁比浸信会更强烈地反对牧师培训和聘用制度。这种对受过教育，领受薪水牧师的偏见不仅在拓垦地区的浸信会教徒中间盛行，而且是19世纪早期整个教派普遍的态度。"②

浸信会确实与受过教育的牧师及传统教会之间有过不愉快的

---

① Charles C. Cole:《1826—1860年北方福音派的社会理想》(*The Social Ideas of Northern Evangelists, 1826—1860*, New York, 1954), p.80. 镀金时代最虔诚的复兴主义者之一 Sam Jones 后来说他更喜欢在南方工作："我发现南方的人更容易被感动。他们还没有这个国家其他地区的人所具备的智性障碍。" McLoughlin:《现代复兴主义》, pp. 299-300.

② 《美国文化发展中的宗教》(*Religion in the Development of American Culture*, New York, 1952), p.111.

经历，无论是马萨诸塞州的公理会还是弗吉尼亚的圣公会都迫害过浸信会教徒。比较有特色的地方是，浸信会的牧师都来自本阶层。他们可能是一名耕种土地的农场主，或者制造桌椅的木匠，与其他普通教友无异。他们只是在周日礼拜或者在工作日布道，参加洗礼仪式和葬礼的时候才离开自己原来的工作。他们能用来读书的时间非常有限，甚至没有。这些勤勤恳恳的市民并不喜欢其他牧师来跟他们竞争，甚至那些试图要跟他们一起深入到美国内地传播福音的来自家庭牧师协会的传教士，他们也进行了激烈的反抗。在这场反对"外来"干涉和集权控制的运动中，他们向追随者宣讲自己的教义。他们放出狠话来：但凡有谁跟牧师协会的人交往，便不再受到浸信会的欢迎。"我们无法接受曾加入过那些违背《圣经》的社团的人员"，一个肯塔基浸信会团体曾这样表示过。伊利诺伊州有一个团体在一封公开信中以近乎偏执的语气表达了对权威的极度不信任，"我们宣布和《圣经》协会没有任何联系，因为我们认为授权少数几个有资质的人来翻译神圣的《圣经》是非常危险的行径。我们要牢牢地站在这片耶稣准予的自由之地，不让自己被束缚住。"① 我想，是否应该交给一个全国性的机构翻译《圣经》，这件事确实有待思量，但不要忘了浸信会早年遭受了权威教会的迫害和嘲笑，正是这种记忆让浸信会的猜疑之心久久不能散去。②

浸信会反对牧师制度很大程度上是因为他们反对中央集权。对中央教会机构的任何妥协，他们都觉得是向"罗马教皇和淫妇之母"

---

① W. W. Sweet 编：《1783—1830年美国垦荒地的宗教——浸礼宗》(*Religion on the American Frontier —The Baptists*, *1783–1830*, New York, 1931)，p.65n.

② 参考早期弗吉尼亚的浸信会教徒：他们中有些满脸胡子、视线模糊，或驼背、弓腿、跛脚；几乎没有人看起来像正常人。——Walter B. Posey：《密西西比河谷下游的浸信会，1776—1845年》(*The Baptist Church in the Lower Mississippi Valley*, *1776-1845*, Lexington, Kentucky, 1957)，p. 2.

迈进一步。那些没有受过教育、不领薪水的传教士不可避免地会反对那些受过更好的教育、薪水更高的传教士。一个没有报酬的传教士很容易相信那些从东部地区来的受过教育的传教士的工作只是为了钱。① 一个当代的研究人员做了总结，没有受过教育的牧师始终清醒地意识到自己的局限性，但他们并没有因为上帝派来了更好的人来传播福音而感到欣喜，反而觉得自尊心受到了伤害，如正常人般狭隘、懦弱。一位调停人指出，毕竟没有人强迫信友去听外面牧师的讲道。一个浸信会牧师对此做出的反驳也表达了类似的观点："好吧，这位调停的弟兄，你肯定知道树林的大树会遮挡住小树的阳光；这些牧师们就好比是那些大树，人们都会跑去听他们的布道，我们将会没人理睬了，这就是我反对的理由。"②

浸信会就像保守的卫理会一样，并不能彻底地抵制经过培训的牧师所施加的压力。不过，渴望得到别人的尊重和尊重他人是紧密相连的。一位弗吉尼亚浸信会教徒在1789年就试图建立一所神学院，他们给出了以下的理由：③

> 我们周围其他教派的教友们再不能因我们不懂律法而咒骂我们，也不能因为不懂得我们的母语或古典语言而非难或抛弃我们的教义，假如我们（其他事情也如此）抱着单纯的眼光去看待上帝的荣耀和基督的救赎，我们就有充分的信心会得到上帝的赞许。

---

① Sweet:《美国垦荒地宗教》（*Religion on the American Frontier*），p. 72. "我们担心，金钱和神学知识似乎是我们这个时代很多传道者引以为傲的东西。"同上，p.65.
② 同上，pp. 73–74. 关于浸信会牧师的思想状况及牧师和外行人对教育的抵制，参见 Posey：同前，第2章。
③ Wesley M. Gewehr:《1740—1790年弗吉尼亚的大觉醒运动》（*The Great Awakening in Virginia, 1740–1790*，Durham, North Carolina, 1930），p.256.

浸信会的教徒因对教育态度的不同而分为两派，一派追求体面和受人尊重的牧师，另一派则喜欢亲民而朴素的牧师。到1830年，浸信会的领袖在培训和聘用牧师方面做了很大的改进，并提高了普通信徒的教育水平。不过，在改变教会对教育既有的偏见上，浸信会始终慢一拍，它需要与宗教复兴运动所带来的深远影响做不懈的斗争。①

6

内战后，美国的各教会组织发生了结构性的变化，基督教传播的任务在越来越多的城市里愈加紧迫，难度也越来越大。教会不得不寻找新的方式去适应城市工人的情感特点，应对工人的贫困以及吸收来自乡村地区的农民。宗教复兴运动主要集中在城市里，1840—1850年间，由于城市的数量剧增，复兴派承担的责任也越来越繁重。从德怀特·L.慕迪到比利·格雷厄姆时代，成功感化信徒的数量在大城市里，甚至在全球都一直是评价一个传播福音者的终极标准。而只限于在乡村小镇里布道的劝导者们最多是三流水平。

慕迪是介于芬尼和比利中间的一个非常有影响力的人物。他是马萨诸塞州诺斯菲尔德一个穷泥瓦匠的儿子，父亲很早就去世。慕迪十八岁时受一位公理教会巡游牧师的感化成为信徒，在他二十岁出头时，已经参与了很多宗教与慈善活动，内战爆发前十年，这样的事业已经在城市中开始。尽管他在芝加哥是一位成功的鞋商，但1860年他决定放弃生意，从事独立的传教工作。在战争期间，他活跃于基督教青年会，战争结束没多久，他就成为芝加哥分会的主持。十三岁之后，慕迪就再未上过学，他也从未受到过教会的任命，也

---

① 要了解教育方面的努力，参阅Posey：同前，第8章。

从未成为一名正式的牧师。

在 1873 年前，慕迪的主要成就是在基督教青年会和主日学校工作。他曾两次去英国拜会基督教领导人，展现了他的雄心和好奇心。1873 年，他受一位熟人之邀前往英国指导一系列的福音讲道，这是他获得的第一次成功。他带着自己的管风琴手和歌手伊拉·D.桑吉（Ira D. Sankey），发起了一个为期两年的系列布道集会，为此，他到过约克郡、爱丁堡、格拉斯哥、贝尔法斯特、都柏林、曼彻斯特、谢菲尔德、伯明翰、利物浦和伦敦。据估算，仅伦敦来参加慕迪布道的听众就超过了 250 万人。自卫斯理和怀特腓德之后，伦敦人从未听过如此有感染力的讲道。他离开美国时是无名小卒，但回来时已经声名大噪。自 1875 年到 1899 年去世，他不仅是美国福音派这一新阶段当仁不让的领袖，而且是美国新教中最伟大的人物。

慕迪非常不喜欢芬尼。芬尼能用他那令人惊恐的能量随意摆布听众，慕迪则是一个和蔼可亲的人。他喜欢期许天堂的美好，而不是进行地狱的恐吓；他身材矮小肥胖，满脸胡子，长得很像格兰特将军，而且其相似度不止于外貌。和格兰特将军一样，他也是一个简单但意志非常坚定的人，他的感召力同格兰特将军在指挥攻克维克斯堡时的表现有得一比，他和格兰特一样针对你的弱点集中优势兵力不断发起猛攻，直到你最后放弃抵抗，平静的外表之下隐藏着巨大的能量。不过，他们的相似之处就这么多。格兰特虽然做了他该做的事情，但内心缺乏足够的自信，在战争前，他的生意一败涂地了，在后来的政治生涯中他遭遇了再一次失败。慕迪却是个自信满满的人。他很年轻的时候做生意就开始赚钱了，他是为了信仰而放弃经商。很难想象现实生活中任何一个领域里像他这样一个具有忍耐力和决断力，精明又不失单纯、刚毅又不缺人情的人会失败。他在智识上确实是无知的，批评他布道的人总说，他甚至连语法都不懂。但他懂《圣经》，也懂他的听众。他的布道没有煽动性，而是循序渐进地深入，他总是重复地问听众："你是一名基督徒吗？"然后一长串的话语从他嘴里不带喘气地喷薄而出，声音充满了整个讲堂，直击听众们的心灵，引导他们走向救赎。

慕迪的布道内容很宽泛，而且不拘泥于任何教派宗支，但是他却能得到当时除了罗马天主教、一神论派和普世派之外几乎所有教派的认同[①]——他丝毫不关心神学事务的正规讨论。（"我的神学！我不知道我是否有过它。我希望你能告诉我神学是什么。"[②]）当时的知识、文化和科学对慕迪而言根本就不值一提，即使他触及这些话题，也总是会附加很多带有攻击性的声明。在这方面，他的观点和主流的福音派是一致的。尽管他并不想贬低传统的以及参加过培训的牧师，但更主张普通信徒自己进行传教布道，他认为神学院培训过的牧师"所受的教育往往会让他们脱离教众"。[③]但凡不以宗教为目的的教育他都一概反对，他认为世俗教育不是告诉人们他们有多糟糕，而是去讨好和取悦他们，告诉他们"因为受到某种教育会让人看起来像天使，但那些最卑鄙无耻的人往往就是受过教育的坏蛋"。除《圣经》之外，他几乎没读过其他东西，"不读书是我的一个原则，除非它能帮助我了解《圣经》"，小说？它们都"太矫饰……不合我胃口，也不想去读；即使我喜欢，也不会去读的"。戏剧？"有人说观看优秀的戏剧是教育的一部分。让这种教育都见鬼去吧。"文化？文化本身"并没有什么问题，但要是打着上帝的名义，在众人面前探讨文化则属癫狂之举"。学习？对人的灵魂来说，这完全是累赘："我宁肯要一颗无知的赤诚之心；有些人什么都知道，

[①] McLoughlin:《现代复兴主义》, pp. 219-220.
[②] Gamaliel Bradford:《D. L. 慕迪：灵魂工作者》, p.61.
[③] McLoughlin:《现代复兴主义》, p.273.

却唯独没有真心。"科学？在慕迪时代，科学已经对宗教构成了威胁，而不再是彰显和荣耀上帝的手段了。"如今有些地方在教育一些青年'人是猴子变的'，与这相比，让人们相信人是上帝按着自己的形象制造出来的则要可信得多。"①

在对待智识和文化的态度上，慕迪虽然忠于福音派的传统，但他还是开创了宗教复兴运动的一个新时代，不是一个新的目标和态度，而是方法上的新时代。在乔纳森·爱德华兹时代，大家都把宗教复兴看作神迹的降临。在爱德华兹第一部著作的标题中，就将北安普顿的复兴运动称为"上帝一次令人惊喜的杰作"；"令人惊喜"这个形容词表达的是北安普顿牧师们的感受，整个事件已经超出了人力的范围。我们可以推断，怀特腓德对此可能了解得更清楚；作为复兴运动中一位经验丰富的发起人，对于人在其中所发挥的作用，他肯定比较清楚。然而那时大家更愿意接受的理论是神性的沟通必须通过一些中介，而个体则相对是被动的。等到了芬尼时代，这个概念开始遭到冷落，越来越多的人接受美国福音派所强调的神性具有自发性的特点。"宗教是人的功课。"芬尼强调。确实如此，他承认上帝进入到人的意志中是让人服从神的戒律。但是，人的意志具有主动性，按照今天的话来说，这是常量；而在神的面前，人的反应却不是一成不变的。当人的主动性上升时，这就是复兴。芬尼声称，"这绝不是一个奇迹，或者依赖于奇迹，这完全是各种因素都各司其职后的一种纯哲学思辨的结果。"然而，只是坐等宗教复兴的再次发生是不对的，是懒惰的表现。"你为什么不是一名宗教复兴者，那是因为你不想要。"②

---

① Gamaliel Bradford：《D. L. 慕迪：灵魂工作者》，pp. 24, 25–26, 30, 35, 37, 64, 212.
② 《宗教复兴演讲集》，pp.9, 12, 32. 我没有完整客观地介绍芬尼关于人类能动性在推动宗教复兴中发挥作用的观点；他在书中的第一章对此就有极具说服力的阐述。

芬尼的《宗教复兴演讲集》通篇都致力于展现宗教复兴的正确手段是什么，以及如何根据自己的意愿激发出宗教情怀。值得注意的是，芬尼这里所提的手段不仅是指技术上的，还包括一系列的具体指导，如何全身、全心、全意地投入以激发人内在的宗教情怀。这正是慕迪那一代人为适应新工业化时代的人类精神而对宗教复兴主义进行的调整。像慕迪这样内心充满力量和虔诚的人如果还说他们缺乏必要的内在资源，那简直就是一种侮辱。不过，需要注意的是，他还增添了一些其他的东西——商业组织的技巧。芬尼的宗教复兴运动属于安德鲁·杰克逊及莱曼·比彻所在的那个时代，而慕迪则与安德鲁·卡内基和P.T.巴纳姆属于同一时代。

芬尼的宗教复兴尽管经过精心策划，但并不需要借助太多东西就能激发出来。而慕迪则开发了一整套的运行机制。① 首先有预约代表跟当地的福音派牧师联系，安排布道邀请事宜；然后便是展开广告宣传轰炸，张贴海报和报纸广告（放在娱乐版面）双管齐下；即便最大的教堂也容纳不了这么多的听众，需要去找到更大的大礼堂，万一当地没有的话，就要临时盖一个。假如是临时盖的，布道结束后就会卖掉或废弃掉。为慕迪在波士顿集会上所盖的那栋建筑花费了32000美金。不同城市安排一个系列集会的费用从30000（纽约）到140000（伦敦）美金不等，为了弥补开销，慕迪设立了一个金融委员会；通过这个委员会，可以吸纳当地商人的捐赠。但慕迪并没有只依赖一些小型企业，在芝加哥有塞卢斯·麦考密克和乔治·阿莫尔，费城有库克和沃纳梅克，纽约有摩根和范德堡二世。这样的集会还需要很多的人手当现场的引导员，引导听众入场，还有随访员，专门调查那些皈依者参加慕迪集会后的思想状况；集会时还

---

① 参阅McLoughlin:《现代复兴主义》第一章中对慕迪的复兴机制的精彩评论："老式的宗教复兴披上了现代进步的外衣"。

安排了音乐——有桑吉一边弹琴一边唱歌；还在每个城市招募当地的歌唱家组成一个唱诗团，人数从 600 到 1000 不等。就像任何一宗生意一样，慕迪集会的结果成了检验的标准。起初，慕迪本人反对对皈依的教众进行数量统计——据说伦敦有 3000 人，芝加哥有 2500 人，纽约有 3500 人——但随后几年里，他开始使用专门的卡片系统地记录前来问询的访客姓名和住址。

我们已经知道，芬尼将之前所受到的法律训练糅合进布道之中，使得他的布道充满理性色彩，他对此也颇为自豪。或许慕迪早期从商的经验也不自觉地体现在他的布道中。他说起话来有时就像一个售卖灵魂的商人。当他端坐在问询室的椅子上开口问："现在谁要接受主？那正是你需要的。信主你就得永生与你想要的一切。不信你就必将走向毁灭。现在主已经来到你身边，谁要接受他？"① 就像是正在兜售一件商品。还有人听他这样说过："假如一个人想要一件外套，那他就会想要得到能够买得起的最好的那件。这就是我们这个世界的法则。假如我们能够让大家明白信仰要比世上一切东西都好，那我们就能赢得整个世界。"迦玛列·布拉德福德的评价非常贴切，这就是"一套卖鞋用语"。② 与芬尼同时代的很多人也看出了这点，阿博特描述道："当他站在讲台上的时候，看起来就像是一个商人；他的穿着打扮、说话口吻都像个商人；他也像商人一样将布道集会掌控在自己手中。"③

不过，芬尼至少曾在一件社会性事务的态度上是激进的，那就是奴隶制度，而慕迪对此的态度则是一贯的保守；传福音的思想和商人精神之间的联合构成了随后流行的福音传播的一个特色，这主

---

① Bernard Weisberger：《河边聚会》(*They Gathered at the River*)，p.212.
② 同上，p.243.
③ 《与我同时代人的剪影》(*Silhouettes of My Contemporaries*, New York, 1921)，p.200.

要归功于慕迪。他的政治观点和那些支持他的共和党商人们是一致的，他也从不讳言传播福音对那些有产阶层的利益何在，"我对芝加哥的富人们说，假如共产主义和无神论席卷美洲大陆的话，他们的财富就都不值钱了。"还有："对芝加哥的资本家们来说，没有比往绝望黑暗的心灵注入上帝的福音更好的投资了。"不过，说他在极力鼓吹什么也不是很恰当。他之前相信末世论，在政治上表现为保守主义，他内心深处对社会持有一种彻底的悲观态度。人类生下来就是十足的坏蛋，人生在世也无任何指望。"我曾听人们说悔改、悔改，直到我实在是听不下去了，我们需要的是借助福音的力量来获得重生。"于是，慕迪对任何社会性事务的讨论都毫无耐心，[①] 人类注定一事无成，尽量从这堕落的人世间拯救出更多的灵魂才是正道。

7

慕迪时代的宗教复兴运动比起之前的要内敛，这是一个重要的变化。旧时代所谓"激情澎湃"的表演——尖叫、呻吟、昏厥、怒号和狂叫都已经不合时宜了。这不仅是因为信徒们变得更加克制，而且还因为城市里的宗教复兴运动处在媒体的监控之下，任何失去公众支持和兴趣的事都不会允许发生。曾经在乡村教堂和临时布道集会中允许出现的过激表现在人数众多的大型布道会场里可能就是危险场面。大部分较为理性的复兴分子总是会对那种极度热情的表白场面感到尴尬。芬尼虽然经常会激发听众的激情，但认为这是不好且没有必要的。慕迪则决心要根治这一陋习，他在布道的时候会停下来让引导员将那些发出干扰声音的听众请出去。甚至一声额外

[①] McLoughlin:《现代复兴主义》, pp.167, 269, 278; Bradford: 同前, pp.220–221.

的"阿门""哈利路亚"都会被他制止:"朋友,不要这样,我自己能发出呼喊的。"① 他的继任者桑迪则相信,"一个人完全可以波澜不惊地改信宗教",他总是果断地伸出手控制观众,让引导员将那些失控的信徒们轰出去。他曾叫道:"两个人没法同时喊,弟兄们,让我一个人喊就可以了。"还有一次,他喊道:"等一等,这位姐妹,把你的叫喊收回去,省点力气。"② 他布道的时候也非常注重礼仪,但不会安排什么明星的表演来助兴。

尽管在城市里传播福音要求观众们保持克制内敛,但对布道者来说并没有约束。研究大众情感的历史学家们认为福音派发展中最引人注目的便是布道语言从白话向俗语转变。布道用语需直白、中正、浅显和朴素,这样才能打动质朴的听众,这一直是虔诚派思想的一个核心观念。芬尼认为一场真正好的布道,就像是一种真正好的生活,需要去除虚矫文饰。他在布道的时候用语简单通俗,但能打动人,他喜欢即兴发挥,而不是按照写好的讲稿念,因为他觉得即兴发挥更直接也更接近日常的交流。他说,当人们处在热诚的渴望之中时,"他们的语言往往会简单直接,切入要点,句子也简短,清楚而有力"。这种语言能够激发人们采取行动,产生结果。"这就是为什么之前没文化的卫理会和热情澎湃的浸信会牧师们能够比我们最有学问的理论家和神学家们都更有影响力的原因所在。而他们现在也正是这样做的。"③

很少有人能反驳芬尼对布道口语化的倡议,毕竟大部分好的布

---

① McLoughlin:《现代复兴主义》,p.245;参阅 Bradford:同前,p.223.
② McLoughlin:《现代复兴主义》,p.433–434;以及《比利·桑迪是他的真名》,pp.127–128.
③ 《回忆录》,p.90–91.芬尼在《宗教复兴演讲录》第 12 章中对他的布道观进行了详细的阐述。他指定的牧师谈话方式的规则包括:"它应该是对话的""它必须是共同生活用语""它应该是寓言式的,用生活中真实的或假设的事件来阐释",以及"源自社会的常识""应该要反复强调,但又不能太单调"。

道辞不是都能看到口语化的因素吗？例如，有人会想到马丁·路德用最直接和通俗的语言形象地描述耶稣诞生的那段话：①

> 一位结婚仅一年的年轻姑娘不能在拿撒勒自己的家里生产，却要拖着沉重的身躯行走三日前往外地，这已经够糟糕的了……而生产的过程更加可怜，这是她的第一胎，可是没有人照看她，也没有人把她的状况放在心上……烛光、篝火，任何备产措施都没有为她准备，只有一片漆黑死寂……我想约瑟夫和玛利亚要是知道临产时间将近的话，或许会留在拿撒勒不走了……可又有谁会告诉这个可怜的姑娘该做些什么呢？她之前从未生过小孩，我很惊讶这个孩子竟然没被冻死。

或许，芬尼本人平易近人的语言风格恰好传承了新教最好的布道传统。乔纳森·爱德华兹曾将灵魂比喻成一只凭上帝的怜悯用一根丝悬挂在厨房火炉上的蜘蛛，这是美国传教历史上最伟大的一个比喻。也正是这种通俗的语言风格赋予了美国文学以更多的原创性和风格。

芬尼本人对于布道的理解是正确的，并且有一定的道理。但后来福音传播中的问题是如何将这种通俗的语言风格保持在一定的水准上，而不至于落入大众感性认知里固执、夸张且粗鄙的一面。芬尼同时代的雅比斯·斯万（Jabez Swan）描述约拿被鱼吞食的那一段，口语化的表达无疑更生动：②

---

① Roland H. Bainton:《我在这里：马丁·路德的一生》（*Here I Stand: A Life of Martin Luther*, New York and Nashville, 1940）, p.354.

② McLoughlin:《现代复兴主义》, p.140.

这条大鱼击打着水面，吐着水泡，上下翻腾，左右腾挪，想要吐出约拿。过了很久，它逐渐变得没有力气，筋疲力尽了，最后到岸边吐出了一大堆东西。

慕迪在布道时一分钟内可以讲220个字，全部是不带脏话的口语，慕迪情绪饱满的布道在他所处的时代是合时宜的，但在芬尼时代就显得有点奇怪。和芬尼一样，慕迪对他所称的"散文式布道"没有一点兴趣，他说："在布道中处处据理力争是非常愚蠢的"①。传统的听众不一定会喜欢这种通俗而不正式的风格（"如果他属于慢热型的，那肯定会对这种集会感到失望"），伦敦《周六评论》发现他"不过是一个粗俗的喜欢大叫大嚷的教友而已"。②不过总体来说，他的布道并不算粗俗。而像山姆·琼斯（Sam Jones）这些更年轻一代的传教士们正在开拓一种更开阔、更具攻击性的语言风格："这个镇上一半有文化的牧师都有各种学历，学士、哲学博士、神学博士、法学博士和文学博士等"，"假如有人认为我们用更简单、更直白的方式所表达的不能代表真理，那就让他从这儿滚出去吧。"③比利·桑迪仿效的就是这种话风，而不是慕迪那种更温和的风格。

比利·桑迪担任福音派牧师的时间是1896—1935年，他的出现使得福音派传教的语言风格跌入谷底。跟他相比，我们时代的比利·格雷厄姆的语言风格温和、中肯得令人吃惊。桑迪的生平跟慕

---

① Bradford: 同前, p.101. 有关他的布道风格, 也可参见 McLoughlin《现代复兴主义》, pp. 239 ff. 在 J. Wilbur Chapman 的《慕迪的生活与工作》(*The Life and Work of Dwight L. Moody*, Boston, 1900) 中也有大量的介绍。

② Bradford: 同前, p.103.

③ McLoughlin:《现代复兴主义》, p.288.

迪有很多相似之处，他的父亲也是爱荷华州的一位泥水匠，1862年在联邦军队服役时去世。桑迪在贫困乡村中长大，高中没毕业就离开了学校。1883年，他被职业棒球的星探挑中加入了芝加哥白袜队，在1883年到1891年间，桑迪都是以职业棒球运动员的身份谋生，而后来这位在林·拉德那（Ring Lardner）笔下狂妄自大的外场手突然就信教了，成了一个福音派信徒。跟慕迪一样，比利·桑迪也是通过基督教青年会开始传教工作。1886年入教之后，他开始给基督教青年会做演讲，离开棒球队后成为基督教青年会的一位秘书，1896年开始成为一名传教士。不同的是，慕迪能接受自己非正规的牧师地位，而桑迪则谋求正式的任命。1903年，他接受了芝加哥教会长老会的考核。然而，在面对一系列的盘问时，桑迪大多只能以"这对我来说太难了"来回答，最后长老会决定终止考核，因为桑迪所感化的信徒要比在座所有考核官加起来的都要多，无须更多的询问，就授予了他牧师资格。

1906年后，桑迪离开了早期取得成功的中西部小镇，开始到一些中型城市发展。到1909年，他已经成为美国一些重要城市的正式传教士，成了慕迪的接班人。像布莱恩、威尔逊与老罗斯福这些政治领袖都曾以这样或那样的方式对他的工作表示过祝福。企业大亨们就像对待慕迪那样，也向他敞开了钱袋；上流社会的人认为他是一位值得尊敬的人，而成千上万的群众也纷纷前来聆听他的讲道。1914年，《美国杂志》向读者发起了一个问卷调查："谁是美国最伟大的人"，他和卡内基并列第八。他经营管理传教事业的方式在很多方面跟慕迪很像，但还是有两个重要的区别。慕迪的传教活动需要并且一直努力争取得到当地牧师的邀请，但桑迪对此则不予理睬，他以横扫千军万马的气势逼迫那些不情愿的牧师不得不屈服。慕迪虽没有赚很多钱，但生活还算舒适，但桑迪则成为一个百万富翁，面对人们质疑他在布道集会上的开销时，他的回答是："平均一个灵魂的花费是 2 美金，这个比例比任何一个健在的传教士的花费都要少。"他们两个都有浓厚的商人气息，只是慕迪喜欢享用大餐，而桑迪则喜好穿戴华丽的衣服。穿着一身条纹西服套装，衣领挺括，袖扣镶钻，定制的皮鞋油光锃亮，还带着鞋罩，他打扮得就像是一位要出去跟某个姑娘打发时间的鼓乐手。跟慕迪一样，桑迪也有自己专门的音乐演奏师霍默·A. 罗德希弗（Homer A. Rodeheaver），不过桑吉唱歌的声音甜美悦耳，而罗德希弗则使用节奏欢快的爵士乐。①

桑迪的布道风格肯定会令芬尼大吃一惊，桑迪的布道会安排很多带有娱乐性的因素，他会雇用马戏团的巨人小丑站在门口，这些都大大突破了他同时代传教士的底线（芬尼曾郑重其事地反对过于轻浮的传教活动），他会在布道高潮时当众脱下外套和背心，站在讲台上滔滔不绝地布道时还会不时配以夸张的肢体动作。桑迪对自己这种粗俗的布道风格也颇以为傲，"我才不在乎那些贼眉鼠眼的牧师们在我身边喋喋不休地嘟囔着我用的是盎格鲁—撒克逊人的粗鄙俗语，我想要的是让大家能够明白我的话，所以我才放下架子，贴近他们的生活。"他说道，那些文绉绉的牧师总是"想要去取悦那些知识分子，为此不惜忽略大众"。慕迪所使用的语言，虽然简单，但缺乏桑迪那种生活的气息。慕迪曾说过："教会所定标准太低了，都没什么意义了"，而桑迪则会说："教会所立的门槛太低了，一头猪要是穿上体面的衣服，手里再有点钱就能跨进大门。"慕迪引以为傲的是："我们不想依赖智识和钱财的力量，只需要上帝的话。"而用桑迪的话讲就是："要是所有的会众都成了百万富翁和大

---

① 有关桑迪的生活，参阅 William G. McLoughlin 所撰写的传记：《比利·桑迪是他的真名》。

学毕业生的话,美国的教会将会腐烂干涸,堕落到49英寻(测量水深的单位,1英寻约6英尺)以下的地狱。"①

传统的民间布道试图将《圣经》中的故事与现实生活联系起来;桑迪就拥有这样的能力,用小镇的人容易接受的语言呈现黑白分明的力量。在布道中,他这样讲述魔鬼引诱耶稣的故事,"请你把石头变成面包,让人饱餐一顿!制造出货物!"然后,在讲到变面包的神迹时,他这样说道:

> 耶稣四周打量了一番,发现了一个小男孩,他妈妈给了他五块小饼干和两条沙丁鱼当午饭,耶稣对男孩说:"到我这里来吧,孩子,神需要你。"然后他告诉男孩他所需要的,男孩说道:"耶稣,我有的不多,但假如你要的话,我全都给你。"

要是有人对1920年布鲁斯·巴顿(Bruce Barton)在《无人知晓之人》中所用的粗俗语言感到震惊的话,那是因为他没有意识到巴顿将耶稣描述为一个能干的人是受到桑迪的影响:"耶稣很能干;基督耶稣就像是一台六缸引擎的发动机那么能干。要是你觉得耶稣做不到,那你就大错特错了。"他还觉得树立"耶稣并不是一个受人拿捏的老好人,而是史上最伟大的斗士"这一形象也非常重要。②

---

① McLoughlin:《比利·桑迪》(*Billy Sunday*), pp.164, 169.
② Weisberger:《河边聚会》, p.248; McLoughlin::《比利·桑迪》, pp. 177, 179. 桑迪所采用的这种新的简单粗暴的表达方式在第一次世界大战期间的神职人员中非常普遍。参见 Ray H. Abrams:《带枪的牧师》(*Preachers Present Arms*, New York, 1933)。

第五章　反现代性的浪潮

1

比利·桑迪这种哗众取宠的粗俗风格只是表面现象，这本身并没有太大的问题，但它揭示了桑迪时代福音派所处的地位，隐藏在粗鄙俚语背后的是连芬尼和慕迪都不熟悉的一种绝望的反抗精神。确实，这些早期的福音派传播者也曾反抗过，为抗拒地狱而战，为拯救灵魂而战。但是桑迪又多了一项任务，甚至是更首要的一个任务，那就是反抗现代主义思潮。暂且不提他个人的独特气质，虽然它也很重要，但桑迪的论调之所以重要并得到广泛的认可跟正处在历史衰落期的原教旨主义的努力有关。

当我们将目光转向20世纪时，便会发现福音派的传统此时正面临一场迫在眉睫的危机。这场危机的最初阶段是内在的：我们必须在旧式宗教和现代主义之间做出选择，因为它们之间的对抗已经变得更加公开而且全球化。原教旨主义者无论是信众还是牧师都不愿意看到福音派最大的派系浸信会和卫理会向现代主义观念屈服，哪怕只是部分的屈服，与内部这些背叛者的斗争增加了他们的敌对情绪。第二阶段则是外在的：世俗生活与宗教正统观念间的对抗，它的历史比这个国家还要悠久，但达尔文主义与新兴都市生活的氛围结合在一起，给这种对抗带来了一种前所未有的力量。尤其是教育的普及和人员流动性的提高、全国性思想交流的发展使得知识分子所追求的世俗主义和自由主义思想,以及原教旨主义者们忠实于《圣经》的精神已难以继续各行其道了。只要这些以不同形态呈现出来的世俗观念还只是由少数精英们所秉持,原教旨主义者们就可以对它们视而不见,或者那些好战的牧师们随手就可以把它们当作攻击的对象。而如今,这两者都卷入了一场迫切且持续的战斗中,这是宗教的大众化倾向与科学文明碰撞后产生的第一次交锋。

我并不想暗示宗教慢慢从世俗文化的思想环境中悄悄脱离出来的这种趋势会停止,不过那些好战分子并不希望如此。对很多个人或团队来说,宗教意味着沉着的信念、内在的宁静以及心灵的慈悲;然而对那些争强好胜的人来说,宗教或许还是制造仇恨的资源和手段。有一类骨子里就争强好胜的人,那种针对一切的仇恨似乎是他们最看重也最感兴趣的地方。有些人就是为仇恨而活,就像有些人贪婪成性一样。透过历史,我们可以在各种激进的反天主教运动、反理性和各种千奇百怪的狂热中看见他们的身影。还有一些原教旨主义者兼具沉静与狂热两种气质,很难说哪种气质更占上风一些。本章所关注的是那些圣战者,他们义无反顾地全身心地投入到反对宗教以及社会生活领域现代化的战斗中。本章也会介绍另一类人,他们认为热诚和经营能够弥补教会会众萎缩的现象。

比利·桑迪信誓旦旦的布道中有两个特别突出的特征,一是强硬;另外就是嘲讽贬低,我们可以把它们看作一种新的大众意识的体现。我们可以在桑迪那里体会到那种我称之为"沉浸式"的精神状态,全身心地投入,以获得对芸芸大众的全部支配权,并坚定地认为无人能够挑战他们的权威。这种精神状态是原教旨主义宗教与原教旨主义美国精神的一种最新结合,通常带有浓厚的原教旨主义道德色彩。①百分之一百的投入者绝不容忍模棱两可和含糊其辞的表达，不允许有保留意见，不接受任何批评，认为这样的行为才是坚韧不屈和勇气可嘉的表现。有一位学者这样评论桑迪，那个时代没有谁，"即便罗斯福总统先生也没有像他这样表现出如此咄咄逼人的强硬个性。"耶稣成了一位斗士，他的信徒桑迪将打破基督徒必须忍气吞声、隐忍负重的观念，"上帝拯救了我们，让我们不再是没心没肺没骨气，瘦弱、卑微、肤浅、柔软、脆弱、胆怯、娇嫩、僵化的无足轻重的基督徒"。"成为一个基督徒意味着将从繁忙的世俗生活中解脱出来，让他成为一个怯懦而娇滴滴的附庸"，桑迪想要杜绝这样的想法。他在一次演讲中抨击了罗斯福派的观点："正义的战争令人坚强；表面的和平只会让人软弱可欺"；在告解时，他又进行了一番总结："对那种不施惩罚的上帝，我根本没兴趣。"②

为了说明宗教领域这种日渐强烈的攻击性倾向的历史性意义，我们需要回顾一下福音派运动的早期历史。西德尼·E.米德曾评论说，大约在1800年之后，"摆在美国人面前的就只有两种选择，要么是在一些学术中心按照现行的标准成为一个知识分子；要么就是在自己的宗教派系内按照现行的标准成为一个笃信宗教的人。"③不过，1800年到1860年，这种选择并没有这么清晰，问题也没有那

---

① 性原教旨主义——对正常的和异端的性都心怀恐惧——将两者联系在一起。从后期的原教旨主义的布道中可以看出，他们就是为了挑起观众对自身性欲的恐惧。在这方面，了解福音派文学中对舞蹈和淫乱之间关系的处理将会有很多发现。桑迪认为，在方块舞中交换位置，这种身体姿态在体面的社会中是不被容忍的。他提议立法禁止12岁以上的孩子上舞蹈学校，并立法禁止婚前跳舞。McLoughlin:《比利·桑迪》(*Billy Sunday*)，pp.132, 142.

② McLoughlin:《比利·桑迪》，pp.141–142, 175, 179.

③ 《教派分立：美国新教的形式》(*Denominationalism: the Shape of Protestantism in America*)，p.314.

么尖锐，在 1900 年后，问题才显得特别突出。正如米德所指出的，1800 年左右，宗教笃信者和理性头脑之间基于共同的仁慈之心和对宗教自由的共同追求达成了某种非正式的理解。比如，本杰明·富兰克林在费城聆听完怀特腓德的布道后倾囊相助，支持唤醒者提倡的一个慈善项目；在正规的教会拒绝给怀特腓德提供讲坛时，他还捐赠建立一座大楼对所有传教士们开放。宗教人士和理性主义者之间的融合关系在杰斐逊总统任职期间达到了高峰，那些正衰微的教派，尤其是浸信会非常乐意支持这位如此坚定地支持宗教自由的人士，并不介意他是不是一个理性主义者。①

当然，自然神论在美国的影响在 1790 年代达到了顶点，到处都是一些对上帝不忠行为的可怕传闻。这些恐慌主要影响了很多传统教派的会员，因为有很多他们的神职人员和教友牵涉其中。② 伏尔泰和汤姆·潘恩确实成了 1795 年爆发的那场宗教复兴运动中传教士们的发泄对象。③ 不过，绝大多数早期福音传播者都非常现实，

---

① 比如，有关新英格兰浸信会教徒的共和主义思想，参阅 William A. Robinson:《新英格兰的杰斐逊式民主》(*Jeffersonian Democracy in New England*, New Haven, 1916) pp.128–141.

② Vernon Stauffer 在《新英格兰和巴伐利亚光明会》(*New England and the Bavarian Illuminati*, New York, 1918) 中对法国大革命后掀起的革命和不忠狂潮作了最为生动的描述。虽然在 18 世纪末，美国精英阶层确实广泛存在各种温和的哲学怀疑主义，但它主要是一种个人的信念，没有任何教条化的倾向。法国大革命后，随着杰斐逊式民主的兴起，上层阶级的理性主义者比以往任何时候都更不愿意在公众面前宣传他们的理性主义。像 Elihu Palmer 这样的怀疑论者，意欲在中低层阶级将共和主义和怀疑主义整合在一起，却发现实施起来很困难，尽管在纽约、费城、巴尔的摩和纽堡都有一些信仰自然神论的社群。参见 G. Adolph Koch:《共和党宗教组织》(*Republican Religion*, New York, 1933)。

③ Catherine C. Cleveland:《1797–1805 年西部伟大的宗教复兴》(The Great Revival in the West, 1797—1805, Chicago, 1916), p.111. Martin E. Marty 在《异教徒》(*The Infidel*, Cleveland, 1961) 中提出异教徒在美国太软弱，根本就不足为道，但在正统的布道和宗教团体彼此的批评中却成了一个具有攻击性的字眼。

他们不认为一个有学问的、理性的、自觉的怀疑论者会对他们努力争取的头脑简单的民众产生真正的威胁。他们知道主要的敌人不是理性主义，而是对宗教的冷漠。因此，那些从未接触过《圣经》的人才是他们最重要的工作对象，而不是那些已经听过汤姆·潘恩对《圣经》批判论调的人。福音派在 1795 年至 1835 年间获得令人瞩目的成就，自然神论也相对沉寂，宗教分子和理性主义者之间的交战这才进入了人们的视线。与消除启蒙运动的惨淡余晖相比，宗教复兴派们更热衷于将众多的美国教派从罗马天主教和宗教冷淡这一对恶魔手中拯救出来。

美国内战后，一切都发生了改变，理性主义者再一次成为福音派思想的重要对手。达尔文主义的兴起在每一个思想领域都产生了广泛而深远的影响，把正统基督教逼到了不得不反击的地步。而在一些秉承学术传统的传教士和受过教育的教友之间发起的对《圣经》的现代学术性批判进一步加深了达尔文主义的影响。最后，到 18 世纪末，面对工业化和城市化所产生的问题，又出现了一种社会信条，这是另外一种现代化趋势。传教士们和教众这时都面临同样的选择：原教旨主义还是现代主义；保守的基督教还是社会福音思想。

随着时间的推移，很多牧师包括数量可观的福音派支持者都成为自由主义者。[1] 他们中有的人还没有意识到与少数的理性批判者们共处一个世界的悲惨，背离正统的基督教而投身于现代主义，不再纠结于基督教原本永恒的救赎命题，而忙于像工会、社会安置，甚至是传播社会主义这样的世俗性事务。到了 18 世纪末期，原教旨主义者越来越痛苦而又清楚地意识到他们正在失去对这个世界的

---

[1] 有关牧师的分歧类型，参见 Robert S. Michaelson:《1850 年以来美国的新教传教士》(*The Protestant Ministry in America: 1850 to the Present*), H. Richard Neibuhr 与 D. D. Williams: 同前, pp.250–288.

影响力以及人们的尊重。此时，人们从这些人身上看到了一种新的宗教形式，它致力于跟一切与现代性相关的事务做斗争——对《圣经》的批判、进化论、社会福音，以及任何类型的理性批判。在这场社会层面与神学层面的交锋中，原教旨主义者全心全意地投入。

我们可以从慕迪和他那声名显赫的接班人的比较中发现神学与智识传统关系逐渐僵化的趋势。慕迪的观点跟后来被称为原教旨主义的思想相近，但早在1870年代，他的宗教思想就已经定型，而当时现代主义思潮还主要局限在知识分子圈内。对于原教旨主义和现代主义之间的冲突，他的态度一部分是出于善良的意愿，一部分是由他思想形成时期冲突的总体状态决定的。他坚持认为，《圣经》是上帝的话语，里面没有一句话不饱含着智慧，没有一处地方存在缺陷，但凡有任何诋毁，便是恶魔的行为。"假如其中有任何不真实的地方，那整部《圣经》都将一无是处。"他只是简单地拒绝了用科学甚至理性的方法去阐释《圣经》的努力——"《圣经》不需你去理解。"在他面前提到一些抽象的概念或者符号都会令他厌烦，"这就是现在人们谈话的方式，什么都用数字来表达。"[①] 尽管如此，慕迪的言谈中还是带有一种明显的开明和温和的态度。他愿意和那些他所尊重的自由派宗教人士和平共处；他乐于这些人来参加诺斯菲尔德布道大会，他也不喜欢听到其他的保守派人士说自由派背信弃义。从他所创办的两所教育中心也可以看出慕迪思想的这一特点，一所是芝加哥慕迪《圣经》学院，后来成为原教旨主义学派；而另一所则是后来成为现代主义派的马萨诸塞州的诺斯菲尔德神学院；这两所学院都自认为是慕迪精神的传承者。

桑迪则完全是另一种风格。他不允许对原教旨主义的彻底性、

---

① McLoughlin:《比利·桑迪》, pp.125, 132, 138.

强硬性和坚定性有丝毫的怀疑。对《圣经》的评论研究以及进化论，就像对待所有他不喜欢的东西一样，他不吝才华、不留情面地加以痛击。"《圣经》说有地狱，你们就不要如此黑心、低贱、堕落地说你们不相信它，你们这些蠢猪！"他还说，"成千上万的大学生们正直奔地狱而去，假如我有100万，我会给教会捐999999元，只留1元给教育"，"当上帝说这样，而学者们却说那样的时候，就该让这些学者们下地狱！"①

2

这种狂躁的传教风格变得越来越尖锐，对传统的挑战咄咄逼人，社会权力和权威的很多重要领域都被突破，这股潮流已不容小觑。一般而言，原教旨主义自身偶尔也会为自己的信仰是否充分这样的问题感到纠结，而此时到处都充斥着这种质疑。正如莱因霍尔德·尼布尔所说："极端的原教旨主义如此狂热，反而暴露了这样一个事实，那就是怀疑主义的荼毒已浸入教会的灵魂；因为人们在信仰有所动摇的时候会更加声嘶力竭地捍卫他们的坚定性。狂热的原教旨主义其实是针对还未明朗的怀疑主义的一种解药。"②

当理性主义和现代主义在辩论中根本不为所动时，他们更加抓狂，进而采取更加激烈的言语暴力以压制他们，甚至会付诸镇压和

---

① Bradford: 同前, pp.58–60; McLoughlin:《现代复兴主义》, pp. 213; 有关慕迪对实用主义的包容，请看 pp.275–276.
② 《文明需要宗教吗？》(*Does Civilization Need Religion?* New York, 1927), pp. 2–3. 我相信读者会清楚地看到，我讨论的原教旨主义是站在大众运动的视角，而不是一种深刻的反现代主义批判思想。关于后者的一个例子，参见 J.Gresham Machen:《基督教与自由主义》(*Christianity and Liberalism*, New York, 1923)。关于原教旨主义智性方面的发展，见 Stewart G. Cole:《原教旨主义的历史》(*History of Fundamentalism*, New York, 1931)。

恐吓，在20世纪20年代反进化论的肃清运动中，这种情况达到了高潮。正如桑迪在那个时期的一次布道中提到的，"美国不再是一个给异教分子提供容身之处的国家"①，这样的时代已经到来。可对原教旨主义者来说，不幸的是，他们自己反倒成了异端；他们失去了恐吓和镇压对手的权力；就像是历史长河中逐渐退去的潮流。即便在众多的福音派系中，他们也失去了大部分的掌控力。大量的公理派和浸礼会教友都成为自由派宗教人士，至少在北方如此。因为失去了对福音派的主导地位，很多原教旨主义者开始感到绝望。

20世纪20年代是美国新教"文化斗争"的重要十年。广告、广播、大众杂志和大众教育普及使得新旧观念不可避免地产生了直接的冲突。传统的、乡村小镇式的美国此时全身心地投入到与现代生活的对抗中，他们立场坚定地反对都市主义、罗马天主教、怀疑主义与知识分子秉持的经验道德主义。三K党运动，坚决维护禁酒令、斯科普斯（Scopes）进化论审判以及反对阿尔·史密斯（Al Smith）参加1928年的总统竞选等，都是老派美国徒劳地重申过去权威的具体表现；其中唯一取得胜利的便是史密斯的落选，然而史密斯却成功地将民主党重新塑造成一个都市型的具有见地的政党，这为后来民主党竞选成功奠定了基础。因此，这唯一的成功也打了些折扣。②

从20世纪20年代保守派人士的声嘶力竭中，我们能清楚地意识到旧式的美国已成为过去，而扼杀它的正是知识分子。1926年，三K党的灵魂人物海勒姆·W. 埃文斯（Hiram W. Evans）写了一篇动人的散文来阐述三K党创建的目的，文中他将时代的主要课题描

---

① McLoughlin:《比利·桑迪》, p.278.
② 有关Smith的成就, 参见我的论文《一个新教徒在1928年被胡佛打败了吗？》,《记者》("Could a Protestant Have Beaten Hoover in 1928?", *The Reporter*), Vol. 22, 1960年3月17日, pp. 31–33.

述为一场介于"拥有西部拓荒精神的美国大众"与"混杂着自由主义思想的知识分子"之间的战斗。他埋怨美洲白人的道德和宗教价值观正在被不断侵入这个国家的其他种族所削弱,而那些自由派知识分子对之进行的公开嘲讽也难辞其咎。埃文斯写道:①

> 我们这场运动属于普通民众,没有高深的文化素养,不需知识的理论支持,也没有训练有素的领导才能。我们正号召权力回归到普通人手中,他们就是日常生活中的、没有很高的文化、没有被智识过度教化,完整地保持初心,没有去美国化的老式普通民众。我们期待能取得胜利。我们的成员和领导都来自这个阶层——来自知识分子和自由人士的对立面,他们占据领导地位,却背叛了美国传统,我们自然想要从他们手中夺回权力。
>
> 无疑,这也是我们的弱点,别人会公开斥责我们是"乡巴佬""土包子""开二手福特的阶层",我不否认这点。更糟糕的是,这会让我们难以阐明我们的主张并进行最有效地肃清动员,因为我们大多数人都缺乏语言的技巧……每一次群众性的运动都受制于此……

---

① 《三K党为美国精神而战》,《北美评论》("The Klan's Fight for Americanism", *North American Review*,)Vol. CCXXIII(1926年3-4-5月), pp. 38 ff. Gerald L. K. Smith 在1943年说道:"我们的人民经常不自我表达,因为我们中只有少数人能这样放纵地说话,而人民内心压抑的情感没有表达是因为他们担心自己的词汇不够。"Leo Lowenthal 和 Norbert Guterman:《欺骗先知》(*Prophets of Deceit*, New York, 1949), p.110. 美国公众的内心是健全的,但旧式美国价值观的代言人在某种程度上缺乏与现代主义的自作聪明之徒相抗衡的手段,右翼的言论中贯穿着这种感觉。参阅 Senator Barry Goldwater 的《保守派的良知》(*The Conscience of a Conservative*, New York, 1960, pp. 4-5),"我们的失败……在于没能阐述好保守思想。"虽然我们保守派确信这个国家会赞同我们的观点,但我们似乎无法阐明保守派原则与时代需求之间的实际关系……也许我们对那些控制大众传播媒体的人的判断过于敏感。我们被开明的评论家们扔到了被人遗忘的政治角落。

三K党人并不认为感性和直觉是我们的弱点,冷冰冰的智性才是。所有的行动都是受情感支配而不是理性演绎的结果。我们的情感和本能是千百年来遗传下来的,在人类大脑演变中它的历史要比理性存在的时间久远得多……它们才是美国文明的基石,美国历史上那些著名的文献都无法与之相提并论。它们往往更可靠,而脱离天性的知识分子依靠精心的演绎推理未必能做到这点。

这段话总体上似乎有一定道理,语气也算温和。但想要用妥当的方式来付诸实践却非易事。三K党劣迹斑斑的历史就充分地证明了这点。原教旨主义也有同样的苦楚。佐治亚州的一位州议员就说过:

读《圣经》吧。他教你如何为人处世。读诗篇吧!它是人类写过的最美诗篇。读历书吧!它告诉你如何去观察气候变化。没有必要再去读其他的书了,因此,我反对兴建任何图书馆。

这位议员并不出名,因此,他的这段话很难引起太多关注;但假如这是一位前任国务卿,并三度参与竞选总统的人所说,那情形便不同了。1924年,布莱恩在安息日的一次演讲中说道:"美国此刻遭受的所有病症都可以追溯到学校开始教授进化论,最好是把写过的所有书籍全部销毁,只保留创世纪前三篇即可。"①

原教旨主义运动在反对教授进化论的肃清运动中达到了高潮。

---

① 这两篇引用都出自 Maynard Shipley:《对现代科学的战争》(*The War on Modern Science*, New York, 1927), pp. 130, 254–255. 这样的言论是福音主义的主要基调,但还是反映了这一时期日益尖锐的冲突。参阅内战前的卫理会传教士 James B. Finley 的一段更温和的表达:"我一直在想如此庞大的书籍数量是不是一种有害的倾向,会分散大家对《圣经》的重视。"《自传》(*Autobiography*, Cincinnati, 1854), p.171.

他们在斯科普斯审判案中表明了自己坚定的立场。这个案子以充满戏剧化的形式逐一呈现了原教旨主义和现代主义思潮之间的分歧所在。该案件主要目的是要取代公立高中进化论课程的位置，这本身就充分证明了那时现代主义思潮已经从社会精英的意识层面扩及日常生活的经验层面。之前在大学和学院内部就有过是否可以教授进化论的争论，1860年后的三十年间，一些保守的神父极力阻挠达尔文主义浪潮，但上层精英还是接受了达尔文主义，不过，在反进化论者的支撑下，原教旨主义的根基还未动摇。毕竟那时虔诚信仰者上大学的并不多，即使有，也是选择那些没有受到《物种起源》影响的，保持传统的偏远学校就读。到20世纪20年代，进化论已经开始从大学进入高中课堂，而此时大部分人都会上高中。在第一次世界大战爆发前十五年，美国高中数量翻了一倍多，战后增长速度更为迅猛。高中文凭显然成了美国孩子想要获得成功就必须达到的学历水平。而此时，那些虔诚而有抱负的美国普通民众都开始觉得他们的孩子应该去上高中，但同时也意识到孩子们将会受到进化论的影响。而约翰·T.斯科普斯在田纳西州受到指控正是因为他超纲采用了乔治·亨特的《公众生物学》作为进化论教材。这本书在1919年被州立教材委员会采纳，并早在1909年就在学校中使用了，而十五年后大家才觉得这部教材具有危害性。

对田纳西州及其他地方的原教旨主义者来说，阻止学校教授进化论意味着挽救孩子们的宗教信仰——确切地说，是挽救所有家庭的虔诚，以免受进化论者、知识分子以及国际化人士的误导。[①] 假

---

① Bryan 在《平民》(*The Commoner*，1920年2月，p.11)中说："今天公立学校系统的最大威胁是……它的无神论"。全国各地的家长们不断地向他反映公立学校正在破坏孩子们的信仰，对此 Bryan 深感不安。《回忆录》有关反进化论文学的主题，参见 Norman F. Furniss：《1918—1931年的原教旨主义之辩》(*The Fundamentalist Controversy, 1918-1931*, New Haven, 1954) pp. 44-45.

如原教旨主义者还有值得同情的地方——我认为是有的——必须将这点考虑进去。假如你意识到他们视此为保家护院的斗争,那他们的极端行为多半就能被理解。原始浸礼会的田纳西立法委员约翰·华盛顿·巴特勒提出了一项反对在该州教授进化论的法律,他之所以这样做是因为他听闻所在教区有一位年轻女士上大学后就成了一位进化论者。这让他开始为自己的五个孩子担心。最终,他在1925年成功地实现了自己的愿望,田纳西州通过了这项法律。州议会就巴特勒的提案进行辩论的时候,一位田纳西议员呼喊道:"为了上帝,救救我们的孩子吧!"当克拉伦斯·达罗(Clarence Darrow)在斯科普斯案中讲道:"每一个孩子都应该比父母更有智慧"时,原教旨主义者对现代主义幽灵的恐惧被推到了顶点。这恰恰是父母最不想发生的事情,更有智慧意味着孩子们将会抛弃父母的观念,丢弃父母的生活方式,"为什么?亲爱的朋友",威廉·詹宁斯·布莱恩在法庭上说道:"假如他们相信(进化论),他们就会回去嘲讽父母的宗教信仰。父母则有权利拒绝支付报酬给那些不让孩子们信上帝的老师,让这些人回到他们自己该待的地方去,这些怀疑主义者、异教分子、不可知论者和无神论者们。""我们的目的,我们唯一的目的",他在开庭前就宣称:"就是维护父母保护其子女信仰的权利……"[1] 而对于布莱恩和他的追随者们来说,显而易见,达罗正试图将宗教与家庭信仰之间的纽带隔断。"去死吧!"一位田纳西人在达罗面前晃动着拳头,说道:"甭想亵渎我们从小就读的《圣经》,如果你敢,我就把你撕成碎片。"[2]

---

[1] Leslie H. Allen 编:《代顿的布莱恩和达罗》(*Bryan and Darrow at Dayton*, New York, 1925), p.70. 这本书是根据法庭记录及其他信息渠道编辑而成。

[2] 参见 Ray Ginger 对于斯科普斯案出色的研究:《六天还是永恒?》(*Six Days or Forever?* Boston, 1958), pp.2, 17, 64, 134, 181, 206.

全美反进化论肃清运动的领导角色最后落到了布莱恩这样的普通会众身上是理所应当的，布莱恩身上汇聚了美国人传承下来的笃信宗教的两个基本传统：福音派思想与民粹式民主观念。在他的头脑中，信仰与民主构成了一个共同的反智由头。一方面是人民的呼声与内心的信仰；另一方面是知识分子，一小撮被伪科学与僵化的理性主义所误导的骄傲自大的精英人士——他经常用不同的词语来称呼他们，像"科学的苏维埃分子""一群自诩为知识分子的不负责任的政治寡头"。① 他指出宗教从不为上层精英所独享："基督教是为了所有人，不只是为那些所谓'思想家'们的"，心智是机械的，需要靠心灵来指引。心智可以谋划犯罪行为，也可以为社会谋福利，"当前知识界最大的问题就是只推崇心智。"只有心灵——这是属于宗教的范畴——能够给心智带来约束，引导它们行善事。

问题的症结在于：民粹式民主和传统宗教之间的结合点。由于心之所属乃是普通人之所为，而普通人的心灵直觉与那些知识分子们一样好，甚至是更好，因此宗教事务上的判断便应该由普通人来决定。而当宗教和科学发生冲突时，就由公众来决定，布莱恩认为，不应该由那些只会用文凭和学历进行判断的人来决策。据社会学家沃尔特·李普曼观察，在上帝面前人人平等这样的宗教教义到了布莱恩那里就被解读成了在田纳西进化论案的审判面前，每一个人都是同样优秀的生物学家。事实上，布莱恩还提议要基督徒们进行投

---

① Ginger: 同前, pp.40, 181; 参阅 Bryan：《〈旧约〉中的著名人物》(*Famous Figures of the Old Testament*), p.195；《辩论七问》(*Seven Questions in Dispute*), pp. 78, 154；《他的形象》(*In His Image*, New York, 1922), pp.200–202；《平民》(*The Commoner*, August, 1921), p.3; November, 1922, p.3.

票,以解决这一问题,于是这个案件又演变为大多数人的权利问题。①

假如依据基督徒对《圣经》的诠释,《圣经》不承认进化论,无论是有神论的还是无神论的进化论。那些认为《圣经》出自上帝话语的人中,只有十分之一的人或许相信进化论思想可以用来推演人类。除非这一小撮人有什么方法能够促使大部分人的信念发生改变,否则进化论必然会受到违背上帝意图的谴责。

在布莱恩看来,学校教授进化论对大众民主也是一种挑战。"当传统基督教徒不被允许在学校里教授《圣经》时,这一小撮进化论者到底又有什么权利花着公众的钱在学校里教授所谓对《圣经》的科学解读呢?"无论如何布莱恩都不相信进化论者们所讲的那套是科学;不过,即使是科学的,他也还是会说,进化论者无视"政治科学",政府"权利是由大多数人决定的",除非少数人的权利受到宪法保护。阻止少数人在公立学校教授自己的学说并没有侵犯其权利。"他们根本没有权利要求父母和纳税人为不想要的学习内容

---

① Bryan:《正统基督教对抗现代主义》(*Orthodox Christianity versus Modernism*, New York, 1923), pp.14, 26, 29-30, 32, 42. 参阅 Ginger:同前, pp.35, 40, 181.Bryan 说:"上帝世界中美好的一点就是它不需要专家的解读。"当一些大城市的报纸暗示代顿居民的陪审团没有能力决策重大事项时, Bryan 说道:"根据我们政府的体制,人民对一切都感兴趣,也应该相信他们能够决定一切事物,我们的陪审团也是如此。"正如他所看到的, 这个案子提出了一个问题,"少数人能够利用法庭将他的思想强加给学校吗?"可怜的 Bryan 在这场辩论中渴望获得一场胜利,他又提出了另外一个谬论。他似乎觉得自己稳赢,"人生中第一次",他在一次原教旨派的聚会中说道:"我站在了大多数人的这边。" Ginger:同前, pp.44, 90. 要了解同时代的人对 Bryan 的民主观点、福音派倾向和反智主义的精辟评论,参见 John Dewey:《美国知识分子的前线》,《新共和党》("The American Intellectual Frontier", *New Republic*), Vol. XXX (1922年5月10日), pp.303-305.

买单。学校事务应该由支付学费的人说了算。"基督徒已经建立了自己的学校和大学教授基督神学。"为什么无神论者和不可知论者就不能要求建造能够教授自己学说的学校和大学呢?"① 因此,假如当初布莱恩获胜,则公立学校将全面禁止讲授进化论生物学,现代科学课程将局限在少数的非教会私立学校里,这对美国教育来说将是巨大的灾难。但布莱恩不认为良好的教育与传统信仰之间存在冲突,假如必须做选择的话,他知道选择什么。一个受过教育却没有信仰的人就像是一艘没有舵手的船,"假如我们必须在宗教和教育之间做出选择,那放弃的只能是教育。"②

3

今天有关进化论的争论对东部地区的知识分子就像荷马时代一样遥远,正反双方通常都采取礼让迁就的态度。在美国的其他地方和其他社群中,依然存在类似的争论。几年前,当斯科普斯案被改编为戏剧《风之传承》在百老汇上演时,这部戏剧更像是一部优雅的古装剧,而不是一部呼唤思想自由的作品。但是,当路演公司将这部戏剧带到蒙大拿州的小镇上表演时,就有观众站起来,冲着一位饰演布莱恩的人高喊着"阿门"。虽然今天的知识分子在校园里面对的妖魔要比原教旨主义可怕得多,但 20 世纪 20 年代知识分子的可怕境遇还是不应忘记,否则这将是我们思想史上的损失。或许那时知识分子的危险处境不像 20 世纪 50 年代麦卡锡肃清运动时那样危急,但那种令人窒息的危机感却丝毫不弱。我们只需要读一下

---

① 《正统基督教对抗现代主义》,pp.29, 45–46;参阅《公立学校的达尔文主义》("Darwinism in Public Schools"),《平民》(*The Commoner*),1923 年 1 月,pp.1–2.
② Ginger: 同前, p.88.

梅纳德·希普利（Maynard Shipley）有关反进化论运动的一份调查报告《向现代科学宣战》，就能真切地感受到当时知识分子的心态。斯科普斯案与三十年后的陆军—麦卡锡听证会一样，先将这种感受赤裸裸地呈现在大家面前，情绪发泄出来，而后进行清理以彻底解决。当斯科普斯案审判结束后，大家能清晰地看到反进化论运动得到了遏制，但给知识分子也造成了过度恐惧的心理。在斯科普斯案审判之前，进化论肃清运动在很多州都得到了大量支持，包括几个非南方州。W.J.卡什根据自己掌握的第一手资料说，在美国南部，肃清运动就像三K党这样真正的庶民运动一样，获得了"绝大多数南部人民的同情和支持"，不仅在大众中如此，在有影响力的阶层和教职领袖中亦是如此。① 知识分子待在安全的学术中心或许不需要太过担心，但他们却有理由担心国家中学教育系统的崩溃。在为进化论思想进行辩护时，他们也并非总是一帆风顺。直到今日，大部分中学的生物学教材都需要审核，很多地方只是间接地讲授进化论。就在几年前，在一项对全国青少年的问卷调查中，只有三分之一的被调查者对"人类是从更低级的动物进化而来的"这一观点表示肯定。②

进化论之争和斯科普斯审判案大大地加快了反智主义的进程。一些公众团体的领袖公然宣布知识分子和专家学者们为其敌人，这在20世纪是第一次。无疑，好战的原教旨主义者在全国范围内还

---

① W. J. Cash:《南方人的思想》(*The Mind of the South*, New York, 1941), pp.337-338.

② 这场问卷调查中，40%的回答是"不"，35%的回答是"是"，还有24%的人表示"不知道"。H. H. Remmers 和 D. H. Radler:《美国青少年》(*The American Teenager*, Indianapolis, 1957)。参阅 Howard K. Beale 在《美国教师自由吗？》(*Are American Teachers Free?* New York, 1936, pp.296-297) 中对1930年代讲授进化论遇到的压力进行的报道。

是少数派，但这个少数派的数量不容小觑；他们对知识分子的仇视还是反映了大多数人的感受，只不过这些人还不是很情愿加入他们的肃清运动中，但对时代发展的趋势有着同样的担心，如世界主义、道德和文学上的经验主义。① 布莱恩对"专家"展开了满火力攻击，表明他明显地偏离了双方的初衷。情况也并非一贯如此。在激进时代，知识分子自认为本质上与人们的基本利益和诉求一致。如今，它再一次清楚地表明这种一致关系并非预设的，也不一定存在。公众的宗教情怀越虔诚，他们与知识分子主流之间的观点分歧就越大。要是认为他们的主要教义被推翻，原教旨主义者们就会投降和消失，这就大错特错了。他们心怀不甘地暂且休战，有些人寻找现代派比较脆弱的其他领域下手。他们虽然无法让现代主义以及世俗主义在宗教事务中销声匿迹，但或许可以从其他领域重新挑起争端并给予攻击。

经济大萧条也没有给原教旨主义者喘息的机会，他们的神学思想与福音派教会主流思想间的分歧加剧，绝大部分福音派牧师已经倒向了政治自由派或政治左派。② 然而，教徒们思想的转变并没有牧师们那么大，很多保守的教徒感觉新的"社会福音运动"的发展已经制造出一个新兴的"牧师阶层"（这是一位右翼教会人士给的称呼），与教派中很多人的观点格格不入。这种日渐强烈的孤独无力感使得原教旨主义派开始萎缩，不过，依然有数量可观的原教旨

---

① 这种对道德的关注可能需要进一步的检查。正如原教旨主义者所看到的，孩子们失去信仰只是道德下降的一个前提条件。他们对"从低等生命中继承过来的"天然的性欲颇有微词，从他们所用的各种修辞用语就能看出在这场争论中被鼓动起来的人们对性欲的恐惧是多么强烈。

② 在此，我要感谢美国宗教社会交叉领域的两个优秀研究成果：Paul Carter 的《社会福音派的衰落与复兴》(*The Decline and Revival of the Social Gospel*, Ithaca, 1954)，以及 Robert Moats Miller 的《美国新教与社会》(*American Protestantism and Social Issues*, Chapel Hill, 1958)。

主义分子加入了反对"新政"的极右翼行列。原教旨主义实现了宗教与政治党派的合流。自20世纪30年代以来，在美国政治生活中原教旨主义成了右翼政党的一个重要元素，大量的右翼思想都带有浓厚的原教旨主义色彩。① 原教旨主义政治化潮流中的代言人又挑起了民众在进化论之争时的反智心态。"我无法从权威学术观点的角度去理解政治科学。"他们中还有一位领袖人物宣称："我不了解欧洲艺术大师的作品，但我今晚要说的是：我懂美国人民的心。"当他继续斥责对手时说："他们如同20世纪的法利赛人和律法家一样……通过强势的宣传手段，包括周期性的政治倾向、宗教态度、低劣的伦理标准和混杂的道德思想构建出一个所谓的国家。"这种说法由来已久，并不断被人用更简单的语言表达出来，"我们应该将政府从这些油头滑脑的城里人手中夺回来，交回到坚信着二加二等于四这样的简单真理以及相信天堂有上帝、《圣经》有箴言的人民手中。"②

尽管没有人试着去仔细追溯大萧条时期以及大萧条之后极右派思想与20世纪20年代原教旨主义之间的关联，但他们的领导人物却有明显的交叉。很多右翼团体的领袖都是传教士或曾经是传教士，或者是传教士的儿子，在严格的宗教氛围下长大。还有一些

---

① 包括我在内的几位作者在文章中评价 Daniel Bell 编辑《美国新右派》(*The New American Right*, New York, 1955) 时忽略了或者没有充分注意到原教旨主义在右翼中的位置。但最近几期的文章有《激进右翼》(*The Radical Right*, New York, 1963); Ralph Lord Roy 在《不和谐的师徒们》(*Apostles of Discord*, Boston, 1953) 中提供了大量相关的信息，这本书写作的动机虽是揭露和曝光，但提供了大量的学术文献。有关最近的发展，可阅读 David Danzig:《激进的权利和原教旨主义少数派的崛起》,《评论》("The Radical Right and the Rise of the Fundamentalist Minority", *Commentary*, Vol. XXXIII, 1962年4月), pp.291-298.

② Leo Lowenthal 和 Norbert Guterman:《欺骗的先知》(*Prophets of Deceit*, New York, 1949), pp. 109-110. 引文来自 Gerald L. K. Smith 和 Charles B. Hudson.

人在 20 世纪 30 年代中期与比利·桑迪有过密切联系，后来也转为右派或法西斯主义的鼓吹者。堪萨斯州的杰拉德·温罗德（Gerald Winrod）是当代最著名的右翼派领袖，他作为一员右翼大将就是从反进化论运动开始的。还有一位大将叫杰拉德·L.K. 史密斯（Gerald L.K.Smith），是一位牧师的儿子，他本人也是"基督门徒会"的牧师。已故的 J. 弗兰克·诺里斯（J.Frank Norris）是南部浸信会的牧师，在得克萨斯州反进化论运动中始终站在第一线，后来成为最富传奇色彩的右派救世主式的人物。卡尔·麦金泰尔（Carl McIntire）是右派反对现代主义运动的组织者，他是一位富有文化修养的原教旨主义者 J. 格雷欣·梅琴（J.Gresham Machen）的门徒。① 近年来，约翰·伯奇协会② 和各种"基督徒护教团体"代表的右翼宗教复兴使得大量的右翼团体比以往任何时期都带有更明显的原教旨主义倾向；这场运动在很大程度上是由这些牧师或前牧师们主导的。极右翼的文献也反映出两者风格上的高度吻合——这表明原教旨主义已经与激进的民族主义合流（杰拉德·L.K. 史密斯将他的文章标题定为《十字架与星条旗》，这简直再恰当不过了）。

原教旨主义在政治上走向极端右倾并不只是一种机会主义。原教旨主义者与其他人一样，希望别人知道他们有着深邃的世界观，将宗教情怀和政治动机结合在一起会给他们带来更大的满足感，他们会将一些貌似不相干的敌对情绪综合在一起并强化彼此，在这方面他们极具天赋。比如，当代原教旨主义者将他们的宗教情感与冷

---

① 有关 Winrod, Smith, Norris 及 McIntire，见 Roy: 同前，全文；Carter: 同前，第 4 章；Miller: 同前，第 11 章；McLoughlin:《比利·桑迪》，pp.290, 310. 有关原教旨主义和 John Birch 社群，见《纽约时代》（The New York Times），1961 年 4 月 23 日和 10 月 29 日；Tris Coffin:《野蛮人归来》（"The Yahoo Returns"），《新领导者》（New Leader），1961 年 4 月 17 日。

② 译注：是美国麦卡锡时期一个保守的反共团体。

战结合在一起，20世纪的原教旨主义者则与第一次世界大战和反德情绪联系在一起。在反对现代化的浪潮中最经常引用的一项指控就是德国人发起的针对《圣经》的批判性研究就是从德国学者那里获得了最大的推动力，因而他们把德国在战争期间所表现出来的残暴行径与德国人对《圣经》的评头论足而导致的道德败坏联系在一起。这一点在很多场合中都有提及，其中比利·桑迪讲得最为简单直白："1895年，德皇在波茨坦宫召集政治家们为他统治世界勾画蓝图，有人告诉他这个计划与马丁·路德宣扬的宗教思想有出入，德国人民是绝不会支持和赞同的。于是德国皇帝喊道，'那我们就改变德国的宗教吧'，于是就有了《圣经》批判性研究。"①

这个世界确实存在着偏见，对政治迫害和种族偏见的研究表明：狂热而严格的宗教信仰与政治及种族间的仇恨具有密切的相关性。②正是这种心态造就了"绝对派"，现代的右翼和原教旨主义的高度相似性也是由此决定的。实际上，冷战时期的状况和因持续不断地反对共产主义而挑起的敌对情绪又一次激活了原教旨主义的灵魂。就像世界上任何其他事物一样，原教旨主义自身也已经大大地世俗化了，但这一世俗化的过程却产生了一种伪政治心态，对照宗教复兴运动时期的传教士和布道集会的历史背景可以更好地理解这种思维方式。原教旨主义在维护道德和审查制度、反对进化论与反堕胎

---

① McLoughlin:《比利·桑迪》, p.281.

② 关于普遍的偏见，就我所知最有意思的是E.L.Hartley的作品，他要求大学生按照不能接受的程度将不同的国家和种族进行排名。而在他列出的名单中有三个虚构出来的种族，丹尼力人、派尔尼人及沃伦尼尔人。结果发现真实的种族偏见与对虚构种群的偏见存在很大的相关性，参见 E.L.Hartley：《偏见的问题》(*Problems in Prejudice*, New York, 1946)。关于正统宗教和不宽容形式之间的关系，见 Samuel A. Stouffer:《共产主义、顺从性和公民自由》(*Communism, Conformity, and Civil Liberties*, New York, 1955), pp.140-155；以及 T. A. Adorno 等人著：《权威的人格》(*The Authoritarian Personality*, New York, 1950), 第6章和第18章。

的抗争中有着痛苦的失败经历，他们发现自己正逐渐被一个新的世界所淹没，强大而富有影响力的大众传播媒介挑衅着他们的宗教情感，或干脆忽视它。在这个现代复杂的经验社会里，原教旨主义已经被排挤到一旁，成为被别人取笑的对象，甚至我们这个时代大部分的宗教复兴都是温和与谦逊有礼的，这种方式绝不会令那些老式的原教旨主义者感到满意。然而，在政治领域，此时世俗化的原教旨主义发现了一股新的力量和一种新的宣泄对象。二战后的政治气氛让原教旨主义在其他的"绝对派"中找到了强有力的同盟军：富人，有些有钱人还遵守着原教旨主义的教养，痛恨收入税，强烈反对新政所倡导的社会改革；孤立派团体和军国主义者；天主教原教旨主义者，他们第一次准备与曾经迫害过他们的人联合起来反对"无神论的共产主义"；南方极端保守分子，最近因种族隔离政策的废除而受到刺激。

我们这个时代的政治智慧对右翼的表现之所以如此不了解和难以置信，原因之一就是并没有完全把隐含在右翼思想背后的本质看作一种宗教情感。假如是控制某种公共力量而不仅仅是玩弄一套用来达到自己特殊目的的操作手段，政治智慧必有其处理现实生活和制定策略的方式。它能够接受矛盾和冲突是一种长期存在的现实，理解人类社会是一种基于不断协调过程的平衡。它努力避免最后的交锋，认为某一党派全盘皆赢的理想状态是遥不可及的妄想，它也明白业已熟悉的平衡状态其实是另一种形式的威胁。它对于细微的差别比较敏感，能够从不同的层次来看待事物。这个世界本来就是相对的，充满疑虑的，但同时又是周全而仁慈的。

原教旨主义者的想法却跟所有这些毫不相干：骨子里他们就是摩尼教派；在他们的眼中，这个世界就是一场非黑即白的斗争，因而他藐视折中妥协的行为（谁会跟撒旦妥协呢？），绝不容忍模棱两可的立场和态度。他们意识不到那些他们以为的细微差异的重要性所在：支持自由主义就意味着支持所有具有现实目的的社会主义，社会主义不过就是共产主义的另一种表达，而每个人都知道这就是无神论。而当独树一帜的政治学开始研究政治世界，试着去评估在各种相互对抗势力的制衡下，实际上能在多大程度上实现已确立的社会目标，世俗化的原教旨主义秉持一种绝对正确的理念，将政治看作必须实现这种正确性的场域。比如说，他不会将冷战看作世俗政治带来的问题，也就是说，两种权力为了生存被迫彼此适应而产生的冲突，而只会看作信仰间的矛盾。它不在意现实世界的权力，像苏联拥有原子弹，而只关心与共产主义，更准确地说，是与美国的共产主义做思想上的斗争。他们认为的真实不在于你是什么或者存在这一事实本身，而在与各种思想的交锋中，谁代表的是他们的对手。原教旨主义者没有丝毫的现实意识，因为他们从不面对活生生的现实生活。

现实世界的事务于是变成了思想灵魂的终结之地，任何与日常生活相关的现实都带有特定的终极寓意，而不只是某个普通人进行日常判定的经验依据。因此，当一名右翼领袖指控艾森豪威尔将军是一名立场坚定的国际共产主义阴谋家时，也许就是被政治领域的这种世俗标准所激怒了。不过，更准确地说，这位原教旨主义者已经超脱这个现实世界。他努力想要评判的不是常人所理解的艾森豪威尔的政治行为，而像是对待一个堕落的天使那样。按照绝对道德和精神价值来标注他的位置，与平凡无奇的政治相比，这些标准对原教旨主义者来说是不可逾越的更大现实。这样看来，对艾森豪威尔的指控也就不再那么荒诞离奇了，而显得义正词严，就像古罗马有句谚语：因为荒谬，所以可信（Credo quia absurdum est）。

4
关于美国的天主教

在之前的这些章节，我主要探讨的是新教徒的宗教复兴主义和美国反智主义之间的关系，因为美国曾经是一个信奉新教的国家，其典章制度是按照新教教义塑造起来的。然而，要是不提及其中显著的美国天主教色彩则会是研究中的一大缺陷。天主教在美国的反智主义浪潮中发挥了显著而强有力的作用。过去二三十年来美国天主教徒的数量、获得的政治权利以及认可程度都呈显著上升的势头。尽管在19世纪中期它还是少数教派，但如今已经是美国最大的单一教会，面对反天主教浪潮，依然拥有坚实的教众基础。目前，天主教会宣称有接近四分之一的人口接受了天主教，这个数据放在三十年前是不可思议的。

或许有人会期待天主教会为美国的智识发声，让人对历史和世界有不同的感受，对人类的生存状况和教会组织的使命有一种不同的觉察，可实际上天主教所做的跟这些都无关。它已经放弃了要在美国树立一种智识的传统，或自己培养一个既能在天主教徒中发挥权威又能够调和天主教与新教及世俗之间冲突的知识分子阶层。相反，天主教让自己陷入纠结之中，不知道是应该对它不认可的美式生活进行抨击，还是为了成为多数及实现美国化而更多地迎合这种生活。因此，美国天主教成为除巴西与意大利之外，拥有教众最多、最富有，同时也是全美组织最健全的教会，但它并没有建立一种尊重智识的文化。D.W.布罗根（D.W.Brogan）曾经说过："西方社会中没有哪个地方的天主教智识权威比美国还要低，在美国拥有巨大影响力的是财富、数量和组织力。"在过去二十年间，天主教中的中产阶级数量显著提高，形成了天主教众的主体，天主教的领袖也意识到了这个问题;几年前,约翰·崔西·艾利斯(John Tracy Ellis)蒙席就天主教智识匮乏的状况做了一个深入调研,得到了天主教媒体的一致认可。①

在早期美国天主教的发展中存在两个因素与这种冷漠的智识生活态度有关。首要的一点是为了能够应对19世纪的生存环境而产生的一种强烈而偏执的不可知论的心态。天主教当时被视为一个应该从国家体系中驱逐的外国组织,作为一股异国势力的代表,天主教会被迫要努力实现美国化。以天主教身份为傲的教徒只要可能就会采取了一种自以为是的对抗态度来应对美国的宗教环境,教会的领袖似乎也认为教会所需要的不是学术研究,而是强有力的辩白。②于是,天主教会采取了一种对抗的立场,这是不恰当的一种反应。到今天,虽然反对天主教的偏见已经大大减弱,但其教会成员依然持有艾利斯蒙席所形容的"自闭心态"。第二个起决定作用的因素是长期以来美国教会为了吸收大量涌入的移民突击建造了大量学术机构,并为他们提供基本宗教活动设施,几乎耗尽了钱财,从1820年到1920年间的移民数量已达上千万。这种紧迫的生存需求

---

① 这些段落在很大程度上要归功于 Ellis 修士的文章《美国天主教徒和知识分子的生活》("American Catholics and the Intellectual Life"),《思想》(Thought),Vol. XXX(1955年秋季),pp.351-388. 未另行说明的信息和引文均摘自本文。有关天主教作家对相关问题的讨论,参阅 Thomas F. O'Dea 的《美国天主教的困境:对知识分子生活的探究》(American Catholic Dilemma:An Inquiry Into Intellectual Life,New York,1958);以及耶稣会神父 Walter J. Ong:《美国天主教的开拓者》(Frontiers in American Catholicism,New York,1957);以及非天主教作家中,Robert D. Cross:《美国的自由主义天主教》(Liberal Catholicism in America,Cambridge,Massachusetts,1958),其中大量篇幅研究了天主教会内部因适应美国而产生的一些紧张关系。
② 正如神父 Ong(同上,p.38)指出的,美国天主教徒几乎不可能理解,在20世纪,没有护教学这类课程的情况下,这种(有教养的法国天主教式)热情是如何培养出来的。当美国天主教徒发现法国人的忏悔是想要用天主教的方式去训练一种新的审视现代问题的思维方式时,他们就迷失了方向。

占用了天主教会的大量精力，而没剩多少用来发展儒雅文化了，虽然天主教教徒中还是有一些人关心天主教文化。

更重要的是，天主教是移民的信仰。①对美国天主教而言，只有欧洲才有真正的教会组织，他们也很乐意将这种讲究智识文化的生活留在有着更多礼仪教化的欧洲，同时，他们还对像贝洛克（Belloc）和切斯特顿（Chesterton）这样的天主教作家抱有一种过度狂热的崇拜之情。非英语国家的移民在传教士的领导面前表现得非常顺从，在美国社会中也是如此。虽然天主教会的分析人士对文化缺失问题没有给予应有的重视，但爱尔兰人在其他移民群体融入美国时所起的催化剂作用至关重要。爱尔兰人利用懂英语和早期移民者的优势，在政治体制和教会组织中构建了一个关系网，大部分新来的天主教移民通过它融入美国生活。爱尔兰人对美国天主教会的影响力也比其他移民要大得多。结果导致，美国天主教没怎么吸收德国天主教浓厚的学术传统以及法国教会的理智主义，而更多地受到了爱尔兰严苛的清教教义和牧师们简单粗暴风格的影响。

来自其他地区信奉天主教的工人阶层因为语言和阶级的阻隔，难以进入信奉新教的盎格鲁—撒克逊文化主流之中，没有社会地位，又不能培养出自己的智识领袖。重要的是，美国天主教会中的很多智识领袖并非典型的天主教会信徒，而是来自盎格鲁—撒克逊民族，

---

① 教会的移民特征引起了一个对所有的移民信仰，尤其是所有向上流动的美国群体——新教、天主教移民或土著来说都存在的问题，那就是教育过程并没有成为一个加强彼此关系的纽带，反而在彼此间造成了额外的障碍，并大大地增加了父母辈的痛苦。在一个稳定的社会阶级，上同一所学校通常可以为父母和孩子带来一致的经验。但在这个国家，有数以百万计高中孩子的父母几乎是文盲，还有几百万大学生的父母只受过中等教育，教育过程对父母来说就像一个潜在的威胁，这就让人们迫切要给教育质量和范围设定一个上限。父母往往希望给孩子提供大学教育所具有的社会和职业优势，但同时不想给他们灌输一些跟养育他们的家庭环境不相干的文化抱负。

后来改信天主教的,比如奥瑞斯特斯·布朗森(Orestes Brownson)与以撒·赫克神父(Issac Hecker)。时任大主教库辛(Archbishop Cushing)在1947年曾简要地概括出了美国天主教高级神职人员的社会地位和文化程度,"美国天主教高层中,我还不知道有哪个大主教、主教或红衣主教的父亲或母亲上过大学。我们所有的主教都是工人阶级的后代。"这些出身于文化程度不高的家庭的神职人员虽然也受过教育,但主要是职业教育。斯伯丁大主教(Bishop Spalding)在巴尔的摩召开的第三届全体教众大会指出:"无论是在美国,还是其他地方,教会的神学院都不是教授智识的学校,认为它能培养出智性文化只能是一个美丽的误解。"因此,即使这个最为古老的基督教派也深受美国环境的影响,这更尖锐地指出了美国存在的问题:文化上一切从零开始。因此,美国天主教的独特性就是缺乏学术性,当美国天主教领导阶层在1889年创办天主教大学时,希望能够改善这一状况,最初八位教授中有六位是从欧洲聘请过来的,剩下两个美国人是在教会以外的学校受的教育,而后皈依天主教的。

很长时间以来,与其他教派相比,天主教内能够为学术机构提供充足资助的有钱人越来越少。而今天涌现出来的那些天主教新贵们还未能扭转这一局面。艾利斯蒙席给出了具体的数据,美国天主教大学自创建以来的66年间,只收到了10笔超过10万美金的捐赠,其中只有一笔的数额接近建造一所私立大学所需。随着大部分教徒社会地位的提升,就像新教徒一样,越来越多天主教徒让孩子接受大学教育。但是,无论天主教的教师还是像罗伯特·M.哈钦斯这样的亲天主教人士都非常失望地看到天主教学校也主要是在进行职业培训,重视技能教育,反对智识,这种情况在整个美国的高等教育中非常普遍。无论是在科学还是人文领域,天主教的大学及学院依然不可思议地保持着极低的智识水平。1952年,罗伯特·H.纳普(Robert

H. Knapp）和同事调查了美国科学家的大学出身情况，发现"在所有机构中，出自天主教会学校的最少，天主教会学校是科学家出产率最低的"。而他们在人文学科方面的表现则更加糟糕，"天主教机构在各个学科领域都表现不佳，而科学算是他们表现最好的领域。"①

有人或许会认为，美国天主教知识分子的处境定会异常艰难。在新教和世俗的知识团体中，他们是天主教教徒；而跟天主教徒在一起时，他们又是知识分子。比起美国一般的大众，天主教徒会更加质疑知识分子的角色。通常天主教学者和作家要是能够得到同教友认可的话，往往也是滞后的。②

当然，所有这些与其说反映了美国天主教的反智倾向，不如说天主教没有文化，缺乏智识。不过，这更加明确了一件重要的事情，即：很多天主教徒和新教原教旨主义者一样反对我之前所提到过的现代性，在"绝对派"的形成中，他们甚至还发挥了更加重要的作用。由于知识分子的数量和影响力都在增长，但在天主教社团内还没有得到足够的权威以制止反现代主义浪潮中最倒行逆施的地方，包括对理性的怀疑和对知识分子的敌意。当今时代神职人员的绝大部分精力都在对付审查制度、离婚、节育，以及一次又一次地将教会卷入世俗生活与新教精神冲突的其他事务；其中有些人会参与极端保守的政治运动，这样又成为知识分子群体的死对头。天主教知识分子总体上是反对这种极端而又（从信仰的视角来看）没

---

① Robert H.Knapp 和 H.B. Goodrich:《美国科学家的起源》(*Origins of American Scientists*, Chicago, 1952), p.24; Robert H. Knapp 与 Joseph J. Greenbaum:《青年一代的美国学者：他们的大学出身》(*The Younger American Scholar: His Collegiate Origins*, Chicago, 1953), p.99.

② Harry Sylvester 在《大西洋月刊》上的文章《天主教作家的问题》("Problems of the Catholic Writer", *Atlantic Monthly*, Vol. CLXXXI, 1948 年 1 月, pp. 109-113) 就这一话题的探讨非常有启发。

有来头的敌对情绪的,但他们也无力阻挠。①

当今最奇特的现象恐怕要算是新教与天主教原教旨主义的联合,或至少算是一种合作,他们都主张清教教义,对待其想象出来的政治事务都表现出不理智的冲动,他们团结起来共同反对共产主义的无神论。很多天主教徒似乎克服了内心的不情愿,与曾经迫害过其先人的新教偏执狂们联手。具有讽刺意味的是,以往从未达成的基督教内的团结竟然因一种共同的仇恨情绪而实现。在麦卡锡时代,这位来自威斯康星州的参议员得到了右翼新教徒和天主教徒的广泛支持,很多天主教徒竟然相信麦卡锡的政策是受到天主教义的指引,而不是出于个人的偏好。即使天主教知识分子的喉舌,像《公共福利》(*Commonweal*)这样的杂志以及基督耶稣会的《美利坚》(*America*)都强烈地谴责他也无济于事。不久后,约翰·伯奇协会这样带有浓厚的新教原教旨主义色彩的社团也吸引了很多的天主教徒,以致引起了至少一位天主教高层人士的警惕,向他们发出了警告。对天主教徒来说,当前全国范围内掀起这场盲目的反共浪潮竟然给他们带来一种危险的满足感。在经历了长达一个世纪的迫害后,他们发现自己的美国身份终于不再遭受质疑,还能够与之前的迫害者们携手共同对抗一个新的、国际的、阴险的、非美国的敌人,只是这次勾结的国外势力不是罗马,而是莫斯科,这让他们有了一种身为天主教徒的荣耀感。这一追求本身就令人兴奋不已,即使国内的共产主义威胁只是一个幻影也无关痛痒。要是有人不合时宜加以阻挠,这些天主教徒不会对任何人有丝毫感激之情,哪怕教会内的一些冷静思考者。因为此刻他们仿佛又回到了过去,正在一路追杀着克伦威尔的门徒。

---

① 证明天主教神职人员和外行人一样,都非常敌视思想和批评自由,甚至与教义主题相关性不大的主题也是如此,参见 Gerhardt Lenski:《宗教因素》(*The Religious Factor*, New York, 1960),详见 p.278.

第三部分
民主政治

第六章　士绅的没落

1

当美国成为一个独立的国家时，智识和权力间的关系并没有成为一个问题。建国元勋们本身就是知识分子。尽管国家是朝向民主政体发展，但民主事务的控制权主要仰仗贵族精英：在这些社会精英群体中，知识分子自由流动，并且拥有令人羡慕的权威。在那个还未实现专业化，讲究全能的年代，专家群体还未成气候，但作为统治阶级的士绅型知识分子统领着社会的方方面面——法律界、专业领域、商业和政治领域。开国元勋们既是贤者，又是科学家、知识渊博之人，很多人都受过古典教育，他们广泛涉猎历史、政治和法律方面的书籍，用以解决当时一些迫切的社会问题。在美国历史上再也没有出现过这样一个时代，在政治家中有这么多学识渊博的人，像约翰·亚当斯、约翰·狄金森、杰明·富兰克林、亚历山大·汉密尔顿、托马斯·杰斐逊、詹姆斯·麦迪逊、乔治·梅森、詹姆斯·威尔逊以及乔治·威思。人们或许会期待，像这样一些人，这个国家的一部分都由他们所建造，这样的政治成就足以永久而有力地证明：有学问的知识分子作为政治领导者并非无用而不切实际的。

美国是一个由知识分子建造起来的国家，这一事实充满了讽刺意味。因为在美国政治史的大部分时段,知识分子都是充当局外人、仆从的角色。杜马斯·马龙把美国完成独立革命、制定宪法的这个时期称为"伟大年代",在美国人民心中,这是一段非常值得珍视的荣耀历史,仅次于林肯时代。我们或许会疑惑,一个以这样的方式开创起来并以此为荣的民族为何在政治领域会如此迅速地失去对理性的重视。为什么在大部分建国元勋们都还健在的时候,智识声望就已经成为政治上的劣势?

当然,贵族精英日益被大众民主所取代,但智识在政治领域的式微并不能完全归咎于民主运动。在党派分歧变得尖锐后不久,精英阶层的成员间就有了罅隙,并开始失去对政治规则的尊重。这些品格高尚、胆识超群的人在1787—1788年间领导了美国独立革命,并以超凡的洞见和卓识创建了一个新的国家,可到1796年时却因利益不同而不可挽回地走向分裂,并令人悲哀地因法国大革命所激发出来的喧嚣和剧烈分歧而各行其是。[①] 撰写了《独立宣言》和制定宪法的这一代人也写下了《客籍和煽动叛乱法案》。这些卓越的领导者们不再齐心协力,也失去以往的风范。共同的贵族阶层身份、革命和建国的经历以及理念和学识相通都没能让他们在玩弄政治时多些良知和常识。与法国间谍勾结,妄图颠覆基督教或恢复君主制,将国家重新并入英联邦,政治上的争议与这些夸大其词的阴谋论搅成一团,他们堕落成了散布谣言之徒。建国元勋们还未理解政党政治的运作以及忠诚的反对派的功能,就盲从于他们的政治热情而投入一场口诛笔伐的斗争。

连华盛顿都未能免于毁谤与中伤;不过,"反智"运动中首当

[①] 见 Marshall Smelser:《联邦党人时期,一个情绪化的时代》("The Federalist Period as an Age of Passion"),《美国季刊》(*American Quarterly*),Vol. X(1958年冬),pp.391–419.

其冲的受害者是托马斯·杰斐逊，他的攻击者是联邦党领袖与新英格兰建制牧师集团的成员。他们对杰斐逊的攻击非常具有代表性，因为对手将他们认为可以用来贬低他名誉的特质都罗列出来，为随后美国政治上的反智分子们树立了一个范例。1796 年，当杰斐逊有望接替华盛顿时，南卡罗来纳州的联邦党国会议员威廉·劳顿·史密斯（William Loughton Smith）专门出版了一本匿名小册子对杰斐逊进行攻击，认为他完全不具备做总统的资格。史密斯极力表明杰斐逊式的领导是如何摇摆不定甚至是危险的。杰斐逊是一个哲学家，史密斯指出哲学家总是惯于将政治教条化——看看洛克为卡罗来纳州制定的那个不切实际的宪法、孔多塞"政治上的白痴行为"以及里顿豪斯（Rittenhouse）想要给费城的民主社团冠自己的名字就知道了！①

当哲学家成为政治家的时候，他的特征是胆小、异想天开，喜欢进行理论演绎，而不是从实际出发，习惯依据某种抽象的理论来进行衡量和决策，这个抽象的理论是在他的头脑中形成的，并不是建立在事物和环境本身的基础上；在执行政策时死板僵化，在需要立即做出决策、迅速采取行动的紧急时刻却犹豫不决、优柔寡断。

---

① William Loughton Smith:《托马斯·杰斐逊对任职考察的自负》(*The Pretensions of Thomas Jefferson to the Presidency Examined*, n.p., 1796)，第一部分，pp.14-15. 这不是想说他反对真正的学问和智慧，而仅是反对低级和堕落的智慧。Smith 认为 Jefferson 不是一个真正的哲学家，而是一个伪哲学家。他具备一个哲学家粗浅的特征，也就是说，在政治上追求稳定，本质上缺乏判断、多变、空想、狂热、投机，同时还有很多其他缺点。同上，p.16. 那些还记得 Adlai Stevenson 竞选活动的人会发现以上这些话语非常熟悉。

所以政治需要的不是智识而是个性，杰斐逊缺的就是这个。这本小册子的作者强调，哲学家过于在乎名声，喜欢被恭维，而杰斐逊自身的能力"一直更适合在文学领域博得声誉，而不是用于治理国家。"华盛顿则是一个无可挑剔的人："幸好伟大的华盛顿不是哲学家，假如他是的话，我们就无缘看到他在军事上所立下的显赫功勋了；也不可能在他的英明领导下繁荣发展。"史密斯杜撰出来一个借口，成了在政治事务上开展智识批判的标准——把思维活跃的人描绘成在处理重大事务时异常琐碎和可笑。他嘲笑杰斐逊制作蝴蝶昆虫标本以及设计转向靠椅的技能，并建议杰斐逊的朋友乃至整个国家都不要把这个冷静的哲学家从这些"有用"的追求中拽出来投入政治的火坑中。十年后，在反对约翰·昆西·亚当斯时，史密斯几乎用的是同样的话语，杰斐逊的能力"或许适合当一名大学教授，但要成为一名总统应该具有西点军校的军官那样的品质"。[1]

史密斯的攻击中还有一些其他的成见，预示了后来政治读物的一个基本论调。其中暗含一种观念，即军事才能是测试政治领导能力的试金石。它认为城市中的大部分市民都具备军事上的优秀品质；即使在今天的政治领域，一个知识分子要是拥有在军队中服役的记录，便能在一定程度上弥补作为知识分子的不足之处。

在1800年的总统竞选中，所有的顾忌都被捅破。对杰斐逊的反对掷地有声，当然，杰斐逊是一位有思想、有学识的人，但针对他的思想和个性展开的全面攻击主要是去表现他是一位没有信仰和道德的危险政客。正如一名批评者指出，"没良知、没信仰、没有仁慈之心。"他还豢养了一位女奴并生育了混血后代；在美国大革命时期他还是一个胆小鬼；他还引发了法国大革命；他毁谤华盛顿，

---

[1] 同上，p.4, 6, 16；第二部分，p39。

野心勃勃地想要成为一名独裁者,是下一个路易·波拿巴;他是一个爱幻想的梦想家,不切实际的教条主义者;更糟的是,还是名法国教条的信奉者。①

在反对杰斐逊的同时,他们还试图为理性思维树立一个邪恶危险的形象。学识和思考让杰斐逊成了一位无神论者,让他就地球的年龄问题和神学家们争论不休,让他反对学生在学校里读《圣经》。一位深居简出的哲学家有这样的行为并不存在什么危害性,但要是让有着这样思想的人去担任总统,就会对宗教和整个社会都产生危害。②让他不能胜任现实性职务的正是他抽象的思维能力和文学上的兴趣爱好。他总是倾向于将政府理论化:"所有从经验中得到的观念都应加以驳斥。"③一个撰写联邦党宣传册的人说道:"我承认他禀赋超群、学识渊博、文风优雅",但他继续说道:④

> 他在法国待了近七年,直到法国大革命取得一定的进展才回到美国。正是在法国的这段时期,他的理论素养,对宗教、道德和政府的怀疑态度获得了足够的支持和能量……众所周知,杰斐逊先生是政治方面的理论家,在哲学和道德方面也是如此。在现代法语的词汇中,他可以称得上是一位哲人(philosophe)。

---

① Charles O. Lerche, Jr 把对杰斐逊最为恶劣的攻击做了一个总结,参见:《杰斐逊和 1800 年大选:一个政治粉饰的个案研究》("Jefferson and the Election of 1800: A Case Study of the Political Smear"),《威廉和玛丽季刊》(*William and Mary Quarterly*),第三辑, Vol. V(1948 年 10 月), pp. 467–491.
② William Linn:《总统选举中的危险因素》(*Serious Considerations on the Election of a President*, New York, 1800)。
③ 《康涅狄格州报》(Connecticut Courant),1800 年 7 月 12 日,摘自 Lerche: 同上, p.475.
④ 南卡罗来纳州的美国总统和副总统竞演会上一位联邦共和党人的演讲, pp. 9, 10, 15.

同时代的一些杰出人物也同意此观念。费希尔·阿姆斯（Fisher Ames）认为杰斐逊"就像大多数天才人物一样……无穷的创作热情被体系消耗殆尽，不能像平常人那样基于低层次但确凿的事实行事"[①]。联邦党作家约瑟夫·丹尼（Joseph Dennie）则将他看作来自"危险的、乌托邦式的、崇尚自然论"的法国哲学学院的一位单纯小学生。"这个人是一位天才"，丹尼不得不承认这点，[②]

> 但是他们属于危险而不切实际的那种天才。他博览群书，文笔流畅，他是文曲星转世，但应该去做一个隐士。一方陋室乃是他的容身之处。或许他只适合去检查不名怪兽的牙齿，或者研究非洲人的分泌物，抑或编写班纳克的年历……但一旦让他待在政府的职位上，他那抽象的思维能力就变得不合时宜，形而上学式的政治不仅一无所用而且还带有危险性。除此之外，他的思想深受巴黎的浸染，带有一股浓厚的法国大蒜味，这会使美国深受其害。美国人宁愿在广袤的土地上"长出蓟草、蛤贝而不是麦谷"，也不愿让一个哲学家来执掌国家大印。杰斐逊对伏尔泰、爱尔维修著作的拜服会诱使他亲近法国。

卡罗尔顿的查尔斯·卡罗尔（Charles Carroll）认为杰斐逊是一个"过度理想化而不切实际的政治人物，不能为这个广博而欣欣向荣

[①] Seth Ames 编：*The Life and Works of Fisher Ames*, Boston, 1854, Vol. II, p.134.
[②] 《编外传教士》（*The Lay Preacher*, New York, 1943）, Milton Ellis 编, p.174；该文章最早出现在 *Port Folio*, Vol. I（1801）。

的新联邦的事务提供谨慎的指导"。① 这句话的意思非常明确：这个年轻的联邦共和国必须学会让知识分子精英远离事务性工作。

建制派牧师团体之所以对杰斐逊发起这种煽动性攻击是因为杰斐逊与他们所憎恶的人建立了统一的联盟。尽管杰斐逊是一名自然神论者，掌握了很多世俗性知识，但他依然在福音派、虔信派，尤其是浸信会内拥有很多的支持者。他们不仅被杰斐逊的民主理念所折服，而且作为宗教异类，他们还被他包容性的主张所打动。与建制派教会强加在他们身上的那些罪名相比，针对杰斐逊的不忠指控对他们来说根本就不是个事。基于与正统天主教之间共同的敌对关系，杰斐逊和其他世俗派知识分子与虔信会的一些教徒结成了政治上的联盟。这两派都呼吁要树立教会之外的权威：俗世生活中的自由派支持理性批判，虔诚派则秉持直觉宗。这时，面对他们共同的对手——正统天主教会的高压，自由派和虔信派选择忽略彼此教规的差异，他们一个反对所有的教义，而另一个反对所有教派体系，他们将这一分歧暂且搁置一旁。②

为了离间这个联盟，保守的牧师群体极力表明杰斐逊是整个基督教的威胁——很多教徒苦于教派立场的纷争，不加质疑并发自内心地相信这一指控。虔信派和自由派知识分子之间的联盟最终被瓦解了。普通人和知识分子之间拉开了一道鸿沟，迄今难以弥补。但在杰斐逊竞选总统期间，自由派知识分子和福音派民主势力之间的

---

① 给 Alexander Hamilton 的一封信，出自 J. C. Hamilton 编：《亚历山大·汉密尔顿著作集》(*The Works of Alexander Hamilton*, New York, 1850–1851), Vol. VI, pp. 434–435.Hamilton 本人也清楚 Jefferson 根本就不是一个教条主义者，而是一个机会主义政客。

② 有关这个联盟的性质及其最终解散的结局，参阅 Sidney E. Mead 精辟的文章《革命年代的美国新教》("American Protestantism during the Revolutionary Epoch")，《教会史》(*Church History*, Vol. XII, 1953 年 10 月), pp.279–297.

联盟进展还算顺利。然而，当关系最终破裂，汹涌的大众民主势力从开明的贵族阶层的控制中释放出来时，福音派内激起的反对智识的力量比保守牧师反对杰斐逊有过之而无不及。

2

对杰斐逊的恶意攻击以及《客籍和煽动叛乱法案》显示了很多富人阶层和受过教育的联邦党人对于宽容与自由价值的背叛。不幸的是，随后杰斐逊和杰克逊领导下的民主党派也未能追随并支持这些价值观。民主党自身慢慢演变成了某种复古主义、反智的民粹主义的工具，与专家、能手、学者与士绅作对。

美国人并不信任初衷为政治专业化，后来又发展成专家政治的这种趋势，其平均主义的倾向就与此有关。流行作家对自由人的政治能力感到自豪，质疑知识精英和富人阶层在政府拥有绝对的统治权。而且，他们的质疑并不止于此，很多人进一步发展成对所有知识形式的敌意。在很多流行的政治思想中都能看到反智主义的潮流。在美国独立革命时代，一些流行作家提出要将对富人和贵族权力的限制扩及他们的盟友——知识阶层。1788 年，一位马萨诸塞州的乡村选民代表在对宪法的生效进行表决时，解释了他对宪法的反对态度：[①]

> 这些律师、学者和有钱人花言巧语，能说会道，老让我们这些乡巴佬们吃药上当，他们妄想独占国会，期待成为宪法的操作者，将一切权力和金钱都收入囊中。主席先生，他们会像利维坦一样，将我们这些小人物一口吞下，就像鲸鱼吞噬约拿。

---

① Jonathan Elliot:《论争》(*Debates*, Philadelphia, 1863), Vol. II, p.102.

这正是我所担心的。

我们很幸运地从马萨诸塞州北比勒利卡一位普通的新英格兰农场主那里得到一本威廉·曼宁写的政论宣传册,里面介绍了一个精明而强硬的美国民主人士对政治哲学的看法。这篇浸透杰斐逊灵魂的《自由之轮》写于1798年,当时党争正烈。值得一提的是曼宁(他自称不是一个有文化的人,因为他从未上过超过六个月的学)将知识列为政治斗争中的一股核心力量。他在手稿中公开宣称:知识和学问对维护自由是必要的,除非我们拥有更多的智识,否则我们就无法长久维持这种自由。① 但对曼宁来说,只有作为阶级斗争的武器时,他才会对智识感兴趣。

曼宁哲学的核心就是极度怀疑有学问者和有产者。曼宁发现他们所受的教育、拥有的自由时间和他们所从事的商人、律师、医生、职员、教士及政府官员这样的职业特性使他们为了达到自己的目的而采取一致行动,而劳动者阶层则做不到这点。他认为,这些阶层普遍存在着对自由政府的排斥:自由政府会损害他们的利益,因此他们会不断地去破坏它。

> 为此,他们会不惜一切代价,但首先会通过结盟、集会和彼此的互动将各自的计划和方案整合起来。商人有自己的商会,医生、牧师也是如此,司法与行政官员因为职业聚在一起,他们了解彼此的思想,有文化,家底殷实,不需要辛苦的劳作谋生,有大把的闲暇时间来商讨。这些人因共同的利益而联合在一起,

---

① Samuel Eliot Morison 编:《自由的关键》(*The Key of Libberty*, Billerica, Mass, 1922)。该作品重刊于《威廉和玛丽季刊》, pp. 202–254, 以下段落摘自: pp. 221, 222, 226, 231–232.

这种联盟最为牢固，利用所掌握的知识，他们偷偷地相互合作图谋大多数人的利益。

因此，知识成了追求一己之利的工具，"这些少数人"自然会喜欢为他们阶级服务的组织机构："这些少数人总是大力宣扬昂贵的大学、国家举办学术和文法学校的好处，为了安置这些不需劳动、工作的闲人，巩固他们的地位。他们还总是反对平民和妇女学校，而这些学校的理念是在大多数人中间普及知识。"在大学（曼宁所指的是联邦党的哈佛大学），共和思想遭到批判，年轻人却被灌输一些君权观念。曼宁注意到这些机构中毕业出来的人都"被教导要维护职业的尊严"——曼宁对此表示反对，因为这会让他们抬高自己的工作价值，让大多数人支付不起提供教育和信仰的昂贵服务："因为假如我们要聘请一位牧师或校长，通常就会被告知多少价码，他们不肯降价，行情如此，如果低于这个薪酬，他们就会不满意。"在曼宁看来，校长就应像美国现在的实际情况这样，是居于社会底层且薪酬不高的劳动者。

这就是曼宁教育策略的关键。教育费用应该是低廉的，让普通人都能承担；高等教育应该是为基础教育服务的，为普通学校提供便宜的指导。"教育的普及应该是以物美价廉的方式进行"——只有这样，"我们才能像雇佣其他劳工一样尽快地拥有大量的男女教师，劳动和学习应该结合起来，应减少那些不劳而获的人数。"不得不说，曼宁对马萨诸塞州当时糟糕的公立学校体系的描述还是有一定的道理。但为了满足底层教育体系的利益，他建议牺牲高等教育，把高等教育的职能贬低为制造廉价的从事教育的劳动者。曼宁认为高等的学识本质上没有培养的价值。古典文学和高深的知识远远不如"教孩子们读书写字"必要，只是为了给士绅们的儿子提供一份职业，而让那些有闲阶层有地方可去。而只教孩子们读写并没有必要找一位通晓多种语言的老师，就像农夫并不需要高超的技艺就能把犁耕田。一直以来，教育一直是为少数人服务的工具，曼宁希望尽自己所能让教育能够为大多数人服务。他坚信高等教育的工具和附庸属性，他也不担心自己的教育政策会给高雅文化带来怎样的影响——毕竟它们是有产者阶层享有的特权。

教育被置于少数人和多数人的争论里，这是美国政治生活中高雅文化地位的生动体现。一方面，是生活舒适的有闲阶层并未竭尽全力地去培养；另一方面则是日渐壮大的，追求平均主义的大众关注着社会阶层的差异，并主张通过消除那些特权阶层统治的工具来达到消灭特权阶层的目的。普通百姓想要保护自己的利益，通过教育来提高自己的社会地位是可以理解的，但似乎没有人告诉他该如何去做，同时又不损害智识文化本身。

不可否认的是，在曼宁的主张中确实含有一些粗浅的公平观。联邦党人确实将哈佛大学视为己出；为什么民主党人就不可以用同样的手段占有公立教育的工具呢？假如他们拥有权力，就不会有哈佛大学了。假如一个有文化的阶层除了维护特权什么都不做的话，这个阶层就没有存在的必要。在曼宁写下这篇政论大约半个多世纪之后，霍勒斯·格里利（Horace Greeley）批评美国政府的文职人员确实喜欢和尊重才智与学养，但他发现他们是为了借此获得财富和权贵，既不能增进社会总福祉，又不肯削减自己的独特权益。[①]然而，当平民权利诉求在 19 世纪的美国形成的时候，它包含了免费的基础教育，但也伴随着对高雅文化的深深疑惧，他们认为这是由敌人搞出来的东西。

---

① 1844 年 1 月 23 日，在汉密尔顿大学发表的一次演讲，摘自 Merle Curti：《美国的悖论》（*American Paradox*, New Brunswick, 1956），p. 20; 同上，pp.19-24.

3

美式平民主义思想在审思之下缺少了一些东西。平民主义者主张缩小,甚至消灭美国生活中的阶级差别,减少受教育者以及有产者的权力。假如人民想要自己当家,又希望尽少地受知识分子和有产阶层的统治,那他们能从什么地方获得所需的指导呢?答案是:从内部产生。当平民民主获得了民众的拥护和信任时,它就会进一步强调一个普遍的信念:天然的、直觉的、民间的智慧胜过文人墨客与富人具备的那种养成的、复杂的、自私的知识。就像福音派信徒不能接受一个讲究学术的教派及受过正规训练的牧师,而更倾向于内心的智慧,平民政治观主张摒弃那种需要特别训练的领导技能,而平民百姓天生的、直达真理的、源自实践的直觉力能起到更好地引导作用。民主派中绝大多数都偏好这种平民智慧,这最终汇聚成了一股激烈的反智主义浪潮。

杰斐逊既非反智主义者,也不是固执的平等主义人士,但他也会偶尔分享这篇文章。1787年在给外甥彼得·卡尔(Peter Carl)的一封信中他写道:"如果让一位农夫和教授来评判是非,前者的判断应该会非常准确,甚至要比后者的判断更准确,因为他没有被人为的一些规则带偏。"① 杰斐逊只是简单地表达了18世纪非常普遍

---

① 《写作》(*Writings*),A E. Bergh 编,Vol. VI(Washington,1907),pp.257-258,1787年8月10日。Jefferson 就他侄子的教育问题提出建议,他的主要观点是大部分道德哲学的学习都是浪费时间,他指出,假如道德行为是一种科学而非一种良善的冲动,那么之前那么多没有受过正规教育的人的道德就要比那些少数受过教育的人更低。显然,上帝并非没给人基本的道德意识,恪守道德只需要一点理性和常识就可以。当然,这种观点大家并不陌生。受到 Lord Kames 文章的影响,Jefferson 也倾向于这样的观点。有人或许会好奇,假如道德哲学的研究是无用的,为什么 Jefferson 却阅读这方面的大量书籍。有关这一观点给他思想所带来的困扰,见 Adrienne Koch:《托马斯·杰斐逊的哲学》(*The Philosophy of Thomas Jefferson*,New York,1943),第3章。

的一个观念：上帝给人道德感，但并没有说知识分子就比农夫在这方面更为优越。我们只需把杰斐逊的观点延伸一下，即政治问题本质上就是伦理道德问题，①这就奠定了政治生活中排斥专业知识的基调。因为假如农夫跟教授一样有道德，那他也同样理解政治。于是也可以推论（杰斐逊并不赞同此观点）：他无须向别人学习什么，也不需要有学问的人来领导他。再进一步延伸这个观点，就会得出这样的结论：任何像教授这样人都不会是一个好的领导；政治领导人应该从那些彼此差不多的，没有受过什么教育的人中产生。具有讽刺意味的是，杰斐逊自己就深受这个观念之害。后来这个观点成为杰克逊民主党派的政治纲领之一。

美国第一波真正有广泛影响的反智主义浪潮实际上就是由杰克逊运动掀起的。杰克逊主义怀疑专业知识，不喜欢集权，渴望根除根深蒂固的阶级制度，它主张政府的重要职能部门应该足够简单，不管是谁都会操作，这不仅是否定整个从 18 世纪继承下来的由士绅阶层治理的政府体系，而且还否定了受教育阶层在市民生活中的独特价值。尽管如此，很多知识分子和文人墨客，尤其是年轻的人支持杰克逊主义——其人数确实足以扭转公众对他们的指控，即受教育阶层必然会阻止同情有益于普通阶层的运动。当然，确实有四分之一的文化人士致力于优雅高贵的风格，而且这个圈子是在反对派辉格党控制下；而当约翰·L. 奥沙利文创办《民主评论》时，就得到了来自不同政治派别著名作家的投稿。诚然，新英格兰也有些有头有脸的先验论者漠视或反对这场运动，但是像奥瑞斯特斯·布朗森、威廉·卡伦·布莱恩特、乔治·班克罗夫特、詹姆斯·费尼

---

① Jefferson 之后，过了一个世纪，William Jennings Bryan 明确指出："道德命题乃是最大的一个政治难题。" Paxton Hibben:《举世无双的领袖》(*The Peerless Leader*, New York, 1929)，p.194.

莫尔·库珀、纳撒尼尔·霍詹姆斯·柯尔克·鲍尔丁以及沃尔特·惠特曼等人都程度不一地支持这股新的民主浪潮。[①]

这些人的支持得到了杰克逊派高层的欢迎，有时他们还会骄傲地提及，但总的来说，知识分子阶层并没有获得太多的认可和名望。历史学家乔治·班克罗夫特恐怕是其中最引人注目的一个例外。马萨诸塞州的民主党认为需要一位有文化的知识分子领导，以便应对反对派高层中的大量杰出才智之士，于是班克罗夫特在三十岁时就在党内拥有显赫的地位。他被任命为波士顿港口的关税总监，并成为波尔克总统执政时的海军大臣（范·布伦总统曾任命鲍尔丁担任这一职务），后来还成为驻英大使。借助其影响力，他还为霍桑在波士顿海关总署谋得一差事，让布朗森（班克罗夫特很快就后悔了）担任海军医院的院长。不过，霍桑则是一个反面教材。他总是被大材小用，或者迫于生活所需，在海关总署，他不过就是一个称重量的计量员，这个职务（对他是一个"痛苦的束缚"）算是对他想要以历史学家的身份加入南极考察团失败后的一个补偿。后来，他又想担任塞勒姆的邮政局局长，但只得到了港口测量员的工作。最后，在写完他大学同学及朋友富兰克林·皮尔斯的竞选传记之后，他才被授予驻英领事的职位，却是在利物浦。总而言之，杰克逊式民主运动中知识分子与大众之间达成的和解关系不如后来的进步主义运动和美国新政时期。

1824年和1828年杰克逊和约翰·昆西·亚当斯之间的总统竞选提供了一个进行政治思想比较研究的最佳机会。亚当斯政府表明在19世纪早期的美国，带有知识分子气质的人确实不适合在政治上担任领导角色。亚当斯是由士绅阶层主导的老式政府的最后一任

---

① 有关杰克逊民主思想和知识分子的关系，参见 Arthur Schlesinger, Jr.：《杰克逊时代》（*The Age of Jackson*，Boston，1945），尤其是29章。

总统，他成了旧秩序的象征，也是反智行为中的主要牺牲品。他在巴黎、阿姆斯特丹、莱顿、海牙以及哈佛学习过；他曾是哈佛大学辩论与演说学的系主任；他渴望去写作史诗般的诗歌，就像杰斐逊一样，他对科学的浓厚兴趣众所周知；担任美国艺术与科学学院院长多年；在出任门罗总统的国务卿时，他还完成了一份至今都被奉为经典的有关度量体系的科学报告。亚当斯相信假如新的共和国未能运用权力去发展科学与人文，将无异于"将才智之人埋藏于地底，这也是一种对信仰的背叛"。他希望联邦政府能发挥引导的作用，成为一个全国性推动教育和科学进步的中心，这也是华盛顿、杰斐逊和麦迪逊的期望。但是，当他提议将华盛顿特区发展成一个文化中心时，激起了那些不喜欢中央政府的人对他的反对。

在国会发表的第一次演说中，亚当斯提出了一项针对道路和河道改善的内政计划，此项目有利于发展商业，同时也提出了几项主要受到知识分子拥戴的事项：建造华盛顿国立大学、海军专科学院、国家天文台、国家专利局，沿着路易斯和克拉克探险路线继续进行大西北考察，联邦政府通过一个新的专属部门资助科学研究。

正是亚当斯的这种傲慢的特质惹恼了同样狂妄的民族主义大众，他们是杰克逊主义的簇拥者。亚当斯指出欧洲国家虽然没有美国那么自由，但在科学研究上更有成就；他甚至有点冒失地提出法国、英国和俄国政府的一些政策也能适用于美国。当时跟现在情况一样，像这样智性上的国际主义并不受欢迎。亚当斯在表达了自己对民族主义情怀不屑一顾的态度后，还倡导大力资助科学研究，进一步藐视了大众的民主主义情绪。他甚至用带有煽动性的话语建议国会的领导不应该"什么都不干，就向世界宣告我们只听从选民意愿"。更糟的是，亚当斯还略带挑逗性地将很多由欧洲政府建造的天文台比喻成"天空之塔"，国会议员们对这个词语窃笑不语，亚当斯也一次又一次地因这座"灯塔"受到攻击。他自己的内阁成员也明白总统的方案会掀起轩然大波——比如克莱（Clay）认为设立国立大学的提议"决不可行"，他怀疑亚当斯建议设立一个资助科学研究专属部门的提案在国会得到的支持不会超过五票——最后，亚当斯也只好放弃。他所代表的是一种已经过气的领导风格。汉密尔顿、华盛顿，甚至杰斐逊都对为实现某种全国性计划而采取中央集权的措施感兴趣，并在东部海岸的士绅群体中表达了想要管控美国西部开发的共同愿望。但这个国家发展得太快，她不会接受任何计划和管制。当这些类型的人物在政治生活中过气了时，知识分子的地位也下降了。[1] 亚当斯是19世纪最后一位对科学发展的宏伟目标感兴趣的白宫主人，也是最后一位认为联邦政府有责任发展科学事业的美国总统。

正如亚当斯是旧式总统的代表，杰克逊身上则体现了一种新派风格。在19世纪20年代，美国政治生活中这两个人的对立代表的是对美国的过去和未来的不同选择。因为与欧洲对抗的历史，美国人认为与淳朴自然的美洲相比，腐朽的欧洲更加野蛮；他们害怕美国的文明会朝向人工化的方向发展，让他们与自然疏远。杰克逊的追随者们赞颂他是拥有天然智慧的自然人的代表。作为一位国家领导人，他具备的其他才能中还包括击败了训练有素的凶残野蛮的英军，并能为美国本土活力和风格的保存提供保障。据称，杰克逊幸运地逃脱了损害"热诚与创造力"的正规教育；在"大自然这所学校的熏陶下"，他成为一位富有行动力的人，不受任何"人为因素

---

[1] 想了解亚当斯该项目，可参见 J.R.Richardson 的《历任总统咨文和论文》（*Messages and Papers of the Presidents*, New York, 1897），Vol II, pp.865-883，以及 A. Hunter Dupree 在《联邦政府的科学》（*Science in the Federal Government*, Cambridge, 1957, pp.39-43）中的评论部分；参阅 Samuel Flagg Bemis 的《约翰·昆西·亚当斯与联邦》（*John Quincy Adams and the Union*, New York, 1956），pp.65-70。

的制约";杰斐逊没有受到"学校思辨的训练",因而具有一种未被学院派演绎推理思维所遮蔽的判断力;他有着非凡的直觉力,丰富的经验常识,决断力和鉴别力;出于实用性的目的,这些能力要比所有习得的知识有价值得多。我们不必亦步亦趋地按照三段论思考问题,也不该过度仰仗死板的推理分析,因为我们具备天然的直觉力,它会"像一道闪电划过心间一样,让我们看见出路。"① 乔治·班克罗夫特肯定认为他这个小学校长的工作毫无意义,而对杰克逊的"未经教化的心灵"大加赞赏:②

> 注意,这个大字不识的西部小子,荒野中成长起来的孩童,世外桃源里的农夫,没读过什么书,从未接触过历史科学方法,是经人民推选而进入权力顶层,居于自由共和文明的核心……他会推行什么样的政策?他又将给大家带来怎样的智慧?他的脑海中又能迸发出什么灵感来规范权利与义务?

面对这样的一个英雄,从大自然中汲取智慧的人,有过海外留学经历和精英教育背景的亚当斯看起来就像是一个洋娃娃。1824年,当亚当斯出人意料地赢得了四人选举时,杰克逊其实是一位更受欢迎的候选人;当四年后这位将军再次挑战亚当斯的时候,结果便可想而知了。除了新英格兰,亚当斯输掉了所有选区,在这场竞选中,双方针锋相对,就像大家所描述的:

---

① 引文出自杰克逊派文献,录自 John William Ward : *Andrew Jackson:Symbol for an Age*,New York,1955),p.31,49,52,53,68. Wards 教授对杰克逊式形象的卓越研究让我受益匪浅。

② Ward: 同上,p.73.

能说会道的亚当斯与英勇善战的杰克逊。

杰克逊竞选团队攻击亚当斯的主要方向是他是一位自我陶醉、生活奢侈的贵族阶层。而跟这些密切相关的学识和所受的政治学教育此时非但不能增进他的德行，反而成为额外的缺陷。一个支持杰克逊的团队宣称美国并没有因亚当斯的知识涵养而成为一个更好的国家：①

> 我们承认他有学问，但我们怀疑他的智慧……我们也承认信奉朴素的学说，就像这首伟大的英国诗歌中所表达的那样：
> 智慧没有远离我们，
> 空洞、模糊而捉摸不定。
> 真正的智慧，
> 就在我们面前，
> 在日常生活中显现。
> 我们相信杰克逊将军就具备这样的智慧。

杰克逊的另一位支持者，在谈论两者的履历时说："杰克逊制定法律，而亚当斯却只会引经据典。"②

在与亚当斯的竞争中，杰克逊完胜。假如简单地说这是"行动派"对"智识派"的胜利可能有点夸大其词。因为摆在选民面前的只是贵族与民主之间的选择。

但双方在树立候选人的公众形象时，贵族就和不切实际的智识

---

① 《共和党全国委员会纽约县青年分会演讲录》（Address of the Republican General Committee of Young Men of the City and County of New York, New York, 1828），p. 41.

② Ward: 同上，p. 63.

联系在一起，而民主则与天然的直觉力和行动力挂钩。①

4

尽管杰克逊支持者们有着浓厚的平均主义偏好和反智主义情绪，但并非只有他们才有这两种情绪。不只杰克逊派赞同平均主义，整个国家都是如此。两党的竞争机制保证了深受选民支持和喜爱的政策路线不会长期由一党把持，因为大家彼此会效仿。在1828年，被杰克逊支持者的策略所怔住的反对者们也慢慢会克制对民主党夸夸其谈做派的厌恶而学着去利用它，这只是一个时间的问题。不会或不愿意玩这个游戏的政党领袖很快就会被淘汰出局。

在与从事像修建运河、开办银行、征收过路费和经营制造性企业这些事务性工作的人打交道时政党领袖们长期面临的一个问题就是要设法站在人民这一边，并找到一些既稳妥又能得到大家拥护的议题加以利用，同时又不损害这些人的利益。那些能够跟大众打成一片，并且既能顺利推行政务又能在政治和商业圈中应付自如的人

---

① 双方的选举宣传都缺乏真实性，而且都赤裸裸的；亚当斯从未批评过他的拥护者们对杰克逊夫妇生活的一些恶毒诽谤，而且似乎已经被说服，认为这些都有理有据。1831年，他还在日记中写道："杰克逊与他妻子有通奸行为"。大多数名门望族都无法接受杰克逊担任总统。哈佛大学在1833年毕业典礼上曾授予杰克逊荣誉法学博士学位，然而亚当斯拒绝参会，"我是不会出席的"，他写道："看到我亲爱的哈佛大学把博士学位授予一个几乎拼不出自己名字的野蛮人，这是自取其辱。"Bemis：前引书，p.250；另见亚当斯《回忆录》(Adams's Memoirs, Philadelphia, 1876)，Vol. VII，pp.546–547.哈佛大学昆西校长告诉亚当斯，他很清楚杰克逊是多么"不配获得文化荣誉"，但在门罗得到了一个学位之后，他就必须也给杰克逊一个荣誉，以避免党派偏见。而在典礼现场，杰克逊似乎吸引了充满敌意的观众。剑桥和波士顿的轻信人士普遍相信，杰克逊对这些仪式的反应是站起来用拉丁语说："Caveat emptor: corpus delicti: ex post facto: dies irae: e pluribus unum: usque ad nauseam: Ursa Major: sic semper tyrannis: quid pro quo: requiescat in pace."参见Josiah Quincy的回忆录：《历史人物》(*Figures of the Past*, Boston, 1926), pp. 304–307.

才是非常难得的。① 亨利·克莱（Henry Clay）就是这方面的一个天才，在他身上具备许多公众英雄该有的品质；直到1830年代初，他长期占据着全国民众的视野，人们对他的观点也过于熟知，他还与当时声誉不佳的亚当斯过从甚密，因而派不上大用。而新一代具备一定问题意识的党内大佬中最突出的是瑟洛·韦德，他当时凭借着激进的反共济会的民粹思想崭露头角，是辉格派最重要的人物之一，后来又成为共和党的组织者。但在1828年，这些反杰克逊的人中还没有这样的人物，能够帮他们确立正确的路线，直到大卫·克罗克特（Davy Crockett）从杰克逊阵营中脱离过来。

身为美国边疆居民、猎人、战士和西部垦荒地穷人的代言人，克罗克特成为美国一个重要的传奇人物，他的自传是美国西部式幽默的经典代表。克罗克特丝毫不因自己的贫穷和教育而耻，而是凭借满腔的热情投入到政治事业中。在三十岁左右的时候，他来到位于田纳西沙洲溪（Shoal Greek）的一个小定居地，被任命为该地的保安官，很快又被选为当地民兵团的团长，接着进入州议会。1826年，在有人不经意的提议下，他开始竞选国会议员。他将亲身经历的一些有趣的故事融入自己的竞选纲领中，竟然当选了。现在大家都知道田纳西州有一个国会代表能够"肩扛着一艘汽船在密西西比河里趟涉"，站在国会大堂中发表演讲时，他因单纯率直而无所畏惧，气势碾压所有人。

克罗克特这种骄傲的态度正是淳朴、自然、本真风格的体现。在他1834年出版的自传中，克罗克特很得意地提到了他给田纳西州议会留下的一些法规，当时"他甚至连自己的名字都不会写"。"我

---

① 对此情形的分析参阅 Glyndon G. Van Deusen：《瑟洛·韦德：衣冠楚楚的男巫》（*Thurlow Weed: Wizard of the Lobby*, Boston, 1947），pp.42-44，及 Whitney R. Cross：《燃尽的社区》（*The Burned-Over District*, Ithaca, 1950），pp.114-117.

这辈子都没有读过一页法律文书,我的判断绝非来自僵化的一成不变的法规条文,而是依据最普通的正义观、人与人之间最基本的诚实,以及天生就具备的直觉,指导我的不是习得的法律条文。"① 他笃信仅凭常识就足够,他留下的法规条文便是例证,但他还不满足于此,他还极端鄙视学术圈。他在国会议会上发言时说:②

> 有一些绅士邀请我去剑桥,就是那所著名大学的所在地;那里的人都好授人以头衔或称号,我是不会去那种地方的,因为我不知道在我离开之前他们会不会强加给我一个什么文学博士称号。我可不想改变"美国众议院议员"的称呼,那些头衔是用来称呼那些懒惰的喜欢打瞌睡的笨蛋的,我敢肯定我的选民也会这样理解这些头衔的。我从未接受过也未曾拥有过任何学位,除了"一个头脑清醒的家伙"之外,我不会去追求名不符实的东西……

克罗克特在 1813—1814 年的克里克战争中曾在杰克逊麾下从军,以一名来自田纳西州的杰克逊派成员身份步入国会,代表穷乡僻壤的西部拓荒者,他当年的境遇就跟拓荒者们一样。但不久后他就发现这两个角色之间存在着冲突。有一伙田纳西人在詹姆斯·K.波尔克(James K.Polk)的领导下试着让美国联邦政府将一部分无主的西部土地交给州政府,捐赠给学校。这样,就将教育和贫困阶层之间的利益置于不可避免的冲突中,克罗克特作为拓荒者的代表,

---

① Hamlin Garland 编:《大卫·克罗克特自传》(*The Autobiography of Davy Crockett*, New York, 1923), p.90.
② 同前, p.180. 这里主要调侃的对象是已经收到哈佛大学学位的 Andrew Jackson。Crockett 说道:"这对一个田纳西人来说就足够显赫了。"

自然瞧不上波尔克的土地法案。当初北卡罗来纳大学的建造已经让他的选民失去了家园。克罗克特推断这个使用部分土地在纳什维尔建造大学的提议同样会损害其他人的利益。他指出,他的选民不会因为大学的发展而获得补偿,因为他们中没有人有机会上大学。他说道:"我们只想要普通的乡村学校,或者要一个被大学生们戏称为 ABC 的学校,只要在冬季能够让大些的男孩有地方去,低龄儿童能够终年去上学就可以。要是我们还可以抓几个浣熊做成皮草,搞搞这样那样的副业用于支付老师的费用,就已经觉得很幸运了"。①

克罗克特在国会中强调他并非一位反教育人士,但他指出,他不得不捍卫所代表的选民利益,这些人在自己的土地上辛苦耕耘、挥洒汗水,而州里的立法者们为了给有钱人的孩子建造学校,还要将他们从原本粗鄙简陋的家园驱赶出来。②

> 我重申我绝对反对这个提案,不是因为我反对教育,而是因为教育的获益没有平均分配。这套大学体系的应用在两个社会阶级之间画下了一道清晰的界线——它使得穷人家的孩子和有钱人家的孩子分隔开来。我的选民的孩子从未看过大学里面是啥样子,估计也不太会有这样的机会……假如一个伪善的国家机器就是为了对他们进行剥削,又是土地勘测,又是许可证,又是大学,那这些人还能剩下多少东西?我是绝对不会坐视不

---

① 摘自 Charles Grier Sellers, Jr.:《詹姆斯·K. 波尔克:1795—1843 年间的杰克逊派》(*James K. Polk, Jacksonian:1795-1843*, Princeton, 1957), pp. 123-124. 有关土地法案,同上,pp.122-128;James A. Shack ford:《大卫·克罗克特本人及其传奇》(*David Crockett, the Man and the Legend*, Chapel Hill, 1956), pp.90-99.
② 《二十届国会第二次会议辩论记录》(*Register of Debates*, 20th Congress, 2nd session, pp. 162-163, January 5, 1829)。在质疑基金挪用于学院建设时,克罗克特用的论据有误,因为 Polk 已经试图增加一个条款,规定卖出的土地仅限于建造普通学校。

管的，绝不会拒绝为他们的利益摇旗呐喊，不管以多么卑微的方式。

我们在曼宁的思想中也能看到同样的观点，普通学校为人民服务，而大学是为有钱人服务的。高等教育和普通市民的利益被对立起来看待，这是美国社会的悲哀。但对亚当斯—克莱之辈来说，他们一直处在杰克逊派的强大压力下，所以田纳西州杰克逊派的分裂就像是一份来自上天的礼物。很快，敏锐的对手就意识到在他们的阵营中要是能有一位拓荒派的民主人士，将会大大地牵制杰克逊派。因此，他们设法接近克罗克特，并利用他在田纳西州跟杰克逊的疏离以及长期以来对总统的不满情绪，将他拉拢到自己的阵营中。克罗克特和全国反杰克逊势力的联合是由马修·圣·克莱·克拉克促成的，他是美利坚银行的总裁尼古拉斯·比德尔（Nicholas Biddle）的朋友，这一阵营早在 1829 年就初具雏形，而在 1832 年又得到进一步的巩固。于是，有人为克罗克特撰写国会演讲稿，他那本著名的自传其实也是由专人捉刀的，虽然他们声称是由克罗克特本人口述的。①1835 年，克罗克特发文攻击马丁·范·布伦，这是 1840 年全面掀开的辉格运动的一个先奏。

到 1840 年辉格党内已经彻底导向民粹主义。克罗克特由于视野过于狭隘、性格不稳定而不具备担任总统的资质，所以他跑去了得克萨斯州，在阿拉摩（Alamo）保卫战中被害，随后就被塑造成为一个半人半神的形象；但在 1836 年总统竞选中，有人发现早期与印第安人作战时和杰克逊一样曾是英雄的威廉·亨利·哈里森同样符合大众的口味。至于 1811 年他在蒂珀卡努河（Tippecanoe）上战

---

① 有关 Crockett 与东部保守派和解、他的演讲和自传的著作权问题，最令人满意的评论来自 Shackford: 同前，pp.122–129.

胜特库姆塞军队的伟大胜利实际上是一次惨败也无关紧要。经专业的大众包装，在健忘的大众记忆中，它也能被美化成像杰克逊在新奥尔良战役中所赢得的胜利一样。尽管哈里森居住在俄亥俄河边一栋阔绰的豪宅中，但在1840年，呈现在公众面前的是一位居住在小木屋里，喝着烈酒的平民形象。虽然实际上经济萧条已使反对布伦的形势发生扭转，但为了保证胜利，辉格党还是使用了十二年前杰克逊党徒反对亚当斯时所用的夸大其词与恶意中伤并行的伎俩。宾夕法尼亚州众议员查尔斯·奥格尔（Charles Ogle）四月份在众议院发表了一个题为"关于总统官邸的王室风范"的演讲，直中这次竞选的要义。这篇演讲稿后来被刊印成册，广为散发。就花费区区3600美元修缮白宫和草坪这件事，奥格尔在众议院里进行大肆渲染，把布伦的生活描述得极尽奢华，连人们在1828年时对亚当斯的类似指控都相形见绌。当奥格尔用夸张、华丽的辞藻揭发白宫内竟然安装了一个像罗马皇帝卡拉卡拉曾用过的那样大小的浴缸时，这篇洋洋洒洒的控诉达到了高潮。①

　　1840年辉格党人的一面旗帜上写着"我们忍辱取胜"。这些有教养的，一直过着讲究体面生活的人，曾反对过男性普遍选举权，此时却公开宣传自己是人民的朋友，任凭那些胆大妄为、感性冲动的竞选策略横行。那些在早年理性批判、克制内敛的氛围中成长起来的杰出政治人物或许有敢怒不敢言的情况，不过他们还是能支持一家报纸所说的"克罗克特阵线"。一位保守的、有教养的南方士绅休·斯文顿·勒加雷（Hugh Swinton Legaré）强忍住不悦进行巡回演说，一位叫丹尼尔·韦伯斯特（Daniel Webster）的先生还被人鼓动着说虽然他没能幸运地出生在小木屋里，但"我的哥哥和姐姐

---

① Charles Ogle:《总统府的王者荣耀》(*The Regal Splendor of the President's Palace*, n.p., 1840)，详见 p.28.

出生在那里……我每天都会带着孩子们去那个小木屋,培养他们艰苦朴素的美德,以生活在那样的地方为荣……"但凡那些叫他贵族的人"不仅笨而且呆",要是让韦伯斯特本人撞见,还要揍他一顿。亨利·克莱也曾在私底下说:"要屈从于这些乡巴佬的感受和情绪,而不是遵从内心的理性与判断,这种真真假假的必要性令我非常沮丧",但他还是这样去做了。

在辉格党中有些比较敏感的人不肯为了竞选放下架子,讲这些与民同甘共苦的话,但假如他们还想要留在政界,这份矜持就保持不了多久。其实,作为一股美国政治势力的绅士阶层,这样做无疑是自寻死路。当约翰·昆西·亚当斯在华盛顿看到这一令人沮丧的现象时,发现这次喧嚣的选举"将带来人民习惯和行为的革命性转变"。[1] 这一转变早在十年前就已经开始,而1829年他退出白宫则意味着这一过程已经完成。摩根·迪克斯(Morgan Dix)评论道:"美国历史上第一次如此直接地取悦底层民众,又是故弄玄虚,又是插科打诨,为了博得他们的支持,不惜粗俗低贱。从那以后,这股趋势愈演愈烈,甚至后来连家世显赫,拥有世袭头衔,这些都成了从政的不利因素。"[2]

5

头脑冷静的智识阶层退离政治领域的潮流并未停止,而被奴隶制度和派系斗争所激起的新热潮进一步加快了它的步伐。早在1835年托克维尔就曾评论过众议院成员的这种"粗鄙的行为举止"

---

[1] 要了解这次竞选和引文,参见 Robert G. Gunderson:《木屋竞选》(*The Log-Cabin Campaign*, Lexington, 1957),详见 pp.3, 7, 101–107, 134, 162, 179–186, 201–218.
[2] 《John A. Dix 回忆录》(*Memoirs of John A. Dix*, New York, 1883), Vol.1, p.165.

及模棱两可的态度。要是他能来到1850年代的美国,就会发现这种退化已经非常明显了。美国海军部长约翰·彭德尔顿·肯尼迪(John Pendleton Kennedy)在20世纪50年代给他叔叔的一封信中写道:"您说说看,这个国家已经沦为多么可悲的境地,我们是否还会骄傲地谈及那些占据公共部门的人呢?绅士的概念和评价从大众的头脑中清除得多么彻底啊!我们保留的绅士品质也几乎从政治舞台上消失了。"[1]1850年,弗兰西斯·鲍文(Francis Bowen)在《北美评论》上写道,他发现参众两院都已经"变成了吵吵闹闹、争论不休的俱乐部了"。[2]

> 过激的言论和情绪取代了客观、冷静的讨论;国会大厦议事厅内经常会整出令人难堪的场面,国会山的名声一落千丈,大概是文明世界中最没用、最混乱、最无效的立法机构了。

佐治亚州的众议员罗伯特·图姆斯(Robert Toombs)对此深表赞同。他在一封给朋友的信中写道:"我从未见过素质这么差的国家立法者。大多是成功的批发商、幸运地从事服务行业的人员、没有教区的牧师和四处巡回的演说家,他们不仅没有智慧或知识,而且行为举止粗俗,因此我们更别指望他们能制定出什么有用的法律法规了。"[3]到1853年,大家甚至觉得有必要用法律的手段来禁止国

---

[1] Henry T. Tuckerman:《约翰·肯尼迪的一生》(*Life of John Pendleton Kennedy*, New York,1871), p.187.

[2] 《加利福尼亚及其领土问题的国会决议》("The Action of Congress on the California and Territorial Questions"),《北美评论》(*North American Review*), Vol. LXXI(1850年6月), pp.224–264.

[3] U. B. Phillips 编:《Robert Toombs, Alexander H. Stephens, and Howell Cobb 的通信录》(*The Correspondence of Robert Toombs, Alexander H. Stephens, and Howell Cobb*),《美国历史学会年报,1911》(*American Historical Association Annual Report*, 1911), Vol.II, p.188.

会议员对政府进行敲诈勒索，肆意收受贿赂。① 到了1859年，情况糟糕到了无以复加的程度，国会甚至连一个议长都选不出来。年轻的查尔斯·弗兰西斯·亚当斯（Charles Francis Adams）那年正在华盛顿看望他的参议员父亲，他后来回忆道：②

> 我非常清晰地记得参众两院的情形，但这俩没有一个给我留下好印象。众议院就像一个喧杂吵闹的野生动物园，因为在那个年代，一群粗俗的垦荒者和工头聚集在一起就是如此。派系冲突高涨，无礼恶行触目惊心；威士忌、随地吐痰和弯柄猎刀是他们的标配。当时在国会中，也只能看到这样的"风气"。最后，来自新泽西的又老又穷的潘宁顿被推举出来主持议会，他恐怕是历届参议院里最无能的议长。

在美国成立之初，社会地位高的人还能颇有信心地将一些才华横溢的人纳入本阶层中来。这种程序并非听上去那么不民主，因为那些被拣选的往往并非出身高贵或有钱之人。比如，在1808年，

---

① Leonard D. White:《杰克逊派》(*The Jacksonians*), p.27. 有关国会和行政部门的恶化，见 pp.25–27, 325–332, 343–346, 398–399, 411–420.
② 《自传》(*An Autobiography*, Boston, 1916), pp.43–44. 当然，这段文字写于 Brooks 向 Sumner 发起那场著名的攻击几年后。同年，一名国会议员在华盛顿出于对餐厅服务的不满，开枪射杀了一名服务员。有关1850年代的国会状况，参见 Roy F. Nichols:《美国民主的中断》(*The Disruption of American Democracy*, New York, 1948), pp. 2–3, 68, 188–191, 273–276, 284–287, 331–332. 有关政府权力下降的背景，David Donald 在 Harmsworth 的演讲《过度民主：美国内战和社会进步》("An Excess of Democracy: The American Civil War and the Social Process", Oxford, 1960) 是最有影响力的。有关南方政治领导层的衰落，最好的阐述见 Clement Eaton:《过去南方地区的思想自由》(*Freedom of Thought in the Old South*, Durham, 1940)，以及 Charles S. Sydnor:《1819—1848年南方地方主义的发展》(*The Development of Southern Sectionalism, 1819–1848*, Baton Rough, 1948)，详见第12章。

杰斐逊总统还能给著名的律师兼作家威廉·沃特（William Wirt）写信，沃特不过是一位移民小客栈掌柜的儿子。信的内容如下：①

> 兹信……是推荐您进入国会。那是这个国家一个重要的舞台，也是进入政府部门的一块敲门砖。凭您的名气、才华和政见，只要小心谨慎地从事，您将很快成为众议院中共和党派的领袖；在这个位置上待够一段时间的话，您就可以随心所欲地选择到军队、司法体系、外交部门或其他市政部门工作。您现在是我们国家最优秀的人才，理应获得最体面的职位。

杰斐逊死后没几年，这封信中表达出来的自信满满的理念便不复存在了。在政界谋求发展的手段已经发生改变，政治人物与民众打成一片的能力要比获得同僚或上司的欣赏更为重要。从底层推选出来的人数已经超过了经上层人物选拔上来的。

推选标准的变化与公共服务的状况休戚相关。由士绅把持政府，这是美国政府服务部门的首要规范，它是华盛顿为联邦党人设立的，后来联邦派和杰斐逊派也都延续了这一规范直到1829年。② 按照当代欧洲政府行政管理的标准来看，虽然带有党派倾向，但华盛顿最初用来任命联邦官员的尺度算是高标准。他要求受任者正直，有能

---

① Bergh 编的《写作》（*Writings*，Washington，1904），Vol.XI，pp.423-424；斜体部分是我加的。

② 我对于美国行政部门历史的结论是源自 Leonard D. White 具有很高历史价值的著作《联邦党人》（*The Federalists*，New York，1948）和已经引用过的《杰斐逊派》（*The Jeffersonians*，New York，1951），还有《1869-1901年的共和党时代》（*The Republican Era 1869-1901*，New York，1958）。Paul P. Van Riper 在《美国行政史》（*History of the United States Civil Service*，Evanston，Illinois，1958）中评论道："在美国国家政府形成期间，他的行政系统是全世界最有竞争力的，当然也是最不受腐败困扰的。"

力，名声佳，"像我设想的，这样的人定能给我们的民族个性增光添彩"，他希望选拔这样的人巩固新政权。从一开始，议员任命就采取地区名额配给制，任人唯亲的现象得到杜绝。到1792年，政党结盟开始在议员任命竞争中发挥更大的作用，但这种作用还非常有限。不过按照华盛顿的接班人约翰·亚当斯的说法，"开国总统任命了大量民主派人士和雅各宾派的死党"①。乡野村夫的舆论令联邦政府的薪酬太低，这是进入公共部门任职的最大障碍；从一开始，公务员的威望并不足以高到能够吸引源源不断的人才，即使是内阁成员这样的位置也是如此。当杰斐逊派取代了联邦派入主白宫时，杰斐逊一方面为了平定前一年掀起的政治狂热，另一方面为了避免整个公共服务仅因为政治原因而发生改变，解雇了那些不肯妥协、最激昂活跃的联邦党人，而愿意保持缄默的人则能够保住自己的工作。虽然杰斐逊进行了改进，提出公务员职务应该在两党之间平均分配，但政府人员的素质要求依然能够保持不变，对正直和体面有所要求的旧选拔标准依然盛行，不管大家如何评说杰斐逊的"1800年革命"，它并未带来行政管理上的变革。而选拔公务员的标准保持不变才是我们需要注意的地方。②

与此同时，有一些州开始出现党派间互相提携的做法，尤其是在宾夕法尼亚州和纽约州。职务轮替的观念从选举职位拓展到聘任职位。随着普选呼声和平均主义热情高涨，为了政党利益，政府人员管理的旧规则在1820年代被替代，党派间相互提携的做法更加

---

① John Adams:《作品集》(*Works*, Boston, 1854), Vol. IX, p.87. 这里并非指完全不赞同。亚当斯本人并没有提议排除异己，以免将"联邦中最有能力的、最有影响力的、最有魅力的一些人"排挤出去。
② Van Riper评论过，就党派而言，杰斐逊跟国家破坏分子的始作俑者杰克逊一样并不考虑普通公务员，至于涉及该职务的能力和社会影响力方面，他和他的幕僚都不会"破坏联邦公务员系统以上层阶级为主的本质属性"。同前，p.23.

公开。公务员轮岗的规则被认为符合民主的潮流,在杰克逊派成员看来,这一做法并不是导致行政管理人员素质下降的一个原因,而是一项社会改革。杰克逊派认为获得公职的机会在一个开放的社会里也是普通人都能获得的机会。他们认为公务员的轮岗能避免出现一个不民主的、固化的官僚阶层。职务上的灵活替换并不是行政管理机构的弱点,而是民主的优势。在1829年12月,杰克逊总统在他的首次年度国情咨文中对这一观念做了最具权威的阐释。

杰克逊争辩道,即使一个人品性良好,能够让腐败无机可乘,但"一旦待在一个职位上太久,就会养成不利于公共利益的思维习惯。在那些长期担任公务员的人眼中,职位是财产的一部分,政府是谋取个人私利的手段,而不是用来服务人民的"。不管是因彻底的腐败,还是正确思想和原则的变质,政府迟早要偏离其法定职能,变成"为得到少数人的支持而不惜牺牲大多数人利益的机构"。总统并不担心定期轮岗上来的人缺乏经验,办事不够老练,"所有公职人员的职责都平凡而简单,至少理应如此,只要稍有头脑,就能很快上手",久居其位的弊端要比任用没有经验的新手更大。从这些只言片语中,我们发现杰克逊决心敞开政府职务大门,注入新鲜的血液,并将之视为民主机制的一部分,他还决心打破公职是一种财产的观念。他将轮岗制度视为"共和政治中的首要原则"。①

这个问题可以简要地概括为:实际上公务员已被大家视为一种私有财产,但杰克逊却提出要拿出来跟大众分享。这种对待公职的态度就跟经济上反垄断一样。社会的活力和动力在很大程度上取决于政治和经济资源的分配,其中应该还存在更多的潜力有待挖掘,

---

① J. D. Richardson 编:《历任总统咨文与论文》,Vol. III, pp.1011–1012. 有几位历史学家指出杰克逊实际撤换的人数并不多,而其政府在人员调动上表现出来的随意性可能更为突出。随后几年内,体制的腐败问题日益严重,并开始侵入党内派系斗争。

而杰克逊的反对者们并不愿意承认这点。但杰克逊认为政府职责非常简单以至于谁都能做,这一信念使得专家和经验的作用被严重低估,随着政府的职能日益复杂,亲民专家们的作用也无法发挥出来。[①] 就像美国竞选追求亲民,士绅阶层被挤出了政治舞台,而出于政党利益和公务员轮岗制度,专家们的作用受到限制,在美国政治体系内屈居一隅。此时,智识和教育已经完成了与决策和管理权力的脱钩。不幸的是,智识在公共生活中的地位一直依赖于士绅阶层对教育和技能的重视,二者一荣俱荣,一损俱损。这在19世纪的美国并不是一件好事。

---

① 实际上,政党轮流执政的原则并没有完全按照杰克逊派在宣言中所提倡的那样去实现,而是出现了一种 Leonard D. White 所称的"双轨制",执政系统和职业系统并存。执政党系统的职员是流动的,而核心的岗位则永久性地保留下来。参见《杰克逊派》(*The Jacksonians*), pp. 347–362.

第七章　改革者的命运

1

到19世纪中期，美国的绅士阶层在选任和聘任职务中双双被边缘化，已经远离美国政治舞台。美国内战的爆发让他们的不满情绪压抑了一段时间。战争成为当时最主要的危机之一，而文化的冲突则暂时搁置。战争成了当时最为迫切的、必须去完成的一个使命，也是一个理由和借口，北方贵族阶层并没有过多思考他们所要拯救的政治文化是否值得拯救，就联合起来支持他们的国家。正如后来士绅们所认识到的那样，林肯是一个调和者，他任命饱学之士充任外交职位，他们中有查尔斯·弗兰西斯·亚当斯、约翰·毕格罗、乔治·威廉·库尔蒂斯、威廉·迪恩·豪威尔斯、约翰·洛思罗普·莫特利，这一举措取悦了北方士绅阶层。既然美国的民主体制能够推选出这样一位人物，那么他们或许低估了这一体制。

但是战争结束后，这个体系的失败也暴露无遗。为挽救上一代人的政治失败付出了成千上万条生命的代价，而战后的重建也根本于事无补，显然这场战争除了挽救联邦之外，在其他方面一无所获，人们也一无所学。战后新一代的企业家比旧的更加贪婪，政治家们也失去了操守，沦落为血腥暴力的煽动者，将公共利益出卖给铁路大亨和关税诈骗集团。1856年成立的带有理想主义色彩的共和党成了像本杰明·F.巴特勒（Benjamin F.Butler）和本·韦德（Ben Wade）这样的人聚集的组织，丑闻缠身的格兰特总统及其幕僚们也在其中。

很多改革者早在1868年就已经看到了这一趋势，当时理查德·亨利·达纳（Richard Henry Dana, Jr.）试图取代巴特勒在马萨诸塞州的议会席位。对改革派来说，事态已经非常明朗：在这个优等人群聚集的核心地区、贵族阶层的精神和智识发源地，涌现出了一个人想要将那个政治立场鲜明的犬儒主义代表人物赶出政坛。《纽约时报》认为，这是"一场头脑清醒、敏捷的知识分子与不善思考、鲁莽、喧闹、肆无忌惮的平民大众之间的竞争"。① 事实上，这也是少数精英和广大移民、工人阶级之间的一场竞赛，从达纳那几乎算不上称职的竞选纲领上就能窥见一斑。② 选举的结果让达纳这样的人清楚地意识到自己灰暗的前景，达纳得到的选票连十分之一都没有超过。

达纳的挫败只是一连串打击的开端。改革者的友人也战绩不佳。莫特利因为谣言被约翰逊总统解除了外交大使的职务；虽然后来他又获得了格兰特总统的任命，但因为格兰特总统想要用他来打击萨姆纳（Sumner），便又被解了职。埃比尼泽·R.霍尔（Ebenezer R.Hoar）的大法官提名遭到否决，主要是因为政客们不喜欢他。（西蒙·卡

---

① 《纽约时报》(*The New York Times*, October 24, 1868)。几年来 Butler 将绅士们对他的憎恨看作一项政治资本，1884 年有一位支持者宣称他赢得了选举，因为"所有的势利者和白痴都恨他，哈佛大学不会让他成为法学博士"。H.C. Thomas：《1884年民主党权力的回归》(*Return of the Democratic Party to Power in 1884*, New York, 1919))p.139.

② 正是在这次竞选中，巴特勒在达纳和工人阶级选民之间制造了隔阂，指责达纳戴着白手套。达纳承认，他有时会戴白手套，穿干净的衣服，但他向林恩的工人们保证，当年他还是一名年轻的水手时，"我和你们一样脏。"Benjamin F. Butler：《巴特勒文集》(*Butler's Book*, Boston, 1892), pp. 921–922.

梅隆问道："这个人已经得罪了七十位议员，你觉得他还合适吗？"）杰出的经济学家大卫·A.威尔斯因持自由贸易的观点而被解除了其税务专员的职务。雅各布·多尔森·考克斯是内政改革的主要倡导者，由于得不到总统的支持而被迫辞去了格兰特政府内政部长一职。到了1870年，亨利·亚当斯在解释自己为什么离开华盛顿而前往哈佛大学教书时写道："我所有的朋友不是已被踢出了政府就是快要被踢出去，要是我留下来将孤立无援。"①

一些曾经期待林肯和格兰特政府能有所改革的年轻人也不再抱有期望了。当美国从战争的硝烟中蹒跚起步时，走出了一个灰心丧气的落魄贵族阶层；一群文质彬彬的改革者，他们的存在本身就反映了教育、智识与重要的政治、经济权力之间的疏离状态。这群文雅的改革者的主要思想有关公共服务；他们的理论代言人是《地理》杂志的E.L.葛德金（E.L.Godkin）；他们中最成功的政治英雄是格罗弗·克利夫兰（Grover Cleveland）；而亨利·亚当斯所著的《教育》则属于他们灯塔式的文学作品，最真实地表达了他们的心声，具有里程碑的意义。

历史学家此刻在回顾这些文人改革者的行为时，就会发现他们很少触及重要的社会议题，还有一些议题根本就没有触碰过，这或许会令人觉得他们的热情不够，因而期待他们中能出现像约翰·杰·查普曼（John Jay Chapman）那样勇往直前又善于鼓舞人心的人物。但是这个阶级代表的主体是政治团体中活跃的受过教育的人。而在美国政治生活中，理性假如还有地位的话，那主要靠的也是运气。他们自己也明白这点，这也正是罗威尔在恳请葛德金在《地理》中

---

① W. C. Ford 编的《亨利·亚当斯书信集》（*Letters of Henry Adams*，Boston，1930）中《亚当斯写给C.M.加斯克尔的一封信》（"Adams to C. M. Gaskell"，October 25, 1870），p. 196.

抗议"共和党人不用动脑筋也能对付过去的观念"。——查尔斯·艾略特·诺顿曾悲叹道:"在我看来,似乎只有《地理》杂志、哈佛及耶鲁大学还是抵制野蛮和庸俗入侵的坚强堡垒"。①

这种改革派知识分子既不是全国性的,也不具代表性。他们一般都出生在美国东北部地区,主要分布在马萨诸塞、康涅狄格、纽约和宾夕法尼亚,虽然还有一小撮人住在中西部地区,但这些地区也都曾被纽约人和北方人殖民统治过。从思想和文化层面来看,这些人是新英格兰文化的继承者,而且大部分人也有新英格兰的血统。他们奉行的哲学理念带有神体一位论和超验主义的色彩,承袭了清教伦理观,坚定地支持土地自由运动,保留有新英格兰人对教育和智识的尊敬。

他们保留有"北方人"鲜明的特征,自信及喜欢以自我为标准;大部分文人改革者都确信自己在道德上没有瑕疵。出版商乔治·海文·普特南在他的自传中对他们进行了描述,"每一个时代都会出现一批不屑于追求名利之人,他们具有强烈的社会责任感,并随时准备奉献才华与精力,为了同胞做力所能及的事情。"② 这种淡泊名利的能力源自经济上的保障以及稳固的家族传统。这些文质彬彬的改革者通常并不大富大贵,但几乎都衣食无忧。他们中很少有人是出身穷困之家,靠自我奋斗成才的。他们多出身于成功的商人、企业家、律师、牧师、医生、教师、编辑、记者和出版商之家,能追随父辈进入职业行当,他们所受的教育远超普通人:在当时拥有大

---

① 1871 年 12 月 20 日, J. R Lowell 写给 Godkin 的信 , Rollo Ogden 编:《埃德温·劳伦斯·葛德金传记和书信》(*Life and Letters of Edwin Lawrence Godkin*, New York, 1907), Vol. II, p. 87 ; 1871 年 11 月 3 日, C. E. Norton 给 Godkin 的信 , Ari Hoogenboom:《制裁骄纵者》(*Outlawing the Spoils*, Urbana, llinois, 1961), p.99.
② George Haven Putnam:《出版商回忆录》(*Memories of a Publisher*, New York, 1915), p.112.

学文凭的人还非常稀少，但他们中很多都有学士文凭了，或者法学学位，有一些人是历史学家、考古学家或者收藏家；还有诗人、小说家和评论家。而且他们的大学文凭不是出自哈佛、耶鲁就是像阿默斯特、布朗、威廉姆斯、达特茅斯或欧柏林这样经典的新英格兰教育基地。他们的宗教信仰多属于上层教派（极少数的独立派和无神论者除外），尤其是那些深受新英格兰传统影响的教派或那些受商业新贵追捧的教派——公理会、神体一位论派和圣公会。①

亨利·亚当斯就一针见血地指出，这些文人改革者无论是政治上还是精神上都失去了自己的家园。他们没有什么朋友和盟友。内战后，当他从英格兰返回华盛顿的时候，发现美国生活中的几乎每一个领域，商业的及政治的，都是由那种直率却粗俗、无情的人掌权：②

> 人们很快就会意识到格兰特以及其他人都是一类人，尽管他们各有不同，而这些人已经成为主流；这些人精力更加充沛，却不善思考，那些出身于农民的当权者对自己和他人都缺乏信心，羞涩却善妒，甚至带有报复心态。他们看起来沉闷，但喜欢寻求刺激；而对他们来说行动就是最大的强心剂——天性好战。这种人就像鳝甲鱼一样天生英勇好战，但对学者的工作嗤之以鼻。他们可以指挥成千上万像他们一样类型的人，在他们

---

① 我对改革者的概括是基于对哥伦比亚大学 James Stuart McLachlan 一篇未发表的硕士论文的分析：《文人改革者：1865—1884》（*The Genteel Reformers: 1865–1884*, 1958）。他的结论类似于 Ari Hoogenboom 对行政改革者的分析，同上，pp.190–197. 参阅他的文章《行政改革者的分析》（"An Analysis of Civil Service Reformers"），《历史学家》（*The Historian*），Vol.XXIII（1960 年 11 月），pp.54–78. Paul P. Van Riper 强调了这些改革者之前对废奴主义者的同情，以及他们优先关注个人自由和政治道德；同上，p.78–86.

② 《亨利·亚当斯的教育》（*The Education of Henry Adams*, New York: Modern Library edition; 1931），p.265.

身上也看不出跟其他人的区别。显然,智识和辩论已经遭到碾压。

　　无论有教养的人看向何处,都会发现自己身处在敌意和疏远的情绪中。商业新贵们挤占了他们在商业和公共事务上的地位,对此他们感到愤懑不平,这群暴发户不仅个人行为粗鲁浮夸,其社会行为同样危害不小。小查尔斯·弗兰西斯·亚当斯在谈及这些商业大亨时说,跟他们打交道数年,他没有遇到过一位还想保持交往的人,或者"能给他留下幽默、有思想或高雅印象的人"。① 而政客们的粗俗不堪也毫不逊色——葛德金称他们是"猥琐的人里最不要脸的人"②——他们无知无效还腐败,显得更加粗俗。亨利·亚当斯回到华盛顿不久,就有一位内阁成员告诉他和国会议员打交道时保持耐心克制毫无意义:"千万不要跟国会议员讲计谋!他们蠢得像头猪!你只需拿根棍子敲打他们的鼻子!""华盛顿再也不适合有教养的年轻人待了",波士顿、新英格兰和纽约的每一个人都会赞同这句警告亚当斯的话。他自己也看出来这个地方已经没有了品位,社会已经解体,也不再有社会媒体来启迪和改善人们的思想,以进一步影响公共事务。③

　　　　整个社会和他一样不能安生。无论是行政机构还是国会对此都漠不关心。社会上似乎没人愿意去听政府的说教,而政府内也没有谁觉得有必要向社会上的人进行咨询。世界已经不再

---

① Charles Francis Adams:《自传》(*An Autobiography*, Boston, 1916), p.190.
② E.L.Godkin:《主要问题》("The Main Question"),《国家》(*Nation*), Vol. IX(1869年10月14日), p.308.
③ Adams:《教育》(*Education*), pp.261, 296, 320. 参阅 James Bryce:《为何最优秀的人才不肯参政》("Why the Best Men Do Not Go into Politics"),《美国联邦》(*The American Commonwealth*, New York, 1897), Vol.II, 第57章。

全盘政治化了,而政治却变得更不社会化了。像乔治·班克罗夫特或约翰·海伊这样的内战幸存者还试图维持传统,但一败涂地。虽然他们还能自由言行,但没有人去关注他们的所言所行了。

这些文人改革者在远离公众的同时,也远离经济和政治的权力中心。他们要是发动激进的变革,则会令自己的社会地位岌岌可危,又不屑和其他的改革者建立政治联盟。心怀不满的农场主,一点就着,以为钱能解决一切问题,令他们深以为耻;他们自诩高贵、优雅,再加上阶级利益,又使他们对劳工阶级和移民敬而远之。当小查尔斯·弗兰西斯·亚当斯说:"我不与劳动者往来"时表达的就是类似的感觉,后来他进一步补充道,这种交往"令彼此都不舒服"①,更是坐实了这一观点。改革者认为疏于政府管制的移民是政治掮客争取的主要对象之一。改革者们偶尔也会质疑一下无限民主和男性普选制度,并且拿教育水平测试或者人头税说事,而这会让选民中最无知的那些人失去选举的权利。②

文人改革者偏离了与自身有不同需求的社会主流利益,因而无法找到有力的政治盟友,还被人诟病为政治上无能。他们希望哪怕

---

① 《自传》(*Autobiography*), pp.15-16.
② 见《大城市的政府》("The Government of our Great Cities"),《国家》(*Nation*, Vol.III, October 18, 1866), pp.312-313;《北美评论》(*North American Review*, Vol. CIII, October, 1866), pp. 413-465; Arthur F. Beringause:《布鲁克斯·亚当斯》(*Brooks Adams*, New York, 1955), pp. 60, 67; Barbara M. Solomon:《移民及其祖先》(*Ancestors and Immigrants*, Cambridge, Mass, 1956)。有关改革者的观点,见 Geoffrey T. Blodgett《波士顿骑墙派的思想》("The Mind of the Boston Mugwump"),《密西西比河谷历史评论》(*Mississippi Valley Historical Review*, Vol. XLVIII, March, 1962), pp.614-634.

偶尔能够影响到有限的一些有教养的人士①，能够得到像詹姆斯·福特·罗兹（James Ford Rhodes）所说的"有智识的富裕阶层"的支持也好。"我们想要一个这样的政府"，卡尔·舒尔茨在1874年说："它能令这个国家最优秀的人感到自豪。"② 在这个国家，社会精英一无所用，更别提受过教育的精英了。他们真正想要的是由受过教育的、具备市民意识的精英人士来领导这个国家。"最优秀的人"被排挤出了政界，他们的社会地位和所受的教育反而成了一个缺陷；1888年，詹姆斯·罗素·洛威尔抱怨道："在一些政治领导人和很多报纸看来，有学识有头脑的人都是书呆子，应该禁止他们就公共事务进行评判；否则他们就会贸然地到处指手画脚……应该让他们尽量少地与其他公民交流思想。"③

意识到他们的公众支持者实在太少，无法贸然针对任何一个重要的政治团体或行政组织展开攻击，文人改革者们决意执行独立自主的策略。介于两个主要党派的实力差距总是非常微弱，他们扬言要组建一个有力的独立派别，或许能够获得超出其人数的影响力。④

---

① Adams 写给 Gaskell 的信，摘自 Ernest Samuels：《青年亨利·亚当斯》（*The Young Henry Adams*, Cambridge, Mass, 1948），p.182. 参阅 Putnam 的评论："我们希望，当年轻人年复一年地从大学毕业，带着像耶鲁大学的 William Graham Sumner 这样的教授传授的经济史知识时，我们就会慢慢影响更多公众的观点，通过领导人的影响，让大众选民能理解他们自己的商业利益。"Putnam: 同上，pp.42–43.

② 摘自 Eric Goldman：《接受命运》（*Rendezvous with Destiny*, New York, 1952），p.24. 一位行政改革的倡导者指出，在"共和国早期"，所有从内阁官员到从属机构的公务员"一般都是从名门中挑选出来的"，他认为行政改革将重新引入这种做法。Julius Bing：《美国的行政制度》，《北美评论》（*North American Review*, Vol. CV, October, 1867），pp.480–481.

③ 《独立派在政治中的地位》（"The Place of the Independent in Politics"），《写作》（*Writings*, Vol. VI, Cambridge, Mass, 1890），p.190.

④ 有关独立派的策略，见 James Russell Lowell：《独立派在政治中的地位》，pp.190 ff.；E. McClung Fleming：《R.R. 鲍克：好战的自由者》（*R.R. Bowker, Militant Liberal*, New York, 1952），pp.103–108.

曾有一段时间，改革派似乎还想当然地以为自己已经具备了实际影响力。起初，他们自认为在格兰特政府内能有一定的话语权，但格兰特还是让他们失望了，1872年，他们中的大部分人参与了自由派共和党那次命运多舛的脱党。而此时海斯总统小心翼翼地抛出了橄榄枝，让他们重新点燃了希望，但最终还是以失望告终。大多数时候，他们只能用一些微不足道的胜利来安慰自己，比如邮政局和纽约海关局的改革，以及像汉密尔顿·费什、E.R.霍尔、威廉·M.埃瓦茨、卡尔·舒尔茨以及韦思·麦克维这零星几个人进入内阁这样的事情。对他们来说，最高兴的时刻莫过于1884年的选举，因为他们相信骑墙派脱离共和党能够让原本支持布莱因的纽约州转向克利夫兰，并令他赢得选举。不过在立法方面，他们最突出的成就是推行了行政改革，在1883年通过了《彭德尔顿法案》。这点特别值得说明是因为行政改革与绅士阶层休戚相关，是美国政治文化的一个风向标。

2

改革派的核心理念——即他们全体一致同意并深切关注的理念——是内政服务的改善。他们相信没有行政制度的改革其他改革都无法胜利推行。[①] 行政改革的理念与职业政治家们的想法产生了直接冲突，后者将期望寄托在政党组织和党派轮岗制度上，改革派想要提升公共服务的水平和效率、降低行政成本，主张根据品行公开竞争文官职位，并保障任期。改革派参照了几种方案——美国国防部的内政制度、普鲁士的官僚体制，甚至中国的文官制度；不过这些骨子里是英国派的知识分子们当然最倾向的还是英国的制度，

---

① 有关此次改革的中心，见 Paul P. Van Riper: 同上，pp. 83–84.

自从 1854 年《诺斯科特—崔威廉报告》发表后，英国就一直着手推行行政制度改革。

英国内政改革在设计方案时就充分意识到了内政服务与阶级结构和教育体系之间存在着有机联系。格莱斯顿研究发现，他们设计的这种行政制度把"所有高级的职位都交由"绅士阶层掌控，而把那些需要更多经验，无须昂贵培训费用的职位留给社会更底层的人来填充。[①] 这个方案主要受到麦考利爵士（Lord Macaulay）的影响，他构想出了"一种由士绅阶层出身的人依据文化水平经选拔担任高层职位的行政制度"，高级职位将由那些曾在著名大学里受过古典教育的人来担任，较低的职位则交给那些教育背景略显逊色的候选人担任——每一级别人员的录用都需经过考试竞争，以保证选拔人才的素质。到了 1877 年，改革派领袖之一查尔斯·崔威廉爵士向一位美国朋友介绍，英国的改革不仅成功，而且颇受欢迎。他发现，"连很多前体制受益者的态度也是如此。"

> 那些没有得到职务的依然是大多数，其中就包括一些最优秀的人士——各种忙碌的专业人士，比如律师、各教派的牧师、校长、农场主、店主等。这些人能快速接受新体制的理念，并乐于将之视为一种额外的珍贵的特权。

查尔斯爵士进一步说道，内政服务和国防部工作效率的提高也"大大刺激了教育"。之前，有意进入公共服务领域的贵族家庭男孩并不需要努力学习，因为对他们来说，得到一个职位根本就不成

---

① J.Donald Kingsley:《官僚体制的典型：英国行政制度的介绍》（*Representative Bureaucracy: An Interpretation of the British Civil Service*, Yellow Springs, Ohio, 1944），pp.68–71 及全文。

问题。此时，他们知道自己的未来取决于在学业能力考核中获得好成绩，于是"一种新的行动主义精神出现，政府和国防部职位的开放对全国教育体系所产生的影响相当于设立十万项奖学金名额和优胜奖……"①

英国内政改革的实施者对美国的同仁们产生了极大的影响力。美国的改革者主要关注的并不是自身利益，因为美国政府这些需通过考试公开竞争的职位对他们来说层次太低，并没有太大的吸引力。②但意识到社会普遍认为他们不适合担任公职，而且还不能举荐朋友③，这使他们的自尊受到了伤害。对他们来说真正在意的是一种文化和政治的理念，即把他们对纯正和杰出的追求投入到政府实践中去。这是事关"民族性"的问题。他们曾将大学古典经济学课上学到的自由和竞争优先的理论应用于解决关税问题，在公共部门也应该推行这种做法：公共服务部门的择优录用跟市场上的公平竞争类似。④但对那些职业政客们来说，择优的依据——考试——似

---

① 1877 年 8 月 20 日 Charles Trevelyan 爵士写给 Dorman B. Eaton 的信，Dorman B. Eaton:《大不列颠行政制度：一部职权滥用与改革的历史及其对美国政治的影响》(Civil Service in Great Britain:A History of Abuses and Reforms and Their Bearing upon American Politics，New York，1880)，pp.430–432.

② 无疑，许多改革者都热切地希望林肯认可文人的制度能够恢复，但这些职位是在行政体系之外。不同的是，改革者渴望通过选举产生职位而不是任命。大约有一半的主要改革者曾一度担任职务，但都不是要害部门。只有少部分人能进国会，大多数人还是在州议会。McLachlan: 同上，p.25.

③ 想想 Henry Adams 在 1869 年 4 月 29 日写给 Charles Francis Adams，Jr. 这封信的影响："我不能给你找个职位。这个政府里我所结识的都只是普通同事，不是朋友，我想我的任何请求都不会引起强烈的同情。(David Ames)Wells 的影响力和我一样大。他甚至连自己的职员都保护不了。Hoar 法官忙得不可开交,但也不会分给同事处理。"《书信》(Letters)，p.157.

④ 然而，有一部分人认为职业竞争中会考虑社会地位。Carl Schurz 曾提出："只要询问一下候选人的性格、履历、社会地位和一般的能力，就可以替代正式的考试。"Hoogenboom: 同上，p.115.

乎就带有学校的气味,这立即激起他们对于智识、教育和培训的反感。就像他们起初说的,这是"一场校长的测试"。因为直接触碰到了政客们的敏感神经,这件事引起了他们强烈的反应,从而开启了反智主义的浪潮。政客们抨击行政改革的核心在于考试和职位任期的稳定性,这无疑就是英国、普鲁士的贵族体制和中国官僚体制的翻版,会对共和政治造成威胁;进行测试的主张最初是从军队体系开始,因而行政改革还带有军国主义色彩。改革从一开始就引起了大家对智性的质疑。当1868年罗德岛众议员托马斯·A.詹克斯提出一项行政改革的提案时,伊利诺伊州众议院的约翰·A.罗根就做了如下评论:[1]

> 这个法案是公开维护本国的贵族阶层……它会导致这个国家最后只有两种学校——军校和文官学校;这些学校将会垄断所有进入政府部门的途径,不管这个人的能力多强,个人品质多么无可挑剔,除非能通过这两所学校中的考试之一,否则就无法得到政府部门的任用。一旦从这样的学校毕业获得了终身的工作保障之后,他接下来的人生目标便是让他的孩子们也能如此。在这些学校里的学者们很快就会相信只有他们才有资格管理政府,并进一步推导出,政府应该只能交给他们来管理,其他人都不行。

显然,行政改革的争论不断升级,政客们害怕能力和智识的要

---

[1]《国会议事录》(*Congressional Globe*),第40届国会,第三次会议,p.265,1869年1月8日。这暗示着,竞争性行政制度在美国经常被视为不民主,而在英国还会受到极端民主的批评,在职位竞争中让贵族处于被动之中。Kingsley:同上,p.62. 另一些人则认为,这只会提高绅士们的士气和语气。参阅 Asa Briggs:《维多利亚时代的人民》(*Victorian People*,London, 1954),pp.116–121, 170–171.

求对美国治国基本理念是一个威胁；面对这样的挑战，他们打着捍卫理念的旗帜不加限制地进行煽动和挑拨。一位印第安纳州的国会议员还举了这样一个令人不安的假设：假如有一位弗吉尼亚华盛顿大学的毕业生和一位战争中受伤的士兵竞争，在公务员考试中，这位从罗伯特·李将军任校长的学校毕业的学生肯定要比那位"来自西部普通学校或工厂的士兵表现更优秀，虽然那位士兵在奇克莫加战役中失去了一条腿"。他说道，人民"还没有做好准备允许这些对抗政府的大学生们通过公务员考试或凭着学校的文凭去取代那些伤残的曾经保卫共和的爱国士兵，他们虽没有教育背景的优势，但拥有丰富的实践经验，因而更适合担任这些职务"。①

威斯康星州的参议员马修·H.卡朋特在美国内战时期也曾说过类似的话：②

> 在国家命运危急时刻，一些勇敢的年轻人正在接受战争的洗礼，而一些人的儿子却安然地在大学里上课。现在，当伤痕累累的战士从战场上返回，圆满完成兵役职责，想要进入联邦政府工作时，却被拒之门外，要给那些满脑子塞满各种真理和

---

① 《国会议事录》（*Congressional Globe*），第42届国会，第二次会议，p.1103，1872年2月17日。这种与上过大学的人竞争的形式也困扰着退役军人组织。见 Wallace E. Davies：《游行中的爱国主义》（*Patriotism on Parade*，Cambridge，Mass，1955），PP.247，285-286，311.

② 《国会议事录》（*Congressional Globe*），第42届国会，第二次会议，p.458，1872年1月18日。当然，许多地方的老板们和国会议员一样，对竞争性考试对他们工作的影响感到不解。"我想，"波士顿的老板 Patrick Macguire 反对马萨诸塞州的一项行政法时说："如果我的儿子想在波士顿的任何一个部门找到一个职位，我就得先把他送到哈佛大学去。从最高荣誉的大学毕业是必要条件。我想，现在在那里学习的年轻人可以期待在大城市里有着大把的职业机会正在等着他们，只要他们接受了恰当的教育就能够大展身手，而那些没钱接受良好教育的人只好靠边站，去其他地方找工作。"Lucius B. Swift：《行政改革》（*Civil Service Reform*，n.p.1885），p.10.

教条的人让位,即使曾为国家流血牺牲也没用,因为他们不知道好望角潮汐的流向、地球与月球之间的最短距离或者汇入里海的主要河流的名称。

这位参议员说道:"进入天堂靠的可不是什么考试结果",他还将正规教育和实践知识之间的差距进行了搭配,一个刚从故纸堆中解放出来,有着耶鲁大学文凭的书呆子竟然要比那些最能干、最成功、最正直的企业人士更容易进入公职岗位,这些人士有的没有享受过早期教育,有的则更专注于现实性的追求,学院知识的细节和内容就像远航的水手们向故土道晚安时那逐渐消逝的海角,也随之被抛到九霄云外去了。

不仅是那些曾在战场上挥洒过热血的北方人抱有这样的看法。密西西比州的众议员麦基(Mckee)也反对按照受教育程度来用人,这会让美国那些受教育程度不高的人几乎无法按照地区平均分配的旧原则来享有一些权利。其实说白了,麦基抱怨的是,假如按照能力选拔人才的话,他就无法为他密西西比州的选民谋取职位了。他说:"假如某位来自新墨西哥州的没上过学的乡下女孩来到这里想要找一份工作,或许她完全不知道墨西哥湾暖流是流向北方还是南方,甚至会以为它是竖着流的,她或许还会把'日本洋流'看成跟英国的醋栗果差不多的东西,但她还是能够胜任办公室里的一些低级工作,可这样的女孩是得不到这样的职位的,只能回到家乡。这些职位给了那些戴着眼镜的上过学的女士,虽然她们具备的日常生活常识还不及那位墨西哥女孩的一半。"① 麦基抱怨道:

---

① 《国会议事录》(*Congressional Globe*),第 42 届国会,第三次会议,p.1631,1873 年 2 月 22 日。

我有一位选民，他比整个公务员系统的人都懂得多。他来自密西西比。人们开始认为他连最低级的文职都不能胜任，而现在他成了西海岸最大的一家银行里的一位出纳兼办事员。后来一位来自缅因州的戴着眼镜的教师得到了政府的这个职位，但这个人的商业头脑和常识恐怕连给擦皮鞋的当助理都不够资格。（笑声）我们一直以来就是如此。

很长一段时间以来，内政改革的反对者通过挑动平等主义、盲目的贪婪和反智主义情绪，成功地在大众心目中树立了一个并不符合现实的有关内政改革的印象。E.L. 葛德金曾评论过，当改革的呼声刚刚出现时，就被当作"某些文人墨客没事干的时候冒出来的成千上万个想要重塑社会的念头"中的一个。在1868年至1878年间，政治圈里的人都带着不屑和嘲笑的口吻将它称为"娇滴滴的内政改革"。"这些改革者有的幻想太平盛世，还有些则像是意志薄弱的人，以为政治圈是那种用细言轻语和小恩小惠就能搞定的主日学校，那些务实的商人讽刺他们只能远望而不可近观。"[①] 职业政客成功地说服自己，内政改革偏袒受过高等教育的人；它将会使政府的职位成为那些受高等教育的上流社会阶层世袭的特权。在公务员考试中，各种晦涩且非常规的问题都会问到。R.R. 波克（R.R. Bowker）曾批评道："竟然去问一个扫大街的人有关古代历史、天文学，甚至是梵语的问题，听到的看到的都是这样的废话。"推行文化考试的主意令改革反对者们惊恐不安，这种恐惧也传递给了很多潜在的谋求

---

① E.L. Godkin:《行政改革之争》("The Civil Service Reform Controversy")，《北美评论》(*North American Review*, Vol. CXXXIV, April, 1882), pp.382–383.

职位的人。"从今往后",一位重要的反对改革的人物说道:①

> 必须通过竞争激烈的、狭窄的考试大门才能进入政府公共部门,这几乎就等于只给那些大学毕业生们开放的通道,这样的话,皮尔斯能进,但林肯就进不去了。而这些有优势的少数人一旦被录用就能保留终身,因而也不会有什么变故,也能逐年得到晋升,职位越来越高;并逐渐形成一个脱离社会其他大多数群体的阶层,为了共同的利益,他们团结在一起,并服从同一个人的指挥,这个人便是美利坚合众国的总统——军队的统帅。

改革派徒劳地辩护说,考试并非不民主,对所有申请人都一视同仁,因为美国的教育体系本身就是非常民主的,即便是高等教育也是如此。② 他们甚至徒劳地公开已经出好的考试题目,表明并不是针对美国哲学协会的会员或者常春藤大学的毕业生来录用文员。他们还徒劳地进行数据统计,展示比如在1881年就采取公务员考试的纽约海关局里,参加及通过考试的人只有极少部分是大学毕业生。③ 但政客们的头脑中对文职人员受教育程度的认识已经根深蒂固。甚至在加菲尔德总统被刺杀后,他的继任者切斯特·A.阿瑟总统向国会表达了担心,他怕公务员考试会令大家"将智性知识的掌握程度"置于其他品质之上,那样的话经验丰富的人却竞争不过

---

① William M. Dickson:《新型政治机器》("The New Political Machine"),《北美评论》(*North American Review*, Vol. CXXXIV, January 1, 1882), p.42.
② Andrew D. White : "Do the Spoils Belong to the Victor?"《北美评论》(North merican Review, Vol. CXXXIV, 1882年2月), p.129-130.
③ Godkin:《行政改革之争》, p.393.

乳臭未干的大学生。① 为了推动内政改革法案能够在国会通过，乔治·H.彭德尔顿发现有必要向参议院保证，公务员考试系统绝不会搞成只对大学生们有利的"学术测验"。② 要不是加菲尔德的遇刺，很有可能《彭德尔顿法案》中所提倡的改革将会推迟整整一代人的时间。

3

在改革者对职业政客的攻击中，会反复出现这几个词语：无知、粗俗、自私、腐败。面对这样的指责，政客们必须提出有效的反驳。这不仅关乎你死我活的公开辩论，也是为了压制住喷薄而出的愤怒情绪。在与公众保持和谐关系上，政客们当然有显著的优势。但是，假如辩论是按照改革派所设定的主题进行的话，政客们估计会头大。像所有那些游走在政治边缘，无须承担决策压力和责任的人一样，改革派们发现自己要比那些政客们更容易标榜自己的清白。大多数改革派领导者都家世显赫，至少也是中产之家，拥有稳定独立的事业，不需要靠政治来谋生。相比职业政客他们更容易维护公平公正，这在公共服务领域至关重要。除此之外，他们的受教育程度也的确更高、更有教养。

政客和大佬们则通过贬损对方所受的高等教育和文化来给予回应，质疑文人墨客解决日常政治中的各种棘手难题的能力。政客们指出，在这个虽然艰苦但普通人却赖以生活的现实世界，他们和大佬、党务工作者都应该发挥各自的作用。这不是道德和理想的范畴，

---

① J.R Richardson：《历任总统咨文和论文》，Vol. X, pp.46, 48–49.
② 《国会记录》(Congressional Record)，47届国会，第二次会议，pp.207–208（1882年12月12日）。

也不是教育和文化的场域,而是艰难的、充满搏杀的商业和政治世界,改革者们不过是将自己的不满发泄在成功者身上。他们不过仗着一点权势在那里吹毛求疵、装模作样而已。就像詹姆斯·G. 布莱恩(James G. Blaine)曾指出的,他们是"自负、愚蠢、虚荣和无知……的人,他们争吵不休却应者甚寡,伪善而不切实际,野心勃勃却不够聪明,自以为是却不堪一击"。①

改革派和政客们之间的冲突,在后者的头脑中留下了关于政界文化人永不磨灭的刻板印象。20 世纪初的一位记者,就对这一形象进行了活灵活现地描述,这段话是由一位都市政治骨灰级玩家,坦慕尼会②的乔治·华盛顿·普兰基特所讲。假如坦慕尼协会的领导者"都是书呆子和大学教授的话",普兰克说道:③

---

① Gail Hamilton:《詹姆斯·G. 布莱恩传》(*Biography of James G. Blaine*, Norwich, 1895),p.491. 要了解政界对文人和改革者的猛烈抨击以及对待专业人士的傲慢态度,见议员 Joseph R. Hawley 的《国会记录》(*Congressional Record*),第 47 届国会,第二次会议,p.242,(1882 年 12 月 13 日)。

② 译注:坦慕尼派(Tammany)前身是 1789 年的圣坦慕尼公会,开办之初是社会慈善团体,号称将致力于爱国主义和人民友爱,不过很快便带上了政治色彩,并在 1800 年的选举里大力支持托马斯·杰斐逊(Thomas Jefferson),该党派主要通过取悦底层民众和新移民来争取选票。

③ William L. Riordon:《坦慕尼协会的普兰基特》(*Plunkitt of Tammany Hall*, 1905; ed. New York, 1948),pp. 60–61. 这里让人想起了开朗的布鲁克林民主党领袖 Peter 的技巧。在 1920 年初,一名大学毕业生挑战他的领导,认为社区应该有一个文雅的人作为领袖,McGuiness 用"政治谋略老手最喜欢的一句台词"来对付这位新来的。在随后的会议上,McGuiness 讲话,他站在那里一言不发,瞪着一群衣着朴素的工人和穿着胡佛围裙的家庭主妇,直到引起他们的注意。然后他大声说:"所有上过耶鲁和康奈尔大学的人请举起右手……这些耶鲁和康奈尔大学的人可以投票给他。剩下的人都投票给我吧!"Richard Rovere:《深深的问候》("The Big Hello"),《美国当权派》(*The American Establishment*, New York, 1962),p.36.

> 坦慕尼协会恐怕每4000年才能迎来一次胜选的机会。我们大部分领导者都是普通的美国市民、劳动大众或劳动参与者，他们已经具备了掌控自己命运所需的所有教育……我时刻都和这些普通人在一起。当我跟人民群众在一起时，我不会卖弄语法文采，也不会空谈宪法国事，更不会告诉他们电流有多少伏特，总之无须做任何显得自己更有学问的事情。他们不会喜欢这类东西的。

他又说：①

> 一些年轻人认为他们能从书本上学到如何取得政治上的成功，他们脑袋里面塞满了各种大学里迂腐不堪的知识。这大错特错。千万别误会，我可不是要说什么对大学不利的话。我想只要这个世界上还有书呆子，就需要有大学这样的地方。我想他们在某些方面也做了一些好事的，但他们不懂政治。实际上，一个认真完成大学学业的年轻人一进入政界就会处处碰壁。当然，也许他能够成功，但这个概率只有百分之一。

政客们批评改革者们伪善且不切实际还算是客气的，他们因文化修养和精致做派被说成是"一群多愁善感，喜欢讨好卖乖的人""喝凉茶都是一小口的"②，娘娘腔十足的样子。偶尔还有人告发他们是"政治上的双性人"（很容易从一个不明确的政治立场转到不明确的性别上）。脾气暴躁的堪萨斯州参议员英格尔斯对他们缺

---

① 同上，p.10.
② 一封给《纽约时报》的信，1880年6月17日，摘自R.R Bowker：《国家》（*Nation*），Vol. XXXI（1880年7月1日），p.10.

乏党派忠诚度大为光火，当即斥责他们是"第三性"——"不男不女的一副娘娘腔；既不能繁衍子嗣又不肯养儿育女；既没有繁殖能力又缺乏男子气概；既看不起男性，又嘲笑女性，因此他们注定要被孤立、绝后乃至灭绝的"。①

自从改革派在1872年自由共和党运动中开始成为一股有组织的势力以来，就被当时最为著名的一位党魁罗斯科·康克林称作"一群理想主义者、教授及顽固不化的人的集合"。②康克林还爆出了一段堪称经典的国骂，以暗讽改革派缺乏男子气概。而曾经在德国的大学读过书的乔治·威廉·柯蒂斯便是康克林攻击的对象，他是《哈珀》杂志的编辑，也是一位卓越的改革家，交的朋友都是像布莱恩特、洛威尔及萨姆纳这样的人，柯蒂斯主张受到教育的人应在政治中发挥更积极作用，他是这一理念最卓越的倡导者之一。1877年，在纽约州共和党大会中，当时党内大佬和改革派之间有关党派组织的争论已经白热化。当轮到康克林发言时，他问道："是谁整天在报纸上及其他地方无情攻击共和党人，并在共和党内以老师自居，指点共和党人的信念和道德水平？""他们不过是一些缝制女帽的男工匠、半吊子的艺人、整天游手好闲的政治玩家。""缝制女帽的男工匠"这个词影射的是柯蒂斯的杂志中最近新增的一个时尚栏目，这个词引发了一场哄堂大笑。在批评了改革派的高贵纯洁不过是一层薄薄的遮羞布，他们自以为是，又言不由衷，他们背信弃

---

① 《国会记录》(*Congressional Record*)，第49届国会，第一次会议，pp.2786（1886年3月26日）。"他们有两个公认的功能，"这位参议员在谈到第三性行为时说："他们唱假声，通常会被选进东方帝王的后宫担任护卫。"

② Matthew Josephson:《政客》(*The Politicos*, New York, 1938), p.163.Conkling 的话让人联想起那些商人，他们反对把经济改革者当作"慈善家、教授和百万富婆" Edward C. Kirkland:《商业梦想与思想》(*Dream and Thought in the Business Community*, Ithaca, 1956), p.26.

义又满口仁义，之后他继续说道："他们忘记了政党不是由那些风度翩翩的人士建立起来的，也不是靠一本妇女杂志或者空谈……"①

普兰基特后来表示，他所说的"中性"这一词语的意思，已经被康克林淋漓尽致地表达出来。改革派有教养的性格和注重细节的行为就表明他们的阴柔之气，代表了一种女性文化。在柯蒂斯这个例子中就表现为一位妇女杂志主编的形象。

最近，麦卡锡议员等人频繁地对美国国务院中来自东部地区的英语主导的预备学校的工作人员进行攻击，其中就有同性恋的指控，这在美国的抨击历史上并不新奇。"缝制女帽的男工匠"这一词语也会令同时代的很多人产生类似的想法。尽管纽约的《论坛报》冒天下之大不韪，全文刊登了康克林的演讲，但康克林的侄子在他叔叔的传记中将"缝制女帽的男工匠"这一词语删掉，并标记了一个星号，表示他在这里讲了一句脏话。②

政客们对改革派不合时宜的性格特征达成了不言而喻的共识，所凭借的不过是一种潜规则，即当时几乎所有男人和大部分女人都认为从事政治活动是男人的专属特权，女人应该远离。而且政治场上所角逐的能力几乎都是雄性方面的。只有男人才应该活跃在政治舞台上，但是着手改革（至少在美国如此）则意味着跟激进的妇女改革和教育运动联系在一起——废奴主义者就是一个明证。在有关女性选举权的争论中，经常可以听到男人们普遍的想法是一旦妇女

---

① Alfred R. Conkling:《罗斯科·康克林的生平与书信》(Life and Letters of Roscoe Conkling, New York, 1889), pp. 540–541; 想要了解整个事件的评论，见 pp.538–549.
② 还可见 1877 年 10 月 6 日《广告商》中 Elmira 对 Curtis 的攻击，如 Thomas Collier Platt 在《自传》(Autobiography, 纽约, 1910, pp.93–95) 中所说的。在这里，一个名叫柯蒂斯 (Curtis) 的聪明男孩，他的头发像女孩一样从中间分开，生活在一个完全女性的环境中，与一个身材强壮，名叫 Conkling 的红发男人相冲突，挨了他的揍，这引起了柯蒂斯的姑姑和所有女性邻居的愤怒。

进入了肮脏的男性政治领域就会变得污秽不堪，失去女人味，英格尔斯参议员曾说过，净化政治不过是"一个彩虹般的美梦"。

假如妇女染指政治，她们就会变得更加男性化，就如男人一旦拥护改革就会变得女性化一样。贺拉斯·布什内尔（Horace Bushnell）则设想，假如妇女获得了投票权，并能保持几百年之久，那么"女性特有的外貌和性格将会彻底改变"，女性的容貌将不再柔和，体形不再丰满，声音会变得尖锐刺耳，动作莽撞又粗鲁，她们会变得过度自信，意志坚定又无畏无惧，渴求权力和地位。在这种可怕的女权浪潮下不难断定女性的"生理特性将会发生改变，她们会变得更高大强壮，手脚都会变大，脑容量也会变大"。她们将很可能变得"清瘦，棱角分明，头发干枯、平直，就像所有处在沮丧而被过度刺激状态下的物种那样"。①

为弥补从政能力的不足，女性往往要比男人在道德上表现得更为纯洁（尽管这种纯洁性表现得很多样化）；② 传统观念认为妻子和母亲的角色更能发挥女性在这个世界上的作用。只要她们远离政治，就能留在纯洁和理想的王国。同理可推，现实世界和肮脏的交易只要存在一天便是属于男人的。改革派认为他们将要净化政治，使得政治与个人利益脱钩，反对者则将之视为政治女性化倾向，混淆了性别角色。就像从政会令妇女失去女性特征一样，改革者也会因主张在政治领域采用女性标准，如道德，而变得女性化。有句古谚云：

---

① Horace Bushnell:《女性参政权：反自然的改革》(*Women's Suffrage : the Reform against Nature*, New York, 1869), pp.135–136. 参阅 p.56:"女性留胡子，也不会有比这个要求更激进的了。"

② 参阅 Bushnell："我们还知道，当女性一致地妥协时，经常会表现出一种奇怪的堕落和不讲道德的能力。男人的变化是渐进性的，女人则是断崖式的。也许部分原因是，人们对女性的期望更多，大家也同样期待女性身上有着比勇往直前、自信满满的男性更多的牺牲精神和对真理的追求。同上，p.142.

"长发男人短发女",生动地反映了大众对改革派的普遍认识。

认为妇女争取选举权混淆性别,忤逆人道,这是亨利·詹姆斯的《波士顿人》中的一个核心观点。詹姆斯跟布什内尔一样害怕男性的世界会被激进的妇女运动和女权理念所颠覆。他笔下的南部英雄巴西尔·兰索姆(Basil Ransom)呼喊道:[1]

> 我们这个时代已经被女性化了;雄性的风格已经过时。这个时代变得女里女气、神经兮兮、歇斯底里且摇摆不定;这个时代喜欢夸夸其谈、装腔作势,沉溺于感性世界,情感泛滥,一不小心我们就会沦落到平庸之境,堪称史上最平淡无奇、最不堪一击,同时也是最为自负自大的时期。男性气概表现为既勇敢又有忍耐力,了解这个世界却不畏惧现实,敢于面对却绝不轻视怠慢——它们奇妙而又牢固地组合在一起,这正是我想要维护的,或是恢复的……

詹姆斯脑海中这个被剥夺了男性特征的世界当然不是吉米·菲斯克(Jim Fisk)、卡内基、洛克菲勒及其他铁路大亨们的世界,也不是特威德集团、罗斯科·康克林的世界;这个世界属于有教养的那些人,他们的知识曾经也和男性的坚毅联系在一起,他们富有行动力和实践力,是以波士顿为代表的东部社群,这里是詹姆斯最为熟知的地区。而这个地区似乎迫切地需要一位能将理想和道德意识、行动力和决断力结合在一起的人物。

---

[1] 《波士顿人》(*The Bostonians*, 1886; ed. London, 1952), p.289.

4

无论改革派是否认识到了这一点,被冠以懦弱无能的标记已经成为他们的一大障碍,将他们阻隔在美国主流政治派系之外。第一个面对这种挑战的便是西奥多·罗斯福。他与改革派领袖们出身于相同的社会阶层,拥有共同的教育背景,正因为如此,罗斯福很早就明白社会上针对他们的批评并非没有道理,想要改革有所成效的话,就必须从本阶层中找出一位更强有力的领导人来转变这一形象。在他的《自传》中,他回忆改革者:①

> 他们是非常友好、优秀的绅士,他们对政治上的腐败摇头叹息,也会在茶余饭后讨论这个问题,但在现实生活中他们却无法真正地与人们一道解决这一问题,他们高喊着要"改革",好像只要需求足够迫切,就能像蛋糕那样随意地切割。这些客厅里的改革者只热衷于嘴上指手画脚却没有落实行动的能力……

当罗斯福写下这些文字时,他早已经与葛德金之类的改革者分道扬镳。他们对罗斯福抱有一种强烈的憎恨情绪,他们认为罗斯福是一个道德叛徒,无法理解像他这样一个教育背景的人竟然能够在道德上进行这样的妥协。他身上既有东部人、作家和小康阶层的哈佛毕业生这样的标签,但又知道如何跟牛仔和狂野骑士们(Rough Riders)②相处,这正是他能在19世纪末受到美国大众喜欢的主要因

---

① 《自传》(*An Autobiography*, New York, 1920), pp.86-87.
② 译注:1898年,在美西战争中创立的一支国民志愿军,这支队伍由各行各业的男子组成,招募时要求他们身体健康,擅长骑马就可以。后来该团由西奥多·罗斯福指挥,也称"罗斯福总统的狂野骑兵"。因为他们大多出身工人劳动者家庭,且身着独特的牛仔造型的制服,就有了这一称号。

素之一。

1880年，罗斯福不顾家人和朋友的反对，加入他位于纽约的家附近的杰克·赫斯（Jake Hess）共和党俱乐部，从最底层开始跨入政界。尽管他最初并不喜欢所在选区的环境和选民们的冷漠，但他还是坚持在政界立下了脚跟。次年，他就获得了共和党内足够的支持，被选派进入了奥尔巴尼立法委。在罗斯福23岁首次进入纽约州议会时，他依然会因优渥的出身背景而受牵制。就如亨利·F.普林格（Henry F. Pringle）曾写道的："除了他那纽约中产阶级的出身之外，他还是哈佛大学毕业的，带着一副金丝眼镜，一副文弱书生的样子。总之，他就是这样一副形象，就像漫画中所讽刺的那种喜欢模仿英国人的缺乏自信的美国人。"甚至连跟他一起多次并肩作战的政治新秀艾萨克·L.亨特也是这样回忆，"他的发型、说话的方式以及所有一切……都像是一个笑话"。正如普林格所发现的，罗斯福举止文雅，说话则讲究文法，尖细的嗓音，"操着一口第一代移民时期的纽约方言"发表国会演讲，这些都令他政治生涯的开拓困难重重。[①] 他的反对者很快给他贴上文弱大学生的标签。纽约的《世界》杂志在了解到纽约州议会内有四位议员都是罗斯福所属的Alpha Delta Phi大学兄弟会的成员时，写道："天啊！天啊！罗斯福老兄进行议会席位交易。让我们来揭开Alpha Delta Phi社团披着的圣母面纱"，"本州那些双手布满老茧的选民们要是知道一些头脑精明的立法者和律师们正在将那套'大学政治'带到议会竞选中一定会感到惊讶和恶心。无疑，大学生理所应当并会欣然接受Alpha Delta Phi兄弟会的这种情谊，但专业的政治素质却不应该有这样的

---

① Henry F. Pringle:《西奥多·罗斯福》（*Theodore Roosevelt*, New York, 1931), pp.65-67.

情感。"① 然而，不久以后，罗斯福为自己塑造强硬派形象的努力开始在报纸上产生效果。他的热情和真诚开始赢得了热烈的回应，人们开始忽略他的教育和出身背景，对他产生了好感。纽约州北部的一位报纸编辑发现"大家非常乐于看到这样一位富有且有教养的年轻人不想碌碌无为，而愿意用拥有的才能来服务社会"。波士顿的一家报纸认为尽管罗斯福颇有"艺术气质"，但也不妨碍他"发表一番睿智但又浅显易懂的共和党演说"。也有报纸认为，尽管他"因在新旧大陆都算顶级的大学里掌握了大量理论而被人看衰"，但他"的确是一位非常聪明且务实的年轻人"。斯普林菲尔德的《共和党人》杂志原本认为智识的训练会妨碍年轻的政客理解普通市民的问题，但这次也承认"罗斯福所受的教育并没有让他脱离大众的诉求"。等到罗斯福成为马萨诸塞州市政部长时，一位编辑就说道："改革对他来说并不是舞文弄墨的消遣或是装模作样、顺从党意的伎俩。"

罗斯福对美国西部的了解以及在牧场工作的经历让他具备了阳刚之气。他被描述为一个"充满男子气概的、矫健的、活力四射的人……他在大西部拥有几个大型牧场，喜欢狩猎这样的大型活动"，"早年在西部荒原生活练就了自我求生的技巧"。社会上流传着关于他与印第安人交往的英雄故事。他狩猎的技能也成为一项政治资本："他能够像在落基山脉上追逐一头灰熊那样在现实生活中对那些腐败分子穷追不舍，当他向政府的腐败势力开火时，就像短兵相接的厮杀。"在改革派中，罗斯福是唯一一个能够让人将市政改革

---

① 这篇及接下来的对罗斯福的评论出自 1947 年哥伦比亚大学两篇硕士论文中的大量引文，并且也仔细核对了罗斯福的剪贴簿。Anne de la Vergne:《1881—1897，西奥多·罗斯福的公共名誉》(*The Public Reputation of Theodore Roosevelt, 1881-1897*), pp.9-16, 45-46；Richard D. Heffner:《1890—1901，新民族主义》(*The New Nationalism, 1890-1901*), pp.21-24, 41-45, 53-54.

与危险的狩猎活动联想在一起的人。

相对于城市化、商业化、犬儒化和女性化的世界,罗斯福代表了西部荒野生活的豪放和激情,充满了雄性气质,但又不乏真诚和理想主义色彩。罗斯福也意识到了自己成功地将教育、改革与活力、阳刚之气戏剧化地结合在了一起,他也以把这一成果传递给下一代为己任。当1894年受邀在哈佛做毕业演讲时,他选择的主题便是"政治中的择优体系与雄性气质",他鼓励学生听众"不仅要做一个好人,还得成为一名男子汉,阳刚之气不应该只由那些邪恶之人占有"。19世纪90年代,他特别热衷于鼓励美国男性投入到艰苦的社会实践中去,将理想主义与政治斗争结合起来。他常说,"艰难和困苦"不应只用于描述民族和国际事务,在国内政治改革中也同样适用。他强调一个优秀的美国人不应只会批评指责,还应该敢于行动;愿意投身于"繁重而琐碎的基层党务工作";要像男子汉一般隐忍;"不拒绝和那些粗俗、卑贱的人,那些思想境界不如自己,但确有能力,老练、有效率的人打交道";还应该培养"更加粗犷、阳刚的气质,最重要的是个人的勇气、强健的体魄及意志";他必须是"身强志坚",学会"吃苦耐劳",就像军人一般,"具备男子汉气概……能令你无往不利"。"假如一个人一遇到失败或遭遇到困难打击就一蹶不振,便是缺乏男子气概的表现。"受过高等教育和良好教养的阶级特别要注意不要表现出"懦弱的善良",不要"逃避那些必要的艰苦工作",或者满足于"半瓶子水","连一个真正的艺术家都算不上,成了一个只懂风花雪月的无用之人"。[①]

[①] 《红色哈佛》(*Harvard Crimson*,1894);尤见《男子气概与实用政治》(*The Manly Virtues and Practical Politics*,1894)及《大学毕业生与公共生活》(*The College Graduate and Public Life*,1894),这些引文出自《美国典范》(*American Ideals*, New York, 1897), pp. 51–57.

在 19 世纪 90 年代经济大萧条激发出来的社会焦虑心态下，罗斯福的观点大受欢迎。"一位卓越男性具备的热情和勇气"，加利福尼亚的一份报纸这样写道，"正是美国政府所需要的品质，尤其在此时此刻，所有的政治事务和社会事务都处在转型阶段。"

罗斯福主张激进的民族主义精神和艰苦奋斗的人生观充分地展现了他积极进取的形象。于是，他成了政界中一位有着杰克逊式勇武和果断的知识分子，却不像杰斐逊那样饱受懦弱胆小的指责，既没有约翰·昆西·亚当斯那样迂腐学究，也不像柯蒂斯那样优柔寡断。他是一位不折不扣的"战士"。"他热爱战斗，但是为了一个更好的政府而战。罗斯福本身就是积极进取的表率。"1896 年，当美国的帝国主义倾向遭到了学术圈里像西奥多·伍尔西（Theodore Woolsey）、赫尔曼·冯·霍斯特（Hermann von Holst）这些人的批判时，克利夫兰的《世界报》在罗斯福身上发现了恰好能够对抗迂腐怯懦的学究气的优秀品质。罗斯福的影响就像是"刮起一阵爱国主义的风潮……吹过了缺乏爱国主义精神的贫瘠荒野，就是伍尔西之流们所在的地方……这股新鲜的受欢迎的风气来自一位有着同样学识的人，将冯·霍斯特这些教授们的影响吹得一干二净"。假如这个充满阳刚之气、争强好胜的爱国主义形象还不足以概括的话，那么在西班牙战争中罗斯福曾与狂野骑士们并肩作战的宣传报道，无疑使他成为一名民族英雄。1899 年《哈珀》周刊曾分析，"他之所以受到广泛的欢迎是因为他身上具备大多数人都喜欢的阳刚之气。他们喜欢的是骑在马背上的男人形象——不管他是在追赶西班牙人还是灰熊，抑或驱赶羊群，也不管他是一位士兵、猎手，抑或牧羊人。"在描述 1900 年罗斯福所受到的欢迎程度时，底特律的《新闻周刊》说："男人们声嘶力竭地欢呼，女士们慷慨解囊，为的就是这样一位人物，在他的身上汇集着难能可贵的品质，能够将大学书生和西部牛仔两种截然不同的气质结合在一起，凭借着这个品质他横扫美国近代历史。""大家并没有预料到"，《芝加哥日报》次年写道："那些都市长大的，大门不出二门不迈的面色苍白的浪荡青年竟然会受到像西奥多·罗斯福这样活力四射的人的影响。而……那些粗犷有活力、满腔热血的美国人就更加欣赏他。"

美国城市化和商业化的文化正遭到严重的经济危机的打击，大家第一次感受到了腐化堕落的恐惧，罗斯福的出现则预示着一个新的、更加生机勃勃的、更加勇武阳刚的时代的到来。罗斯福恢复了受教育贵族阶层的威望，并给改革派补充了阳刚之气，这为后来的"进步时代"铺平了道路。美国男性一直被鼓励要粗犷和刚强，面对这种理想主义和改革倡议，他们不担心会让自己失去男子气概。在罗斯福身上我们可以发现美国普通政治人物的典型范式：一位热衷于政治的人物，如果被认为出身太过绅士，思想太过理想主义，旨趣太过智识的话，要是能够证明有过亲身参军的经历就能过关，若是没有，哪怕参加过足球队也行。

不过，罗斯福所完成的不仅仅是消除那些附加在从政的绅士身上的怯懦无能的负面形象，他还充分地展现出这种类型的人所能发挥的作用。在他和同时代人正在取代的时代里，知识分子已经过多地强调他们的社会地位、智力水平和道德品质已经足以令他们成为社会的领导者。罗斯福这一代的人则更多地通过有条不紊地规划国家事务来证明自己在政治领域中具有显著的、不可或缺的作用。对他们来说，学者在政治事务上的作用建立在掌握某些施政技能的基础之上，对积极发挥政府职能来说，这些技能正日渐重要。士绅改革派在政治上遭受挫败的时代将要结束，随着进步一代的涌现，专家学者的时代即将开启。

第八章 专家的兴起

1

在"镀金时代",知识分子和权力之间的冲突曾令改革派们沮丧不已,但到了进步时代这种不合就戛然而止。美国进入了一个经济和社会发展的新时代。过去美国热衷于发展工业、霸占土地以及增加财富,但现在开始注重对前几十年累积的权势进行控制和人性化改造,这个国家一下子陷入了某种精神饥渴状态,迫切地希望运用基督教的道德信条来解决社会问题,而一直以来,它们的特点是流于道德说教,很少付诸行动,更多地要求人们进行自我批判和自我分析,绅士改革派所倡导却未能实现的良性政府理念似乎快要实现了。

不过,这些理念也已经发生了变化:市政改革者对何谓良性政府有了更具体的认识,令他们发生以下这些改变的原因之一便是他们始终无法令人信服地说明良性政府的优点是什么。而此刻,越来越多有智慧的美国人开始觉得自己知道了答案。为了控制集中在工业巨头和政治大亨手中的巨大权力,对他们进行道德感化和人性化改造,有必要整治政治环境,建立一套行政管理体系,能够让美国经济听从调控。当然,政府的职能也会因此变得更加复杂;就像之前所发生过的,社会对专家的需求也变得更大。

出于对民主本身的考虑，老杰克逊派对专家的怀疑态度必须弱化。民主人士和受教育人士之间的紧张关系似乎正在消融——因为那些一贯重视专业知识的人也开始重视起民主人士，因而民主人士也试着学习去倚重专家。

新的社会秩序也需要探索和阐释：当时有一个普遍的看法认为美国正站在一个新时代的起点上。对国家事务进行必要的自我批判能够激发出思想的火花。在长达一个世纪的疏离之后，一半作为专家，一半作为社会评论家的知识分子又回到了美国政治生活的中心位置。但是，在国家事务中对智识的认识并没有达到几十年前绅士改革者的期望值。在绅士改革者的眼中，智识能力主要体现在社会阶层上：他们对智识的边缘化感到惋惜的部分原因是认为他们理应受到更大的尊重；但对如何发挥智识的功能在观念上还是保守的。不过，现在他们开始认识到智识水平不是体现在社会地位的高低上，而是体现在调动和指导国家进行持续、迫切的改革的能力上。智识重新被启用并非因为它对社会的传统影响，而是它有助于社会变革。在这个方面，进步时代中社会舆论和行政管理机构改革的方向并没有回到海斯和加菲尔德时代保守的公务员改革之路上，而是推进到新政福利国家和富兰克林·罗斯福提出的智囊团。

无疑，进步时代在营造一种新的道德氛围方面要比建立一套新的行政体系更有效率。正是这个时期对道德和智识的需求使得知识分子与美国大众、政治领导人之间的关系变得前所未有的融洽。有些知识分子直接被引入政界，而其他从政治体系内成长起来的知识分子也比前任感受到更多的安全感和尊重。政治生活也为西奥多·罗斯福、伍德罗·威尔逊、亨利·卡波特·洛奇、阿尔伯特·J.贝弗里奇、罗伯特·M.拉·福莱特这些对思想和学问感兴趣的人提供了一个展现才能的舞台。进步运动中涌现出来的杰出政治领袖里，只有布莱恩一个人还坚守平民政治中的反智主义观点。① 拉·福莱特虽然在学问和智识方面不如一些同代人，但他拥有特殊的地位，他是最早提出"智囊团"概念的人，作为威斯康星州的州长，他有效地将威斯康星大学和州政府团结在一起；在华盛顿担任参议员期间，他随身带去了一群有效率的、善于思考研究的工作人员。从政最初，拉·福莱特就认为乔治·华盛顿·普兰基特所谓大学学历在实际政治生活中没用的观点是错误的。在他第一次参加竞选时，就启用了之前的大学同学，并让他们成为精心打造的政治机器中的核心部件。假如老罗斯福已证明智识和阳刚之气并不冲突，那拉·福莱特则展现了智识在政治领域的作用。

2

进步主义浪潮从地方、州这一段蔓延到整个联邦政府。崭新的管理机制首先在州政府开始启用，也正是州政府给立法专家们开辟了更大的发展空间。专家理政的实验场不是在华盛顿，而是在各州的首府，尤其是威斯康星州的麦迪逊，成了专家为人民服务、为州政府服务的第一个典型。而拉·福莱特在威斯康星的实验无论是成功还是失败，抑或是所激发出的反对意见，都可谓是美国政治进步运动的先锋，是新政智囊团的雏形。威斯康星的实验尤其具有指导意义，是因为它预先勾勒出了专家和知识分子在政界作用的整个演变历程，今天大家对此已经非常熟悉了：首先，是变革和不满的时期，带来对专家和知识分子的需求；接下来，知识分子和专家逐渐与他们所倡导并帮助实施的改革混为一体；再接着，针对改革的无

---

① 要了解披露出来的同代人的遭遇，可见 John Reed 在《煤矿工人》(*Collier's*, Vol. LVII, 1916 年 5 月 20 日, pp.11 ff.) 中对 Bryan 的采访报道。

效会出现一股反对改革的浪潮。最为不满的是企业利益集团，他们反对政府干预，抱怨改革的成本并试图用各种理由唤起公众反对改革派，其中就包含有反智主义思想。最后，改革派被边缘化，虽然改革并非完全没有作为。

推动所谓"威斯康星理念"达成的第一波浪潮发生在1892年，在年轻的经济学家理查德·T.伊力的指导下，威斯康星大学建立了经济、社会政治和历史三所新学院，弗雷德里克·杰克逊·特纳（Frederick Jackson Turner）和托马斯·C.张伯伦（Thomas C. Chamberlain）校长希望威斯康星大学成为中西部各州中推动社会科学发展的先驱，他们认为社会科学具有巨大的潜力，能为这个在过去二十五年间形成的复杂的工业社会提供现实的指导。在他们的设想中，大学将成为培训行政管理人员和市民阶层的中心，并进而演化成为一个能为州政府提供实质性服务的有效机构。

必须强调的是，大学的角色必须完全是无党派的；它应该在各政治党派间保持中立。它也被期望能够在更大范围内为"人民"这个整体服务，而非某个特定阶级的利益。它提供的不是意识形态和政治宣传，而是信息、数据、建议、技能和培训。当然，他们也希望大学的声誉能随其社会功能进一步提高。大学的领导者并不想要去挑战既得利益者，特纳在早年的一封信中要求伊力"按照您的观点，简要向我介绍一下像这样的学院能够服务威斯康星州人民的具体方式……其实假如有的话，能够让这些顽固的威斯康星资本家们支持我们的地方便是学院最应该突出实用性"。[①] 特纳后来更加清楚地解释了科学中立的概念：

---

① Merle Curti 和 Vernon Carstensen：《威斯康星大学》（*The University of Wisconsin*, Madison, 1949), Vol. I, p.632. 这本书完整地阐述了该大学在"威斯康星理念"中的作用。

通过科学、法律、政治、经济学和历史方面的培训，大学可以向各部门高层输送一批行政官员、议员、法官和专家，他们能够客观公正、毫不偏倚地权衡各方利益。当"资本家"和"无产阶级"这样的词语在美国也能被使用和理解的时候，那便是需要培养一批具有服务社会理念的人才的时候，他们有助于打破彼此的冲突和矛盾，在竞争中找到共同的利益所在，并能够赢得所有那些真诚地忠诚于美国理念的党派团体的尊重与信任。一些州纷纷建立了专家委员会，立法机构中拥有大学学历的人的比例增加，联邦政府和委员会中大学生也越来越多，这些都是这场运动得到推广的迹象。我们可以毫不夸张地说，经济增长、社会秩序和行政管理要得到最好的发展就在于美国大学的影响日盛。

特纳继续说道，他还能看到所有这些对大学的危害。"民主的先驱"一贯对专家缺乏起码的尊重，而专家们也得继续和"与生俱来的猜疑之心"抗争，不过凭借"丰富的想象力和创造性的个性特征，他们还是能够克服这点"。①

到了十八世纪末，大学已经汇集了一批杰出的学者，他们关注经济和社会问题，尤其是州和市级层面的问题，还出版了大量经典专著。随着体系的扩张，大学也开始参与州内市民教育，通过农民协会，贴近了农业利益并为提升威斯康星州农业的技术水平做了很多贡献。不过，在 1900 年拉·福莱特竞选州长后，大学项目也变得富有争议。拉·福莱特，这位大学毕业生对大学里那些充满理想

---

① F. J. Turner:《先锋人物与州立大学》("Pioneer Ideals and the State University")，这是 1910 年在印第安纳大学开学典礼上的演讲,《美国历史前沿阵地》(*The Frontier in American History*，New York, 1920，pp. 285–286）后来重新刊载。

主义色彩的领导者充满了敬意,他很快就启用大学专家,就税收改革、铁路控制权和重要立法等事项征求他们的建议。

大学的努力很快就得到了另一个独立机构——立法咨询服务中心的配合,这家机构是由另外一位刚刚从威斯康星大学毕业的学生,精力充沛的查尔斯·麦卡锡创办的。麦卡锡对咨询库的期望与特纳对大学的期望相似:成为一家中立的服务机构。他认为,在铁路、电话、电报时代以及保险公司大行其道的时代,威斯康星州所面临的问题正变得复杂而多样,立法者需要大量的信息才能使这些问题得到明智的解决。"唯一可行的办法便是让专家们去搜集这些信息。"这不是一个在立法辩论中一方向另一方妥协的问题:[①]

> 我们在威斯康星的部门丝毫不想去影响议会议员,这不是支持这边还是那边的问题,也不是赞同还是反对的问题;我们只是政府的一个分支机构,不会对立法事项指手画脚,只是为威斯康星州那些能干而诚实的议员们提供服务的,为这些繁忙的人士搜集、归纳并整合他们所需要的信息,只起到建议的作用。

这种想法或许现在看来单纯且真诚。实际上,拉·福莱特在州长任期内对很多问题的态度都是摇摆不定的。而且,它还危及了"威斯康星州一些头脑顽固的资本家"的利益,特纳曾希望能得到他们的支持。尤其是 1903 年后,拉·福莱特的朋友,坚信要让大学成为州政府左膀右臂的查尔斯·P. 范·海斯(Charles P. Van Hise)担任

---

① Charles McCarthy:《威斯康星理念》(*The Wisconsin Idea*, New York, 1912), pp.228–229.

大学校长的时候，保守派的不满与日俱增。公众的关注令事态更加复杂，"威斯康星理念"通过记者（大多数人持支持态度）传遍全国，记者们将威斯康星视为践行进步主义的典范，纷纷赶来考察，回去后便以夸张的措辞报道"一所掌控政府的大学"。①

新闻记者激发的舆论热潮或许引起其他州的进步派人士思考如何效仿威斯康星模式，但在威斯康星州内却使得保守派人士进一步确信大学成了反对他们的阵营。事实上，大学里的专家并不认为自己属于激进派，甚至都不觉得他们已经给政府注入了大量的创新精神。一份调查表显示，在服务州政府中最活跃的是技术人员（工程师、地质学家、科学家和各种各样的农业专家），而不是为政府服务的政策咨询师，也就是说，大学提供的技术信息远比意识形态多。威斯康星大学最著名的社会科学家约翰·R.康芒斯就认为大学教职人员本身就异常保守，他回忆道："除了进步派，从来没有人来咨询过我，他们也只有在需要我的时候才来。我也从未做任何开创性的工作。"②

不过，在税收、铁路和其他事项上还是有人会去征询他们的意见，而这种影响也招致了不少怨恨。拉·福莱特引以为傲的旧式私密大佬会在州政府致力于提高私人企业利润的那些日子里非常流行，他组织过一个周末午餐俱乐部，和麦卡锡、范·海斯校长、康芒斯、爱德华·A.罗斯、伊力及其他大学教授们围坐在一起讨论州政府的问题。③因进步

---

① Van Hise 时代的政治压力，见 Curti 和 Carstensen：同前，Vol. II，详见 pp.4, 10–11, 19–21, 26, 40–41, 87–90, 97, 100–107, 550–552, 587–592.

② John R. Commons:《自我》(*Myself*, New York, 1934), p. 110. 参阅 McCarthy："一般规则就是，教授要等别人前来咨询时才会就公共问题发表观点"，同上，p.137；为州政府提供服务的大学教职名单，见 pp. 313–317.

③ 《自传》(*Autobiography*, Madison, Wisconsin, 1913), p 32；他所任用的大学老师名单，可见 pp.26, 30–301, 310–311, 348–350.

政策而遭受损失的商业利益集团——事实上他们除了担惊受怕之外什么也没有损失——开始确信大学和立法咨询服务中心与铁路委员会、税收委员会及工业委员会一起必将成为他们的敌人。

1914年，当威斯康星进步派共和党人因党内全国性的分裂而遭受重创时，保守派看到了机会。他们击败了拉·福莱特进步派的接班人，扶植伊曼纽尔·L.菲利普（Emanuel L.Philipp），一位铁路和木材商，重新成为执政党。在竞选中，菲利普以批评大学专家的反智言论脱颖而出，他主张减税、削减大学经费，终止大学"干政"。他说，必须要对大学进行全面的清洗，那里潜伏着社会主义者，"很多学生毕业离开时带走的都是一些非美国的理念"。他说，聘用专家会导致大学不断地凌驾于政府之上，把政府交到专家手中意味着承认民选的官员没有能力。一旦州政府开始承认所有的政治智慧都封印在大学里，则其他人就得承认自己"理性崩塌"。菲利普的攻击目标还包括要求废除麦卡锡的"议案工厂"立法咨询资料库。

菲利普就任后对待这些机构的态度要比他在竞选时所承诺的友好得多。尽管他确实也要求议会终止麦卡锡的资料库，削减大学经费和加强管控，但随着时间推移，他的态度也日渐温和。虽然大学的发展要受到监管，影响也受到牵制，但在全国范围内依然拥有众多立场坚定且广受尊敬的支持者，对此，菲利普也能与范·海斯和平相处，连麦卡锡都躲过了攻击：州长发现，当起草保守的法案进行立法咨询时，他确实在贯彻其保持中立的主张。①

---

① 见 Robert S. Maxwell：《伊曼纽尔·L.菲利普：威斯康星理念的坚守者》（*Emanuel L Philipp: Wisconsin Stalwart*，Madison，Wisconsin，1959），第7、8章，详见 p. 74, 76–79, 82, 91, 92, 96–104. 这个国家沮丧地看到了攻击大学行为中的反智主义，"在民主派和大学教授之前，横跨着一条自阿里斯托芬时代以来就存在着的一条鸿沟，彼此之间充满了误解和隔阂。"《民主派和大学教授》（"Demos and the Professor"），Vol. C（1915年5月27日），p. 596.

其实大学对进步主义的主张在自身的学术圈内部也没有完全被接受。正如康芒斯所说，大学很多教职人员都是彻底的保守派。不仅如此，即使不考虑它的政治偏好，很多人还认为大学涉足政治本身就是对过去纯粹中立的智性传统的背叛。J.F.A. 派尔在 1920 年写到威斯康星大学时，列举了范·海斯校长将大学视为"政府的一项资产"的观点，他认为这是十足的实用唯物主义观点，破坏了大学中立且独立的治学传统，最终以牺牲大学为代价。① 不过大学里大多数专家无疑已经接受了麦卡锡在《威斯康星大学的理念》一书中所阐述的实用主义理念。麦卡锡认为，在经济学领域的老一辈思想家一直是"一群不肯对政府实际问题进行研究的教条主义者"，他们正在被注重常识的专家们所取代，他们研究一手的经济问题并且用"实践中铁一般的事实"② 来验证自己的理论。因此，当普通大众还在为是否接受专家们争论不休时，学校内部则在争执着未来的大学是应该走向实用性还是纯粹性。

3

进步主义在政治权力领域所取得的成效或许非常有限，但是进步主义的氛围在慢慢扩散开来，那些关心美国社会中理性地位的人士为此感到振奋不已。智识得到了自由发展，范围大大扩展，显得生机勃勃，甚至引起了更高权力机关以及全国范围的关注。梅布尔·道奇·卢汉（Mabel Dodge Luhan）在思考艺术和文学时的言论符合美

---

① J.E. A. Pyre:《威斯康星》(*Wisconsin*, New York, 1920), pp.347–351, 364–365.
② 《威斯康星理念》(*The Wisconsin Idea*), pp.188–189；参阅 p.138.Morton G. White 的《美国社会思想：反对形式主义》(*Social Thought in America: The Revolt against Formalism*, New York, 1949) 中描述了实用主义的发展以及与老一代学者的分道扬镳，在这两个运动的背景下，McCarthy 的观点就可以得到最好的理解。

国生活的各个方面:"隔阂消除,人们开始接触到之前从未打过交道的人,还有各种新的交流方式和新的沟通媒介"。① 在这个"小文艺复兴"时期,艺术和文学的主题是解放,而学术圈追求的则是扩大影响力。到处都弥漫着新自由、新旨趣的醉人气息,从铁路经销权、信托诈骗到性生活、教育,没有什么不可以拿来进行审视的。公众乐于听到探子们去揭露社会的丑闻,时政专家点评时事新闻,牧师和作家谈经论道,学者演绎哲学、法律、历史和政治科学上的理论逻辑,各种从学院用涌现出来的技术人员为解决社会、经济问题去开展具体而现实的研究,甚至去充实新成立的管理委员会的队伍。

然而思想上的冲击并未带来社会革命;在进步时代末期,美国传统势力卷土重来,而且几乎完全恢复了之前所掌握的控制权。但在舆论导向和文风上,进步主义潮流则有上升趋势。舆论导向和文风不仅对于文学家和学者来说至关重要,对于政客来说亦是如此。而知识分子则是这种浪潮中的最大受益者,不管他们是沃尔特·李普曼、赫伯特·克罗利这样的共和党人,还是像约翰·杜威和查尔斯·A.比尔德这样的学者。他们所有的努力都秉持着一个真挚的愿望,就是填补理论与实践之间的鸿沟。李普曼在1914年出版的《放任和掌控》一书中就抓住了这个愿望的本质。在书中他发现,这种新的控制和掌权能力是他们这一代人希望的关键所在。当广阔的现实世界不得不向你咨询有效的社会控制手段时,身为学术群体的一分子,即使是最不切实际的学者也会有一种备受重视的感觉。不再有必要用"学院派"来表示对思想的蔑视,因为学院派和社会之间清晰的边界已经消失。"一种新型的大学教授……到处都清晰可见",

---

① 《鼓动者与摇摆者》(*Movers and Shakers*, New York, 1936), p.39.

一位研究者写道,[1]

> 有轨道、桥梁、地铁方面的专家,天然气和电力供应方面的专家;有熟悉货币与银行业务的,了解菲律宾关税制度、委内瑞拉边界线以及波多黎各工业的,还有进行公务分类、控制信托方面的专家。

也许最重要的是,这样的学者专家拥有的技能不仅是社会所需,而且还广受欢迎。只有少数几个卫道士还在担心专家治理会破坏民主[2],偶尔也会有些商人因害怕管理成本的提高而坚决抗拒理论家的影响[3],总体来看,这种新型专家拥有一个良好的形象,而且被公众普遍接受。布兰德·马修斯(Brander Matthews)在1909年写道:"有充分证据表明,正如对待文人一样,美国人民普遍存在的针对大学教授的偏见正在迅速消退,大家开始重新认识这些人的价值,对他们为促成联邦国家而提供的服务表示感激……其部分原因在于大家

---

[1] B.P.:《大学教授与公众》(*College Professors and the Public*),《大西洋月刊》(*Atlantic Monthly*), Vol. LXXXIX(1902年2月), pp.284–285.

[2] 见 Joseph Lee:《民主与专家》(*Democracy and the Expert*),《大西洋月刊》, Vol. CII(1908年10月), pp.611–620.

[3] 比如,芝加哥的包装工人 Thomas E. Wilson 在1906年的国会委员会面前恳请道:"我们所反对的,我们呼吁你们加以反对的是一项法案,该法案将把我们的业务交到一帮理论家、化学家、社会学家的手中,那些献身于建立和完善这一伟大美国工业的人则被夺走了管理和控制权。"为避免人们以为 Wilson 反对的是包装行业的国有化,需要解释一下,他反对的其实是一项纯粹的食品和药品政策。第59届国会的众议院农业委员会第一次会议《所谓"饮料修正案"听证会》(*Hearings on the So-Called "Beveridge Amendment"*, Washington, 1906)。有关专家在食品和药品控制中的实际作用见 Oscar E. Anderson, Jr.:《一个国家的健康》(*The Health of a Nation*, Chicago, 1958)。

越来越了解专家和理论研究者的真正价值"。①

更重要的是,在政治领袖中公开接受专家治理的人也越来越多。这是一个特殊的时代,一个像艾萨克·马克森(Isaac Marcosson)这样的记者能给西奥多·罗斯福总统带去一本像厄普顿·辛克莱(Upton Sinclair)这样的八卦作家写的书作为证据,从而加快一项"纯净食品法案"的通过。除了在参议院中涌现出了像贝弗里奇和洛奇这样以自己的"学识涵养"为荣的人,自建国以来也是第一次一位美利坚合众国的总统被称为知识分子。

对西奥多·罗斯福和威尔逊总统稍加研究就会发现,他俩都用自己的方式提供了一个活生生的例证,说明了智识和权力之间的对立关系是有局限的。他们出任总统大大鼓舞了思想对政府至关重要这一信念;但同时,他俩又都没有完全地跟同时代的知识分子保持一致,也都没有完全地信任他们。据说,罗斯福总统对思想抱有广泛而活跃的兴趣,他喜欢和克罗利、李普曼和斯蒂芬斯这样的人待在一起,并为埃德温·阿灵顿·罗宾逊(Edwin Arlington Robinson)在政府部门找到一份工作,吸引了一批热情而富有献身精神的人进入公共服务领域,在上个时代,这种情形并不多见。——有人会想到罗伯特·培根(Robert Bacon)、查尔斯·波拿巴(Charles Bonaparte)、费利克斯·法兰克福特(Felix Frankfurter)、詹姆斯·加菲尔德(James Garfield)、富兰克林·K.莱恩(Franklin K.Lane)、吉福德·平肖(Gifford Pinchot);在有关铁路控制、移民、肉类检测及其他事项上,他都会征询学术专家的意见。在这点上,他是自林肯以来,甚至自杰斐逊以来在公共事务上最为重视理性和人才的总统。布莱斯爵士(Lord Bryce)在评论老罗斯福总统的成就时说道,"我从未在任何一个国

---

① 《文人与公共事务》(*Literary Men and Public Affairs*),《北美评论》,Vol.CLXXXIX(1909年4月),p.536.

家看到过比那些在华盛顿及美国各州政府工作的人员更加热情高涨、更加有效率、更值得信赖和更加有用的公务人员"。① 这听起来完全就是镀金时代那些文士改革者们所倡导的政府。

不过,一旦遇到观点存在分歧的时候,老罗斯福也会迅速调转枪头,攻击他的知识分子朋友,当面对异端思想时,他也会摆出一副严肃认真的美国主义者的姿态。他忽略了众多的温和抵抗行为的重要性——例如,他以为那些揭发丑闻者是危险分子,会积累"革命情绪"。尽管在20世纪没有哪个总统能比他更称得上是知识分子,但他对智性在生活中地位的认识就如那些仰慕他有教养的中产阶级一样是矛盾的。他重视智性的能力就如他重视商业能力,当然,对智性的欣赏程度可能要更强烈一些。② 然而,他称之为"品格"的东西,一直置于二者之上。确实,他代表了美国人在政治和生活中更偏好人品的一种态度,有一种不太普遍的观点还认为二者之间彼此是对立的。他在著作中进一步提及这个冲突:"无论是对民族还是对个体而言,人品远比智识重要","就如力量要排在美貌前面一样,人品也应该置于智识之上、天赋之上"。"哦,我多希望能够警告所有的国民,千万不要落入对智识的盲目崇拜之中,尤其

---

① 摘自 Paul P. Van Riper:《美国行政史》(*History of United States Civil Service*), p. 206; cf. pp. 189–207; John Blum:《西奥多·罗斯福总统的领导力》(*The Presidential Leadership of Theodore Roosevelt*),《密歇根校友季度评论》(*Michigan Alumnus Quarterly Review*), Vol. LXV(1958年10月), pp.1–9.

② 参阅 1908 年著名的一封信:"我实在无法让自己对那些非常富有的人采取尊重的态度,这显然是如此众多的人所真正感受到的。但我很高兴对 Pierpont Morgan、Andrew Carnegie 或者 James J. Hill 表达我的热诚。但至于像 Bury 教授、北极探险家 Peary、海军司令 Evans,或者历史学家 Rhodes、Selous 这些人中没有一个人在我看来是了不起的人……我不能强迫自己这样做,即使我想,但还是没有。" Elting Morison 编:《西奥多·罗斯福书信录》(*The Letters of Theodore Roosevelt*, Vol. Ⅵ, Cambridge, 1952), p.1002.

是缺乏道德责任感的智识将会导致最低劣的行径……"① 反复强调要警惕缺乏人品的智识，重点不在于这些话是否正确，而在于它们没有太大的意义，除非罗斯福确实相信在美国生活中存在一种以贬低道德来弘扬智识的趋势——而这在高度弘扬道德的进步时代是个非常奇怪的判断。

威尔逊曾被人评价说，把学究气的优点和缺点都带到了总统位置上，而他的学生中也只有少数人认为他具备担任美国政治领袖的素质。不过，他这种异常固执且缺乏友善的性格的形成更多的是受到所属长老会的影响，而非其学者身份，很可能也归因于其独特的性格使然。作为一个学者和一位苛刻的知识分子，他是历史的产物。他活跃的智识生涯到了1880年代后期才算停歇，在这十年内，他写下了一本鸿篇巨制《议会制政府》，以及一本更为精炼的《国家》。从他的品位、思想和阅读中可以看出他就像是美国南方教区维多利亚时期的绅士，他的思想逗留在美国成为一个复杂的现代社会之前。他信奉小企业、市场竞争机制、殖民主义、盎格鲁—撒克逊和白人种族优越，以及只有男性才有选举权的观点，而这些思想其实早就成为批判攻击的对象。他最初是受到白芒浩（Bagehot）和柏克的思想启蒙，但错过了批判思潮大爆发的影响，这一思潮的影响力一直延续到进步时代。在1890年代，他忙于成为一位具备务实精神的学者，以填补学术团体和世俗世界之间的鸿沟，当他的学术同仁们正在打破镀金时代骄傲自满的人设时，威尔逊则在平民团体面前发

---

① 《作品集》纪念特刊（*Works*, Memorial Ed），Vol. XLV, p.128；《视野》（*Outlook*, November 8, 1913），P.527；《作品集》，Vol. XVI, p. 484；其他相同话题的观点参阅《视野》（1910年4月23日），p. 880；以及1897年10月11日，在 the Old Dutch Reformed Church of Sleepy Hollow 两百周年纪念会上的讲话；《作品集》，Vol. XVII, p. 3;XII, p.623.

表演说，由大学校长去瓜分银行家和企业家们都乐于支付的经费。从他 1902 年担任普林斯顿校长那一刻起，他就不再努力跟上思想界发展的步伐了。1916 年，他坦承："我整整有十四年的时间没有认真地读过一本书了。"① 所以，他政治生涯活跃期的思想没有受到太多美国智识生活中最有创造力的那部分影响，他的思想也几乎没有受到同时代知识分子的推崇。

当威尔逊在 1912 年当选美国总统时，确实得到了很多知识分子的支持，他们当时对老罗斯福感到失望，被威尔逊完美无瑕的高贵品质所打动。但在战争爆发之前，威尔逊并没有如他学术背景所设定的那样，在政治领域广泛启用知识分子作为顾问。不仅如此，他还一贯不信任所谓的"专家"。不像老罗斯福和拉·福莱特，他并没有将专家视为改革的潜在代理人或管理者，而是作为遇到重大事项及特殊利益时可聘用的雇员。大部分进步时代的理论家都会认为，由大企业操纵的政府与雇佣专家来管理企业不当经营行为的平民政府势同水火，威尔逊则认为大企业、相关利益集团以及专家组成的牢固联盟只有"还政于民"才能攻破。与老罗斯福不同的是，他认为想要去规范大企业行为的所有专家最终都会被大企业控制。他在 1912 年的竞选中说道：②

---

① Arthur Link:《威尔逊：新自由派》(*Wilson: The New Freedom*, Princeton, 1956), p.63. 参阅 Link 对威尔逊思想的讨论，pp.62–70.

② 《自由的十字路口：伍德罗·威尔逊 1912 年竞选演讲录》(*A Crossroads of Freedom : The 1912 Campaign Speeches of Woodrow Wilson*, New Haven, 1956), John W. Davidson 编, pp. 83–84. 威尔逊对专家的观点似乎在一定程度上受到了部分专家在关税辩论中的表现影响，还有西奥多·罗斯福政府幕僚反对纯净食品法案的实施也影响到他。同上，pp. 113, 160–161；还可在《新民主：总统信笺、演讲和其他论文集》(*The New Democracy:Presidential Messages, Addresses, and Other Papers*) 中看到对专家的评论, R.S. Baker 和 W.E. Dodd 编，Vol. I, New York, 1926, pp.10, 16.

> 我所担心的是一个专家型政府。在一个民主国家,我们应该自己管理政府,而不是将它交给专家。假如只有极少数的绅士了解这项工作,而且我们也能得到他们科学的关照,那我们还有什么价值呢?如果我们连政务都不懂,那就算不上是一个自由的民族。我们应当解散这些学术团体,去找个具体的人了解一下我们到底想要做什么。我想说的是,我偶尔在工人俱乐部里听到的有关公共问题的讨论比我在其他地方听到的更加一针见血,因为他们在切实地解决日常生活中的问题,他们不是耍耍嘴皮子,而是在用事实说话,我感兴趣的唯有事实。

威尔逊经常光顾工人俱乐部,并且不喜欢空谈,这点相当与众不同。不过,他的施政方案总的来说并没有辜负他的口头承诺。在他任职期间,专家在政府中的角色大大增强,[①] 这一趋势早在十多年前就已经开始了。当然,总统本人也就经济政策问题向路易斯·D. 布兰戴斯(Louis D. Brandeis)征询了大量意见,布兰戴斯有关

---

① 在 David F. Houston 秘书长领导下的农业部尤其如此,David F. Houston 是华盛顿大学的前校长,威尔逊在众议院的建议下曾任命他为得克萨斯大学校长。在 Houston 任期内,市场营销和分销问题受到了比以往更多的关注,农业部吸引了大量能干的农业经济学家。

在 Leonard D. White 的《公共管理》(*Public Administration*),(《美国近期社会趋势》(*Recent Social Trends in the United States*, New York, 1934), Vol. II, pp. 1414ff.)中就政府专业化的提升提出了宝贵的建议。

需要补充的是,威尔逊坚持从学者和文人队伍中聘任外交人员的古老传统。他向哈佛大学校长 Charles William Eliot 提出了两项任命,但均被拒绝;派国际事务专家 Paul Reinsch 教授到中国,派 Walter Hines Page(一个不幸的选择)到英国,派 Thomas Nelson Page(一个政治上合适的任命)到意大利,派普林斯顿难以言喻的 Henry Van Dyke 到荷兰,Brand Whitlock 到比利时。人们普遍认为威尔逊的大使任命水平令人满意,但 Bryan 染指了由 John Hay、Roosevelt 和 Taft 组成的精干的专业外交使团,抵消了其部分功绩。布莱恩为了"当之无愧的民主党人"的利益而染指部长职位,威尔逊对此也表示同意,Arthur Link 将其描述为"20 世纪外交部门最放荡的行为"。见 *Wilson:The New Freedom*, p.106.

市场竞争的观点正好跟他的想法不谋而合。不过，威尔逊后来又迫于后湾区①和商业团体的压力将布兰戴斯赶出了内阁，总的来说，威尔逊善于听取多方意见，从他令人尊敬的秘书乔·图穆迪（Joe Tumulty），一位精通政治体制运作并与媒体关系良好的人，到他的女婿威廉·吉布斯·麦卡杜，一位激情满满却反应迟钝的人，而其中最重要的是克制内敛且机智过人的豪斯上校，他善于把握威尔逊的虚荣心，豪斯上校是权贵阶层的代言人，在威尔逊的智囊团中对像布兰戴斯、布莱恩和麦卡杜这样的进步派人物是一个强有力的制衡。

威尔逊政府在最初几年并没有在知识分子中获得太高的认可度——尤其是那些认为进步主义运动不应该止步于建立小企业的竞争机制、抵制童工、提高黑人地位、改善工人生活条件和赋予女性投票权这些问题的人。②希望改革的知识分子对威尔逊抱有很大的疑虑，因而无法敞开怀抱来接纳这位演讲时声如洪钟的总统，这种演讲方式对他们来说似乎带着过去保守派道德说教的腔调，而改革断断续续地推进也验证了知识分子的疑虑。赫伯特·克罗利发现威尔逊的头脑"充满了无穷的自以为是的念头，并用华丽的辞藻加以包装"，他还抱怨这位总统的思想能"让最具体的事情都显得很抽象……他的思想就像是一束光，能让它所照到的事物的轮廓消失

---

① 译注：即波士顿上流社会居住的地方。
② Arthur Link：(*Wilson：The New Freedom*)，第 8 章。Walter Lippmann 在《趋势与掌控》(*Drift and Mastery*) 第 7 章对该观点进行了经典阐述。

不见；好像说了很多道理，但你能理解的却很少"。①

直到1916年，新自由运动取得成效，威尔逊成功让美国避免卷入战争，自由派知识分子才开始衷心拥护威尔逊。具有讽刺意味的是，战争本身提升了很多知识分子的影响力，而这是公务员所做不到的。历史学家和作家都被动员起来进行宣传，政府征召了各种专家作为顾问。军事情报部门、化学武器部门和战时工业委员会里云集着学者，据报道，华盛顿的寰宇俱乐部（Cosmos Club）"就跟召开各个大学的教职员工大会差不多"。②1919年9月，豪斯上校为威尔逊总统组建了一个叫作"咨询会"（英国和法国也有相应的组织）的学者团队，这个咨询会的专家雇员数量曾达到150人——历史学家、地理学家、统计学家、民族学家、经济学家和政治学家等。这些人加上他们的助手、文员，整个组织总人数达到几百人之多。战争结束之前，它一直是个秘密组织，随后咨询会改组为美国和谈委员会情报部，其成员跟随威尔逊前往巴

---

① 《自鸣得意的总统》（*Presidential Complacency*），《新共和》（*New Republic*），Vol.I，1914年11月21日，p.7《威尔逊的精神世界》（*The Other-Worldliness of Wilson*），《新共和》，Vol.II，1915年3月27日，p.195.Charles Forcey 的《1900—1925，自由主义的十字路口，克罗利、威尔、李普曼与进步主义时代》（*The crossroads of Liberalism, Croly, Weyl, Lippmann and the progressive Era, 1900–1925*, NewYork, 1961）中介绍了新共和派与罗斯福及威尔逊的关系。有关1914年新自由派陷入的僵局以及自由派知识分子的挫折，见 Arthur Link 的《伍德罗·威尔逊》（*Woodrow Wilson*）及《1910—1917，进步主义时代》（*The Progressive Era, 1910–1917*, New York, 1954），详见 pp.66–80.

② Gordon Hall Gerould：《教授和广阔的世界》（*The Professor and the Wide, Wide World*），《笔杆子》（Scribner's），Vol.LXV（April, 1919），p.466.Gerould 认为经历过这些后不再可能屈尊于那些教授们了。还有人写道："教授……因学识而受尊重，但是令大家惊讶的是，他们变得太睿智"，《被解散的教授》（*The Demobilized Professor*），《大西洋月刊》（*Atlantic Monthly*），Vol. CXXIII, 1919年4月，p.539.Paul Van Dyke 认为大学老师在战争期间已经成功地展现了他们的阳刚之气和实用态度，他们并非软弱无能，《大学在行动》（*The college Man in Action*），《笔杆子》，Vol. LXV, 1919年5月，pp.560–563. 将这段阐述和 Theodore Roosevelt 早期的话做一番比较会有很大的启发。

黎，在巴黎和谈中发挥了重要作用。媒体就这个团体发表过很多可笑的评论，老派的外交官则对这群随身带着几卡车文件的业余政治专家抱有一定的疑虑。① 综合战争中激发出的热情、参与和平谈判及围绕条约和国际联盟展开争论这些因素，公众普遍认可了专家学者作为咨询者的角色。像伊利诺伊州议员劳伦斯·谢尔曼（Lawrence Sherman）这样的政治家在战争中曾经发表了一篇措辞犀利的长文，反对政府权力的扩张，尤其强烈反对"一个被教授和知识分子掌控的政府"，他这种强烈的反智主义态度在当时是一个例外。② 但是，后来反战的行动最终泯灭了进步主义精神，在这点上他也算是有点先见之明。

---

① 有关这次调查及其名单，见其负责人 Sidney E. Mezes 的文章，刊登在 E. M. House 和 Charles Seymour 合编的《巴黎到底发生了什么》(*What Really Happened at Paris*, New York, 1921)；《美国外交关系论文集》(*Papers Relating to the Foreign Relations of the United States*), 1919, Vol.I；《巴黎和会》(*The Paris Peace Conference*, Washington, 1942); J. T. Shotwell:《在巴黎和会上》(*At the Paris Peace Conference*), pp.15–16. 有关科学在战争中的军事化，见 A. Hunter Dupree：《联邦政府的科学派》(*Science in the Federal Government*)，第 16 章。

② 这场精彩的演讲充满了反智主义的论调，当时还不能想象这会产生如此巨大的影响，但它当之无愧地成了反智主义者演讲中的一个重要标识："……一摄政客被一伙满腹经纶、偏执的知识分子用他们的行话加以粉饰和包装，这些知识分子都是一些想着上天捞月的不切实际的家伙……他们吸引了一些反传统的、怪异的、堕落的……马力十足的散文家，他们把太阳底下的一切都写了一遍……一小部分社会主义者……一切都要大白于天下……带着 X 光线的心理学家把不同颜色的手帕丢在桌子上，洒上半品脱的海军蓝豆子，用阴沉的语气问你 Walter Raleigh 死于什么病，还没数数就要你说出豆子的数量。你的记忆力、感知能力、注意力和其他智力缺陷都会被标记，你会被归档以备将来参考。在我的时代，那些心理学家和我的天才们都在处理这些问题。如果把他们放在森林里或一片荒地里，他们就没有足够的理智去杀死一只兔子或挖一个土豆来拯救自己免于饥饿的痛苦。这是一个由教授和知识分子组成的政府。我再说一遍，再说一遍，知识分子在他们的位置上已经做得足够好了，但是一个由教授组成的国家注定会走向布尔什维克，并毁于一旦。"《国会记录》(*Congressional Record*, 65th Congress 2nd session, pp.9875, 9877, 1918 年 9 月 3 日)。

公众的情绪突然急转直下。1919年,威廉·阿伦·怀特(William Allen White)还在告诉共和党全国委员会主席,本党那些"珠光宝气的老顽固们"气数已尽,一年后他就发出了"法利赛人居庙堂之上"的悲叹,而人民却对此无动于衷。"这是什么样的世道啊!"1920年,他给雷·斯坦纳德·贝克(Ray Stannard Baker)的一封信中写道:"假如有谁十年前告诉我,我们的国家会变成今天这样……我可能会怀疑他疯了。"① 这种现象对知识分子的地位产生了致命的影响:因为和威尔逊捆绑在一起,还有战争本身,知识分子确定自己会在公众反对威尔逊以及与他相关的一切事项中被连累。不过,他们更坚定地放弃了自己的判断,与大多数人一起不顾一切地投入到战争的狂热中。只有少数社会主义者和像兰道夫·伯恩(Randolph Bourne)那样的思想家及《第七艺术》杂志背后的团体除外,知识分子们不是直接参战就是全心全意地支持战争,他们对于战争的胜利及改革有着和对进步主义运动同样的期待。然而,战争平息后留给他们的是失望、羞愧和罪恶感。"假如从头再来一遍的话",沃尔特·李普曼说道,"我会支持另一边……在战争中我们牺牲了太多的士兵。"赫伯特·克罗利也承认他完全不知道"置于世界大战压力下的美国人民是一种怎样的心态"。② 知识分子和人民之间友好关系的消散要比当初建立时快得多。此时,公众把知识分子看成是一场错误并且多余的改革的发动者、官僚机制的打造者及战争的支持者,甚至是布尔什维克分子。知识分子把美国变成了一个愚蠢的、功利的、盲目的国家。那些年轻的,能够自由活动

---

① Walter Johnson 编:《威廉姆·阿伦·怀特书信选》(*Selected Letters of William Allen White*, New York, 1947), pp.199–200, 208, 213.

② Forcey: 同上, pp. 292, 301.

的年轻人纷纷自我放逐到国外去，其他人则留在国内，读读门肯①的书以自慰。这种关系需要度过大萧条，并迎来另一个改革时代才能有所改变。

4

在新政时期，知识分子和公众间的友好关系重新恢复，公众的政治期待和知识分子以天下为己任的心态从未如此和谐过。在进步时代，知识分子和公众总体目标还是一致的。而在新政时期，追求这些目标的愿望更加强烈，社会对知识分子在社会实践中发挥作用的期待也远甚于威尔逊和老罗斯福时期。但还是有一小部分反对新政的人对知识分子抱有美国政治生活中也少有的极端恶意。当知识分子的声望与日俱增时，一股针对他们的仇恨情绪也慢慢形成，最终在第二次世界大战后爆发。

长期来看，这种少数的敌对情绪给知识分子造成的伤害跟知识分子在新政时期的短期获利相比不相上下。但是，我们首先想到的是，知识分子得到的是一种什么样的资助呢！在经济大萧条中，知识分子和其他人一样百般煎熬，遭受失业和精神的打击。新政给年轻的律师和经济学家提供了上千个就业机会，他们聚集在华盛顿，供职于新成立的监管机构，WPA（全国就业促进局）和 NYA（全国青年局）发起各种研究、艺术和剧院工程项目以帮助那些失业的艺术家、知识分子和大学生们。而比这种实际帮助更有意义的是它所带来的一些潜在影响：聘用理论家和教授担任顾问和意识形态专家，新政将权力和思想的力量紧密地联系到一

---

① 译注：门肯是美国 1920 年代一位以漫画式语言著称的作家，他是一位旧自由主义者，主张个人自由及限制政府权力。

起，这是任何一个当代人的记忆中都从未有过的，甚至比美国创建之初的关系还要紧密。给刚从大学和法学院毕业的年轻人提供重要的工作岗位本身就是一件大获人心的事情，新政将学者顾问的角色抬得如此重要，无疑提高了每一位教授与所有批判精神及不同政见的作用。思想、理论和批判都获得了新的价值，而从知识分子身上就能找到它们。[①] 经济崩溃证明社会需要他们，而正是新政给了他们展现自己的机会。新政毫不意外地激发了所有人的热情，只有彼此对立的一小部分保守派和激进派例外。（甚至在1933年至1935年激烈地反对新政的共产党也能潜入双方阵营中，利用公众的这种情绪来发展自己。）

知识分子地位变化的主要表现就是智囊团的建立，在新政的最初几年里这个词语经常出现在新闻之中。智囊团中像雷蒙德·莫利、雷克斯福德·盖伊·特格韦尔、阿道夫·A.伯利这些声名显赫的人物过去经常受到攻击，他们是成百个在联邦机构中默默无闻的职员代表，尤其是从哈佛来到华盛顿的费利克斯·法兰克福特的那些弟子们。在新政早期，罗斯福总统本人也享有很高的声望，因而他的反对者们声称罗斯福正受到那些邪恶或不可靠的幕僚的洗脑，并对他展开攻击也是合情合理的。不过，智囊团对总统来说起到了类似避雷针的作用，否则很多的攻击就会直接针对他本人，而不是他身边的幕僚——而幕僚的位置是可以调整的，一旦形势不利，就可以调整到不那么显眼的位置上去。

在早期，雷蒙德·莫利的地位陨落之后，雷克斯福德·盖伊·特格韦尔教授成为反对新政的保守派最喜欢攻击的对象，主要原因在于特格韦尔相信计划经济，并且写了几本书来阐述自己的观点。

---

① 正如 Paul P. Van Riper 指出，这股新兴政治潮流将产生一种新的特权阶级，他称之为"意识形态滥用"。同上。pp.324–328.

1934年6月,当他被提名为农业部副部长时,便招来了一波强烈的反对"提拔如此邪恶的理论家"的浪潮。南卡罗来纳州最为重量级的议员之一、"棉花大王"史密斯("Cotton ED" Smith)就坚称特格韦尔"不是毕业于上帝的大学",要求这位哥伦比亚毕业的大学生必须进一步证明自己是一个不折不扣的农民,从少年时期双脚就沾满了泥土。("告诉雷克斯,"F.D.罗斯福还开玩笑地对亨利·A.华莱士说,"我竟然不知道他小时候那么脏。")史密斯告诉参议院,从事农业所需要的文凭"是在艰苦的劳动中获得的,在美国没有谁能够解决农业的问题,除非他曾在田间挥洒过汗水"。(他说不出过去的农业部长中哪一个能符合这个条件。)罗斯福只好任命史密斯最喜欢的一个人任联邦警长作为交换,而这个人有过杀人的记录,总统曾经在内阁中称他为史密斯"所喜欢的杀人犯"。有了这个交易的支持——一个教授兑换一个杀人犯——特格韦尔最终以五十三票对二十四票获得了参议院的通过。

当特格韦尔热情洋溢地发起对食物和药品进行立法的行动时,深受私人制药厂影响的广告商调动媒体的资源反对他,他在媒体上的形象更加糟糕。甚至连詹姆斯·A.法利(James A. Farley)这样既不是激进派也不是知识分子的人都对"如此赤裸裸且没有必要的"公开攻击感到心惊胆战。在那些猛烈的攻击中,特格韦尔被刻画成一个两面派:一面是个彻底无能的、不切实际的、呆头呆脑的理论家(按照门肯说的,就是一半是低贱的老师,一半是"怀有理想的新共和分子");另一面则是一个阴险可怕的破坏分子,足以给社会带来颠覆性的破坏。特格韦尔能够在猛烈攻击下保持克制,表明那些参政的知识分子并不一定都是脸皮薄的人。①

假如要将智囊团变成一个反对派攻击的适当对象，就需要将它在权力中心发挥的作用进行夸大。《芝加哥论坛报》的一位记者写道："智囊团令整个内阁都相形逊色，人们认为它对总统的影响更大……这些来自不同大学的教授们最后让内阁成员仅仅是一个部门的头或首席雇员。一般常规性的管理事务你可以去找内阁成员，但有关政策和更高级的战略问题你得去咨询教授。"②在新政之初——即最开始的几百天时间里——情况确实如此，茫然失措的国会仓促而无怨地通过了很多法律，甚至没有时间或者也不想按照常规程序进行审查。这就给新政的核心成员留下了很多起草法律和制定政策的空间，专家顾问们虽说没有完全掌控这个核心圈，但也起到决定性作用。然而，美国的权力结构是不可能将很多重要的决策权交给一小部分长期以来没有任何阶级利益基础或政治支持者的人。随着慌乱的情绪渐渐平息，国会恢复了正常的审查程序，技术顾问们的影响受到限制。新政时期那些获得知识分子和创新人士赞

---

① Tugwell 的名望和他在新政时期的作用在 Bernard Sternsher 未出版的博士论文《雷克斯福德·盖伊·特格韦尔和新政》(*Rexford Guy Tugwell and the New Deal*, Boston University, 1957) 中有大量的阐述。围绕着他任命的争论是有启发意义的，见《第 73 届国会记录》(*Congressional Record*, 73rd Congress, 2nd session, pp. 11156-11160, 11334–11342, 11427–11462, 1934 年 6 月 12, 13, 14 日)。还可见 Arthur Schlesinger, Jr.:《新政时代到来》(*The Coming of the New Deal*, Boston, 1958)，第 21 章; James A. Farley:《投票内幕》(*Behind the Ballots*, New York, 1938), pp.219-220; H. L Mencken:《罗斯福博士的三年》(*Three Years of Dr. Roosevelt*),《美国水星》(*American Mercury*, March, 1936), p.264. 了解更多有关新政时期启用专家的研究，见 Richard S. Kirkendall 未出版的博士论文:《新政时期的教授和农业政策》(*The New Deal Professors and the Politics of Agriculture*, University of Wisconsin, 1958)。
② 《文学文摘》(*Literary Digest*), Vol. CXV, 1933 年 6 月 3 日, p.8. 事实上，智囊团作为一个明确的组织，在 1932 年的竞选活动中成立，并在竞选结束后不复存在。更宽泛地说，我遵循了当代的用法。

赏的举措，之所以能够执行，并不是因为专家们的喜欢，而是出于一些大政治集团的需要。这些脑力工作者为大众服务——往往非常擅长——但他们并没有统治权。这些思想自由的知识分子提出的方案越理想越具有创新性就越会经常地受到抵制和破坏，很少有例外情况。新政也确实试行过一些由少数学院派专家提出的不成功的通货膨胀政策，但这主要是因为参议院里有强大的支持通胀的压力，罗斯福的专家团队其实并不真心支持这些政策。在一些重大事项上，自由派专家几乎从来就没有赢过。自由派理论家在杰罗姆·弗兰克（Jerome Frank）的领导下曾想要代表 NRA 的消费者和 AAA 的佃农①的利益，但很快就被他们赶出来。特格韦尔充满想象力的重建农村的设想也受挫无法实现，他本人也逐渐被排挤到边缘地位。雷蒙德·莫利因伦敦经济会议的事项与国务卿科德尔·赫尔（Cordell Hull）发生冲突，失去了内阁成员的位置。②

尽管如此，到处都在流传着教授正在治理国家的观念，一场智囊团的战争俨然开始，进而唤醒并促发了过去的反智主义传统。教授并没有在治理国家——不过，这个广为流传的概念还是反映出一些事实：他们的确代表了美国权力分配中的一些新趋势。他们并没有控制权力本身，也就是说一些关键性的决策并没有依赖他们做出。但是，他们却对那些掌握权力的人产生了广泛而深远的影响，因为如今确立认定事务的术语及界定经济社会事务的框架已经成为专家们的专属权力。虽然那些声讨教授和智囊团的右翼分子对权力世界

---

① 译注：NRA（The National Recovery Administration），国家经济复苏部，是 1933 年罗斯福总统设立的机构，其目标是削减恶性竞争。AAA（Agriculture Ajustment Adminstration），农业调控部。
② 有关教授们的提议如何在一个领域被商业权力削弱，详见 Kirkendall 前面标注的著作。

的理解有点奇怪,但却有着一种敏锐的直觉力,即使他们没有得到绝大多数公众的支持,但至少有一些传统的大众偏见可用来当作武器,很快他们就开始肆意挥舞着它。更为重要的是,教授们享有了一段时间的声誉,盖过了昔日掌权的政客和商人们;他们甚为恼怒的是,一个昔日如此不起眼的、微不足道的阶级竟然在公众面前令他们黯然失色,降低他们在社会上的作用。H.L门肯认为这种变化很可笑,用一贯夸张的语气说道:"就在几年前,这些新政下的先知们全都是默默无闻、一无是处的小子,看到街角的警察点头示意,他们都会自豪得满脸通红;可现在他们俨然成为有着高贵血统,掌握着生杀大权的人了。"他继续说道,智囊团成员现在红极一时,甚至连他们自己也开始相信那套他们为社会开出的万能药方了。他问道:[①]

> 你会怎么办?假如你突然被拽出一间空荡荡的散发着恶臭的教室,里面只能听见学生们的喧闹声,然后又被带到了一个适合像罗马皇帝、拿破仑或者约翰·皮尔庞特·摩根这样的人物待着的充满权力和荣耀的地方,整天被一大群华盛顿的记者簇拥着,将你的一举一动都记录下来,你的整套理论体系将刊登在报纸的头版上。

新政的批评者夸大了知识分子的权力,还把他们描述成不切实际、不负责任、图谋不轨的冒险分子,因为突然从不起眼的地方跃升到显要的位置,他们变得越来越傲慢且沽名钓誉。只要你从反智主义的主阵地《周六晚报》中随便选一篇评论,都会找到这样的描

---

① H.L.Mencken:《新经济政策的智囊团》(*The New Deal Mentality*),《美国水星》(*American Mercury*, Vol. XXXVIII , 1936年5月), p. 4.

述：①

> 一群教授从教室里被拉出来，投入到了新政的旋涡中。他们注重自我形象，追求公众关注度，而现在终于有了实现的机会，他们就像躺在壁炉前烤火的猫一样渴望将他们的新形象展现在大家面前……这些人四处奔走，激动地询问："美元会怎样呢？"似乎美元的细微变化对他们来说都影响很大——可是他们中却没有一个人能够创造出任何一种价值一百美元的东西来……但法律却出自这些教授之手，当然也由这些聚集在国会里的满脑子学术观点的外行来修订……人们只要细想一下就会明白智囊团中的很多思想和计划都是源自俄国的意识形态……应该让人去教教这些年轻、乐观的知识分子和教授们有关商业经营的真实状况。库存本身不会带来利润和昌盛，而好的现金流也不是从货币那里产生的……最终农民和企业家还是得在大自然的馈赠和明智政府的支持下疗愈自己……
>
> 难道我们就如此愚蠢的任凭这些业余的、自大的冒险分子将我们的社会和商业组织拆散并重新塑造成他们想要的样子吗？……拿美国的生活、自由和产业来做实验……要知道在试管里做实验跟在真实生活中做实验是完全不同的两码事。我们受够了被当活体解剖……受够了这些没有实际经验的人……受够了被外行人控制的政府——这些大学里出来的小子，无论老

---

① Samuel G. Blythe：《万花筒》(*Kaleidoscope*)，《周六晚报》(*Saturday Evening Post*, Vol. CCVI, September 2, 1993)，p.7；Blythe：《波特马克的进步》(*Progress on the Potomac*)，(*Saturday Evening Post*, December, 1933)，p.10；1933 年 12 月 9 日、1934 年 4 月 21 日《周六晚报》的评论员文章；也可阅 Margaret Culkin Banning 的《外行年》(*Amateur Year*)，《周六晚报》，1934 年 4 月 28 日；Katherine Dayton 的《资本的惩罚》(*Capitol Punishments*)，《周六晚报》，1933 年 12 月 23 日。

少——都深深地沉浸在皮埃里亚的智慧之泉之中,而最近又猛地喝了几大口俄罗斯的伏特加……他们是理论家、乌托邦的政治梦想家、神通广大的魔法师……而务实的众议员和参议员则被拒之门外,什么机会也得不到……

替知识分子辩护的人试着对他们掌握的实际权力做一个更加合理的评估,并指明跟那些被替代掉的"务实"的人相比,他们的表现也没有更糟糕。奥斯瓦尔德·加里森·维拉德(Oswald Garrison Villard)在《国家》撰文提出,要迎接"务实派彻底的溃败",并指出全世界的"务实派都完全陷入了迷茫之中"。[①] 自由派记者乔纳森·米切尔(Jonathan Mitchell)曾经是新政时期的顾问,在一篇有关新政最为周全的分析文章中,他试着阐明罗斯福总统启用学术专家是应付经济危机的自然选择,也是由美国行政体系的特殊性所决定的。他写道,实际上教授并未制定主要政策,而是仅仅提供一些参考性的意见。在缺乏受过相关培训的公务员群体的情况下,总统只能求助于政治和行政圈子之外的人。[②] 米切尔可谓一语中的,政客们对经济萧条所引发的问题无能为力;公务员中也没有合适的人能够处理这些问题;而大部分企业管理者就更加糟糕,完全指望不上。当萨缪尔·I. 罗森曼(Samuel I. Rosenman)向总统建议:"通常在这种情况下,候选人会在身边成立一个由一部分成功的企业家、大金融家和政治领袖组成的工作小组。但我想我们应该避开所有这

[①] 《人与事务,理想主义者走向前台》(*Issues and Men, the Idealist Comes to the Front*),《国家》(*Nation*),Vol. CXXXVII,1933 年 10 月 4 日,p.371. 同样的观点可参阅:《新共和派》中的《智囊团》(*The Brain Trust*),1933 年 6 月 7 日,pp.85-86.

[②] Jonathan Mitchell:《不要攻击教授,为什么政府需要他们!》(Don't shoot the Professors! Why the Government Needs Them),《哈珀》(Harper's),Vol. CLXVIII,1934 年 5 月,pp.743,749.

些人，因为他们似乎也提不出任何有建设性的意见来解决今天的烂摊子……那为什么不去全国的大学里问问呢？"① 不过米切尔的分析却被新政的反对者视作煽动的把柄：

> 罗斯福先生需要的是一个中间分子，既没有浑身散发着华尔街的铜臭味，也不会吓跑富人。他尤其需要一个有头脑、有能力和愿意执行他决定的任何政策的人。罗斯福先生选择了大学教授，他认为在这个国家没有其他人符合这些要求了……
>
> 在美国没有一个有世袭领地继承的贵族阶层来充实新政所需的公务员队伍。而跟这个阶层最相近的便是大学教授了，华盛顿的这些中立教授是决定新政成败的关键要素……在这个国家曾有过一个时期，有一个阶层与众不同，其他阶层都毫不犹豫地请他们来解决纷争。这个阶层就是殖民官，尤其是新英格兰的官员。他们基本不问世事，他们比罗斯福新政所聘用的任何一个人都更为一丝不苟地管理着自己的社区，他们凭着良知进行判断……新英格兰殖民官早已离开，而大学教授则继承了他们的衣钵……未来我们应该建立一支职业的公务员队伍，有着自己的传统和原则。

然而所有这些并不能够取悦或安慰商人、被排挤的政客及保守派的其他人员，他们并不太需要一个职业的公务员阶层，也不相信教授能够保持中立，他们认为教授确实会把富人阶层吓跑，对于把所有纷争都不加质疑地交给某个阶层去协调这样的想法，他们也始终心存疑虑。即使有比米切尔更加贴切的回答也不能消除他们内心

---

① Samuel I. Rosenman:《与罗斯福一起工作》（*Working with Roosevelt*, New York, 1952）, p. 57.

的不安，他们害怕的不是智囊团或专家，而是他们所信奉的世界的崩塌。在四面受敌的背景下，新政提供给知识分子和专家的特权只是起到了唤起旧的反智主义传统的作用，并且因为有了新的猜忌和不满，使得反智现象更加凶猛。

第二次世界大战跟一战一样增加了社会对专家的需求，不仅是新政聘请的那类专家，还有一些之前从未涉及的学术领域——甚至是古典文学家和考古学家也因对地中海地区的了解而突然变得重要起来。但是，当战争结束时，长期积压下来的对新政及战争本身不满的情绪席卷了整个国家。正因为这种反应，针对智囊团的斗争才有了基础。这样，知识分子和民众之间的友好关系再一次被画上了休止符。

5

1952年，阿德莱·史蒂文森成为日益积聚的反对知识分子和智囊团浪潮的牺牲者；这股浪潮自1933年以来就在美国右翼势力中酝酿了。不幸的是，史蒂文森的政治生涯成为自由派知识分子衡量其在美国政治生活中地位的尺度。他犯的也不是什么大不了的错误：史蒂文森身上有着悲剧英雄人物的特质，知识分子都将他看作自己的化身。在难以言说的杜鲁门政府之后，听到史蒂文森富有文采的演讲有一种令人耳目一新的感觉。但更关键的是，史蒂文森的行为举止和艾森豪威尔—尼克松这对竞选搭档之间存在着天壤之别，同时史蒂文森经常妙语连珠（他也能与能力相近的竞选顾问合作），这与艾森豪威尔从政之初的笨嘴拙舌同样反差巨大，而尼尔松那种跳跃式的演讲方式、牵强附会以及为他的高层伙伴准备的拙劣悼词让他们的差距更大。最后，就是形象欠佳的麦卡锡，他对这次竞选的贡献受到其党羽的热烈追捧。没人会期望在总统竞选时就把调子定太高,但共和党在 1952 年的竞选策略不过是给杜鲁门和华尔街之间的肮脏勾当披上了一层传统外衣,这使得史蒂文森的每一处优点都更加醒目。

知识分子一致表示支持史蒂文森,这在美国历史上并不多见。毕竟,西奥多·罗斯福是在长期担任公共职务的过程中才在知识分子中赢得了如此的声望;甚至当他担任总统时,还有很多知识分子对他将信将疑,而他和知识分子关系最亲密的时期是在他离开白宫之后;到了 1912 年公麋党①竞选时,他的声望达到了顶点,但由于战争期间推行沙文主义导致声誉下降。伍德罗·威尔逊总统风度翩翩、学养深厚,但相当多的智识群体对他保持一定的距离,他依然我行我素;沃尔特·李普曼认为他提出的"新自由"是一场未经妥善规划、缺乏前瞻性、只符合小企业主利益的运动,很多知识分子都同意这个观点;最后,因为,战时暴民思维的抗议,身为总统的威尔逊难辞其咎,声望遭到重挫。富兰克林·D. 罗斯福因为智囊团而广受关注,但知识分子并不满意他在第一次竞选总统期间的表现,在新政执行的最初几年对他还是保留着一种不信任的态度,他还是左翼批评的对象。直到 1936 年总统竞选前夕,知识分子才跟小罗斯福的关系有了很大的缓和,而且当时大家之所以拥护他,要拜他曾经的敌人所赐。但是,对史蒂文森而言,情况截然不同:他在担任伊利诺伊州州长时还是一个不出名的人物,在 1952 年获得民主党总统候选人提名时,大家都把他看作一颗政治新星,在听完他的提名演讲后就更加心仪他了,他简直优秀得令人难以置信。

而等到麦卡锡分子的气焰甚嚣尘上时,就不难得出结论,史蒂

---

① 译注:1912 年,西奥多·罗斯福为竞选总统所建立的一个政党,以一头公鹿为徽章,因此也称公麋党。

文森的惨败表明美国公众并没有接受知识分子和智识本身。得出此结论的知识分子在针对他们的一些批评中就能证实这个判断：知识分子中有太多装模作样的人，据说美国知识分子既不热爱也不理解他们的国家；他们没有责任感还骄傲自大；对他们的惩戒即将到来。这无疑伤害到了很多知识分子，但认为史蒂文森是因为智力和才识不凡才受到公众的排斥是经不起推敲的。他的失败所代表的意义也被夸大了。1952年，他在竞选中一败涂地，不过这一年的竞选，随便一个稍有魅力的共和党候选人都能击败任何一个民主党人，可艾森豪威尔远远不止有魅力，他还是一位国家英雄，这对公众的吸引力不仅能碾压史蒂文森，而且政治界的任何一个人都比不过他。在民主党执政长达二十年之后，也到了该换一个政党的时候，这不正是两党制的意义所在吗？光是朝鲜战争以及所引发的不满情绪就给了共和党足够的谈资；他们也可以揪住一些更小点的事情，像希斯案、共产主义对联邦政府的渗透以及杜鲁门政府的一些鸡毛蒜皮的腐败案件。在共和党的竞选中，尼克松和麦卡锡比艾森豪威尔似乎还更吸人眼球些，促使人们相信史蒂文森这样的人必定会被公众拒斥，故而，史蒂文森的绝望处境，其实是不难理解的。

不过，回过头来看，史蒂文森的才华、智慧和正直这些品质只会给他的竞选加分，而非减分。若不是他在这些品质上享有盛誉，他的败局会更加彻底。认为更多公众并不认同他这些品质价值的看法是经不住检验的。假如他的个人品质没有像他的仰慕者或者攻击者所相信的那样有吸引力，那就很难理解他在1948年当选为伊利诺伊州州长时获得了该州历史上最高的支持率，也很难理解尽管媒体简短地报道了他在一场精彩的欢迎致辞后就公开表示不愿意被提名为候选人，为何四年后民主党大会依然征召他为候选人。（他是自1916年休斯之后第一个被征召的，或许也是美国政治史上唯

——一个完全不想参选的候选人。)

史蒂文森失败的程度因两党之间巨大的反差而被夸大。十二年前,温德尔·威尔基(Wendell Willkie)也同样跟当时的一位政治英雄角逐,甚至连得票率都跟史蒂文森几乎一样——44.4%对44.3%——威尔基超乎寻常的政治才华和活力是得到公众认可的。1952年的竞选中,实际上两个候选人都属于实力派人物,他俩的竞争使得政治气氛高涨,吸引了更多选举人去投票。史蒂文森虽然败选,但他获得的票数要比1948年胜选的杜鲁门及1944年、1940年胜选的罗斯福都高。选举结束后,他的信箱里塞满了选民的信,这些选民虽然把选票投给了艾森豪威尔,但是依然写信表达对他的钦佩之情,并表示一旦条件成熟,就会转而支持他。

这并不是去否认史蒂文森本人的——借用一个流行的词——"形象"设定存在什么缺陷。他心里完全清楚,在民主党执政二十年后掌管这个政党的困难性。而他不愿意掌握权力却是不争的事实,虽然这点颇值得称道,但却会令人担心。"我接受党的提名及党纲",史蒂文森在民主党大会上说,"但我更愿意听到这些话是从一个比我更优秀、更聪明、更坚强的人的嘴里说出。"在这种场合这样说是不恰当的,它令人不安,很多人觉得还不如艾森豪威尔平淡无奇却自信满满的话有吸引力。史蒂文森的谦逊是内在的,但他讲出来就显得过于孤傲。人们会意识到他虽然具备公正独立地分析公共问题的能力,且不会受制于俗套,但却怀疑他是否能够像近几年来两位罗斯福总统那样最有效地、充分地运用权力。(艾森豪威尔和史蒂文森给人留下了性格迥异的印象,虽然其中也有很多不真实的地方,但我们还是能够从中得知:艾森豪威尔的政治治理有其优势,但从政治权力角度来看,总体上却没能统一或提升他的党派;史蒂文森虽然没能执政,但却让民主党派重焕生机和活力。)

如果我们将史蒂文森的失败归咎为他作为知识分子的身份和声誉，哪怕认为这是其竞选中的一个劣势，那我们也许就被误导了。不过，确实也有相当一部分的公众会将它视为缺陷；我可以毫不夸张地说，只要稍加研究就会发现反智是这些人的首要兴趣所在。

史蒂文森具备的品质中遭到最多攻击的不是智识方面的，而是他的风趣。[①] 在这个国家，风趣从来不是政治领袖身上受欢迎的素质。公众喜欢和接受幽默——林肯、老罗斯福和小罗斯福利用了幽默的影响力——但幽默是通俗的，往往还非常单纯，平易近人。风趣是一种智识化的幽默，它更尖锐，带有点深奥和高雅的意味，略微有点高高在上的感觉。不断有人称史蒂文森为"喜剧演员"或者"马戏团小丑"，用漫画把他画成一个头带小丑帽，手摇铃铛的弄臣。在他的对手看来，他的风趣在朝鲜战争那悲伤、愤怒和丧气的背景下显得格格不入。艾森豪威尔呆板但严谨的讲话方式似乎更符合当时的气氛。史蒂文森的支持者指出他从未拿朝鲜战争或其他对投票者来说非常严肃的事情来开玩笑，但似乎也无济于事。他的风趣非但没有帮助他弥补公众形象中的缺陷，反而拉大了与一部分重要选民的距离。（"他那一口流利的英语演讲远远超出了普通美国人的理解能力。"）在这次竞选中，有一段广为流传的评论，一位妇女给底特律的《新闻报》写信道："我们应该跟总统候选人有些共同之处，这就是我给艾森豪威尔将军投票的原因。"

史蒂文森曾担任过阿尔杰·希斯的品行证人，这点尤其让人觉

[①] 以下段落引用的内容摘自报纸的社论和读者来信，我引用了 George A. Hage 未曾发表却极具启发性的研究《针对1828年和1952年大选的报刊评论中的反智主义》（*Anti-intellectualism in Newspaper Comment on the Elections of 1828 and 1952*），1958年明尼苏达大学博士论文；还可见同一作者的《1828年和1952年杂志评论中的反智主义》(*Anti-intellectualism in Press Comment—1828 and 1952*)，《新闻季刊》(*Journalism Quarterly*)，Vol. XXXVI，1959年秋季刊，pp.439-446.

得他游走在智识和激进、激进和不忠之间。他的知识分子支持者也容易让人产生这样的印象,他们大多来自东部地区,尤其是哈佛大学,这给很多批评者留下了深刻的印象。《芝加哥论坛报》一篇社论的标题为"哈佛告诉印第安纳怎么投票",该文的观点认为史蒂文森被基辛格父子、阿奇博尔德·麦克利什(Archibald MacLeish)这些人操纵,他们这些人又和世界上最邪恶的组织相勾结。维斯布鲁克·佩格勒(Westbrook Pegler)依然没有忘记费利克斯·法兰克福特对新政的影响,他煞费苦心地提醒读者史蒂文森就像富兰克林·罗斯福一样有着哈佛大学的背景。他在哈佛大学法学院待过几年,似乎在佩格勒看来,史蒂文森就是在这个地方接受了法兰克福特的洗脑;佩格勒认为,史蒂文森一直"是1933年以来所出现的最危险的新政派官员。"佩格勒认为史蒂文森的支持者和他的传记作者想要撇清他跟哈佛及其左翼的关系,但这些都瞒不过佩格勒的火眼金睛,"这个在斯普林菲尔德镇沉思的男孩正在贯彻一条过火的左倾政治路线。"最后,所有这些有关史蒂文森跟哈佛、法兰克福特、希斯及基辛格父子之间莫须有的关联在右翼的头脑中汇集成了一个负面形象。

其他大学也好不到哪里去。当哥伦比亚大学的很多教职人员印刷了一本赞扬史蒂文森、批评当时的校长艾森豪威尔的小册子,纽约《每日新闻》则称他们为"左倾教授"予以反击。一份中西部地区的新闻报更冷静地评论,哥伦比亚学生和老师的抗议反倒是帮了艾森豪威尔的忙,因为每一个人都知道大学里的人"头脑中都灌入了顽固的左翼社会主义思想,都是共产主义的忠粉"。因此,他们的支持无异于把史蒂文森拖下水,"知识分子史蒂文森肯定和他顾问的观点相同,否则就不会选择他们当顾问。将选票投给艾森豪威尔,对一位普通美国人来说就是支持民主。"此时,过去对新政的不满情绪又公然地出现在许多文章中，"我们已经偏离传统的美国道路太远了，是这个传统让美国成为一个伟大的国家。大学里到处都是左派分子，这些'阳光男孩'想要让这个国家变成一个'美妙新世界'，而我们只希望不要再出现一个四年新政。"

在1952年的大选中，人们又把知识分子跟我在前文中所提到的在黄金时代出现的柔弱女性气质联系到了一起。在这点上史蒂文森完全无法招架。由于他在两次世界大战中都没有从军的经历，因此没法跟艾森豪威尔的将军履历相提并论。假如他能像老罗斯福那样曾是位拳击手、猎人或士兵，哪怕是个足球运动员（艾森豪威尔在这点上也能得分），或者像哈里·杜鲁门那样曾是个炮兵；像肯尼迪那样是位战斗英雄，那人们就不会这样肆无忌惮地去除他身上的男性气质了，可是他只是一个常春藤出身的绅士，在他职业生涯中没有什么能够让他免除美国人心灵阴暗角落里的那段历史回流的冲击。纽约的《每日新闻》对他极尽嘲讽，把他的名字改成女性的，嘲笑他演讲时声音"甜美""动听"，他讲话的方式被人改编成"一个举止文雅的老处女念念不忘自己曾在史密斯女子学校朗诵课上得了A"的样子。而他的支持者呢？他们成了一群"典型的穿着蕾丝袖口衬衫的哈佛大学的自由分子""一群穿着蕾丝内裤的外交官""表情浮夸的哈巴狗"，面对麦卡锡的指控装腔作势地痛哭，偶尔还会傻乎乎地嘲笑他们内部的反共主义。史蒂文森的对手想要表明的是，政治是男人之间玩的粗暴游戏，政府首脑和他的追随者应该做好一决雌雄的准备。他们应该好好向理查德·尼克松学习，拿出他"在为自己的财政问题辩护时的那种男子气概"。

即使在一些不需要拼强斗狠的领域里，大家也都认为艾森豪威尔的能力比带着"象牙塔"面具的史蒂文森更突出。"根据过去的表现，我觉得我们需要的是艾森豪威尔，一位取得杰出成就的人,而不是史蒂文森,一位研究者和思想家。"杰斐逊和约翰·昆西·亚当斯也许能从一位党派人士的评论中发现熟悉的味道:"艾森豪威尔要比其他两位更能了解这个世界,他的知识既不是从新闻中获得的,也不是从书本上读到的。"这种理念一直有市场。八年后,在尼克松和洛奇助选时,艾森豪威尔在介绍他们时说:"这两位的知识不仅仅是从书本中来的——或者说不是从手写的书中得到的。他们是在面对这个多变世界每天涌现出的问题中学习和成长起来的。"①

但在同一场竞选中,约翰·F.肯尼迪证明了一个早该被证明的道理——阅读和写作不是一个有抱负的总统候选人的致命弱点,理智和其他必要素质可以同时兼备。肯尼迪似乎将总统政治又带回到了老罗斯福时代初期那段智识和品格兼顾的时代——尊重智识、文化包容,公共服务领域智识和专业化与积极进取、讲究实际的美德相辅相成。作为总统候选人,史蒂文森似乎过于敏感和内向,他会迎合知识分子一贯的那种疏离感。肯尼迪则正好相反,他会表现得极具权威且自信满满,他鼓动知识分子将智识、文化与权力、责任结合起来。肯尼迪有着艾森豪威尔的自信,却比他主动,虽然他的宗教信仰和年龄都是不利因素,而且作为提名候选人时寂寂无闻,但他最后能战胜尼克松还要归功于在电视辩论中表现出了鲜明突出的积极进取和自信的态度。

对大多数知识分子来说,甚至很多无政府主义者来说,这位新总统的思想即使算不上深刻,至少是清醒、豁达、老成和精明的,他也很快表达出自己的意见:在国际利益的舞台上,智识和文化应该占有一席之地。在肯尼迪之前,一些颇有智慧的总统——比如胡

---

① 《纽约时报》(*The New York Times*),1960 年 11 月 3 日。

佛——常常会对总统的一些仪式的职能表示不满，认为这是在琐事上浪费时间。国父们构想这套体制并不是为了这些小事，他们大多都明白国家首脑，尤其是共和体制下的首脑应该是一个举足轻重的人物，这个人与公众之间的交流是政府组织的重要纽带。华盛顿本人就亲身参与了新政府的组建工作，完美地展现了政府首脑的功能。在20世纪，大众媒体的发展，美国人对公共宣传的狂热使得总统办公室更多重视这种礼节性和公共展示的部分。富兰克林·D. 罗斯福通过无线电广播和新闻发布会成为第一个充分利用公众关注度优势的总统。肯尼迪是第一位意识到知识分子和艺术家此刻成为公共生活领域的一个重要组成部分，不仅应在各种国家庆典活动中频频露面，而且应该对他们的地位进行官方确认，以获得他们的忠诚。总统官邸也成为一个象征：电视上会直播总统官邸的翻新，吸引了大量观众；它再次成为接见文化界名人的中心——罗伯特·弗罗斯特、E.E. 卡明斯和帕布罗·卡萨尔斯（Pablo Casals）都曾经在那里被接见过。权力应该尊重智识的观念一再被重申——其中令人印象深刻的恐怕是1962年春天，在总统官邸举办了一场招待诺贝尔奖获得者的纪念晚宴，总统特别提及，自托马斯·杰斐逊在此独自用餐以来，白宫餐桌上再也未曾像此刻这样汇集了如此众多有头脑的人物。

当然，这只不过是对某种特殊利益的合法性进行象征意义上的认可——这种仪式的功能由来已久，比如爱尔兰政客参加意大利人的晚宴或者犹太政客参加爱尔兰人的守灵仪式。就像少数族群一样，知识分子也要有一个场所让大众接受和了解。新政府对文化认同仪式的兴趣没有对人才的孜孜以求重要，专家在美国政府中的地位达到了一个新的高度。智识在政治领域的声誉和地位因不同的时间阶段而变化，但对专家的需求似乎是在持续上升。比如，虽然艾森豪威尔政府公然表达了对知识分子的轻蔑和不满，但依然制定了很多启用专家的政策；共和党领袖也对所谓友善知识分子的"开发利用"感兴趣。至于那些属于多数的，既是知识分子又是专家的人与其余智识群体之间关系一个更大的问题，我将在最后一章里讨论，这个问题涉及一些身处权力边缘的知识分子的状况。智识和权力之间关系的困顿在于，无论是跟权力联系在一起还是被摆放在一无是处的位置，智识的首要功能都令很多人感受到威胁。在现代社会中，智识成为一股势力，这是一个敏感又冲突的问题，它源于这样一个基本事实，即无论和权力关系密切还是被排除在重要政治角色之外，智识都难以轻易达成自我妥协。

第四部分
实用文化

第九章　商业与智识

至少四分之三个世纪以来，大多数美国知识分子都将商业活动看作智识的对立面，并引以为耻。而长期以来，商人自身也接受了这个角色。直到今天，商人和知识分子之间的不和已经成为一个自然现象。无疑，商业活动和智识活动之间存在着一些内在冲突：它们追求不同的价值观，因此注定是互相对立的。对任何一个职能机构或固化的权力中心来说，智识总是一个潜在的威胁。不过，这种冲突又带有某种相互依赖的特点，所以并没有导致双方立马开战。然而与总体上的对峙状态同样重要的是，他们之间的冲突会随历史条件的变化减弱或激化。美国工业时代的环境让实业家成为反智阵营的核心力量，其他的反智主义者都被挤出了历史舞台。

几年前，商业记者约翰·张伯伦（John Chamberlain）在《财富》上抱怨美国的小说家们一致歧视美国商人。他指出，在所有的现代小说里，商人几乎都被描述成粗俗的、市侩的、腐朽的、依强欺弱的、盛气凌人的、反动保守的、不辨是非的人。在长长的商业小说书单中，从德莱塞（Dreiser）的《欲望三部曲》到当代小说，张伯伦发现只有三部小说中的商人形象还算不错：一本是由一名不出名的作家写的；另外两本是威廉·迪恩·豪威尔斯的《塞拉斯·拉帕姆发迹史》(The Rise of Silas Lapham) 以及辛克莱·刘易斯的《多兹沃斯》(Dodsworth)①。不过，这两个例外恰好验证了张伯伦的抱怨。《塞拉斯·拉帕姆发迹史》写于1885年，当时商人和小说家还没有成为水火不容的敌人；五年后，豪威尔斯出版了《一笔意外横财带来的危机》(A Harzard of New Fortunes)，小说中出现了一种典型的变色龙式的商人形象，后来他还写了一些带有社会主义倾向的评论文章。辛克莱·刘易斯在《巴比特》里为世界贡献了一个典型的来自小地方的庸俗的美国小商人形象。

张伯伦认为，小说中的商人形象总体上是源于一种刻板印象（他称之为"一种古板的教条的态度"），而不是源于对商业活动的直接观察，或对商人的深入了解。不过，这种不近情理的指控很可能只是张伯伦的想象而已。我们社会从来就不存在着一个能够让作家和商人和谐共处的空间；如果美国小说没能真实地刻画出商人形象，那部分原因是美国作家很少跟商人们待在一起，几乎没有仔细观察的机会。敌对的情绪不是单方面的，而是相互的，很难说商人就缺乏防卫的手段，或没有实施自卫反击。

但张伯伦的重点在于：小说中的商人形象反映出了知识分子群体的一般态度，在不同时期表现为民粹主义、进步主义或马克思主义，往往还有这三种思想的混合。由于美国内战后工业主义蓬勃发展，商人和文人墨客之间的罅隙持续加深。到了进步主义和新政时代，商人与社会科学领域里自由派知识分子之间的紧张关系也日趋

---

① 《小说中的商人》("The Businessman in Fiction")，《财富》(Fortune)，Vol. XXXVIII，1948年1月，pp.134–148.

尖锐。在经济繁荣时期，知识分子群体还没有深陷政治冲突之中，商人在他们心中的形象不过是一群庸俗的市侩。在面临经济和政治危机时，二者冲突就会加深，商人们成了冷酷无情的剥削者。在大家看来商业和智识之间必然存在着永恒的价值冲突：一方是以金钱或权力为中心的人，他们只关心权力的大小和金钱的多少，喜欢吹嘘，摆出一副热情的样子；而另一方则是充满批判精神的人，对美国文明抱有怀疑态度，只在意他们的道德品质和价值观。知识分子对于商人按照自己的目的和标准塑造文明的那套把戏了如指掌。商人们无孔不入，他们充实了政治党派的小金库，拥有或控制着有影响力的新闻媒体和大众文化传播机构；他们成为大学以及当地学校董事会的成员；他们举办文化活动或资助文化界人士，他们的声音控制了拥有决策权的每一个角落。

当代商人更愿意把自己看成一个务实的成功者及爱国的慈善家，肩负着重大责任，还要忍受着知识分子轻率的批评，而这些人甚至连工资单都没有看过。商人们难以接受对他们的横加指责。他们发现自己不经意地陷入了一个庞大的福利国家官僚体系当中，他们感到被势力强大的工会所掣肘，而受到知识分子蛊惑的公众则不时用怀疑的眼光看待他们。他们或许也意识到，早些年——比如卡内基时代——虽然社会上也存在一些敌意，但商业巨头往往在文化界也是英雄级的人物，那时一些全国知名的人士都是商人，他们拥有自己的权力，在生活的各个方面给人树立榜样。但是从亨利·福特时代开始，他是最后的一代，这种英雄般的形象就消失了。只有进入政界或公共行政领域的商人名字才会出现在新闻标题上。比如说查尔斯·E. 威尔逊这样的人，当他在 1953 年担任国防部长的时候出现在《纽约时代》上的次数就要比他三年前担任通用汽车总经理时多十倍。[1] 富人阶层还是可以参政的——约翰·F.肯尼迪、纳尔逊·洛克菲勒、阿弗里尔·哈里曼、赫伯特·雷曼、G.曼宁·威廉姆斯——不过，这些人并非真正的企业家，他们的财富是继承而来的，往往带有自由主义的政治倾向。

商人们理所当然地认为是知识分子制造了这个对他们不利的环境，并且与同盟者一起剥夺了他们的声誉。如果他们真的这么想的话，就大大高估了知识分子的能力。实际上，商人的声望主要是被他们自己的所作所为破坏掉的。正是他们创建了巨型公司，在运营它们时表现出来的冷血无情抵消掉了他们的声望；是他们自己不断地在鼓吹一种美国生活方式和自由的企业制度，这些观念吸引了民众全部的注意力，而使得大家不再关心个体企业家的精神。曾经是伟大的人物创造了财富，而今天是一个伟大体系制造出了富人。

很多知识分子都站出来反对自己出身的商人家庭，智识和商业活动之间的那种微妙而尴尬的关系可以从这一事实中窥见一斑。实际上，商业和智识之间发展出了一种不和谐的共生关系。美国政府在发展艺术和教育方面的作为远不如欧洲，文化发展一直依赖私人资助。近几十年来，商业活动饱受知识分子的批评，但这种依赖性丝毫没有减少。挑剔的知识分子的地位也十分尴尬：为了工作和生计，他不得不一手伸向那些去世的慷慨大方的商人名下的赞助机构，比如古根海姆、卡内基、洛克菲勒、福特以及一些小捐赠人，而他们的另一只手则为了自己的价值观和信念往往会握拳相向。智识和艺术的自由就是批判和蔑视的自由、毁灭和再造的自由，但为了生计，知识分子和艺术家们又得成为一名雇员、门徒、受益人——甚

---

[1] Mabel Newcomer:《大型公司高管》(*The Big Business Executive*, New York, 1955), p.7; 有关行政管理人员威信的下降，见 p.131.

至一个生意人。这种纠结的关系对商人也是如此。他们对名誉非常敏感，害怕和憎恶批评，常常洋洋自得于手中的权力，他们明明知道赞助艺术和文化是扬名的好机会，但很少有人能这么去做。老实说，他们接受的也是传统道德观念，他们也常常感到有责任将手中的财富善加利用。他们并非完全不尊重理性，在现代技术条件下，他们必定多少要仰仗理性来提供实用性的建议。最后，身为人类的一分子，他们天然地渴望被尊重。

商人的反智主义，若狭义地解释为是对知识分子的敌意，那它主要是一个政治现象。但是，广义地理解为是对智识本身的怀疑，缘于大部分美国人更倾向于用实践的、直接的经验来规范日常生活。虽然不同的社会阶层和不同的历史条件下略有差别，但这种原本只适用于商业领域的实用性偏好在美国随处可见。就其本身来说，对实用性的适度关注本无可厚非，不应该被鄙视，只要它没有排斥性，不去诋毁或嘲弄人类经验的其他方面。适用性确实值得提倡，然而在美国历史中却存在着将实用性神秘化的倾向，这使得它的价值和意义大打折扣。

2

在美国文化中，假如我把商业排在反智先锋的位置也不算夸大其词。当然，美国文化界的学术和艺术活动也得到了少数几个富人、赞助商给予的大量资助，这点就足以跟第一句话相抵消。强调商业领域的反智主义，不是因为商业比美国社会其他领域表现得更加反智或更没文化，而仅仅在于商业是美国社会生活中最强大，也是涉及层面最广的领域。一方面，实用性在美国社会生活中一直具有特别的影响力；另一方面，自19世纪中期以来，商人就比社会上的其他势力更多地被卷进反智运动中。或许，这两方面的原因兼而有之。"美国基本就是一个商业国家"，沃伦·G. 哈定在 1920 年说道，卡尔文·柯立芝将这句话转述为一句经典名言："美国的事业就是做生意。"①至少在 1929 年之前，正是商业在美国社会拥有这样的地位，才使得我们需要特别提及。

美国商人反智成功的原因之一就是他们的观点在很多地方恰好跟传统的民间智慧相吻合。举例来说，商人们在讨论高等教育和职业培训这些问题时所表达的对智识的感受也是普通大众的感受，就像爱德华·柯克兰所说的：让孩子们从学校退学，不肯送孩子上大学，这就是大家不断表达的对教育体系的看法。我们不必惊奇地发现，像亨利·乔治这样激进派的劳工改革者也给儿子建议，既然大学里学到的都是一些不学就会的东西，那还不如直接进入报社工作，让自己接触现实社会。这样的建议或许也会出自一个商业大亨之口。②

在商业文学作品中，在主张实用性的地方，紧随其后的便是赤裸裸地表达对理性的畏惧和对文化的蔑视，这已经成了一条铁律。美国社会对于文明和个体信仰的两种普遍态度是其形成的基础：首先，是被广为认同的对历史的蔑视；另外一个就是自立自强的精神，即使宗教信仰也不过是为达到目的的工具。

让我们首先来看看美国人对待历史的态度，它深受美国技术文

---

① Warren G. Harding：《政府的商业头脑》("Business Sense in Government")，《国家商业》(*Nation's Business*)，Vol. VIII，November，1920，p.13. 1923 年 12 月 Coolidge 在美国振兴编辑协会集会上发表的演讲被 William Allen White 所引用，《巴比伦的清教徒》(*A Puritan in Babylon*，New York，1938)，p.253.

② Edward Kirkland:《1860—1900 年间商业群体的梦想与思想》(*Dream and Thought in the Business Community*，1860–1900，Ithaca，New York，1956)，pp. 81–82, 87.

化的影响。正如人们常说的,美国一直是个没有纪念碑和历史遗迹的国家——因而也无须寻根问宗。在欧洲国家,祖先的精神遗产是伴随欧洲人成长的,其价值和意义即便一个最朴实的农民和工人都会大致了解。美国则是一群企图逃出历史的人所建立的国家,一群立志将历史从自己的生命中删除掉的人迁徙至此成为美国人。① 他们只关注未来,这些美国人发现周围到处是广阔无垠的土地和资源,却苦于劳动力和技能的短缺。所以,他们对技术知识和发明创造寄予厚望,希望它们能够开发这个国家无穷的财富,开启一扇通往灿烂未来的大门。科技与技术才是美国所需——用美国主义一个重要口号一语概之便是"探究"(know-how)。过去是不值一提的、不切实际的以及毫无创意的,我们只需将之弃之脑后。要知道,在18世纪末至19世纪初,当美国这种对待历史的态度刚刚出现的时候,它在有些方面具有一定的合理性甚至是值得称赞的。其目的并不是要与历史彻底决裂,成为一个彻底的技术主义或物质主义的野蛮之地。美国人的态度代表了不少意涵,他们支持共和以及平均主义,反对君主制度和封建等级制度,反对对人民进行无情的剥削;支持理性主义,反对迷信,充满活力,面向未来,不肯消极被动地接受旧世界,反映出了一种充满生机与创造力的社会心态。

然而虽非本意,但这种心态还是造成了反智的后果。它促使了一种知识类型的发展,在它的观念体系中,过去不过是混乱、腐朽和剥削的历史,思想要是不能转化成现实的成果、热情假如不能推动社会进步,就毫无价值。这种对待人类事务的看法又会轻易推

---

① Emerson 认为:"欧洲群众并不是被不加区分地运送到了新大陆,大西洋就像是一个筛子,每一个城市、组织、家族中,那些富有自由、冒险精神,敏锐和热爱美国的人才会来到这片大陆。来的都是白皮肤蓝眼睛的欧洲人:黑眼睛、黑皮肤的人全都留了下来,它们是欧洲的欧洲人。"《日刊》(*Journals*, 1851, Boston, River side ed., 1912), Vol.VIII, p.226.

导出物质生活的改善全赖商业活动的进步和发展。它培养出一种骄傲自大的观念：只有一种生活方式才是值得过的，那就是美国方式，而这种生活方式在其他地方是被人们所唾弃的。① 很多美国人竟然发现人类文明的真正秘密就在美国专利局里。1844 年，一位演说家在耶鲁告诉大学生们，他们能够在那里看到未来：②

> 哲学的时代终结了，没有留下多少存在的痕迹。光辉岁月不复再来，只留下人类苦难的记忆。效用的时代已经开启，我们不需要太多的想象力就能够预测这个时代将永存，并且将随着自然奥秘的一一揭示而闪耀光芒。

随着机械化大生产兴起，效用与传统直接的冲突无处不在。美国基本上都是站在效用这边的，支持进步和发明，追求财富和舒适。机械化的发展正在摧毁过去的停滞、艰苦和野蛮，这点并不难理解，但机械化也会带来新的不适和野蛮，削弱传统和理想，忽略感性和忠诚以及对美的感受力，这一点并不为众人所知。在这方面，欧洲和美国具有象征意义的差距，或许在于欧洲总是存在着一股强大的支持传统的势力，主张保留浪漫和道德，反对工业文明——这一传统由不同的人物所传承，他们有歌德、布莱克、莫里斯、卡莱尔、

---

① 参阅 Thomas Paine 的《人的权利》(*The Rights of Man*)："假如亚洲、非洲和欧洲的政府也能实施跟美国类似的政策，假如这些国家还没有被历史所腐蚀，那么他们的处境要比现在好很多，从美国在各个领域所取得的迅猛发展来看，得出这样的结论并不奇怪。"《写作》(*Writings*, New York, 1894), Moncure D. Conway 编辑, Vol.II, p.402.

② Arthur A. Ekirch:《1815—1860 年的美国进步主义思想》(*The Idea of Progress in American*, 1815-1860, New York, 1944), p.126. 第四章中有关美国人技术信仰的文献给了我很大帮助，尽管我觉得作者将它简单地看作科学信仰不是很恰当，因为他大部分指的是应用科学。整部著作对我们了解内战前的美国智识情况是非常有启发的。

雨果和夏多布里昂、罗斯金和司各特等。这些人主张以语言的多样性、保持地方风土人情、保护文物遗迹以及欣赏自然之美来对抗机械时代。他们秉持着反对资本主义工业化的传统，对工业文明给人类带来的影响表示质疑，从道德、美学及人性的角度进行对抗。

我并不是暗示美国没有这样的人物。尽管他们也意识到了这不符合美国的主流观点，认为这是徒劳的，甚至觉得孤立无援，但还是有一些作家就这种对科学进步的盲目崇拜表达过反抗。纳撒尼尔·霍桑在小说《大理石神》（*The Marble Faun*）的序言中就抱怨在这个国家从事写作的困难，"这里没有阴暗、古代和神秘性，没有如画的美景和晦涩的罪行，除了朗朗乾坤下平淡无奇的经济繁荣之外，什么都没有。"赫尔曼·梅尔维尔在小说《克拉瑞尔》（*Clarel*）中警告：

> 人类啊，在科学面前一无是处，被它碾压。

他对科学进步主义的看法是："不过是在操练新的匈人。"亨利·亚当斯后来在他递交的一份辞呈中用更辛辣冷静的语气表达了他对这种美国景象的看法——但他们中没有谁自认为是某种传统的代言人。在其他作品中，梭罗的《瓦尔登湖》是一篇人道抗议的"檄文"，它描述了被火车轨道所埋葬的人们以及逝去的生活。美国社会对未来充满的热诚并没有影响到梭罗，他反对国家倡导的各种运动、扩张、技术和效用。他在1853年写道："这个国家就像是一家企业。"①

> 它不是走向进步，而是一路向西，走向俄勒冈、加利福尼亚，甚至是日本，不管是徒步还是依靠铁轨，我对这些毫无兴趣。它

---

① 《著作集》（*Writings*, Boston, 1906），Vol.VI, p.210, 1853年2月27日。

不经思想的阐明，也不依赖情感的温度，在这里没有任何东西值得一个人付诸生命去追求，甚至连脱下手套去读读报纸都不值得。这完全不可理喻，妄图用伟大的西进之路来阻挠人类走向死亡吗？不，或许这是他们的命运使然，但我相信这不是我的。

保守的古典和东方学家泰勒·李维斯出于类似的思想也反对美国实用主义教育在鼓励"平庸和统一性"的同时又鼓吹个人主义。"我们什么时候才会去追求真正的原创性呢？"他问道，"难道要等到每一个孩子都学会了重复着这种毫无意义的自我赞美，个体思想的差异性完全消失的时候吗？因为除了追求进步，蔑视历史，对未知的世界盲目崇拜之外，人们的思想已经容不下其他东西了。"① 但是，只有一些吵闹不息的少数派赞同这些反抗。安德鲁·卡内基曾经说过，"无知过往的主要功用，不是教导我们要接纳什么，而是去逃避什么"，这位石油大亨认为，让学生"去讲那些含混不清的没人会说的语言、学习神话里那些无聊的故事和人类久远过去的野蛮事迹"没有任何的意义；詹姆斯·A.加菲尔德不想鼓励美国的年轻人把精力花在那些已经逝去了的年代和人身上，而是要投入到自身所处时代充满活力与生机的生活中。亨利·福特告诉一位新闻记者，"历史多多少少都是谎言构成的，它只是一个传统"——类似这样的人才是美国社会的主流。② 当一种典型的美国之音逐渐兴起时，这种对前机械时代的蔑视及对技术进步的渴望迟早都能找到发声的

---

① Ekirch: 同上，p. 175.
② Kirkland: 同上，pp. 86, 106; Irvin G. Wyllie:《自力更生的美国人》(*The Self-Made Man in America*, New Brunswick, New Jersey, 1954), p.104.Ford 对他观点的解释非常耐人寻味："我不是说它是没用的，它只是对我没用……我确实不太需要它。" Alan Nevins:《福特：1915—1933 年的扩张与挑战》(*Ford: Expansion and Challenge, 1915-1933*, New York, 1957), p. 138.

好时机。其中最有权威的马克·吐温便是一典型的例子。很多年前,梵·维克·布鲁克斯(Van Wyck Brooks)在《马克·吐温的苦难经历》(The Ordeal of Mark Twain)这部杰作的后记上谴责马克·吐温,因为"要是排除他对机械的热情,那他对文学的热诚所剩无几;对同时代人所认同的'机械的进步乃是人性的进步'这一观点,他也完全认同"。布鲁克斯引用了马克·吐温那段描述佩吉设计排版机的文字,吐温认为这个机器已经超越了人类大脑所创造出来的任何东西;布氏又继续引用了马克·吐温在诗人惠特曼70岁生日时写给他的一封言辞辛辣的信,在信中吐温向诗人表示祝贺,祝贺他生活在一个物质极大丰富的时代,包括"数不胜数的、多种多样的令人叹为观止的化工产品",布鲁克斯指出马克·吐温没有意识到这个年代也因产生了像惠特曼这样的诗人而伟大。①

在这点上,就像对马克·吐温其他方面的评论一样,布鲁克斯似乎说到了点子上。但惠特曼本人并没有反感这封信。大概在30年前,惠特曼也曾经写过类似的话:②

> 想想近六年来发明创造出来的这些满足我们舒适和奢侈所需的数不清的新装备、新玩意——浴室、冷藏室与冰箱;苍蝇拍和蚊帐;门铃、大理石壁炉和伸缩餐桌;墨水、婴儿尿片;送餐及扫地机,总之,只要你瞥一眼美国专利局那厚厚的一本本报告,就会明白能够生活在1857年这样的年代是一件多么值得庆幸的事。

---

① 《马克·吐温的苦难经历》(The Ordeal of Mark Twain, New York, 1920), pp. 146–147.
② Emory Holloway 与 Vernolian Schwarz 编辑:《我坐着向外看:布鲁克林日报时代的社论》(I Sit and Look Out: Editorials from the Brooklyn Daily Times, New York, 1932), p. 133.

马克·吐温对技术的态度尤其有趣，它折射出一种推崇科技兴国观念的狂热。之所以用"折射"这个词而不是"蕴含"，是因为他本人是一个深度的道德主义者和悲观主义者，不会将机械化工业文明的进步想象为人类命运的完美结局。他还是一位充满自我矛盾的人，很少有人能像他这样在真诚拥抱工业文明的同时还能对它加以抵制。他在《亚瑟王朝廷里的康州佬》(*A Connecticut Yankee in King Arthur's Court*)中就技术进步所做的一番评论影响最大，书中他将一个19世纪推崇技术的北方人的思想与16世纪的社会思想相提并论，并一起加以嘲讽。这个故事的道德内涵是工业文明的进步所滋生出来的人性之丑恶与草率将超过进步本身，但故事的逻辑又让康州佬占尽上风。在蒸汽机和电力的推动下他们建立了一种良善的专制制度。"我在我的政府中所要做的第一件正式的事——也是在政府成立的第一天所做的——就是开办一个专利局；因为我知道一个国家要是没有专利局和一套好的专利法规，就会出现横行霸道的现象，大家除了后退或互相提防外，寸步难行。"① 当然，对这位北方英雄，马克·吐温的态度也有自相矛盾的地方，正如亨利·詹姆斯尖锐地指出，尽管在大家心目中马克·吐温是一位心智不太成熟的作家，但他也没有天真到意识不到工业文明的一些局限性。② 但不管怎样，小说中的这位康州佬在心智和道德上都优于常人，令众人欣赏。小说体现

---

① 《一位康涅狄格州的北方佬》(*A Connecticut Yankee*, 1889; Pocket Book ed., 1948)，p.56.

② 在跟Dan Beard谈论这本书的灵感时，他说道："你知道，我的这个北方佬既没有受过完善的大学教育，也没有大学生的那些缺点，他就是一个完美的无知无畏的人，他是一位机械店的老板，他能建造出一部火车头，或者一把柯尔特手枪，他能够架设电报线，发电报，但他确实是一个无知的人。"Gladys Carmen Bellamy：《文学艺术家马克·吐温》(*Mark Twain as a Literary Artist*, Norman, Oklahoma, 1950)，p.314.

了马克·吐温的民族情怀,他在写给英国出版社的一封信中说到,这本书不仅是写给美国人看的,也是写给英国人的,是为了回应英国人对美国的批评,尽管他并没有明说,这主要是针对马修·阿诺德,是想让"英国变得更加阳刚"的一种尝试。像他这种对待人类尤其是对北方工业文明一贯讽刺挖苦的态度,最后还是做了妥协,为后来的美国生活方式辩护。虽然书中也含沙射影地对现代美国社会略有诟病,但主要还是针对欧洲社会与过去的历史,针对的是一个充满肮脏、愚昧、暴行、迷信和剥削的社会。假如马克·吐温的本意是将16世纪与19世纪的社会等而视之进行批判,那么只能说他的表达方式不对。因为书中的表达很容易让人相信他只仇视其中的一方;他对佩吉打字机发明表达出的狂热便是例证,他原本希望这台机器能让他赚几百万的,结果却亏掉了几千美金。他的这种思想倾向在《傻瓜出国记》(*The Innocents Abroad*)中更是表露无遗,作者在书中承认比起意大利的艺术,他更关注欧洲的铁路、车站和收费公路。"因为我了解后者,完全不懂得欣赏前者。"[①] 这也有助于理解《哈克贝利·费恩历险记》(*Huckleberry Finn*)后面的一系列情节,痴迷于过去欧洲浪漫英雄主义的汤姆·索亚坚持要用他想象出来的唯一正确的方法去解除黑人吉姆的囚禁,那要经过一套烦琐的仪式,他还要打消哈克·费恩提出来的那些没有任何技术含量的普通提议。这部非凡的讽刺小说消解了用书本故事来对底层人民进行道德说教的效果,这招来诸多指责。但是,对马克·吐温来说,这本书具有重要的地位。汤姆·索亚所代表的是一个不切实际的传统文化,而哈克代表的则是想要把握现实的美国本土精神。

---

① 《海外无辜者》(*The Innocents Abroad*, 1869, New York ed., 1906), pp.325-326.

3

马克·吐温所表达的无疑是美国普遍存在的一种纠结心态。它的一个主要信条就是对专利局和未来的坚定信心。但是,很多美国人包括马克·吐温对主要在东部盛行的士绅文化也抱有一定的尊重和向往。(克莱门①一方面想要修复这种文化,同时又藐视它,这是我们整个历史上最痛苦的对抗之一——他在诗人惠特曼 70 岁生日会上演讲时的尴尬局面便反映了这点。)这种文化有其自身的限制,但在马克·吐温所生活的那个时代,这是美国所了解的唯一高级的文化形态,而这种文化在很大程度上还要仰仗商人阶层的资助。

在既无有权有势的世袭贵族的支持,又缺乏国家赞助的条件下,美国艺术和学术的发展要依赖商人的财富。在这点上,美国商人阶级的文化对知识分子就尤为重要。从一开始,美国就必然是一个以工作为纽带的社会,但即便到 18 世纪中叶,大西洋的滨海城市已经具备了发展艺术和学术的物质条件,一些对文化感兴趣的商人也设立了基金。早在 1743 年,本杰明·富兰克林为推动科学发展规划了一个殖民地之间的合作方案,他发现"殖民地初创时期,那种为维持生存就要消耗掉人们全部精力的艰苦时代已经彻底结束,如今每一个地区的物质条件都能给人们提供舒适的生活,拥有闲暇的时间去培养艺术品位并提升知识储备"。②许多沿海城镇已经处于大英帝国最大城市之列,商人和职业阶层都对学习、科学和艺术抱有浓厚的兴趣,也正是这一阶层在这个新世界建立了一种资助模式。

这个阶层的主体是商业新贵——特别要强调的是,财富掌握在那些毕生都在做生意、积累财富的人手中。对有些商人来说,做生

---

① 译注:马克·吐温原名萨缪尔·兰亨·克莱门(Samuel Langhome Clemens),马克·吐温是他的笔名。

② Smyth, ed.:《著作集》(*Writings*, New York, 1905–07), Vol. II, p.228.

意就是一种内在的生活方式；而对另外一些人来说，就是一种实现生活的方式，只是多元世界中的一个方面，只是谋生的一种手段。对于后者，在积累了足够的财富后就退休至少是一个能够理解的目标。卡内基在他这一代的百万富翁中是一个卓越的人物，他曾口头承诺要实现这种理想，虽然后来并没有完全遵守。在他三十多岁一年能赚到5万美金的时候，他写道：①

> 做生意占据了我太多的精力，我满脑子都在想着如何在最短的时间内赚到最多的钱，这无疑使我难以获得内心永久的平静，我准备在三十五岁的时候退休。

在美国，有很多头脑里满是生意经的人对这句话不以为然，但卡内基这句话所表达的理想确实有巨大的影响力。波士顿、纽约、费城以及查尔斯顿的旧派商人都是多面手且见多识广，他们的生意遍及欧洲和远东，这让他们的思想更加开放。19世纪中期交通工具的迅速发展加快了航运时代缓慢的商业节奏，这就使得商人们在发展事业的同时还能享有闲适的生活。在18世纪后期，社会还存在一定的等级，而顶层的商业人士中有很大一部分出自拥有世袭财产或爵位的人，他们依靠血统、闲暇和教育上的优势从事商业贸易活动。不仅如此，18世纪的商人还经常积极参与政治活动，他们关注公务、法律、行政管理以及商业，不仅在行动能力上全面发展，同

---

① Burton J. Hendrick:《安德鲁·卡内基的一生》(*The Life of Andrew Carnegie*, New York, 1932)), Vol. I, pp.146-147. 与之相比，美国商人对他们的欧洲同仁时常表达出来的"存够钱以尽快退休"的想法感到惊讶不已。Francis X. Sutton, et al.:《美国商业的贪婪》(*The American Business Creed*, Cambridge, Mass., 1956), p.102.

时还善于思考，总结经验。

19世纪早期依然承袭了这种商人的理想模型，并将它视为一个模范市民的标准。这些楷模在享受文雅和闲暇的、有文化品质和全面发展的生活的同时，也能毫不冲突地传播新教勤奋、节俭、内敛、克制的价值观。当时领先的一个商业期刊《亨氏商业杂志》（*Hunt's Merchants' Magazine*）[①]的专栏中就表达了对这种生活方式的看法。它的出版商兼编辑弗雷曼·亨特是马萨诸塞州一位造船匠的儿子，就像19世纪的很多同行一样，他是从印刷业转到出版业来的。在他的身上，智识传统和新英格兰地区立足于实践经验的商业精神兼而有之；他的父亲在他小时候就去世，这使得他不得不自谋生路。1839年，亨特在他的月刊创刊号里将商业描述成为一份崇高的职业，能够提升思维、扩大视野，并且能够增加"整体知识储备"，他写道，"我们刊物最主要的一个目的就是提升商业从业者的素质。"他强调了"正直和荣誉感的重要性，一个商人即使拥有很多的财富，假如没有这两点，便不足以称其为一个成功而体面的商人。"商业也是"一个包含并需要各种不同知识的职业，像有关土地、气候、生产、消费方面的综合知识，有关历史、政体、法律、语言及世界风土人情，要比其他行业所需的多得多……"他以维持商业的智识和道德水准为己任，"年轻人将要取代老一辈商人，不管他们的思想在什么地方形成，都将发现我们此刻全力以赴所做

---

① 仔细阅读Freeman Hunt在《价值和财富：商人道德箴言选集》（*Worth and Wealth: A Collection of Maxims, Morals, and Miscellanies for Merchants and Men of Business*, New York, 1856）中对商人的描述时，我惊讶地发现在一位优秀的商人身上可以有如此多的品质，汇集了众多的美德。首先就是古典清教徒的品德，这些品德包括野心、节俭、俭朴、勤奋、坚韧、自律、勤恳、有远见、简单，他们跟个人的发展与纪律有关。第二个美德就是商业上诚实守信，它跟商业拓展与社会有关，包括正直、慷慨、高尚、文明、仁慈、友善、真诚、负责、自由、儒雅、体面、谦逊。第三种品质可以适用于任何职业：清晰、明确、果断、仔细、专心、活泼、严格。

的都是在帮助第一代商人们从事着这份高尚而受人尊敬的职业。"①亨特的一本书就标新立异地取名为《财富与价值》，后来的作家也经常转述这句话"商业和文明并驾齐驱"。很多年来，亨特的杂志开辟了一个涉域广泛的文化版面，经常介绍知识分子乐于讨论的书籍，还会报道由纽约商业图书馆协会资助的演讲。杂志还发表过一篇牧师写的文章《论休闲的用途与滥用》，被认为具有重要意义。还有一篇《论商业的优势与利益》的文章指出，"任何一个国家若是能将商业建立在光明正大的基础之上，那必然也会精于自由的学术研究和追求"。这句话的关键是商人的角色和功能不仅是由他们在物质上的效用来衡量的，也不仅是由他正直和高尚的职业态度来决定，他还承载着商业领域之外的某种更加宏观的文化角色。②

旧式的商业典范固有一套现实的、道德的及文化的守则，对一般人来说似乎难以践行，但有些人，尤其是美国沿海大城镇里的，却能够遵守并将之传承下去。比如，家财万贯、权势显赫

---

① 《商人杂志和商业评论》(*The Merchant's Magazine and Commercial Review*, Vol. I, July, 1839), pp. 1-3. 在 1850—1860 年间，这份期刊的名字改成了《亨特商人杂志》(*Hunt's Merchants' Magazine*)。要想了解利润部分的段落，见 Vol. I, pp. 200-202, 289-302, 303-304, 399-413. Jerome Thomases 著有《弗里曼·亨特的美国》("*Freeman Hunt's America*")，《密西西比河谷历史评论》(*Mississippi Valley Historical Review*, Vol. XXX, December, 1943), pp. 395-407. 他在文章中试图评估这份杂志的巨大影响力。他的这个主题我也非常重视，但他还指出这份杂志还传播了大量勤奋的、现实的、自立自强的思想。它似乎成了一个象征，表明到了 1850 年，纽约的商人阶层已经确立了自己理想的商人形象。"银行家、资本家、经纪人、商业律师、铁轨勘测师和企业家们都称自己为商人。" Philip S. Foner：《商业和奴隶》(*Business and Slavery*, Chapel Hill, 1941), p. vii.

② Sigmund Diamond 观察发现，19 世纪早期，社会对企业家的评价主要基于他们个人财产的使用情况，无论是用于慈善事业还是节俭。到了 20 世纪，大家已经普遍将工商企业看成一个体系，而不能由慈善事业这样的副产品来评判。《美国商人的名誉》(*The Reputation of the American Businessman*, Cambridge, Mass, 1955), pp.178-179.

的波士顿的阿普尔顿兄弟（Appleton brothers），萨缪尔（1776—1853）和内森（1779—1861）。萨缪尔在政治和商业领域都非常活跃，他在六十岁的时候就退出商界，余生投身于慈善事业。他慷慨大方地资助大学、研究院、学术团体、医院、博物馆。他的弟弟内森对科学、政治和神学抱有浓厚的兴趣，资助过波士顿雅典娜博物馆、马萨诸塞州历史学会和其他文化机构；他曾经说他因机缘巧合从事棉花贸易，并赚到足以满足他所需的20万美金。亨利·亚兰斯和布鲁克斯·亚当斯的祖父彼得·查顿·布鲁克斯（Peter Chardon Brooks，1767-1849）有三个女儿，分别嫁给了爱德华·埃弗雷特、纳撒尼尔·弗罗辛厄姆和老查尔斯·弗兰西斯·亚当斯，他在36岁时就基本上不再经商（后来他又重返商界几年时间），而是致力于公共和慈善事业，为他两位女婿的政治生涯效力。像这样的人既能在经商时兢兢业业，又能够做到全身而退，在他们的头脑中一直闪烁着文化和教养的理想之光。爱默生坚定不移地支持多才多艺的、富有教养的铁路大亨约翰·穆雷·福布斯（John Murray Forbes，1813-1898）。他们是知识分子和商业模范代表之间友好关系的一个典范，他赞颂道：[1]

> 无论做什么，他都能赚钱，他骑马、射击样样精通，表达和内务外政管理能力俱佳，而且他还是同伴中最会说话的人……我不得不自问道，像这样一个在其他地方都找不到比他更厉害的人，怎么会吝啬对他人的同情心以及对文化和科学工作者的尊敬呢？我想一个优秀的国家应该是拥有这种人才的地方。

---

[1]《文学与社会目标》(Letters and Social Aims, Riverside ed.), p.201. 在 Thomas C. Cochran 的《1845—1890年的铁路领导者》(Railroad Leaders, 1845–1890, Cambridge, Mass, 1953) 中对 Forbes 有很多有趣的侧面描写。

纽约最杰出的一个商业楷模是著名的日记作家菲利普·霍恩（Philip Hone，1780-1851）。霍恩的经历展现了本地精致的上层阶级吸收富有天赋的新鲜血液的能力，没有哪位商人能比这位新贵更能活出这样有教养的一生。霍恩是一个不太富裕的木匠的儿子，十九岁时就跟着一个哥哥从事进口贸易，在他四十岁退休的时候就拥有了500万的财富，接着他离开美国游访欧洲。霍恩自十六岁后就没再上过学，但与那些自学成才的人所不同的是，他并没有引以为傲，"我很清楚自己的不足，"1832年他写道，"我将用下半辈子去接受古典教育的熏陶"。① 霍恩受正规教育的缺失被他丰富的阅历所弥补，几年来，他收集了大量的图书资料并博览群书，收藏了少量但精良的艺术作品，成为一位舞台剧的赞助商，担任过纽约学社的社长、哥伦比亚大学的董事以及无数慈善活动的捐赠者。他的家里成了作家、演员、外交官以及政党领袖们的聚集之地。他本人也积极参与政治活动，做过高级市政官助理，做过一届纽约市长，在给辉格党的韦伯斯特、克莱和苏厄德等人担任顾问时发挥了重要作用。很多像他这样的人物，没有什么文化涵养，也没有带来什么原创性的文化作品，但若没有这些人的赞助和支持，美国的文化和智识生活将会是一片荒漠。

4

像福布斯、霍恩这样的商人的存在让托克维尔的这个评论大打折扣："在美国没有一个能够凭着世袭的财富和悠闲享受着智识生活乐趣的阶级，以从事智识劳动为荣。"② 不过对托克维尔而言，"世

---

① 摘自 Allan Nevins 的《菲利普·霍恩日记》（*The Diary of Philip Hone*，New York，1936）中的内容介绍，p. x.

② 《论美国的民主》（*Democracy in America*，1835，New York，1898），Vol.I，p. 66.

袭"一词无疑至关重要,于是像霍恩和福布斯这样的人明明做了很多贡献却不能得到广泛的宣传。这种现象在19世纪30年代尤为明显,托克维尔也是在这个时期访问了美国,并且写下了这句著名的评论,而在接下来的几十年里情形愈演愈烈。随着商业重要性的下降,生产重要性的上升,商人群体中的一小部分人面临着逐步扩大的海外贸易的全球影响力。而美国经济和美国思想开始转为内向型,变得更加自给自足。随着美国商业向内陆地区的快速拓展,横跨阿勒格尼和中西部地区,文化制度和文化休闲事业的发展则显得明显滞后,人和物质总是要比制度和文化跑得快。阶级壁垒被打破,普通人也拥有新的商业机会,这意味着商业和社会上层被一些新贵所占据,他们的品位和习惯对社会的主导作用会越来越大。在早期,尤其是在滨海的东部地区,业已成形的贵族阶层足够自信,愿意吸收、塑造和培养像霍恩这样的商人新贵。而当波士顿、纽约和费城成为欣欣向荣的文化中心时,内陆的一些新兴城市如同荒漠一般,这里,新贵和旧贵族后裔则相互融合,势均力敌。很多时候新贵们还凌驾于士绅之上。当然,还有一些像辛辛那提、列克星敦那样的内地小镇也按照自己的方式发展成了一个文化中心,但他们的影响力相对微弱。在内陆社会,这些新近成功的商人们也没有太大的需求或机会,通过跟波士顿的教授或商业贵族进行联姻来抬高下一代的地位。一切都是新兴的、原生的。

不仅如此,一切也都越来越不稳定和危险,即使像霍恩这样的人也因那个时代的不稳定而受到伤害。1830年代,他失去了大概三分之二的财富,当他再度重返商界的时候,已无法复制其早期的成功。在美国这种不同寻常的商业环境下,钱来得快也去得快。交易频率加快,商业分工越来越专业化。过去横跨大西洋时代的商业节奏使得交易间隙存在很多空闲时间,而现在这种空闲时间已经不存在了。因为商人们无时无刻都在面临新的挑战与机会。商业活动需要投入更多时间精力，商人在某种程度上不再像之前那样直接参与政治，担任公职，在更大程度上也不再涉及文化事业。1859年，英国旅行家托马斯·科里·格拉坦（Thomas Colley Grattan）发现美国年轻的商人们：①

> 他们做起生意来就像是在做苦工，且极度热衷于政治。他们成家后就放弃交际应酬，穿着上不讲究奢华。虽然他们脸上还没有皱纹和鱼尾纹，但他们很快就会变得沧桑、敏锐和憔悴。他们的言谈举止和对话都显得很拘谨。无论是体型、获得的信息、拥有的野心，他们都不够宽广。他们的体力孱弱，思维狭隘，大脑中只有一小部分一直保持着兴奋状态，剩下的部分都处在僵化状态，只想着如何赚钱，他们没法在更宽阔和自由的视野下获得通识性的知识。一切都被贸易、金融、法律以及当地细微的商业信息所限制。艺术、科学、文学对他们来说几乎就不存在。

同时，商业出版物的文化格调也有所下降。亨氏杂志的文学版曾经办得有声有色，现在它的影响力也大幅萎缩。在1849年及之后，这本杂志评论文章的篇幅也从原来的八页缩减到了四五页，再砍成两页半的豆腐块文章，最后到1870年时，这个已经排名倒数第二的栏目干脆就消失不见了。到1870年底时，这个杂志跟《商业与金融年刊》合并。《亨氏商业杂志》原来是一个月刊，新的杂志变成了周刊。出版人在旧版月刊的最后一辑上解释道，这种商业月刊

---

① 《文明的美国》（*Civilized America*, London, 1859），Vol.Ⅱ, p.320; 不过在同一段落中可以看到作者表达的疑虑。

已经赶不上现在商业沟通、交流的速度了。① 续刊虽然依然保持了一定的学术编辑水准，但对文学的关注程度俨然不可同日而语。

商业对美国社会的控制程度越大，就越不需要通过付诸外在于商业的价值去证明自己存在。早期，商业还打着诸如为上帝而促进商业繁荣的旗帜，后来又号称是为了品质和文化。尽管这样的借口并没有消失，但在商业理论中已经不再为人所重视了。当商业成为了美国生活中的主角，一个庞大的物质帝国在这个新世界中兴起，商业越来越迫切地希望凭借物质或商业内在的标准——它所创造的财富——来证明自己。美国商业曾凭借着提高文化水平来证明自己的价值，而现在他们主要靠提高生活水平来获得社会的尊重。② 几乎所有的商人都会毫不犹豫地认为，物质财富的增加即使本身不符

---

① 《亨特商人杂志》，Vol. LXIII，pp. 401-403. 这份商业杂志的文化历史是非常有启发性的。《亨特商人杂志》创刊号上第一篇文章的题目就是《与文明进步紧密相连的商业》（1839 年 7 月），pp.3-20. 这篇文章的作者是 Daniel D. Barnard，他是一名奥尔巴尼的律师和政治家，他还写过一本历史小册子，后来担任过驻普鲁士大使。Barnard 散文的定位就是 "赋予这个不断发展壮大的商业以人文内涵"。参阅 Philip Hone：《商业与商业人物》（*Commerce and Commercial Character*，Vol. IV，February，1841），pp.129-146. 另外一位公开栏目的作者非常确定地记录了 "当时在商人阶层中普遍受到欢迎的一种观点，商业和文学是势不两立的，你要是选择其中一个领域，就势必要放弃另外一项"。这篇文章的作者公开表明要驳斥这个观点，他相信 "越是自由的观点……越能为大众所接受"，《商业和文学》（*Commerce and Literature*），Vol. I，1839 年 12 月，p. 537. 然而这份信念似乎并没有得到杂志本身文化旨趣的印证，到了 1850 年代就变得越来越微弱。无疑，我们务必要谨慎，不必从这样一些证据中就轻易得出商人的文化意趣正在下降的结论来。然而，真实的情况是，对这些骨子里就是商人的人来说，文化意趣似乎没有那么重要，而且用它的文化影响力来为商业正名已经没那么重要了。

② Francis X. Sutton 等人在《美国商业的贪婪》中发现物质生产效率是一个重要的原则，参见第 2 章和 pp. 255-256. 要是有什么能让商业置于物质价值之上，那应该就是 "服务"、个人的机会、政治和经济自由的价值。一些商人试图争辩，成功足以弥补对 "自我提升" 或多或少的忽略。同上，p.276. 小商人尽管也表达了对自由和民主特别的偏好，以及对大商业的不满，但还是认可整个商业领域里把物质生产效率放在第一位的观念。见 John H.Bunzel：《美国小型商业》（*The American Small Businessman*，New York，1962），第 3 章。

合道德标准，但至少可以为践行其他道德标准创造条件。1888年，铁路公司总裁查尔斯·艾略特·珀金斯（Charles Elliott Perkins）问道：①

> 难道这些伟大的商人、企业家和发明家对这个世界所做的贡献还不如那些牧师和慈善家吗？……难道降低生活日用品成本，让生活变得更加便捷不是文明和进步最有力的表现吗？比起那些忍饥挨饿的人，难道吃饱穿暖的人没有成为一个更好的市民，没有让社会变得更加平等吗？请回答这些问题。贫穷是世界上最严重的罪行和最大的痛苦——降低生活必需品的成本，让生活变得更加便捷就是在减少贫困。除此之外，我们没有别的方法做到这点，绝对没有。历史和经验告诉我们，当财富增加，物价便宜时，人们的素质也会提高……更加善于思考，富有同情心，也会更加公正和宽容……首先要取得物质财富的进步……只有这样，其他的文明才能获得发展。

几乎在富兰克林提出了必须先建立文化进步的物质基础一个半世纪之后，物质基础的必要性才获得了空前的强调和肯定。

---

① Edward C. Kirkland:《1860—1900年间商业群体的梦想和思想》, p. 164-165。今天在为落后国家的独裁感到遗憾时，这种保守的经济物质主义则表现出惊人的一致性。让贫穷、悲伤和文盲得到控制，政治自由和文化发展所带来的好处将很快得到彰显。这个争论唤起了斯大林时期苏联的普遍抗议，而今天，我们能够再一次听到类似的对 Fidel Castro 及其他人的同情、怜悯。

第十章　自立和技术信仰

1

当传统商人理想式微时，一个白手起家的新形象取而代之。这一形象反映了无数个美国乡村男孩的经历和人生抱负，他们很多人即使没有成为百万富翁，至少也能算是殷实的商人。研究社会流动性的当代学者已经不容置疑地指明，美国到处都有由乞丐变富豪的传奇故事，它们令美国的商业历史熠熠生辉。其象征意义远远超出统计上的现实意义。[1] 即使在19世纪最激动人心的扩张时期，占据美国工业链最顶端的主要还是那些含着金钥匙出生的人，但也还有足够的空间留给白手起家的人，他们的崛起充满了戏剧性，令人欢欣鼓舞，也给美国传奇提供了很多案例。除了最高层的商界人士之外，还有很多中间阶层，他们代表了某种潜在的成功，虽然只有少部分人会真的希望自己成为下一个洛克菲勒或范登堡，但有很多人会部分地模仿他们的成功。假如人生不是一场由乞丐变富豪的戏剧，

---

[1] 今天对美国历史上的社会流动性从文化上进行的大量总结和评价，见 Bernard Barber :《社会分层》(*Social Stratification*, New York , 1957)，第 16 章；Joseph A. Kahl :《美国阶级结构》(*The American Class Structure*, New York, 1957)，第 9 章；Seymour M. Lipset 与 Reinhard Bendix 合著的《工业社会的流动性》(*Social Mobility in Industrial Society*, Berkeley, 1959)，第 3 章。

至少也应该可以由贫贱变体面。大家热切地从以往的经验中去寻找能够实现这种转变的线索。

不过，这里所说的白手起家并非指他们大多出身贫苦人家，而是指他们主要是通过自身的努力获得商业的成功，而不是得益于正规的学识和良好的出身。理论上，白手起家是指那些不依赖正规教育而获得的成功，对他们而言个人的文化涵养没有商业个性重要。到19世纪中叶，这种类型的人已经非常明显占据了美国社会的主流，他们的人生故事被演绎成了经典的美国故事。费城的一位小作家蒂莫西·谢伊·亚瑟（Timothy Shay Arthur）在1856年指出："在这个国家，最杰出而有成就的人不是那些出身显赫的人，而是那些通过个人孜孜不倦的奋斗而获得财富和地位的人。"亚瑟在历史上最为人所知的是他著有《酒吧十夜》（*Ten Nights in a Barroom and What I Saw There*），而他本人也是当时的一位道德楷模，一位自立自强的作家。他强调，美国的繁荣昌盛都得归功于这些人。①

> 这些人的人生故事对年轻一代来说是无价之宝……迄今为止，美国人的传记都被那些在政治上或文学上获得声誉的人占据……若只是局限在这样的人物故事中，年轻人必然会对我们社会的构成产生错误的印象，而不能从中获得蕴含在这个国家内部积极进取的力量与精神……我们希望美国这些白手起家的人物故事能广为流传，这样我们就能知道他们是通过什么方式从人群中脱颖而出。

---

① 摘自 Freeman Hunt:《价值和财富》, pp.350–351. 就在几年前，伦敦《每日新闻》（*Daily News*）评论道："是时候让'百万富翁'不再为自己所挣到的钱感到羞愧了。是时候'暴发户'这个词被看作一个褒义词了。"Sigmund Diamond:《美国商人的名誉》（*The Reputation of the American Businessman*, Cambridge, Mass., 1955）, p. 2.

这种白手起家的典型并不新鲜，它源于历史上清教与新教中有关"使命"的教义。本杰明·富兰克林就曾经宣扬过这一教义，但他本人后来的生活并没有遵照那些花里胡哨的醒世箴言。在赚了一点小钱后，富兰克林就沉迷于费城、伦敦和巴黎的智识生活和社交，他本人对政治、外交和科学的兴趣也远超商业。而作为美国一种独特的类型，白手起家的人在19世纪早期开始崭露头角。显然，这个术语最早出现在1832年亨利·克莱在参议院所做的一场有关保护性关税的演讲中。克莱否认了这个关税会有利于世袭的产业上层阶级，相反，他进一步指出它只会增进社会民主，能够为那些由平头百姓变为富裕人家的人提供更多的机会。"在肯塔基，几乎我所了解的每一家企业都是掌握在那些积极进取、白手起家的人手上。他们赚的每一分钱都是凭自己的耐心和汗水获得。"[1] 等到三十年后克莱去世，这种类型的人不仅得到了更多的认可，而且成为一种精神上的统领。

我用"精神统领"一词并非嘲讽。在欧文·G.怀利（Irvin G. Wyllie）那篇富有启迪的文章《自力更生的美国人》中指出，文化上的自我成长跟商业及技术上不同，它不需要从事生产、会计、机械、广告或投资等方面的工作；它研究个性的发展，显然这种个性除了源于新教之外并无别的出处。因此，在这些自学成才的作家中，一些神父，尤其是公理会的牧师尤为突出，这点毫不意外。[2] 自立自强是一种个性品质。这些励志文学作品告诉我们如何去整理主观意愿的资源——如何去培养节俭、勤劳的习惯和坚毅、严谨的美德。这些励志书籍的作家认为出身贫寒实际上是一种资源，因为它有助

---

[1] Daniel Mallory 编：《亨利·克莱阁下的一生及演讲录》（*The Life and Speeches of the Hon. Henry Clay*, New York, 1844), Vol. II, p.31.

[2] Wyllie:《自力更生的美国人》，第3和4章。

于养成一些能够走向成功的品质。

这些励志作家和白手起家的人所宣扬的个性品质中显然并没有将所谓天生的才能包括进来。无疑这是一种矛盾的心态——谁不希望成为"天才"或嫉妒天才呢？这种励志文学作品里比较流行的观点是个性品质是必不可少的，但与众不同的天赋才能未必需要。非但如此，那些天生就具备某种才能的人往往缺乏培养个人品质的动力或能力。普通人通过强化其优秀品质，提高应用常识的能力，也能够具备天才般的能力，甚至比他们做得更好。"根本就没有什么天才"，纽约的一位商人说道，"即使有，也如一些伟人所说，天才不过是强化了的常识。"依赖杰出的天赋将会导致懒惰、缺乏自律和责任感。"天赋才能"是没有用处的，是没有价值的。1844年，亨利·沃德·比彻就这个主题对一群年轻听众说道：[1]

> 根据我多年观察，可以确定，这些人学富五车，怀揣大学文凭，出入各种社团和乡村辩论俱乐部；身边总是围绕着一帮年轻艺术家和拥有职业抱负的年轻人。在别人看来，他们保守，过度敏感，懒散得不可救药，他们总是留着一头长发，从来不扣衬衫领子，读着一些悲伤的诗歌，写着一些更加令人丧气的文章；他们总是自负又多愁善感，不好相处，百无一用——没有人愿意与他们这样的人交朋友，做他们的门徒或同事。

几十年来，这种对天才和智力的怀疑态度已经深深地渗透到商业领域。在比彻对天才做出这番描述的八十年后，《美国杂志》出现了一篇题为《为什么我不雇佣百万富翁》的文章，作者将商业上

---

[1] Wyllie: 同上，pp.35–36.

的才华等同于情绪多变、神经过敏和不负责任。他本人在经商时跟这种类型的人打交道的经历就非常糟糕。"即使是优质的材料，要是不经过精心的组装也造不出一双好鞋子，"他评论道，"假如材质一般，但经过精心的设计和裁减，也能做成一个精品。""所以我大部分的经验来自货车码头，或者身边的其他地方。就凭着一身的肌肉和坚强的意志，我创办了自己的生意，按照当地的标准成了有钱人。"作者带有一点自卫心理地推测人们或许会认为他只是一个平庸的人，不能够欣赏比他优秀的人。这种推论也有一定的道理，他自己也坦诚:①

> 因为我就是一个平庸之人。但是……商业和生活不正是建立在化平庸为成功的基础之上的吗？企业的成功不在于能否聘请到才华横溢的人，而在于知道如何让普通人发挥最大的潜力……
>
> 很抱歉我这肮脏、昏暗的批发城里不需要这些天才。不过克伦威尔在欧洲组建的那支最为精良的部队也都是从一些平凡却充满热情的人中选拔出来的，基督的十二门徒也是从内陆湖岸拣选出来的。

除了对天才的质疑外，还始终存在着一种对正规教育的敌意和对经验的崇拜。根据唯经验主义，就应该让那些有抱负的年轻人尽早地接受"艰苦劳动生活"的熏陶。正规的学校，尤其是长期的教育只会耽误这种熏陶。林业大亨弗雷德里克·韦尔豪泽（Frederick

---

① Anon：《为什么我不雇佣百万富翁》("Why I Never Hire Brilliant Men")，《美国杂志》(*American Magazine*)，Vol. XCVII，1924 年 2 月，pp. 12, 118, 122.

Weyerhaeuser)推测上过大学的人"总是会这么想,因为自己是大学毕业生,不应该像一个十四岁起就进入公司的办事员那样从最底层做起,努力奋斗"。① 在这点上,必须指出那些励志书籍的作家并不赞同商人们的这一观点:他们往往会建议要接受更多的正规教育,但这个建议并不能说服那些白手起家的商人。商业各阶层对自由的普通教育的观点主要分为两派:一派认为这样的学校能够培养出更有效率、更有组织性的工人阶级;另一派则担心会增加税收,或相信教育只会让工人们变得更加难以满足。②

不过,有两件事是大家一致同意的:教育应该更加"务实";高等教育背景,至少是过去美国那种古典大学教育对于经商并无助力。商界长期以来一直在呼吁高中阶段开展职业和商业教育,总体上也取得一定成效,也做了很多工作削弱高中教育作为通识教育中心的作用。马萨诸塞州的一家羊毛纺织企业主说,他更希望工人们只受过普通的教育,因为他认为再多的学问是为当国会议员准备的,受过教育的工人又不能用高中代数来经营他的工厂。这种观点在当时一点也不罕见或偏激,美国第一家技术和工业类书籍出版社的创始人亨利·凯里·贝尔德(Henry Carey Baird)的观点亦是如此。他在 1885 年就说道:③

有太多的希腊语、拉丁语、法语、德语,尤其是会计方面

---

① Charles F. Thwing:《大学培训与商人》(*College Training and the Business man*),《北美评论》(*North American Review*),Vol. CLXVII,1903 年 10 月,p.599.

② 对于教育的态度,见 Wyllie: 同上,第 6 章;Kirkland:《1860—1900 年间美国商人群体的梦想与思想》,第 3 和 4 章;Merle Curti:《美国教育者的社会理念》(*The Social Ideas of American Educators*,New York,1935),第 6 章。

③ Kirkland: 同上,pp.69 –70.

的教育，对出身中下层的人来说，有百分之九十的人都会感到失望，它只会培养出一些刻薄的"绅士"出来，眼高手低，只愿意做一些站在柜台后面买卖丝绸、手套、线圈或蕾丝这样的事情，或者记账……我们法定教育体系中小学以上的教育都是极端邪恶的——制造出来的邪恶要多于善良。一旦我有了权力，将取消小学以上的公费教育，除了一些有用的职业教育。我相信，在一个开明的体系下，今天的"高中"必将被一些跟工厂直接挂钩的技术学校所取代……我们已经制造出了太多所谓的"绅士"和"女士"了，结果世风日下。

而花费几年时间在大学里学习古典通识教育往往被认为比高中的课程教育还要糟糕，因为它让年轻人更多地沉湎在无用的学习中，让他们贪图安逸享受。一位商人为儿子未能通过大学入学考试而感到高兴，他开导道："无论我什么时候发现一位有钱人死后留下一大笔钱用于建造一所大学，我都会跟自己说，真遗憾，他为啥不在穷光蛋的时候死去呢？"[1]

幸运的是，很多有影响力的商人并不完全认可这种态度。老科尼利尔斯·范登堡就是这种无知自负的最高境界。有一次，一个朋友跟他谈起帕默斯顿（Palmerston）勋爵曾说过，一个有能力的人要是没有接受过正规教育，那就太糟糕了，范登堡回答道："你替我告诉帕默斯顿勋爵，要是我去上学的话，我就没时间学其他任何东西了。"然而，范登堡的财富已经将他带到一个没有文化就寸步难行的社会阶层（据说他一生就读过一本书，那就是《天路历程》，那还是在他老年时期读的）。"这些家伙会说我不重视教

---

[1] kirkland: 同上，p.101.

育",他跟神父告解道,"但我也去过英格兰,也亲眼见识过这些贵族及其他同类人物,我觉得自己比他们的脑袋瓜要大一倍,但我只能一动不动地坐着,什么也不敢说,害怕会暴露自己的想法。"正好他的女婿进入房间听到了这段话,便责怪岳父终于承认自己的缺陷了,范登堡则找了个台阶下:"我似乎比你们这些受过教育的一半以上的人都过得好。"不过,他还曾对牧师说,"我今天宁可花一百万来得到你所受到的教育";最后,他果然一分不差地用这笔钱来支持创办后来的范登堡大学。① 据说安德鲁·卡内基曾经在第五大道对面看到比他更老更有钱的范登堡,然后跟同伴嘟囔了一句:"我才不会用我所学的莎士比亚知识去跟他换一百万。"② 但卡内基在一个更高的层次上表达了范登堡对教育的这种复杂情感,他曾经写道:"通识教育要比财富的增长更能提升人的品位和目标,将人们带入一个快乐的世界,仅仅拥有百万财富是无法达到这一境界的,因此,为经商提供最好的训练并不是这种教育的宗旨,它追求的是更高的境界。"③ 卡内基对教育事业慷慨解囊,乐于跟知识分子们打成一片,这让他避免了被知识分子指责为伪善者。但他又非常高调地阐述高等教育在商界无用的观点,他对"通识教育"有多赞赏,就对美国大学里流行的通识教育有多鄙视。对那些跟他一样经过艰苦的学徒训练而取得成功的人士他如数家珍,他也能一一道来商界里哪些没上过大学的人比那些上过大学的人更胜一筹的证据。"大学教育自打一开始就注定会成为获得商

---

① W. A. Croffut:《暴发户和他们的财富故事》(*The Vanderbilts and the Story of Their Fortune*, Chicago and New York, 1886), pp.137–138.

② Burton J. Hendrick:《安德鲁·卡耐基的一生》(*The Life of Andrew Carnegie*, New York, 1932), Vol. I, p.60.

③ 《商业帝国》(*The Empire of Business*, New York, 1902), p.113.

界成功的绊脚石。"他写道。① 他不能接受传统的大学课程，认为"年轻人耗费宝贵的几年时光想要从无知的过去中汲取营养，但这些课程不是教我们如何去适应社会，而是去逃避现实"。人们将自己的儿子送往大学，"浪费精力去学习什么希腊语、拉丁语，这些语言的实际用处一点也不比北方印第安人的语言大"；在大学里，他们脑子里"塞满了各种蛮族间动听却无关痛痒的战争故事"。大学教育只会给年轻人灌输错误的思想和观念，令他们"讨厌现实的生活"。"假如将耗费在大学的几年时间用来参加实际工作，无论在哪个方面，他们都将获得更好的教育。"② 利兰·斯坦福是另一位著名的教育慈善家，他也不信任现行的教育体系。他说，在所有那些来自东部的应聘者中，最没用的就是大学生。你问他们能干什么，他们会说"什么都能干"，但事实是他们根本"没有任何确切的技能"，没有清晰的目标或目的。他希望他所捐赠的大学通过提供"实际的，而非理论性教育"③ 来克服这一缺陷。

当然，我们不能就此得出这样的结论，没有人喜欢旧式大学里所教授的古典课程；很多拥有高智识水平的人都有这样的感觉，旧式大学试图保护西方文化遗产，强调要维护理性的尊严，但却少有人致力于提升理性批判能力。与商人们的鄙视相比，科学知识的迅速增长，一些顽固老学究掌控下的旧式课程体系日益僵化以及旧式教育沉闷的教学方式给古典教育带来的破坏力恐怕更大。正是因为有了像卡内基、洛克菲勒、斯坦福、范登堡、约翰·霍普金斯及其他富豪们的慷慨解囊，旧式学院才得以调整，美国式大学才得以产

---

① Wyllie: 同上引文，pp.96–104.
② 《商业帝国》，pp.79–81；参阅 pp.145–147.
③ Kirkland: 同上引文，pp.93–94.

生。但细读下来,人们就会从商界对教育的种种声明中发现处处流露出的对文化、历史和思辨精神的鄙视。

2

大约在世纪之交,对正规教育与商业成功之间的关系,商人们的态度发生了明显转变。在 19 世纪最后 20 年里,大型商业活动迅猛发展,一些大型商业公司具有了官僚体制的特点,那些自我成才的人通过特有的成功方式迅速地将自己这一类人置于被淘汰的境地。不管情愿与否,人们开始意识到这种不经正规教育而能够自我成才的理想正变得越来越不切实际,尤其是在商界最为显要的一些职务上。不得不承认,在商业组织中,正规教育正在成为一个获得更稳定职业的显著优势:商业组织自身的变化要求掌握更多工程、会计、经济和法律方面的知识。因此,尽管"经验学校"和"社会大学"在一些商业领袖那里依然保留着过去的吸引力,但他们也意识到了正规技能培训的需要。"这样的时光已经不再," 1916 年的《商业与金融年鉴》中提到,"以前,从最底层开始干起的年轻人,只从日常生活中积累经验,没有受过专门的培训便可升到经理甚至更高的职位上,为了跟其他国家培养出的专业化年轻商人竞争,他们才要接受广泛而完整的知识训练。"钢铁大亨埃尔伯特·H. 盖瑞认为,"一个商人对中学、学院和大学所教授的知识了解得越全面,则越有利于他跨入商界。"[①]

教育能获得新的认可,这是那些大型公司的高层人士在背后支持的结果。1900 到 1910 年间兴起的这一代公司管理者所受的教育

---

① Wyllie: 同上引文, p.113;有关 1890 年后商界人士对教育态度转变的一个精要评论,参见 pp.107–115.

只比1870年代略高一点,[1]但是在20世纪头十年,大学毕业的年轻人正源源不断地补充进管理者的队伍。在梅贝尔的商业精英样本中,1900年时有39.4%的人受过某种程度的大学教育,但到了1925年,这一数字就上升到51.4%,1950年达到75.6%。[2]1950年,大概五分之一的管理人员受过某种程度的研究生教育(主要是法学和机械学)。

尽管这些数字表明曾经受到推崇的自我成才模式已经落伍,但很难被视为尊重人文精神的一种表现。大学本身通过选修课体系而变得更加职业化。在19世纪,富人阶层送儿子们上大学并不是为了去接受职业培训,而是为了提升社会地位及智识素养(这两者往往难以区分)。而在20世纪,他们则更愿意为了可衡量的现实利益而让孩子们上大学,因为职业训练能够换取白花花的钞票。(1954—1955年间,在男性大学生群体中,选择商业和贸易专业的群体最多,超过了基础科学和通识专业的总和。)[3]

---

[1] 见Frances W. Gregory and Irene D.Neu:《1870年代的美国工业精英:他们的社会出身》(*The American Industrial Elite in the 1870's: Their Social Origins*),收录于William Miller编的《经商人士》(*Men in Business*, Cambridge, Mass, 1952), p. 203. 若将1870年代的这一批人与1901—1910年代的相比较,可阅William Miller的《美国历史学家和商业精英》(*American Historians and the Business Elite*),《经济历史月刊》(*The Journal of Economic History*), Vol. IX, 1949年11月, pp. 184–208.1870年代,有37%的经理受过大学教育;在1901—1910年,比例为41%。有关商业管理职业的出现见Miller的文章《商业官僚体系中的商业精英》(*The Business Elite in Business Bureaucracies*),载《经商的人》(*Men in Business*), pp. 286–305.

[2] Mabel Newcomer:《大企业经理》(*The Big Business Executive*, New York, 1955), p.69. 1950年,作者总结(p. 77),"大学学位成了进入大公司取得事业成功的门票,虽然大学毕业生也是以从事体力劳动作为起点。"Joseph A. Kahl在他的研究《美国阶级结构》(*The American Class Structure*, p.93)中有一个非常中肯的评论:"假如我们需要用一个简单化的方法来划分当代美国存在的阶级差别,……那么答案就是这条:大学学历。"雇员有时安排一些已经完全能够胜任管理职务的新雇员到一些低级的岗位轮训,以表达对那些自我奋斗型楷模的敬意,并把它称为从底层开始,这一路径尤其适合高级管理人员的儿子或女婿的培养。

[3] William H. Whyte, Jr:《机构人》(*The Organization Man*, Ancho red., 1956), p. 88.

美国高等教育职业化趋势日增的一个表现就是出现了商学专业的本科及研究生学院，1881年创建的宾夕法尼亚大学沃顿商学院便是其中的第一所，18年后芝加哥大学创立了第二所商学院，紧接着在1900—1914年间这些商学院如雨后春笋般冒出。早期的商学院处在学术群体的鄙视与商人们的猜忌之中，商人们时不时会对所有学术熏陶的实用性表示质疑，即便是在商学院里学到的。就像美国所有其他教育机构一样，商学院很快就因教师和学生质量的不同及课程体系中通识类课程的多寡而出现分化。曾与这些"高级商业精神守护者"进行过不懈抗争的托斯丹·凡勃伦不无遗憾地指出，这些商学院和那些神学院对智识的态度处在同一水平，可是创造智识才是大学的真正目的。亚伯拉罕·弗莱克斯纳在他那次著名的大学调研中承认商学院有时会招募一些杰出人物，但他认为商学院繁重的职业类课程占了主流，学术传统的尊严退化。[1]在大学校园内，商学院常常是非智识的，有时甚至是反智的中心，更趋向于严谨保守的思想体系。当哈佛大学商学院的院长华莱士·多纳姆（Wallace Donham）向中西部一所类似的学院建议开设一门有关贸易一体化问题的课程时，他得到的回应是："我们不想让我们的学生去关注任何能够激发他们对管理和商业政策产生怀疑的东西。"[2]正如威廉·H.怀特（William H. Whyte）在一项有关大型商业机构

---

[1] Thorstein Veblen：《美国高等教育》(*The Higher Learning in America*，New York，1918)，p.204; Abraham Flexner：《美国、英国、德国的大学》(*Universities: American, English, German*，New York，1930)，pp.162-172.

[2] Peter F. Drucker：《商学院》("The Graduate Business School")，《财富》(*Fortune*)，Vol XLII，(1950年8月)，p.116. 有关这些学校的综述及它们存在的问题，见L.C.Marshall编的《大学的商学院》(*The Collegiate School of Business*，Chicago，1928)，以及Frank C. Pierson等编：《美国商人的教育：对大学—学院商业管理项目的研究》(*The Education of American Businessmen: A Study of University-College Programs in Business Administration*，New York，1959)。

的社会文化研究中所反映的，今天美国商业的状况呈现出一种与过去类似的模式。自我成才型的人物已经过时，或许在一些政治宣传战中他们作为一种传奇性的人物还在被推崇，不过任何一个稍有头脑的商人都明白，在大型公司的人员招募和培训中，真正看重的是行政能力。在企业人员招募和培训中，被这种自我成才的典型强化的商业反智主义传统依然盛行，只是不再嘲笑大学或者其他正规教育对从商没有作用，而是按照一个狭隘的专业准则来进行人员招募。需要指出的是，正如怀特所意识到的，商业高层管理人员并没有特别强调这些专业准则。当就此发表意见时，他们往往会在一开头或其他别的地方提到人文教育、通识训练和创造性能力在商界中的重要性，这也是他们的真心话。虽然这些人都异常勤奋，因事务过于繁忙而无暇陶冶情操，但他们所受的教育大多都比其下属要高。因对于自身智识水平的停滞不前而心有戚戚，他们开始为较低一级的管理人员提供一些通识课程，并在一些知识分子和商人之间发起一些交流活动。就这样，过去视文化为获得商业便捷手段的旧观点又开始复苏。不过这种新兴的对通识教育的热诚还没有渗透到普通职员层面，而每年出现在大学校园中招募人才的是这些普通职员。正是在这样的机制下，美国高等教育承受了过度的商业压力，而大大地被职业化。

职业化的偏好又跟将品格看得要比理性还重要的偏好联系起来，将顺从和易于操控置于个性与才能之上。"我们过去总是追求卓越，"一位总裁说道，他总是喜欢谈论一个特立独行的公司的历史，"曾饱受诟病的'性格'现在则显得更为重要，我们并不在意你是否是优秀学生协会的还是工程荣誉协会的，我们要的是一位能够与八面玲珑之人周旋的圆通人士。"一位人力资源经理总结道："任何进步的雇主都会对个人主义不以为然，并且会自觉自愿地将这一理念灌输给雇员。"一位受训者同意"每次都会为了别人的理解而放弃与众不同"。怀特先生在标题为"与天才抗争"的章节中告诉我们,即使在工科领域这种趋势也大行其道。工科领域的科学家们在应用自己的知识时也被戴上了同样的枷锁。一家著名化学公司制作了一部纪录片用来为公司招募科学家,片中有三位科学家在实验室里交换意见,这时的画外音是"这里没有天才,只有一帮普通的美国人聚在一起干活"。与大学里的同行相比,这些工科科学家的创造力低得可怜。当"卓越"这个词语出现的时候,它往往伴随的就是"古怪""怪癖""内向"和"怪胎"这样的字眼。①

3

19世纪晚期,美国变得更加世俗化,传统宗教变得沾满了市侩气,甚至最终完全成为一个狂热追求宗教实用性的异端。拉塞尔·H.康维尔的《钻石宝地》及诺曼·文森特·皮尔的著作长居畅销书之列,就足以证明这种宗教异端拥有众多的拥趸。所有内部证据和我们所知的读者信息都表明这种宗教态度已经成为美国中产阶级信仰的主流。正如我希望能够表明的,这是对过去白手起家文学的一种另类翻版,但不管怎样,它为这种实用主义基调在美国社会广泛蔓延提供了铁证。现代励志文学立场坚定地立足现实世界:它给予的就是实用性。诺曼·文森特·皮尔写道:"基督教完全是实用的。当宗教信仰被当作一种控制手段时,一位失败者能够令人震惊地摇身一变成为一个胜利者。"②

---

① 同上:p.150, 152, 227–228, 233, 235, 以及第16章全文。
② 《自信生活指南》(*A Guide to Confident Living*, New York, 1948), p.55.

当然，这种励志文学并不只是美国才有，只要追求个人成功的狂热足以模糊现实动机及宗教信仰之间的界限，这种文学形式就会经久不衰。在基督教文化中始终存在一种信念，仅凭他们的对立和冲突，商业世界和宗教世界就注定密不可分，因为他们都与道德、人格和纪律有关。首先，最明显的反面例证就是：中世纪禁止或限制高利贷，它表达了这样一种信念，约束经济上的剥削行为乃是教会职责的一部分。其次，清教徒教义中主张从事商业活动乃是侍奉上帝的方式之一，这是一个正向关联的例子。商业上的成功或失败是对个人信仰状况的一个反映。不过几年过后，这种关系逐渐倒过来了。侍奉上帝和追求个人利益之间的区别被打破。在宗教教义中，商业活动一直是种手段，是各种服务上帝手段中的一个，而现在宗教教义则成为商业的一种手段，一种借用上帝之名追求现实目的的途径。过去人们将商业上的成功视为被救赎的迹象，而此时他们则将灵魂的救赎看作一件凭个人主观努力就可以实现的事情，一种能够带来现实成功的事情。宗教是一种可以利用的因素，皮尔先生在著作中向他的读者们表述为"一种简单的可以控制的思维和行动技术"。它"强调科学的精神，这些已经在大量个人经验的尝试中得以验证"。"要想获得一个新的可行的商业想法，最好的方式就是本章描述的教会服侍。""假如你有了信仰，你就能够从邪恶、低贱、恐惧和罪恶中解脱出来，消除一切阻挠你创造力发挥的障碍。假如你有了信仰，便会充满力量和活力。"[①] 理查德·尼布尔曾说过，在现代美国意识形态中存在这样一股趋势，"根据能否从神圣世界中获得现实的力量来界定自己的信仰，而不是为了追随上帝的指引来改造自己的不足。"其后果便是"人类成为信仰的

---

① 同上，pp. viii, 14, 108, 148, 165.

中心，上帝只是人的助手，而非判定者和救赎者"。①

老套的自我成才故事虽然也有瑕疵，但与世俗世界和宗教生活都保持着某种有机联系，它认为商业的成功在很大程度上是某种个性的结果，而这种个性的形成则出自对信仰的笃信。简单理解的话，这是当时新教伦理、古典经济学与一个自由流动的开放社会三种因素历史性地融合在一起的产物。正如大部分相关研究所揭示的，美国社会仍然保持着一定的流动性，但成功的条件已然发生改变，与旧式个人成才模式中突显的某种特殊性格和气质相比，此时的成功与是否能获得更多的正规教育机会关系更为密切。在19世纪早期，当商人被问及成功的秘诀时或许会这样回答："贫困和艰难乃是成功之母"，或者"节俭和勤奋才是成功的秘诀"。而在现代，面对同样的问题，商人们的回答则很可能会是："嗯，法律专业最棒，不过学习机械也是不错的选择。"

现代励志文化以传统自我成才的模板为基础，两者保持了总体的一致，但又有一些重要的区别。在自我成才的故事范本里，信仰能培养出个人品性，这种个人品性又有助于成功地把握世界；而在新版本中，信仰直接助长自我控制的能力，这是获得健康和财富，受到大众认可和内心平衡的关键。表面上，这似乎背离了自我成才版的世俗目标，实际上这只是表明对现实世界的理解发生了改变，现实和精神世界间的区别不再清晰可见。在过去自我成才的故事中，两个世界相互影响；而在新版故事中，它们则混淆在一起。我相信这个过程并不意味着宗教的胜利，而是美国中产阶级的思想无意之

---

① D. C. Macintosh 编：《宗教现实主义》（*Religious Realism*，New York，1931）中的《20世纪的宗教现实主义》（"Religious Realism in the Twentieth Century"），pp.425-426.

中已经从根本上被世俗化了。宗教未必是被一种世俗哲学有意识地取代，而是被一种自我控制的思维方式及相信奇迹的某种信念所顶替。宗教和世俗世界都充满了艰难险阻。这就不难理解年轻上进的商人想要从过去自我成才的故事中去寻找一些混迹商场的指导，但实际上他们的收获不会太大。用皮尔的话来说，现在似乎只有一些"失败者"才会去阅读这种励志文学，而且女性读者多过男性，尽管她们会受其影响，但并不会真正从事商业活动。

那些畅销书作家标榜能给予的正是雷蒙德·福斯迪克所称的"日常生活的力量"。19世纪，畅销书作家炒作的概念是信仰能够带来财富，20世纪30年代早期，重点则逐渐放在身心健康上。励志文学作品还借用了很多精神病学领域的要素，对过去20年来的生存焦虑也略有染指。成功文学尽管已经让位于励志文学，但对日常生活实践层面的指导依然有效，这种文学形式中隐喻式的语言影响了不仅一代人，而来自商界、科学技术和广告里的专门术语则进一步强化了它们的象征意味。人们常常会产生这样一种感觉，似乎成功能够通过学习和模仿获得，就像通过系统的技术手段就能取得技术进步一样。在路易斯·施奈德（Louis Schneider）和桑福德·M.多恩布什（Sanford M. Dornbusch）合作的一项有关励志文学的富有启发性的研究中，称之为"灵性技术"。[1]一位畅销书作者告诉我们："上帝是一个二十四小时营业的发电站，你只要插上插座就可以了。"还有一句话是："信仰跟科学其实是一个道理……追随灵性的指引像跟无线电跟随着它的电波一样真实。"还有"高辛烷值的思考就像汽油一样能够产生动力和效率"，读者应该"不时地充电""我们

---

[1] 《流行的宗教：美国灵感之书》(*Popular Religion: Inspirational Books in America*, Chicago, 1958)，pp.161-164. 该段落的引文出自 pp.1, 6, 7, 44, 51n., 58, 61n., 63, 90, 91n., 106, 107.

的身体就是一架接受上帝广播站讯息的接收器","最伟大的机械师就是你背后那位总是一言不发的合作伙伴";还有一些广告语,如"乘坐火车最省钱,就像耶稣的手在管控你的油门",还有一句激励读者的话,"张开每一个毛孔去汲取上帝的健康"。一家叫辛克莱汽油公司的广告中说道:"一场好的布道能激发我们灵魂内的潜能。"布鲁斯·巴顿在他那本难以言喻的《无人知晓的人》中评论道,耶稣"从社会最底层拣选了十二个人,并且把他们吸纳进一个组织,而这个组织征服了整个世界。"埃米特·福克斯劝诫大家"用经营公司的方式来管理你的灵魂"。祷告已经被认为是一种有用的工具,格伦·克拉克说道:"学习并能按照正确方法进行祷告的人也可以打好高尔夫,做好生意,工作表现会更出色,爱情会更美满,也能更好地服务教区。""要学会正确地、科学地祷告,"皮尔要求道:"采用那些别人尝试过的,并证明有效的祷告方式,不要草草了事。"

  励志文学形式中令人称奇的一点就是自发的主观意志主宰了一切,甚至到了疯狂的地步,我在介绍美国新教的发展的时候也有提及。宗教的因素逐渐消退,新教在最初阶段就摒弃了大部分的宗教仪式,经过19世纪及20世纪的发展,所剩的原始教义已经微乎其微,而励志文学的这股潮流则直接给这一过程画上句号,原有的宗教教义基本都被抹去——至少基督教的教义如此。除了个人的主观经验之外什么都不剩了,即便这种主观经验也是个人主观意志的表现。当励志作家们说你能心想事成的时候,其意思就是你能设定目标,并借助上帝的帮助发挥自己的潜能。这些潜力确实不同凡响:"你身上拥有的能量足以摧毁整个纽约城",皮尔在他那篇振聋发聩的短文中说道:"告诉我们这点的不是别的,而是现代物理学。"信仰能够释放出这些力量,人因此能战胜任何困难。信仰绝不是让人听天由命的,它在人们的内心植入了战斗精神,这样人们就会树立一种绝不认输的精神。"①

霍雷肖·W. 德莱塞（Horatio W. Dresser）曾探讨过励志型思维早期的一种表现形式：新思维运动（New Thought Movement），他说道："新思维的倾向……就是要淡化智识和所谓的客观思维，它会让人觉得成为一个有思想的人不是一件令人艳羡的事情，而人们似乎只要付诸潜意识，愿望便能达成。"② 不过，总体上励志文学中的反智主义还是比较间接：他们代表的是一种避世态度，拒绝接受任何着手解决实际问题的哲学，同时，他们的世俗主义也充满矛盾和纠结。尽管有些自称是基督徒和牧师的人会因写出了一些励志类畅销书而洋洋自得，但在世俗的知识分子眼中，这些书是对宗教的玷污。西方世界继承宗教遗产的职责更多地要交由这些知识分子而不是那些强烈鼓吹宗教"实用主义"的人之手。

亨利·C. 林克（Henry C. Link）所著的《回到宗教》在1936年到1941年间都是畅销书之首，这本书的标题是宗教和自我成才文化之间混淆不清的最好体现。我并不认为这部独特的著作能成为整个励志文学的代表，但它确实值得我们给予特别关注，因为它或许会是美国文学史上有关庸俗主义和愚昧主义方面的登峰造极之作。虽然书名如此，但与宗教或奉献之类的事务无关。该书作者是一名心理咨询师以及大型企业的人力资源顾问，他自称发现了一个回归宗教的科学途径，这本书将宗教看作"一种积极进取的生活方式，个人能够成为自己环境的主人，而非环境的牺牲品"。③ 为了获得

---

① 《自信生活指南》, pp. 46, 55.

② 《新思想手册》(*Handbook of the New Thought*, New York, 1917), pp. 122–123.

③ 本段和下面的段落都引自《回到宗教》(*The Return to Religion*, 1936; Pocket Book ed., 1943), pp.9, 12, 14, 17, 19, 35, 44–45, 54–61, 67, 69, 71, 73, 78–79, 115–116, 147–149, 157.

顺服和协调一致，作者觉得有责任发起一场反对个性和理性的战斗。

可是事与愿违，林克使用了两个对立的基本术语"内向"（Introversion）和"外向"（extroversion）（它们是一般大众所使用的意思，而非荣格心理学上的所指）。"内向"指的是克制内敛、自我反省和追求个性，这是不好的，实际上就是自私。林克将苏格拉底的那句名言"了解你自己"改成了"成为你自己"，因为"好的个性和品性是在实践中锻炼出来的，而不是自我反省出来的"。另一方面，"外向"则包含了社会力、亲和力和服务他人，这是无私的表现，是好的。耶稣就是一个伟大的外向者。宗教的功能之一——显然林克认为这是主要的功能——就是通过培养外向的性格来塑造个性。林克说他去教堂是"因为我讨厌去，但又知道这对我有好处"，参加教会活动能够培养更好的品格。而打桥牌、跳舞和推销也有同样的功能——面对一些必须相处融洽的他人，它们能给个体带来与之交往的机会。对个体来说重要的是要避免自我分析，而去从事一些能够提升掌控能力的事情。这样，他就会拥有控制他人的能力，而这又能提升他的自信。

而批判性思维的职责就是去达到以上这些目标。在大学里，知识分子及善于分析的学生们失去了他们的信仰，在今后的生活中，这些深思熟虑的人会变得更加克制内敛。在标题为"理性的笨蛋"的一章中，林克指责我们普遍高估了知识分子和理智的价值。

> 理性本身并不是目的，而是个人用来调整自己以实现生活中的理性之外的目标和价值的工具。就像牙齿是用来咀嚼食物的，而不是磨炼彼此的一样，理性是用来思考问题的，而不是徒增烦恼的。理性是生活的工具，而不是意义。

信仰并付诸实践才是关键。尽管宗教被称作意志薄弱之人的避难所,但真正的懦弱"在于没有能够认识到所有心灵的软弱","不可知论是一种智识上的疾病,相信谬论总比根本没有信仰好……愚蠢的信仰也优于没有信仰"。哪怕是手相术也会需要握着别人的手,颅相术也需要去研究他们的脑袋——"所有这些信仰都能使个人跳出自我,将他带入一个更加广阔的世界。"不管怎样,"理性崇拜和智识对宗教的蔑视"使人们成为庸医巫术、伪科学和万能政府的牺牲品。在美国就非常不幸地出现了"内向"化的趋势,它让人们逃避责任,不愿工作,却指望联邦政府为他们服务。

理性对婚姻也产生了威胁,因为"内向化"会消解婚姻的幸福感。与婚姻幸福的人相比,离婚的人智识水平会更高。那些喜欢哲学、心理学和激进政治,以及喜欢阅读《新共和》的人,婚姻幸福指数远低于那些喜欢参加基督教青年会、从事劳动和阅读《圣经》和《美国杂志》的人。在标题为"教育之罪"的一章中,林克攻击了"对自由心灵的培养",认为这"或许是教育中危害最大的一件事"——他发现教育中的一些信念和教会曾经有过的一样非理性和不可理喻。这样的教育培育的是"冷酷的偶像破坏者",制造出一种唯文化而文化,唯知识而知识的文化。自由主义将人从历史的传统和桎梏中解放出来,却没有东西加以取代。受到自由教育影响的年轻人会看不起父母,认为他们已经过时,他们喜欢无节制地消费,对于长辈的虔诚不屑一顾,想要从事脑力工作而不愿去顶替父亲的职业,反对将经商看作一份工作。而在陆军和海军的军营中却能得到对丰富人生更透彻的理解,在那里人们面临真正的价值考验,也自然会变得更加外向。

第十一章　主题的变奏

1

在美国日常生活中流传着很多一套一套的对仗叠句,用来表达对实用性价值的偏好,商人们张嘴就来,也分不清到底是谁模仿谁。虽然句式的表达会因时间和阶层的不同而有所变化,但大家对其主旨还是心知肚明,它能够在广泛的职业领域和大多数的政治党派中引起共鸣,其证据不胜枚举。在大众文化中,大家几乎是一致骄傲地认为即使没有学校的知识,甚至不需科学,他们也能生存下去——甚至会过得更好。人们总是怀疑拥有和应用这种知识的价值。无论如何,知识被认为是某些特殊人物的特权,大家对于他们优渥的地位和高高在上的姿态心怀不满。

我们可以先从农民的角度开始探讨反智的话题,因为长期以来美国还主要是一个农业国家。18世纪末,大概90%的美国人都直接以农业为生;1820年,这一数字是70%,直到1880年,非农业人口才与农业人口持平。不过美国农民在很多方面都表现得更像是商人,虽然视务农为一种生活方式,但要是从它的志向而不是行为模式来看的话,这种生活方式很快就沾满了商人的气息。美国幅员辽阔,农村生活并没有受到传统的制约,人口之间自由流动,而社会上充满了新教徒积极进取的精神,这些简直就是为了商业和投机而生。农场主出于投机,拥有的土地很快就超过了自己所能耕种的范围,然后等待土地升值获利。因此,他们选择的是一种粗放型而非精耕细作的耕种模式,集中种植某种经济价值高的作物,等到耗尽土地肥力之后,再将土地卖掉,然后离开。早在1813年,卡罗林的约翰·泰勒(John Taylor)在《耕者》(Alator)中就发现弗吉尼亚的土地因为缺乏维护"几乎消耗殆尽",他恳请同乡"节制吧,节制吧,不要再伤害大地之母,不说为了未来,不说为了上帝,哪怕只为了你们自己"。1830年代的托克维尔做了一个总结:"美国人把经商的头脑带入了农业,他们在农业上也表现出了与其他领域一样做生意的热情。"[1]

对于实用性,农民有着自己的看法,从他们对科学改良农业技术和农学教育的态度上就能略知一二。在忙碌且辛勤工作的农村地区,本就没什么非常富有的人,更难找到肯花钱资助艺术和人文的人,不过至少应用型科学技术对农民自身是有很大帮助的,但在农民眼中依然是无用的东西。虽然也有极少部分的异类,但大部分乡巴佬对农业技术进步还是抱着一种麻木不仁的、敬而远之的实用主义态度。

农业就像美国生活中一切其他领域那样,总量庞大,内部却参差不齐。其中,19世纪早期自耕农和绅士农民之间便存在一定的阶级差异,这跟他们在哲学观点上的分歧也正好吻合。绅士农民往往是大农场主,有一定的专业背景,上过大学,喜欢科学,商人或农业专家,他们每个月都能从农业之外获得一定的收入,喜欢从事农业实验,偶尔会阅读或从事农业书籍的写作,希望能够运用科学知

---

[1] John Taylor:《耕者》(Arator, Georgetown, 1813), pp.76–77; Alexis de Tocqueville:《论美国的民主》(Democracy in America, New York, 1945), Vol. II, p.157;在《改革时代》(The Age of Reform, New York, 1955)第2章试图探讨美国农业中的商业因素。

识来改进农业生产，促成农业合作，参与或主导一些活动以促进农业教育。他们中有很多人在非农业领域也声名显赫，比如康涅狄格州的牧师杰瑞德·艾略特，他在1748—1759年间撰写了经典的《新英格兰农业资源调查》(*Essay on Field Husbandry in New England*)。与艾略特同一时代的本杰明·富兰克林在新泽西的柏林顿附近有一家农场，他当然希望能从农场中赚到钱，但他也会利用这块地从事一些科学实验。华盛顿、杰斐逊、麦迪逊和卡罗林的泰勒等都属于这类启蒙农业学家，尝试将18世纪英国农业革命的成果引入弗吉尼亚的农业实践中。

追随他们的还有《农民录》(*Farmer's Register*)的编辑埃德蒙德·鲁芬（Edmund Ruffin），他以钙肥研究著称，后来成为一名武力分裂主义者，在萨姆特堡打响第一枪的就是他。弗吉尼亚之外，推动农业改良最活跃，而且最令人印象深刻的中心并不在农村，而是将农业和高等化学联系在一起的耶鲁大学。在耶鲁，学院科学家，先从年轻的本杰明·史力曼（Benjamin Silliman）开始，热衷于土壤化学、作物和科学种田研究；接着是约翰·P.诺顿（John P. Norton）、约翰·艾迪逊·波特（John Addison Porter）、萨缪尔·W.约翰逊（Samuel W. Johnson）。除了那些事情之外，这些人还试图推广尤斯图斯·李比希（Justus Liebig）在土壤化学方面的成果。伊利诺伊的乔纳森·B.特纳（Jonathan B. Turner）是加强农业教育的积极鼓吹者之一，他也毕业于耶鲁大学，我们怀疑《莫里尔法案》(*Morrill Act*)[①]也有可能出自他笔。在纽约，自学成才的农业编辑杰

[①] 译注：美国建国初期为了平衡东西部发展，公布的三大土地法案之一。该法案主要解决农业技术短缺的问题。法案规定，联邦政府依照每州参加国会的议员人数，每人按3万英亩拨给土地，并将这些赠地所得的收益在每州至少资助开办一所农工学院（又称"赠地学院"），主要讲授有关农业和机械技艺方面的知识，为工农业的发展培养所需的专门人才。

西·布尔（Jesse Buel）一直为制定更高的农业标准而奔走相告。在宾夕法尼亚，曾是一名出色的农艺学和农业化学学生的埃文·普格（Evan Pugh），成了宾大农学院的院长，在他36岁英年早逝之前曾为《莫里尔法案》做过贡献。

这些人将农业实践与科学的探究精神结合在一起，将公民的责任感与对农业利润的追求统一起来，正是这样的一群人树立了一个难能可贵的典范，将智识与实用性融合在一起。他们的工作也并非全然不为人所知，在绅士农民阶层就得到了相当广泛的响应，他们是农业社会和农贸市场的中坚力量、农业期刊的订阅者、农学院的倡导者。优质的农业书籍要是畅销的话能有一到两万的销售量。大概有十分之一的农民订购了一份农业杂志，美国内战前有50多种畅销程度不一的农业期刊。①

但是，自耕农对农业技术的改进及农民绅士阶层却心怀怨恨，这种不满的根源在于阶级差异：乡绅组织和推动农事活动，令小农们更加微不足道。在市镇农贸会上，他们总是能展出一些得奖的作物以及一些不计成本培育出的实验产品，这是普通农民无法与之竞争的。②他们的思想状态也总是表现得保守，不愿接受新事物，怀疑变革，往往还很迷信。美国农民会从事土地投机，经常迁移，也会接受新型的机械设备，但在农业教育及农业科学的应用上却异乎寻常地保守。结果，专业的农技师和农学编辑感觉自己工作的环境

---

① 有关农业刊物的数量，见 Albert L. Demaree：《1819—1860年美国的农业报刊》(*The American Agricultural Press*, 1819-1860, New York, 1941), pp.17-19; 相关书籍和杂志，见 Paul W. Gates：《农场主的时代：1815—1860年的农业》(*The Farmer's Age: Agriculture*, 1815-1860, New York, 1960), pp. 343, 356.

② 有关这种集市的介绍，见 Gates：同上，pp. 312-315；参阅 W. C. Neely：《农贸会》(*The Agricultural Fair*, New York, 1935), pp. 30, 35, 42-45, 71, 183; 以及 P. W. Bidwell 与 J.I. Falconer：《美国北方农业史》(*History of Agriculture in the Northern United States*, Washington, 1925), pp.186-193.

虽算不上对立敌意，却是顾虑重重的。"假如你社区的农民"，本杰明·富兰克林在给艾略特写的一封信中说道，"像害怕离开祖先留给他的土地一样不想接近我，那想要说服他们尝试任何改良都是无济于事的。"乔治·华盛顿满怀歉意地写信给阿瑟·杨（Arthur Young）说道，美国农民喜欢廉价的土地，而不愿意付出宝贵的劳动；于是，"大量土地被过度开发，却没有得到应有的养护和改良。"埃德蒙·鲁芬早期的一些实验都是在周围邻居充满嘲讽的眼光下完成的，他总结说："大部分的农民都拒绝去理解跟化学有关的任何事物，哪怕它再简单些。"杰西·布尔抱怨："对待整个农业改良事业，我们的农民似乎普遍表现出一种事不关己高高挂起的态度，也许是因为他们并没有意识到职责和利益所在，又或许是受到一些愚昧思想的影响，他们害怕自己会因别人的日子更好过了而变得更不好过。"《美国农业》的编辑在1931年写道，农民们"不肯拿起一份农业报纸，就是你拿给他们也不会去读，哪怕偶尔听别人读到里面的内容也不肯相信"。二十年后，著名的英国农业科学家詹姆斯·F.W. 约翰斯顿在美国巡回演讲结束后谈到农民"反对改变，更听不进别人说他们不够明智，跟不上时代的意见"。他发现在纽约，农民反对成立农学院，因为他们认为学校里所教授的知识是不必要的，并怀疑将其应用到耕作中能够获利。[1]

实际上，农民可以从这些农业改良者那里学到很多东西。即使

---

[1] Carl Van Doren：《本杰明·富兰克林》(*Benjamin Franklin*, New York, 1938), p.178; Bidwell 与 Falconer：同上，p.119; Avery O. Craven：《南方佬埃德蒙·鲁芬》(*Edmund Ruffin, Southerner*, New York, 1932), p.58; Harry J. Carman 编：《杰西·布尔：农业改革家》(*Jesse Buel: Agricultural Reformer*, New York, 1947), p.10; Dem aree: 同上，p.38; James F. W. Johnston：《北美录：农业、经济和社会》(*Notes on NorthAmerica: Agricultural, Economic, and Social*, Edinburgh, 1851), Vol. II, p.281.

一个开明的农民也很可能不了解动植物繁衍的规律、植物营养学、优耕法和土壤化学。很多农民醉心月历耕种，即根据月亮的阴晴圆缺来进行播种、修剪和收割。这种方式耗费人力、物力和土地肥力。①对于那些改革者推广农业教育的努力，他们带有一种"务实者"的鄙视，轻蔑地称他们为"纸上谈兵"。"在我看来按照书本知识来种田的人根本就不算是一个农民，"有人说道，"喜欢动手而非读书的人才是……那些把种田看作消遣的人才会去做实验，让那些有学问的人去关注样本、性别、情绪和压力吧，我们要去看管我们的羊群，挤牛奶，除草筑篱去。"②那些农业改良者和农业知识传播者们与这种顽固不化的偏见开展了艰苦卓绝的斗争。布尔抱怨说，在所有其他领域中——战争、航海、法律和医学——美国人都觉得正规的教育是有所助益的，也是非常有必要的：③

> 然而，唯独这个靠老天爷赏饭吃的农业上，我们却只是"当一天和尚，撞一天钟"，与法律、医学、战争和航海相比，农业科学知识应用的范围更广，但我们却没有相关的学校，不给予任何的指导，也不提供任何政府资助。在生活中很多微不足道的领域都认为科学知识不可或缺；但在这个巨大的，原本最有潜力及最能得益的行业里，实际上在农民眼里，其地位却还不如科幻小说。我们认为智力在所从事的大部分其他工作中都是一个有利的能力，然而我们却唯独忘了科学知识对于农业恰如阿基米德杠杆，

---

① Demaree：同上，pp.4-6，10，48-49.有关不经济的耕作，见 Gates：同上，他让地区和种群成为必要。

② Richard Bardolph：《农业文学与早期伊利诺伊州的农民》(*Agricultural Literature and the Early Illinois Farmer*, Urbana, Illinois, 1948)，p.14；参阅 pp.13, 103.

③ Carman：同上，pp.249—250. 在导论中可见这些评论，pp.234-254, Buel《有关改进饲养技术的必要性和手段》一文见 pp.8-21.

尽管它还没有动,却能让这个世界变得更加富裕、健康、幸福。在科学知识受到普遍冷落的境遇下,我们毫不奇怪地发现农业在大家心目中已经成为一个滑稽可笑、地位低下的行当。

不过,布尔认为,"农业改良最大的障碍是思想的愚昧,太多人认为,任何跟科学有关的事物不是在务农中没用,就是超出了农民的领悟能力。"① 农业知识普及者们反复的规劝,再三地消除人们对"书本农业"的偏见,但这似乎更证实了布尔的话。当然,农业刊物也并非没有缺点,它们中确实有一些会暗中行骗,不管怎样,所有刊物发现它们不得不经常刊登致歉文章,解释它们并不是在鼓吹任何无凭无据的东西,大部分文章都是由从事农业的农民写的。当李比希那篇著名的有关土壤化学的论文于 1841 年刊登在一家美国刊物上时,不得不说,它在农业改良者,甚至在一小部分自耕农中得到了接纳和认可,《南方种植者》还称李比希的发现"新颖而缜密":②

    尤斯图斯·李比希先生无疑是位非常聪明的绅士,一个知识渊博的化学家,但在我们看来,他对农业的了解并不比那耕田犁地的马匹多,弗吉尼亚州里随便找一个立在田头的老农都

---

① Carman: 同上,p.53. 另外一位编辑对一位农场工人超验主义的偏见有一个温和的回应,见《书本农夫的遗憾》("An Apology for 'Book Farmers'"),《农民文摘》(*Farmer's Register*) Vol. Ⅱ (1834 年 6 月), pp.16–19; 参阅《书本农夫》("Book Farming"),《农民文摘》(*Farmer's Register*), Vol.Ⅰ (1834 年 5 月), p.743.

② Demaree: 同上,p.67. 有关自耕农及农业刊物,见 pp.113–116,参见 Sidney L. Jackson:《美国争取免费教育的斗争》(*America's Struggle for Free Schools*, Washington, 1940), pp.111–114, 142–144. 这份农民最喜欢的通俗读物似乎一直编有自己的年鉴,在旧版的年鉴中经常会看到一些有趣的故事和诗歌嘲讽有学问的人是如何愚蠢又不切实际,以迎合当时的反智主义情绪。Jackson: 同上,pp.12–13.

能告诉他实际的种田与他那精巧缜密的理论完全不是一回事。

2

基于上文所说的有关反对农业科学和书本知识的声音，农民们认为这样的教育（没有高度实用性的有关农业培训方面的）对他们的子女并无用处，这种看法也并不令人惊奇。农民们担心学校增多会导致税收增加。1827年《美国农民》中有一篇文章倡议开办农业学校，随后发现反对声最大的群体正是农民自己。① 一位记者1852年曾写信给《新英格兰农民》，他本人是马萨诸塞农业大学提案的反对者，他认为该州九成真正务农的农民都会赞同他的观点。不管怎样，他在信中列举了充分的理由反对该校的开办：农民们不会去这个学校；他们会认为这是"一个华而不实的实验"，得不到相应的回报；它只会给"一小部分人提供一个富丽堂皇的办公场所"，可是这些人根本没有资历，也没有资格享有；该方案的倡导者希望给那些有钱人或假装有钱人的儿子们装饰点农业知识。而说到这点，"这类技艺是无法在教室里传授的，除非通过实践。"②

这不过是农村地区普遍存在的不愿支持教育事业的一个表现。在一篇有关通识教育态度的分析文章中，西德尼·L.杰克逊指出，农民"在争取更好学校的抗争中起了反作用"。③ 在1862年《莫里尔法案》通过之前，美国为建立农业大学所做的各种尝试主要都是由一小群有志向的农业改良家来实施——这无疑说明

---

① Gates: 同上，pp.358-360.
② 《农业大学》(*Agricultural colleges*)，《新英格兰农民》(*New England Farmer*, n.s. Vol. IV, June, 1852) 重印版，pp.267-268. Demaree: 同上，pp.250-252.
③ Jackson: 同上，p.172；参见 pp.113, 127, 及全文各处。

了这样一个事实,在美国这样一个农业占主导地位且极度需要农业技术的国家,联邦政府介入之前在农业教育上竟然毫无作为。①1862 年《莫里尔法案》的通过要归功于一小部分热诚之士,这是那群意志坚定的政治说客们赢得的又一个胜利。厄尔·D. 罗斯(Earle D. Ross)在他那篇著名的有关政府赠地运动的研究中注意到,"没有任何迹象表明有大众自发地参与"。时值战争年代,《莫里尔法案》的消息几乎都没有得到媒体的关注;连农业领域的报纸都没有表现出太多的热情,有些甚至都没意识到它的存在。②

这个法案最初不过是一个善意的承诺,改革派在接下来的 30 年里会发现,想要在民意达成一致之前实施一项有意义的改革措施是件多么困难的事。莫里尔议员的想法是非常明智的。他意识到,美国的土地耕种方式不佳,土地资源浪费严重,在农业和机械化教育方面,其他国家的做法要比美国好得多;美国农业需要有人从事大量的调研与实验,农民必须得到有关新科学发明的指导;仿造之前资助美国大学的先例,用公共土地收益来扶持创办良好的农业机械学校,既不会影响各州的自主权,也不妨碍古典学院的那种教育。莫里尔的提案有一段时间跟美国的分离势力相冲突,捐赠土地创办农业大学的想法在 1859 年被布坎南总统否决。但是林

---

① 耶鲁大学的 John P. Norton 教授于 1852 写道:"即使美国任意六个州,当年都在自己州内资助建造农业学校或大学,向每一个系都给予大额的捐赠,充实他们的图书馆、设备、博物馆、仪器、建筑和土地,他们在这片大陆上也找不到这么多合适的教授和教师。事实上,在纽约的一个学院能否找到'完全能够胜任'的教师队伍他都表示怀疑。Demaree: 同上, p.245.
有关改进农业教育的简要历史,见 A.C. True:《1785—1925 年的美国农业教育史》(*A History of Agricultural Education in the United States, 1785–1925*, Washington, 1929)。1851 年 Edward Hitchcock 为马萨诸塞州的农业立法在欧洲做了一个调研,发现较之欧洲大陆国家,尤其是法国和德国,美国农业存在巨大的劣势。

② Earle D. Ross:《民主的大学》(*Democracy's College*, Ames, Iowa, 1942), p.66.

肯却在三年后签署了一个类似的法案。针对改革的需要，国会被说服的程度似乎要比大部分农民更多[①]。然而不幸的是，正如罗斯所提到的，大家对这个法案的聚焦点并不在农业教育所具备的优点上，反对意见大部分围绕着所谓的违宪性和其他细枝末节——因此，当这个法案在国会被提出时，大家对它的主旨都没有充分地认识。

法案通过后，这些因土地捐赠建立的大学就遭遇了各种困难，其中不仅有来自现存大学的嫉妒，还要面对美国人一贯的反对资源集中，主张教育分散和多元的偏好。在选聘教职员工时更是困难重重。受到古典人文素养教育的旧式教授往往不接受农业机械教育的合理性，他们还时不时地从内部进行抵制。另一方面，还有来自旧式的心胸狭隘的农民及民间领袖们的反对，他们固执地相信科学不能给农民带来任何实用性。罗斯指出，"面对农业专业教育的必要性和迫切性，农民自己是最难被说服的。"虽然他们反对的不仅是农业教育的想法，但凡是跟大学或实验科学有关的提案他们都抵制。除非是独立的农业大学，目标高度实用才可以。威斯康星州的格兰杰强调每一类职业的教育都应该由该职业的实际工作者来教授，"神父应该教神父，律师教律师，技师教技师，农民教农民"。一些政府官员想要尽可能地摆脱文理学院人文素养教育的传统，俄亥俄州的州长就想要农业大学的授课"简单实用，不要理论性太强以及科学气味不要太浓厚"；得克萨斯州州长设想农业大学应"以训

[①] 明尼苏达州的 Rice 参议员说道："如果你想建立农业大学，在一百六十英亩的土地上给每个人一所自己的大学，不是把土地分给各州，让它们牺牲公众的利益来教育富人的儿子。我们不需要高大上的农民，也不需要不切实际的机械师。"在国会关于赠地学院条款的辩论中，像这样对待书本农业的态度是一个例外。I. L. Kandel:《联邦政府对职业教育的资助》(*Federal Aid for Vocational Education*, New York, 1917), p.10.

练和教育农业劳动者为目标";印第安纳州州长则认为任何一类高等教育都会对培养诚实可靠的劳动者制造障碍。①

事实胜于雄辩,并没有多少农民将他们的儿子送往农学院;即便他们这样做了,其子女也会借助教育优势而不再从事农业——最多的是进入机械行业。多年来农业大学只有为数不多的学生,而其中学习机械专业的学生就要远超学习农业的,其差距逐渐增加,从两倍、三倍、四倍直到五倍。农业科学境况的改善得益于1887年的《哈奇法案》(Hatch Act),它建立了联邦实验站系统,以加强与农业大学的密切合作,同时也使得研究人员和经费得以扩充和增加。到1890年代,农业大学终于能在培养科学人才方面发挥作用。

土地捐赠制度的另一个弊端是,它是一个自上而下制定的法案。国会在制定法案的时候并没有考虑到在农村地区建立一个良好的中学教育系统,能够为农业大学输送优秀的毕业生。这一缺陷在1917年的《史密斯－休斯法案》中得到修正,这样中学里的农业职业教育也能得到联邦政府的资助。在经历过1873年至1897年漫长的通货紧缩时期后,农业迎来了繁荣期,这也给农业教育带来了大笔资金。为了追求更高的利润,农民开始思考企业化管理、育种、土壤科学和农业经济学等问题。机械化的发展使得农民更容易让孩子们从繁重的农务中摆脱出来。农业学生的数量在1905年后得到了快速且持续的发展,在第一次世界大战前夕,其学生数量几乎和学习机械的学生相当。据富兰克林·D.罗斯福总统任期担任农业部长

---

① Ross: 同上,第5,6,7章,以及pp.66, 72, 80, 87, 89-90, 96-97, 108-109. 一篇论文称农业学院是"古典白痴和政治教授的庇护所",另一篇文章建议它有必要"清理沾沾自喜的博士和伪装"教授,并把在这个忙碌的时代日日为繁重的工作所困的男男女女中那些虽没文化却不乏活力的人放到合适的位置上。同上,pp.119-120. 阅James B. Angell:《回忆录》(Reminiscences, New York, 1912), p.123:"农民……是最难相信我们能够帮助他们的阶级。"

的 M.L. 威尔逊回忆,他的老家爱荷华州的乡村社会对书本农业抱有普遍的蔑视态度,直到世纪之交,也就是威尔逊青年时代才慢慢好转:①

> 20世纪开始不久,科学就开始在广大农民群众中掀起了一场革命。1902年我去埃姆斯学习农业,当时我并不是爱荷华地区第一个上大学的男生,但是我们那个社区第一个上农业大学的人。十年或十五年后,只要你有经济能力,上农业大学已经成为一个大家都能接受的事情。

I.L. 康德尔(I. L. Kandel)在1917年就这一主题做了一个调查,他有一个相当公允的评价,土地捐助创办农业大学,"莫里尔议员及其支持者们最初的动机主要是为推动农业的发展做好科学储备,但直到现在,也就是创建五十年之后,这一功能才开始得以发挥"。②

那些不太会将农科及商科大学视为反智重地的读者或许会对这一断言表示怀疑,我也并非有意要给农科大学扣上这个帽子:农科大学不仅提供职业性教育,转换科学技术成果,我认为这是他们进步的一面。不过,关键是这一成果是农业改革派们长达一个多世纪奔走呼号的结果,而且面对的是农民阶层广泛而极端固执的偏见:在实践中,理论根本就没有用。

---

① Milburn L.Wilson:见 O. E. Baker、R.Borsodi 及 M. L.Wilson 合著的《现代农业》(*Agriculture in Modern Life*, New York, 1939), pp. 223-224.
② Kandel: 同上, p.103;参阅 p.106.有关这些大学中选修农业和机械课程的学生数量,见 p.102.

3

农耕体现的是一种"自然"的生活方式,花时间在夸夸其谈、书本理论和科学知识上,对这些农业劳动的从事者们来说是得不偿失的。工人阶级的情形则正好相反,他们的生活方式不是自然的,他们需要具备一定的自觉性和组织性才能认识到自己的命运。从一开始,知识分子的批判精神和工人运动之间的关系就要比农民复杂得多。亨利·德·曼(Henri de Man)在他那篇才华横溢的作品《社会主义的心理学分析》中指出:"劳工运动,若是没有知识分子阶层及其意识形态的影响,也就只会想着要将无产者转变成一个新的资产阶级而已。"① 文章中对美国劳工运动带有一种讽刺的语气,但一针见血地指出其目的就是将无产阶级转变成新资产阶级。美国与其他国家和地区一样,劳工运动其实是由知识分子一手制造出来的,不过正是"这个孩子",为了塑造自身而与塑造它的知识分子分道扬镳。若是没有经历过一个奇异的辩证发展过程,也不可能形成这样一个最终能在美国成功地建立一个永久性组织的劳工领导层:首先,受知识分子及其他们对资本主义展开的系统性批判的影响,无产阶级意识到劳工运动的必要性和可能性;其次,在接下来的发展阶段,这种影响逐渐被摆脱,在剔除了一些不必要的束缚和消减了一些细枝末节后,劳工组织全身心投身于组建一个以工作交易为核心的工会,并逐渐站稳脚跟。

历史上,美国劳工运动起先并没有将重点局限在找工作、薪资谈判和罢工这几个事项上,但这些却逐渐成为它的主要工作特色。一开始,劳工组织难免会受到资产阶级的渗透,受理论家们改革目标左右,也会因工会会员的利益诉求以及想要自资本主义社会获得稳固的地位

---

① Henri de Man:《论社会主义心理学》(*Zur Psychologie des Sozialismus*, Jena, 1926), p.307.

或为社会的整体性改良而背离初心。劳工运动早期是各种思想和主张的混合体，包括主张一个彻底的一揽子社会改革方案或启动第二次土地改革、反垄断、推行绿钞主义、鼓励制造者们建立合作社、推崇马克思主义、支持亨利·乔治的单一税方案。美国劳工运动有超过四分之三个世纪的时间都陷入这些尝试和活动中，这不仅令它没有取得任何有效的成果，对之后那个稳固的永久性组织的建立也毫无建树，直到富有实干精神的塞缪尔·龚帕斯（Samuel Gompers）和阿道夫·斯特拉瑟（Adolph Strasser）接管工运，成为该组织的领导。他们将工运的焦点放在就业和工资协商方面，着力组建一个强大的工会组织，足以垄断这个由他们自己会员组成的劳动力市场。

斯特拉瑟是一个社会主义者，龚帕斯是美国劳工联盟成立时的第一代精神领袖，他们俩从年轻时与社会主义者的交往中都受益颇丰。龚帕斯在他的自传中曾经提及这点，勉强算是他对早年这段智识训练的感激之情：

> 很多曾经为工会创建做出贡献的人都曾受到社会主义的影响，并逐渐发现了一套更加温和的政策途径……这些人总是富有远见……如果个体能够超越社会主义的框架而发展，那社会主义的熏陶则有助于他确立一个建设性的目标，迅速地领悟到自己实际的职责，并理解现实的目标是实现更高的精神追求的手段。

然而，社会主义让这些人了解到了劳工运动的可能性，以及当真正采取行动时，劳工运动本身是什么，但同时也让这些人知道了在美国实行社会主义是不可能的。龚帕斯在最初参加劳工运动的那段时期，不得不与那些"赶时髦的人、改革派和沉浸于感性的人"做斗争——他把那些在劳工运动周围徘徊不前的人称为空想家，而且有好几次他最难以对付的敌人中就有这些空想家。在 1894 年竞选美国劳工联盟主席时,提供帮助击败龚帕斯的正是那些社会主义者,这是他唯一一次没有得到连任。龚帕斯坚信:"只有那些曾经为面包而每日奔波的人才能委以重任。""我意识到了与那些知识分子们纠缠在一起是件危险的事情,他们并不理解劳工运动是在用生命去战斗。"①

知识分子遭到像龚帕斯这样的劳工领袖的疏远是因为彼此对劳工运动的期望完全不同。知识分子对劳工运动给予厚望,认为它是实现一个更加宏伟目标的手段——社会主义或其他某种社会改造。他们本身并没有参与劳工运动,也几乎没有人出自劳工阶级。而被他们鄙视的中产阶级那舒适体面的生活对大多数劳工领袖,实际上对最普通的熟练工人来说确实是羡慕不已的。一个像美国劳工联盟这样的追求面包和黄油的组织绝不会对理想主义感兴趣,知识分子一直瞧不起这些工人领袖。我认为,劳工领袖也都是一些自立自强的人,在这点上与那些工厂里成千上万的工作者并没有太大的区别。正如斯特拉瑟在一场经典的抗辩中说道:"我们都是讲究实际的人。"② 他们绝大部分都来自普通的工人阶级,并且一直期望劳动者及其领袖能够获得跟商人们同等的尊崇。他们曾有过反资本主义和反垄断的思想,但与知识分子们不同的是他们对这套在政治上和审美上都超前的批判资本主义文明的理论并不甚了解。他们都是优

---

① Samuel Gompers:《劳工生涯七十年》(*Seventy Years of Life and Labor*, 1925; ed. New York, 1943), Vol. I, pp.55, 57, 97–98, 180, 382. 劳工运动中对知识分子的不信任也得到了早期工人知识分子 John R. Commons 的认同,他认为劳工运动吸引了那种缺乏领导力的知识分子。见 John R. Commons:《自己》(*Myself*, New York, 1934), pp. 86–89;还可见他的《工业的愿景》(*Industrial Goodwill*, New York, 1919), pp.176–179.

② 参议院教育和劳工委员会,《资本与劳动的关系》(*Relations between Labor and Capital*, Washington, 1885), Vol. I, p. 460;参阅 Gompers 在 1896 年同样经典的论述:"工会是工薪阶层的商业组织。"《美国劳工联合会第 16 届年会报告》(*Report of the Sixteenth Annual Convention of the American Federation of Labor*, 1896), p. 12.

秀的爱国者、家里的好男人，或许还会是名好共和党员或民主党员。①在与知识分子（或者他们眼中的知识分子）早期的接触中彼此似乎就存在猜忌。首先，劳工组织内部与社会主义理论家做斗争。长期以来，大学里的经济学家都是反对劳工组织最激烈的一个群体，他们的批评也逐渐令劳工领袖们保持警醒②——"做教授的人"，龚

---

① 我这里的观点部分来自 Selig Perlman 的《劳工运动理论》(*A Theory of the Labor Movement*, 1928; ed. New York, 1949), pp. viii-ix.154, 176, 182, 和第 5 章及全文各处。在《新权贵》(*The New Men of Power*, New York, 1948) 第 5 章中可以看到 C. Wright Mills 对白手起家的劳工领袖带有挑衅的评论。

② 虽然美国的劳工运动总体上有利于普通学校制度的发展，但它长期以来一直质疑高等文化和高等教育制度。劳工期刊不时会尖酸刻薄地评论百万富翁给博物馆、图书馆和大学的捐赠，指出它们都是从工人的工资中压榨出来的——"这些百万富翁把工人的收入拿给那些工人和他们的孩子永远不能进入和享受的机构。"人们会对大学和学院表现出一种特别的敌意也就能够理解了，因为这些地方，穷人的儿子根本去不了，"却每年花费数百万美元教富人的儿子们踢足球"。工人刊物编辑们担心大学会受到捐赠的约束，教导学生们安于现状，学院和大学将成为罢工排斥者和破坏者的"孵化器"。在洛克菲勒捐赠的大学里能教什么呢？是教人的权利还是富人的优越性呢？一位作家甚至在 1905 年暗示，这些"大学生理论家"正在取代实践中产生出来的工厂领袖，他们与工人的关系更疏远，因为他们没有经过一级一级的升迁。大学生"和普通的工人没有什么共同之处，他们就像古代的贵族对待平民，或者南方的奴隶主对待黑人一样瞧不起工人"。1914 年，《美国联邦党人》认为，私人捐赠不适合追求真理，是"对自由制度的威胁"。如果他们不能更好地追求真理，"那么他们就必须让位给公共基金支持的国家机构"。《美国联邦党人》(*American Federationist*, Vol. XXI, February, 1914), pp. 120–121. 见《铁路指挥》(*Rail Road Conductor*, November, 1895), p.613;《印刷月刊》(*Typographical Journal*, June 15, 1896), p.484;《锅炉工月报》(*Boilermakers' Journal*, March, 1899), p.71;《铁路指挥》(*Railway Conductor*, August, 1901), p.639–640;《美国联邦党人》(*American Federationist*, Vol. X, October, 1903), p. 1033;《电工》(*The Electrical Worker*, May, 1905), p.40;《铁路工月刊》(*Railroad Trainmen's Journal*, Vol. XXIV, 1907), pp.264-265;(1907 年 4 月), p.368;《火车司炉工杂志》(*Locomotive Firemen's Magazine*), Vol. XLIV (1908 年 1 月), pp.86-87.

毫无疑问，美国学者日益增长的社会同情心为克服这一困境起到了一些作用。《美国联邦党人》在 1913 年认为大学和学院实际正在"帮助美国对社会和工业化问题建立一个更为感性和民主的认识"，Vol. XX (1913 年 2 月), p.129; Gompers 发现自己很受大学的追捧，并为培养与他们的良好关系花费了大量时间。《劳工生活七十年》，Vol. I, pp.437ff.

帕斯这样称呼他们，"是工人阶级或公开或隐蔽的敌人"，"是一伙赶时髦的人、空想家和弱不禁风的人"。最终，在世纪之交，那场呼吁"科学管理"的运动在劳工们看来就是一场致命的危机，龚帕斯将这场运动的领导者视为一群压榨工人直至灯枯油尽才肯罢休的"大学里的冷眼旁观者""知识分子"。这些都不是能增进彼此信任的交往。① 在1900年之前，劳工运动实际上还处在一个艰难的开创阶段，对其敌意主要来自这些知识分子，那些不带有敌意的人就会被看作不明智的、不受欢迎的盟友。直到进步运动的掀起，许多中产阶级知识分子才对工人事业表现出格外的关切，等到新政时期，他们之间才形成了一个牢固并持续的联盟。②

在龚帕斯掌管工运的这些年里，工会得到持续稳定的发展，这就不可避免地需要建立一个庞大的官僚体制，雇佣专家来提供法律、保险和经济上的建议，需要有专门的研究和新闻机构，需要公共宣传和开展政治游说活动，也需要自己庞大的教育机构。于是，这位领导着美国1800万有组织的工人的人成了那些潜在的文职人员的雇主。不过，这些在工会总部工作的知识分子并没有觉得在这里得到了比在美国社会其他领域更友善的对待——实际上，他们与工会领导的关系总体上还不如与公司老板。

知识分子和工会组织关系的疏离主要来自三个压力。第一个只对某些人有效，就是改革的热情，意识形态的原因是知识分子投入

---

① 见 Gompers:《组织起来的工人：斗争、敌人和盟友》(Organized Labor: Its Struggles, Its Enemies and Fool Friends, Washington, 1901), pp.3, 4; Gompers:《活机器的完善机制》(Machinery to Perfect the Living Machine),《美国联邦党人》, Vol. XVIII（1911年2月）, pp.116–117; 参阅 Milton J. Nadworny:《科学管理与工会》(Scientific Management and the Unions, Cambridge, Mass., 1955), 详见第4章。

② 近来有关该联盟的局部解散，见 James R. Schlesinger:《有组织的劳工与知识分子》(Organized Labor and the Intellectuals),《弗吉尼亚评论季刊》(Virginia Quarterly Review, Vol. XXXVI（1960年冬）, pp.36–45。

工会工作的首要因素。但迟早他会慢慢意识到，他非但没能将劳工运动变得更加激进，反而被卷入到一个为扶持工会领袖的权力和威望而摇旗呐喊的体系中。当他越来越意识到工会是在利用他，却并不想听从他的建议和主张时，这些工会专家的理想就会逐渐破灭。（工会专家接受这份工作多是出于一种使命感，因而薪酬低于单纯为赚钱而从事的工作。）造成疏离的第二个因素是知识分子研究问题的职业精神，在真相面前保持一种不偏不倚的态度，这往往也会与从事斗争工作的工会需求及工会领导的个人意愿发生冲突。"他们在使用资料的时候太马虎了。"一位专家抱怨他的工会同事。①

> 他们根本就不在乎。他们本质上就是一些相对主义者，对真理和科学的客观性没有真正的信仰；抑或他们觉得寻找真理太难了，所以就放弃了，还用"谁会对真理感兴趣呢，难道是资方吗？"这样的话来为自己开脱。实际上，这是因为他们有社会主义改革的倾向。一切都成了党派间的事务……他们只想加深领袖的偏见……我有时真希望能去大学教书。

这些专家们时不时地说一些不受待见的大实话，或者总是给工会领袖们带去一些不受欢迎的有关法律和经济方面的事实。在这样的氛围中，工会对他们的怨恨要多于对他们的需求。劳工杂志的编辑想要承担起提供异议的智识职能，但他的工会领导更关注的是工会杂志在派系纷争中站对方向。工会的教育主管希望能给工人提供

---

① 在此处的论点以及对劳工领袖和专家的引文都得益于 Harold L.Wilensky 的《工会中的知识分子》(*Intellectuals in Labor Unions*，Glencoe, Illinois, 1956)，全文各处，详见 55, 57, 68, 88-90, 93, 106, 116-120, 132, 260-265, 266n., 267, 273-276. 有关工人知识分子的权力局限，见 C. Wright Mills: 同上，pp.281-287.

类似通识性的教育，而工会领袖则只想要给工人们灌输一些简单而安全的意识形态。

最后一个造成疏离的因素仅仅是个人的，与专家个人的教育和成长背景有关。他已经出局了，他不是很合适的人选，如果他的服务不再被需要，他就不会那么吃香了。在工会的办公室里，这些模糊不清的抱怨萦绕着他，就好像把他放在一条自动生产线上——或者就像在扶轮社（Rotary Club）①聚会上听到的这些话："这些人以为自己是女一号……根本无法跟这种人共事……他们一点不讨人喜欢。"

劳工领导对劳工知识分子的态度是爱恨交加的，与社会上大部分人及商人群体对他们的态度类似。哈罗德·维伦斯基在研究劳工专家时发现劳工领导经常会被知识分子拥有的专业知识所镇住，并佩服得五体投地。但他会用一些不屑一顾的话来安慰自己，不是说这些专家不切实际，就是说他们举止怪异。有一位工会高级官员吹嘘道："我受到的是艰难困苦的教育。"但他接着又说："我告诉儿子在大学里要学一些劳动法类的课程。"态度虽然同样傲慢，但语气中却夹杂着一些复杂的情绪。在有些领域，一些非知识分子对工会专家的工作怀有一种羡慕嫉妒的情绪："该死，为什么他就能得到这么轻松的好差事……我却要每天辛苦地处理这些乌七八糟的事情，日复一日地去参加各种会议，而他却只要坐在办公桌前写写字就好了。"工会领导跟商人一样非常看重实践经验——在工作台上或在组织工会活动中获得的第一手认识。"你在书本上是学不到这些的。没有什么能替代经验。"他是从底层一路打拼出来的，而专

---

① 译注：扶轮社是依循国际扶轮的规章所成立的地区性社会团体，以增进职业交流及提供社会服务为宗旨；其特色是每个扶轮社的成员需来自不同的职业，并且在固定的时间及地点每周召开一次例行聚会。

家则是外来户,是一个菜鸟,根本就不了解工人的斗争和工人们的心理,因为他从未亲身经历过。"你对这件事的整个看法……都是不切实际的。虽然你懂法律,出自哈佛、耶鲁这样的名校,就像那些有头有脸的人物一样,但你不了解工人们的想法。"在这种环境下,专家们经常会感觉不自信,或尽量保持低调,甚至隐藏自己的真实想法。虽然他们工作的氛围在很多方面还是友善和鼓舞人心的,不过照一个劳工部专家的学生的说法,这种氛围中有一种"挥之不去的反智味道"。[①]

4

当美国这个有组织的劳工运动开始走向"资本主义(布尔乔亚)式"的道路时,它能给知识分子提供的环境并不友好,这并不令人感到意外。令人意外的倒是在非共产党的左派阵营中,尤其是社会主义政党也存在类似的问题,因为他们曾受到知识分子很大的资助。甚至还会给人造成误解,好像社会主义政党是一股反智势力,或者它对知识分子抱有敌意。从1900到1914年间,社会主义政党吸纳了大量的知识分子,他们给予政党的支持是不可估量的,他们写的文章给政党带来声誉,扩大了他们的影响力。他们之中不仅有像厄普顿·辛克莱和约翰·斯帕戈这样的扒粪记者(社会阴暗面揭发者),还有一些批判作家,他们有关社会主义和美国生活各个方面的评判文章在今天都值得一读,他们中有路易斯·B. 布丁(Louis B. Boudin)、W.J. 根特(W.J. Ghent)、罗伯特·亨特(Robert Hunter)、阿尔杰·M. 西蒙斯(Algie M. Simons)以及威廉·英格利希·沃林(William English

---

① Wilensky:同上,pp.269,276.

Walling）。不像后来的美国共产党，社会主义政党保留了某种知识分子的氛围，还没有走向单一化，其理论文章也并未完全被马克思主义经院派哲学所浸染。美国社会主义政党在成员吸收上仍比较多元，思想上也自由而大胆，有些支持者还带来一些波希米亚风格。政党刊物《群众》上刊登的宣传文章还"带有一种幽默感……享受着革命的气息。"

但在有些地区，社会主义政党也遭受了无产阶级狂热的冲击。在政党内频繁的派系斗争中，知识分子常常被贴上中产阶级学究的标签，与运动的中坚力量，真正的无产阶级相比显得格格不入。（而当革命的狂热遭到质疑时，知识分子往往又被推到了左翼那一派，而非右派。）社会主义政党内那些出身中产阶级，有些是富人阶层[①]的知识分子必然会在思想上努力去阶级化，与无产阶级的理念保持一致，但这又不可避免会产生一定程度的自我贬低和自我异化。故而，政党中的反智派也并非没有自己的笔杆子。[②]W.J. 根特就是其中之一，他认为《群众》秉持的革命教义过于宽泛，内容太琐碎，很难在工人社会主义者的培养事业上真正起到作用：

[①] 少数几个有钱人对社会主义的兴趣令 Finley Peter Dunne 感到非常可笑。"范德汉克比尔克夫人，"杜利先生说道，"为工人协会的太太们举办一场音乐晚会……著名的社会主义领导人 J. Clarence Lumley 在晚会上发表了演讲，他是拉姆利世家的继承人，这位著名的活动家说他是通过对他父亲的了解才成为社会主义者的。他无法相信让他父亲这样的人能够积累三百万美金的社会体制是正确的，而女士们还对工厂主的愚蠢行为欣赏不已，因为她们想要嫁给他，并且知道他们白天的模样。随着一声号令，晚会主办者要求女主人和她们的丈夫一同跳入河水，活动宣告结束。"Finley Peter Dunne：《杜利先生：此刻及永恒》(*Mr. Dooley: Now and Forever*, Stanford, California, 1954)，pp.252-253。

[②] Charles Dobbs 在《国际社会主义评论》(*International Socialist Review*, Vol. VIII, March, 1908, p. 533) 中有篇关于"大脑"的文章，他注意到，攻击知识分子及其领导者的人正是知识分子，他们对领导层发起了强有力的攻击。

该杂志轻易将社会主义、无政府主义、共产主义、新芬主义（Sinn Feinism）、立体主义、性别主义、直接行动派和阴谋派混淆成一个既和谐又杂乱的东西。这是一群想要投身于某个事业且精力充沛的大都市的人搞出来的东西；他们追逐一些虚幻新奇的东西几近疯狂。

还有一个知识分子，罗伯特·李维斯·拉·蒙特（Robert Rives La Monte）认为，尽管社会主义政党需要大量有头脑的人，但受过"传统的布尔乔亚式教育"并不等同于有头脑，他总结党内存在着对"知识分子和那些只会在客厅空谈的社会主义者合理的质疑"，是"最令人宽慰的事情，说明无产阶级作为阶级正走向成熟"。[①]这点像乔治·H. 戈贝尔（George H. Goebel）这样忠心耿耿的右翼分子恐怕也会同意。当要在知识分子、牧师、教授和工人阶级之间做一个选择的话，"那应该是那个与工人阶级血脉相连的，天天都从事着劳动和斗争的人"。戈贝尔说道，这样的人才会一直是工人阶级的代表。[②]

[①] David Shannon:《美国社会主义政党》(*The Socialist Party of America*, New York, 1955), p.57; Robert R. La Monte :《管用的头脑对抗痞子文化》(*Efficient Brains versus Bastard Culture*),《国际社会主义评论》(*International Socialist Review*), Vol. VIII（1908年4月）, pp. 634, 636. 有关社会主义运动中的知识分子, 见 Shannon: 同上, pp.8, 12, 19, 53-58, 281-282; Daniel Bell:《美国马克思主义社会主义的背景及其发展》(*The Background and Development of Marxian Socialism in the United States*), 收录进 Donald Drew Egbert 与 Stow Persons 合编的《社会主义与美国生活》(*Socialism and American Life*, Princeton, 1952), Vol I, pp.294-298;Ira Kipnis :《1897—1912年的美国社会主义运动》(*The American Socialist Movement, 1897-1912*, New York, 1952), pp.307-311; 以及 Bells 在 1953 年 12 月 7 日《新领导者》(*The New Leader*) 中对这本著作的评论。

[②] Bell:《背景和发展》(*Background and Development*), p.294. 参阅右翼领导人 Max Hayes 在 1912 年的政党大会上对空想社会主义者和理论家的攻击,《会议议程》(*Convention Proceedings*, 1912), p.124.

政党中表现最极端的反智派——一种真正的无产阶级莽汉的态度——既不是出自右翼人士，也不是自我异化的知识分子，而是受到世界产业工人协会（I.W.W）思想影响的西部各州的党员。俄勒冈党翼是西部分支中最壮大的一支，便是这种思想的最佳体现。据说，在印第安纳州召开1912年政党大会时，俄勒冈的代表拒绝在一个铺有桌布的餐厅里就餐。托马斯·斯莱登（Thomas Sladden）是该州党书记，他曾把一个痰盂搬离俄勒冈总部办公室，因为他认为粗犷的无产阶级并不需要这种上流社会的玩意。也正是这位斯莱登在《国际社会主义评论》中写了一篇措辞犀利的文章批评知识分子。正如他所认为的，这场运动是属于工人阶级的，而不是什么其他人。社会主义政党和工会"都必须让位，或者拿起武器反对这个'用屁股来思考的人'"。斯莱登是这样描述社会主义无产阶级的：[①]

> 他们拥有自己的语言，跟现有文明所认可的语言不同，他外表粗俗，也没文化，他的道德伦理观未被当前社会所认可，他所信仰的跟正统、非正统的教会都无关，他奉仇恨为信仰……他拥有的智识乃是那些出生、成长和生活在其世界之外的知识分子所不能理解的。
>
> 就像森林中野兽具有的本能一样，他耳聪目明，时刻保持警觉，他生性狐疑，但拥有不可征服的灵魂……只需一个猛扑，他就会将那些弱不禁风的知识分子及其假惺惺的尊重撕得粉

---

① 《革命者》(*The Revolutionist*)，《国际社会主义评论》(*International Socialist Review*)，Vol. IX（1908年12月），pp. 429-430. 有关 Sladden 的内容，参见 Shannon：同上，p.40；了解一个认为无产阶级包含了知识分子的社会主义者对 Sladden 的回答，见 Carl D. Thompson：《无产阶级的构成》(*Who Constitute the Proletariat?*)，《国际社会主义评论》(*International Socialist Review*)，Vol. IX，（1909年12月），pp. 603-612.

碎，作为自己的价值尺度，什么是对什么是错由他来决定。

这就是无产者……他所受教育不多，没啥教养，也不介意别人对自己的看法，整个人类生活的经验就是他人生的课堂。

这里，对无产阶级的崇拜似乎夹杂着各种原始主义的情感，另一位西部小说家杰克·伦敦曾努力想要将这种原始主义精神植入社会主义运动中，但并没有取得成功。社会党的中层领导尤金·V. 德布斯（Eugene V. Debs）则表现出更多典型的非知识分子的情感。在看到很多社会主义者"嘲笑一个有智识的人时就好像他是一个外来者，或者不是社会主义党员的一分子，"德布斯抗议道，知识分子不应该成为被斥责的对象。这场运动需要有头脑的人，我党应该想办法去吸引他们。对德布斯来说，重要的是正式的"公共部门的官员、代表、候选人应该从各个行业的工人中选拔。而知识分子应该是例外，因为他们也是普通群众。"然而，工人组织不应该被知识分子所领导，就像知识分子的组织也不应该让工人来管理一样。德布斯认为工人自身有足够的能力去担任管理的职务，他对知识分子在党内担任要职的担心不亚于担心社会主义运动中出现阶级分化和官僚主义。就像一位忠实的杰克逊派信徒一样，德布斯承认他也信奉"轮换制"。"我承认，"他说道，"我对文职主义存有偏见，担心出现官僚主义。"①

5

社会党承认多元化的价值尺度，而共产党则喜欢铁板一块，它要求自己的作家必须遵从党内特有的严谨的规章纪律。然而，在第

---

① 《健全的社会主义策略》（*Sound Socialist Tactics*），《国际社会主义评论》，Vol. XII（1912年12月），pp. 483–484. 在发表了这些评论三年后，Robert Michels 出版了《政治党派》（*Political Parties*），这是一本 分析欧洲左翼政党寡头政治倾向的书。

一次世界大战爆发之前,在社会党发展最为关键的时期加入该党的知识分子们都是一些独立接触到马克思主义的思想家,这些人成为党内的理论家。而共产党吸纳的主要是一些高产的作家和文学批评家,他们对马克思主义、正统社会规则所知并不多,甚至根本就不懂,不过却愿意——至少在一段时间内——接受政党机器的指导和规训。20世纪30年代,随着知识分子影响的扩大,共产党内自然也出现了反智倾向,尤其是无产阶级意识的崇拜特别突出,实际上成了党内主导的一种倾向,而这些倾向在社会党内不过才刚为人所觉察。两党在道德力量平衡方面的变化尤为显著:在社会党中,一个真正的无产者在想到还有知识分子在他们身边施加影响就会不舒服;而在共产党内,一位党员或知识分子同盟则会因为自己并非出身工人或从事工业劳动而感到苦恼。

美国早期的激进人士,像爱德华·贝拉米(Edward Bellamy)和亨利·德马雷斯特·劳埃德(Henry Demarest Lloyd)对工人阶级采取的是一种略带屈尊俯就的态度;但20世纪30年代,大量的美国作家则开始大力宣扬一种悲惨概念,无产阶级饱受困难并肩负"历史使命",这赋予了他们一种超越中产阶级知识分子的内在而伟大的道德优越性。为了弥补阶级缺陷和他们中产阶级的习气,很多知识分子深感必须将自己奉献给无产阶级、奉献给党。共产党自身也强烈地意识到知识分子加入政党的作用,同时也担心具有独立思想的知识分子的大量加入会修正党的纪律,于是它采取了一种利用知识分子的愧疚感和自我憎恨的策略,让他们与党保持在一条战线上。一方面,让他们尝到一点甜头,给他们少量但慢慢增加的听众;另一方面利用他们心理上的弱点阻止他们背离党义。这种策略的效果好坏参半;共产党想要倚重的那些最为杰出的作家像德莱塞、辛克莱、斯坦贝克、海明威、麦克利什、多斯·帕索斯自然是最难约束、最不愿意乖乖地服从一个默默无闻的党徒的规矩。而那些名气较小的作家，自信度不够，又更依赖政党给他们提供的公众，就会更加顺从，虽然按政党的目标来说其顺从度总是不够。保罗·罗森菲尔德（Paul Rosenfeld）心目中就有一些这样的作家，1933年，他抱怨这些人放弃了自己作为艺术家的职责，却"竞相与庸俗主义妥协，这是共产党与任何一个其他党派都有的一种思想。"①

假如将布尔什维克教条的真正精神内涵慢慢灌输给这些激进的美国作家，那么曾经在《群众》时代蓬勃发展的波希米亚主义②则将被毁于一旦。作家们会感觉到波希米亚主义以及所有个人的反抗形式都是力度不够的、微不足道的、神经兮兮的。曾经是波希米亚派的约翰·里德便是如此。他说："这场阶级斗争会让诗歌都见鬼去。"假如真的如此，无疑要放弃的肯定是诗歌。他在另一个场合宣称，"布尔什维克主义不是为知识分子准备的，而是为人民。"他在评论一位孟什维克理论家时说，"你们这些家伙都是些冷血动物，最多是一些书呆子，总是想着马克思说了什么或想要说什么。我们想要的是革命，那我们就闹革命去，不是用书而是用枪。"可惜里德英年早逝，因此他的这个信条最终能贯彻到什么程度也就不得而知。他死后，迈克尔·戈尔德（Michael Gold）接过了鞭笞知识分子的教鞭，一直担任党内喉舌多年。戈尔德自身在去阶级化和去知

---

① 摘自 Daniel Aaron：《左翼作家》(Writers on the Left, New York, 1961), pp.254-255. 我对自己的观点和论述做了全面而细致的研究，以下段落中的引文和下文中所指的事件摘自 pp. 25, 41, 65, 93-94, 132n., 162, 163-164, 168, 209, 210-212, 216, 227, 240-242, 254, 308, 337-338, 346, 409, 410, 417, 425. 1935年之前，共产党对待知识分子的态度并不灵活，而后则建立了统一战线。
② 译注：波希米亚主义指一群艺术家、作家践行一种非传统的、自由的、不羁的生活方式，以及由此而衍生出来的一种艺术流派。

识分子化方面都做得比大多数左翼知识分子成功。① 弗洛伊德·戴尔（Floyd Dell）是一位共产主义的同道人，但也是一位不可救药的波希米亚风格的文学家，他觉得，戈尔德作为一个文艺人士，"因为某种不知道的原因为自己不是一位工人而感到羞愧……因此，他敬佩所遇到的每一个工人，毫不吝惜溢美之词地称赞他们。"而对于比戴尔更年轻的那一代作家来说，这样的羞愧和敬仰之情并不陌生。

共产党对知识分子的态度符合贯穿整个美国的实用主义、原始主义和雄性主义的基调，但又带有一点讽刺意味的变调。当你发现该党的标语跟商人所表达的某些态度相似，甚至仅有几个术语的改变时，会觉得有点可笑。只有发动革命才是重要的，也是实践起来最为艰难的一个任务，其他任务都在其次。假如艺术和智识不能应用到革命工作中去就一无是处。不能为革命服务的作家在共产党特有的意象中便会被指责为是为资本家服务的妓女。（按照一位没有出身污点的无产阶级作家的话来说），他们是"最古老而且最令人尊敬的妓女，文学上的害虫……打扮得花枝招展，为了三十便士就会搔首弄姿，模仿印度女郎扭动腰肢"。

发动一场革命需要的不仅仅是道德上的纯洁性，还需要一定的男子气概，而这是很多作家都缺乏的。于是，政治上所需要的务实精神与阳刚之气再一次跟艺术审美上的徒劳无用不合。当一个政党领袖认为一位作家的诗歌及短篇小说是茶余饭后的消遣时，他的作品就被撤稿——这充分表明政党对文学艺术骨子里是不重视的。最糟糕的是缺乏男子气概的作家，他们无法应对阶级斗争这样残酷的

---

① Gold 和 1950 年代任何一个麦卡锡分子一样义无反顾地反对哈佛，他被迫否认了自己曾在那里有过短暂的学习，"某些敌人散布对那些我曾经上过哈佛的谣言。这是个谎言。我曾在哈佛大学所在的城市波士顿的一个垃圾场工作过，仅此而已。"

现实。虽然党内知识分子在这点上的看法因人而异，但那些最为刚毅的作家在反对文学人文主义者的肃清运动中，也会毫不留情地斥责，称他们的作品是"仙女文学"。戈尔德曾经告诉辛克莱，这类作家其实正在灌输一种"疯狂的嫉妒心"，因为他们的"雄性经验被阉割了"。在一场著名的反对桑顿·怀尔德（Thornton Wilder）的文学论战中，戈尔德指责这个小说家在宣传一种"风花雪月的、矫揉造作的、浅薄的宗教，缺乏真正的血肉与热情，就像是一个同性恋者做的白日梦，身披着柔美的长袍在百合花丛中穿梭"。

在最极端的时候，他们想要制定一个共产主义文学准则，号召工人阶级作家去提供一种"无产阶级现实主义"（戈尔德的术语），他们认为这是资产阶级作家所无法创造的。一位工人阶级作家提出，让"伐木工人、流浪者、矿工、公司职员、机械师、切割工、收割工和餐厅服务生们"成为党的喉舌《新群众》的撰稿人和读者吧，"比起那些花钱请来的三流作家，这些人对我们更重要"，"也许他们的文笔粗糙，但我们只要稍加修改和粉饰就好了。我们要担心什么呢？是评论家的批评吗？担心他们会说《新群众》刊登一些劣质的、语法不通的东西吗？让那些语法通顺，包扎整齐的街头小报都见鬼去吧，兄弟们"。这样的语言只能让作家们对这场运动敬而远之。共产党有着"某种过于理想化的无产阶级意识，思想单一而且口径一致，敌视不同政见，鄙视风格不同的文章和评论，回避讨论"的氛围，其中任何一点都让他们退避三舍。

这些差异反映了共产党在与作家和其他知识分子相处时要面对的一个主要问题是：想要利用他们的迫切性与控制他们保持一致的无能为力之间存在冲突。即使是戈尔德这样能够凭借三寸不烂之舌将一些知识分子挽留在政党还能企及的范围之内的人，也常会为共产党领袖对作家的态度而深感不安。他曾承认共产党让知识分子太过经常地认为自己是局外人了："'知识分子'这个词变成了'杂种'的同义词了，在美国的共产主义运动中会有这样的一种感觉"。某些党员在党内斗争中也不会放弃把这种对知识分子的感觉当作武器：在20世纪20年代的派系斗争中，约瑟夫·弗里曼（Joseph Freeman）回忆道，在一场现场口水战中，福斯特派攻击洛夫斯通派，说他们是一伙大学生、资产阶级及犹太人。这种态度产生了严重的后果。马尔科姆·考利（Malcolm Cowley）曾是一份大都市无党派周报的记者，任职期间曾写过一些有关莫斯科审判的文章，他以非常严肃的语气评论过托洛茨基："我从未喜欢过他这种类型的知识分子，他们把每一个人类问题都简化为一种三段论，而他们在每一段上都是正确的……"

在大部分激进作家的生命中都会有一段时间，但也只是很短的一段时间里曾接受过政党的准则，并推断知识分子以及培养他们的教育机构都是不好的。"我认为我们所有人都过于娇柔了，"多斯·帕索斯在第一次世界大战期间写道，"我们在茶桌上确立这套革命信念和激进主义是多么道貌岸然……我真想废弃这些愚蠢的大学以及里面所有的那些优秀的年轻人、乏味的灌输者们——这该死文化的一切形式及中产阶级的势利。"吉纳维夫·塔格德（Genevieve Taggard）认为在革命的紧迫任务下，作家是无用的：

> 只有务实的人才能从事革命活动，当你想要组织一支武装力量或者想要讲清楚新经济政策的时候，却碰到一个两眼茫然无措、四处张望的人，没有什么比这更令人恼火的了。假如由我来领导革命，我会立即把这些艺术家们剔除干净，我只相信一分耕耘，一分收获。我自己就是一位艺术家，但我也懂得一个小孩子都明白的道理，当他的母亲正忙着家务的时候，就不

应该打扰她。我只希望待一切都逐渐平息之后,还能给我留下一小片净地。

很多作家参与革命运动主要是因为,在他们看来,反对资本主义至少就是对资本主义在文化上表现出来的轻侮姿态表示抗议。但是,不管选择哪一个世界、哪一种体制——资本主义工业化或新经济政策,是追求个人的成功,还是一炮定乾坤的革命,总有一些更重要的实际工作需要去完成。

第五部分

民主制下的教育

第十二章　学校和老师

1

当我们将反智主义作为美国生活中的一个特色加以讨论的时候，必须考虑到美国历史中存在这样一个显著事实——即持续地、高度地，有时甚至是令人动容地信任国民教育。不管是过去还是现在，都很少有人会质疑这种信任的广泛性和真诚度。亨利·斯蒂尔·康麦格（Henry Steele Commager）在评论19世纪美国社会这一突出的特点时说，"教育就是他们的宗教"——不过他很快又补充，美国人对教育就像他们对待宗教，"功利，且讲究投资回报"[1]。在现代历史上，美国是继普鲁士之后第二个建立免费公立教育系统的国家。其最早的章程中就有一则土地条例，规定须专门指定一块公共领地建立学校系统。各地校舍和图书馆的迅速增加表明公众对知识传播的关切，而预备学校和讲习所则说明这种关切已远远超出了学龄的范围，扩展到了成人教育。

---

[1] Henry Steele Commager:《美国精神》(*The American Mind*, New Haven, 1950), p. 10; 参考 pp. 37–38. Rush Welter :《美国大众教育与民主思想》(*Popular Education and Democratic Thought in America*, New York, 1962) 中提供了很多资料，反映了美国人对教育的期待。

美国的政治家们从一开始就强调教育对共和国的必要性。乔治·华盛顿在他的告别演讲时鼓励人民建立"传播普遍知识的教育机构",鉴于新的政府赋予公众更多的权利,华盛顿督促道,"开明的公众意见是非常必要的"。1816年,年迈的杰斐逊警告:"假如一个国家的文明处在无知、散漫的状态,它将永远一事无成。"青年林肯在1832年告诉桑加蒙县的选民,"教育是我们作为人民所能从事的最重要的一件事"[1],这是他第一次给支持者们留下了深刻的印象。青年林肯躺在一个木火堆旁,在火光中阅读的画面已经深深地烙印在成千上万个学龄儿童的心目中。(我不相信会有人没想过他到底读的是哪本书)。在公共辩论场合中,编辑或演讲者要是想展开一段有关理想主义的长篇大论之前总是会提及一下教育的话题,这是一个不错的做法。一位中西部小镇的编辑在1836年写道:"假如这个时代会到来——"[2]

> 坚固的房屋摇摇欲坠;火焰下升起的欢乐……渐渐黯淡,这都要归咎于人民的无知。如果我们还想继续团结一致……如果要让我们的土地不再遭受独裁者的践踏;如果希望这个国家永远幸福安康;如果还想让自由的人民的脸上洋溢着太阳的万丈光芒,那就让这片土地上的每一个孩子都受到良好的教育。它能遏制暴君的权力欲望,唤醒受压迫人民的力量。智识铸造了国家的辉煌,而仅靠美德就能让这辉煌免于灰飞烟灭。

---

[1] Washington 的言论收录于 Richardson 编:《总统文集》(*Messages and Papers of the Presidents*), Vol. I, p.220; Jefferson:《著作集》(*Writings*, P. L. Ford, ed, Vol. X, New York, 1899), p.4; Lincoln:《文选》(*Collected Works*, Roy P. Basler, ed, Vol. I, New Brunswick, New Jersey, 1953), p. 8.

[2] R. Carlyle Buley:《1815—1840 年拓荒时期的西北地区》(*The Old Northwest Pioneer Period, 1815–1840*, Indianapolis, 1950), Vol. II, p. 416.

但是，假如我们从过去这些振振有词的话语中回到当前的现实，就会惊讶地发现，还有很多很多对教育的批评，这说明在美国人对于教育的热情中有一些重要的东西被我们忽略了。一大堆的教育问题产生于一种冷漠的态度——教师的低薪酬、教室太过拥挤、双轨制学校、破败不堪的校舍、教学设施的欠缺，以及大量来自其他方面的问题——过于重视竞技队、游行队、高中鼓乐队，而忽略了一些具有学术天赋的孩子，以及犹太教区的学校建设、去智识化的课程体系、重要科目教育的失败等。这个国家的学校经常被体育运动、商业化活动和大众媒体的标准所左右，再推演到高等教育，其最糟糕的就是俄克拉何马大学校长强调一所大学竟然以一支橄榄球队为荣。① 一些教育的终极价值自然也从未纳入美国人的视野中。为了把孩子们送入大学，他们付出了巨大的努力和不菲的开销，但当年轻人踏入大学校门之后，却似乎并不喜欢读书。②

2

虽然我们总是将教育挂在口头上，但美国的教育体系存在一些严重的缺失，那些真正关注教育的人士都很清楚这点。翻阅我们有关教育的历史文献，恐怕那些喜欢沉湎于过去好时光的人会大失所望地发现，原来过去并没有那么美好。这些教育文献，都是由一些名字会令我们肃然起敬的人留下的，里面既有尖酸刻薄的批评，也

---

① 在 Robert M. Hutchins 的《对美国教育的几点观察》(*Some Observations on American Education*, Cambridge, 1956) 中可以看到对这些缺陷的令人印象深刻的简要点评。
② 有关美国大学内及大学外的读物，见 Lester Asheim:《最新研究调查报告》(*A Survey of Recent Research*)，收录在 Jacob M. Price 编的《日常读本》(*Reading for Life*, Ann Arbor, Michigan, 1959)；Gordon Dupee:《强尼的父母会阅读吗？》(*Can Johnny's Parents Read?*)，《周六评论》，1956 年 6 月 2 日。

有苦涩无奈的抱怨。美国人想要建立一个普通教育体制,但却不太情愿提供足够的支持。在给大众传播知识方面,美国也算是走在世界各国的前列,但选聘的老师却层次很低,并且薪水微薄。

美国教育改革者的历史就是一部反抗不良教育环境的斗争史。教育的辛酸苦辣有如新教徒布道时吟唱的挽歌,成了美国文化的一个特色。教育文献中充满了抱怨,这本身并不令人意外,因为抱怨会转变成为那些励志图新的人的压力;但是,这其中也涌动着一股接近绝望的暗流。不仅是西部边缘地区或密西西比的最暗黑地区如此,即便是马萨诸塞州,这个第一个发展公立学校体系,并始终站在美国教育最前沿的州也是这样。不过,在马萨诸塞州,教育改革家詹姆斯·戈登·卡特(James Gordon Carter)1826年发出警告,假如立法机构再不改变政策,公立学校将会在二十年内灭绝。①

1837年后任马萨诸塞州教育委员会秘书的赫莱斯·曼恩(Horace Mann)对美国最好的学校体系之一进行的评价具有一定的启发性。他说,校舍太小,而且位置不佳;学校委员会为了省钱都没有统一教材,结果一个班里一门课竟然会出现八到十种手抄的课本;学校委员会成员不仅工资低,而且没有什么社会地位。社区的一部分人一点也不关心教育,也没为公立学校出过任何力,而有钱人则放弃公立学校,将孩子送往私立学校。很多城镇置国家制定的学校要求于不顾;公立学校还"需要大量称职的教师",现有的教师大多水平有限,不过"尚能满足大众的需求";"阅读课中表现出明显的对智识的需求";"在拼读水平上,学校已经倒退了五到十年";"我们学校里有超过11/12的学生在阅读课上并不理解所读到的内容"。他担心"学校委员会的不重视,不够称职的教师以及冷漠麻木的公众,

---

① 《大众教育文集》(*Essays upon Popular Education*, Boston, 1826), p. 41.

会导致恶性循环",直到最后放弃免费学校的整个理念。①

抱怨在持续,这种悲观的论调从新英格兰地区蔓延到整个国家。1870年,美国正处在中等教育急速发展的前夕,威廉·富兰克林·菲尔普斯(William Franklin Phelps)是明尼苏达州一所普通师范学校的校长,他后来成了国家教育委员会的会长,他宣称:②

> 它们(小学)主要都是由一些既无知识又没技能的人掌控。孩子们学到的只是一些表面的知识,他们没有理论、没有智力或道德约束力就走向人生宽广的舞台……贫困的学校和老师是主体,全国都是如此。学校的数量也少得可怜,就是把它们都关闭了,这个国家依然能够运转如故……他们花着公共的钱,却回报以可悲的无知,陷于故步自封中不能自拔……许多美国学校比少管所也好不了多少。

1892年,约瑟夫·M. 莱斯(Joseph M. Rice)巡视了整个国家的学校体系,一个城市接一个城市报道出来的结果都同样地令人沮

---

① Horace Mann:《教育演讲录及年度报告》(*Lectures and Annual Reports on Education*, Vol. I , Cambridge, 1867), pp.396, 403-404, 408, 413, 422, 506-507, 532, 539. Mann 在1843年的报告中以极大的兴趣与普鲁士教育进行了广泛的比较,他在报告中评论道:"在公众的心目中,教师职业的地位非常高,没有谁会把进学校当老师作为在其他职场中失败后的最后选择。"《生活与工作》(*Life and Works*, Vol. III , Boston, 1891), pp.266 ff., 详见 pp.346-348. 哈佛哲学系教授 Francis Bowen 也同意 Mann 的观点,他说,回顾1857年新英格兰地区的学校体系,"它已经退化成一成不变的程式,为了节俭而供给严重不足,随便一个茅草屋都可以当作校舍,随便一本启蒙读物都能当作教材,随便哪个农民的学徒都有能力'教书'"。《美国教育月刊》(*American Journal of Education*), Vol. IV, (1857年9月), p.14.

② 《全国教育委员会会议记录》(*NEA Proceedings*), 1870, pp.13, 17. 1865—1915年间类似的抱怨,可见 Edgar B. Wesley:《N.E.A.:百年历程》(*N.E. A.: The First Hundred Years*, New York, 1957), pp. 138-143.

丧，只有少数几个表现不错的例外：教育是区域政治的产物；无知的政客雇佣无知的老师，教学成了一种重复的没有启迪性的活动。①十年后，当进步运动蓄势待发之时，我们从纽约《太阳报》上听到了一种完全不同的声音：②

> 当我们还是男孩的时候，在学校里还是必须做<u>些</u>功课。他们不会劝导你做，不做就要挨揍。拼写、写作和算术都不是选修课，是必须学习的科目。现如今，这些看似相对幸运的时期里，基础教育在很多地方却成为一种杂耍表演。必须让孩子们觉得好玩，他们想学什么就学什么。很多新派老师对过去的教学形式不屑一顾，现在让一个孩子学习阅读似乎都成了一件介于不幸与犯罪之间的事情了。

十年后，美国已经建立起庞大的中等教育体系，教育本身也变得高度专业化了。师范大学的托马斯·H. 布里格斯（Thomas H. Briggs）在哈佛大学做英格利斯式讲座（Inglis Lecture）时评价，创办中等教育是美国"最伟大的投资"，但最后却下了个"不幸却走歪了"的结论，"没有取得任何有价值的成果，"他发现，"甚至连中等教育课表中列出的课程都不行。"他认为，至于数学教育的表现，要是直接拿去做生意的话，不是让人破产，就是让人坐牢。要是给出圆周率和其他必要条件，只有一半的学生能算出圆的面积。

---

① 《美国公立学校体制》（*The Public School System of the United States*，New York, 1893）。
② Marian G. Valentine：《威廉·H. 麦克斯韦与进步教育》（*William H. Maxwell and Progressive Education*），《学校与社会》（*School and Society*），LXXV（1952年6月7日），p.354. 作为对新式教育的反映，对这种秩序的抱怨在这次开始出现，可见 Lys D'Aimee 的评论，摘自 R. Freeman Butts 与 Lawrence Cremin 合作的《美国文化教育史》（*A History of Education in American Culture*，New York, 1953），pp. 385-386.

学外语的学生既不会阅读，也不能进行交流。学了一年高级法语的学生中只有一半的人能够翻译 Je n'ai parlé à personne 这个句子；选修法语的学生中只有五分之一的人坚持两年以上。拉丁语的情况同样糟糕。学了一年古代历史的学生还不知道梭伦是谁；学了一年美国历史的学生讲不出门罗主义的定义——尽管这些课在课程体系中都是被强调的。英语课程的学习却没能让大多数学生具备"基本的文学品位"，写作能力培养方面"欠缺的证据更是不胜枚举，触目惊心"。①

今天，我们生活在一个凡事讲调查数据的时代，各种教育失败的证据已经堆积到了不需要更多材料举证的程度。② 最大的分歧在于对这些证据实际意义的解释。很多专业的教育家乐于看到这些数据，认为这进一步支持了他们一贯的主张：传统的学习课程不适用于大众教育体系里的广大孩子。教育系统的批评者则认为，这些数据仅仅表明我们需要恢复教育的高标准，并进一步提升教育的精神面貌。不过，对于教育失败这一核心事实，大家都基本认可。这个失败也反映出美国生活中存在一个尴尬的状况：在一个充满热情地宣称重视教育的社会里，教育体系的成果却总是令人如此失望。

---

① Thomas H.Briggs：《伟大的投资：民主制下的中等教育》(*The Great Investment: Secondary Education in a Democracy*, Cambridge, Mass., 1930), pp.124-128.

② 这些研究报告中我最喜欢的是洛杉矶在 1951 年对三万名学生所做的一个。它显示大概八年级学生中有七分之一的人不能在地图上找出大西洋，十一年级学生（年龄为 16—18 岁）中大概有差不多比例的学生算不出 36 的 50% 是多少。《时代》(*Time*)，1951 年 12 月 10 日，pp.93-94.

3

当然,我们也许会怀疑这些数据和批评会有一定的误导性。难道教育权威及其改革者们不断抱怨的过程本身不是一种有益的自我批评的表现吗?很多抱怨不是促进了改革吗?假如不要用那些抽象的绝对标准,而是用它最初所确立的目标去评价美国公立教育系统,难道不能视为一个成功吗?关于这点,无疑还有很多东西可说。美国公立教育体系的目的就是要让大量不同族群的、流动着的人口都能接受教育,召集这些来自不同地方、从事不同职业的人,将他们塑造成一个统一的民族,让他们会读会写,并具备一个民主共和国所必需的最基本的公民素质。这些它的确做到了,假如19世纪大部分时间,美国还不能算是一个在文化成就上举世震惊的国家,但她的教育至少有助于培养出一批人,这批人在观点和素质上都处在一般水平,外国研究者们屡屡注意到了这一点。

在此,我们需要对美国教育理念本身进行认真地审视。大众教育的理念不是为了发展智识或满足个人在学问和文化上的追求,而是为了教育所能带来的政治和经济利益。而像赫莱斯·曼恩这样的学界领袖和教育改革家无疑会更在意智识的内在价值。但是,在努力向这些有影响力的人或普通大众阐明教育的重要性时,他们会着重指出教育对于公共秩序、民主政治或发展经济的潜在贡献。他们明白,"销售"教育最令人难以拒绝的方式,不是着眼于获得高文化水平,而是塑造一个能为大家所接受的民主社会形式。一个大众政府下,大众教育是绝对有必要的,这一观念已经深入人心。对担心教育成本的有钱人,他们解释,教育会改变公众无序以及政府管理不善的状态,提升劳动者的技能和认知能力,会减少犯罪,扼制激进主义。对于中产或更低的阶层,他们会列举,教育是大众权利的基础、通往更多机会的大门以及竞争中一个更大的砝码。①

对于最广大的美国民众来说，除了会给孩子带来更多发展的机会这点之外，他们不可能确切地说出对教育体制的其他期望，但有一点非常清楚，智识能力方面的发展并不是他们所关注的重点，而且有证据表明，我之前阐述在宗教、政治和商业方面所表现出来的反智主义在教育领域也有所体现。大家普遍不希望孩子们对理性的作用估值过高，这一点似乎非常明显。露丝·米勒·埃尔森（Ruth Miller Elson）近年对19世纪美国教科书的研究表明，教材编写者们极力地向孩子们反复灌输那些在成人社会中已经普及的一些对智识、艺术和学问的态度。② 比这稍旧一点的读本则吸纳了很多优秀文学作品，然而即使最好的读本里也不会因作品能激发智识方面的价值而入选。

正如埃尔森夫人所说，这些书本中所包含的最主要的智识价值就是实用性。一个早期读本上说道："我们都是实用知识方面的学者。"由杰迪代亚·莫尔斯（Jedidiah Morse）编的那本著名的地理课本自诩："当许多国家还在为了维持自己的骄傲而将宝贵的智力浪费在一些迂腐不堪的事情上时，我们美国人则在真正的共和主义

---

① 教育改革家们所使用的论据 Lawrence Cremin 在《美国普通学校》（*The American Common School*, New York, 1951）以及 Sidney L. Jackson 的《美国为义务教育的斗争》（*America's Struggle for Free Schools*, Washington, 1940）中有所讨论；其中在美国社会历史方面最有启发性的文献是 Robert Carlton [Baynard Rush Hall] 的《新交易》，又名《大西部的七年半》（*The New Purchase, or Seven and a Half Years in the Far West*, 1843, Indiana Centennial ed, Princeton, 1916），里面有很多信息反映了过去中西部地区民间对教育的态度。

② 我深受 Elson 夫人《19世纪的美国教材与文化》（*American School books and 'Culture' in the Nineteenth Century*）这篇文章的启发，刊于《密西西比河谷历史评论》（*Mississippi Valley Historical Review*），Vol. XLVI（1959年12月），pp. 411–434.

精神的指引下全心全意地去追求那些对公共和私人有用的东西。"教科书的作者以美国知识的民主传播为傲，即使不能产生很多出类拔萃的大专家，他们也十分乐于为此付出相应的代价，"我们没有像牛津、剑桥这样气宇轩昂的学校，他们给那些修道院里无所事事的文学教授们支付丰厚的薪水……而我们国家的人民却没有这种附庸风雅的癖好——他们更注重一些具有普遍效用的东西。"美国的大学和学院也有着类似的观点，他们不像欧洲的学校，不仅仅是为了获得知识，还关心学生们的道德素养。美国大学非常引以为傲地将自己定位成一个培养个性、灌输原则的地方，而不只是为了追求真理。

公立学校的设立也是出于同样目的。1882年，爱丽丝·凯瑞（Alice Cary）在一篇课文中用第三人称的语气说道："孩子，你应该善良，而不是聪明。"另一个作家说道："人的智慧并非人唯一的，也不是最出色的品行。"从学校课本的英雄故事里，我们发现一个人内心的品德要比他头脑里的智慧总是受到更多的颂扬。欧洲的英雄往往是傲慢的贵族，战场上杀戮的战士，或者"受到权势们追捧的伟大学者，以及委屈才华迎合宫廷骄纵恶习的诗人"。美国英雄则明显是品德高尚的、简单诚挚的人。华盛顿便是这种文学作品的典型，在一些课本中，他被描绘成一个兼具自我奋斗和务实精神的人，不太依靠智识而活，"与其说杰出，不如说他坚强，他比天才更有决断力。他不喜欢公务生活，不太阅读，也没有书房"，19世纪80—90年代的一本历史书上这样描述他。甚至富兰克林也没有被描绘成18世纪的智识领军人之一，或者一名杰出的科学家，而是一个自我拼搏的典范，以及撰写了一些鼓励节约和勤奋语录的作者。

那些选入教材的、文学性较高的作品也都包含了这些要素，证明确实存在这样的情结。在前半个世纪里,华兹华斯作品中的反智言论特别引人注目,而下半个世纪则是爱默生的作品。1884 年,一个五年级课本中选录了爱默生的《告别》:

> 我嘲笑人们的学识与傲慢,
> 我嘲笑高等的学府和饱学之士;
> 他们多么的自负啊,
> 就像那个在丛林中遇见上帝的人。

反对智性愉悦的观念有一定的偏见,美国生活中也反复出现不准阅读小说的禁令,这就给人造成这样的一种感觉,为高兴而读书是一件不好的事情,"弄皱或撕破书都是对书的虐待,仅仅为了高兴而读书则是对书的误用"。埃尔森夫人通过对这些课本进行广泛分析之后总结道:"反智主义在美国文明中非但不是新的东西,而且自共和国诞生以来就已经深入到了学校的教材中,并供一代又一代的学生们阅读。"

这种对智识的贬损也不会因对艺术的高度重视而有所弥补,音乐和美术主要是在论及一些自我成才的艺术家、国家纪念碑或提高美国艺术事业的事情时才会被提及。对学校教材编撰者来说,最重要的不是一件艺术作品的审美价值,而是它的功能,由此能体现出勤奋努力的道德品质。本杰明·韦斯特(Benjamin West)就被描述成小时候因为太穷,连一支画笔都买不起,不得不从自家猫的尾巴上拔几根毛做成画笔练习画画:"这样,我们明白,一个美国小男孩通过勤奋机智与坚持不懈成为那个时代英格兰最杰出的画家。"但是,假如从事艺术成为一种培养个性的手段,则有一定的危险。从 18 世纪英国道德卫士汉娜·摩尔(Hannah More)

的故纸堆中可以摘录出这样一段话:"在所有那些光辉灿烂的文明国家中,女性腐化的根源之一就是对美术的过度投入……过度培植艺术的发展所带来的腐化堕落对国家的没落负有不可推卸之责任,这也是它们走向衰亡的一个标志。"意大利人就经常被拿来做例子,一个民族在艺术上成就斐然,却在民族性上误入歧途。经过一段时间后,或许会有人说,学校的教材反映了美国一种正逐渐浓厚的对待艺术和文学发展的态度,这也是对欧洲评论家批评美国文化的一个回应。艺术,事关民族的骄傲,也被当作一种工具,在美国至少被认可了。

当然,我们不知道教材内容对一个孩子的思想能产生多大的影响,但任何一个接受这些书本中流行观点的孩子都会逐渐认为学问和美术都只是一种跟落后的欧洲社会联系在一起的装饰品,要从它们为民族服务的角度去看待,也会完全按照它们对塑造个性所起到的作用来给予评价。正如埃尔森夫人指出,他长大会成为一个"诚实的、勤奋的、虔诚的、有道德的人,他会成为一名有用的市民,而不会受到学问和艺术娇柔之气或者更加危险的影响",他在教科书中所接受到的有关文化的概念已经让他做好了准备"过一种追求物质成功和完美品德的人生,而智识或艺术的成就只有服务于一些有用的目的时才是重要的"。

当 19 世纪出现美国人信仰教育的说法时,这些学校课本中搜集来的资料让我们对这个定义有更加清晰的认识。或许这种信仰最动人之处就是它有一股充满善意的执念,教育不应该只是某些人专享的,而是应该让所有人都能接受的。而它最了不起的成功之处就是将这种信念付诸实践:学校成了分享社会和经济平等机会的强大机构,美国人并没有确定教育的内在评价标准应该是什么,即使他们尽其所能制定了一个标准，但也难以大范围地将这个标准应用到这个他们努力构建起来的教育体系上。但教育在灌输有用技能以及提升社会竞争力方面的功能始终非常清晰，而对智识水平和想象力，或者享受思考的乐趣，这些智力方面发展价值的认识则没有那么清楚，也难以达成一致意见。很多美国人会担心这种教育只适合有闲阶层、贵族和过去的欧洲社会，它的功能显然不如它潜在的危险大；过度关注智识的发展是傲慢和孤芳自赏的表现，只有那些道德败坏的人才会这样。

4

美国人不愿承认教育过程中智识的价值，就是遇到一个强大的、受人尊敬的教师队伍恐怕也无法改变这种态度，因为这样的教师根本就不存在。大众的态度也没有要求培养这样一支师资队伍，即使他们有这样的要求，以美国的现实条件，招募并培训一支一流的教师队伍是非常困难的。

学校老师的数量是考量现代社会的一个核心指标。教师是，或至少能够成为第一个走进孩子们心中的全职的、专业的智识生活的代表。孩子们对老师的感觉，以及他感受到的社区对待老师的态度都是他早期形成学习基本概念的关键因素。当然，这点在小学里没有在中学里那么重要，因为小学的主要任务就是反复灌输一些基本技能，而中学则是孩子心智快速觉醒时期，开始思考对世界的看法。不过，从小学到大学，无论在哪个层次，老师都不仅仅是一位教授者，而且是一个孩子潜在的学习榜样，是摆在他面前，让他认识成人世界的活生生的一个样板。从老师身上，孩子们能够领悟到他们对心智培养方式的认知，通过观察他们的老师受到的尊重和待遇，他们很快就能感受到社会如何看待教师的角色。

像法国、德国以及斯堪的纳维亚人的国家，教育的智识功能受到高度重视。老师，尤其是初中老师很可能是当地一个重要的人物，是个人及工作都积极向上的代表。在那些国家，当老师似乎是一个有价值的职业，因为不仅教师的工作是有意义的，而且社会认可度也很高。对于那些天资聪慧，但家里并没有具备很好智识环境的孩子来说，一位机智敏锐的智识型老师就非常重要了；因为除了学校，这个孩子无法得到其他渠道的智识启蒙。然而，在美国历史上，学校教师在大部分时候都不担任智识启蒙者的角色，更多的时候，他本人不仅不想过智识生活，而且连本该具备的教学能力都不具备。且不说老师自身的素质，光低工资和缺乏个人自由这两点就足以让人将老师的角色与被剥削和压迫联系起来。

当代几乎所有的评论都普遍认为美国教师待遇不高且不受尊重。几年前，卫生教育福利部部长马里昂·福尔松（Marion Folsom）指出，教师的低工资是"国家的耻辱"，反映了"公众对教师缺乏尊重"。[①] 这样的评论经常会在媒体中出现。有一次，大家发现密歇根的一个城市支付给教师的工资一年只有400美元，比捡垃圾的人收入都低；还有一次，佛罗里达的一些教师发现州长支付给他厨师的工资一年有3600美金，他们写信指出这个厨师的收入要高过该州许多受过大学教育的老师。[②] 像其他美国人一样，美国教师的绝对生活水平总的来说要高于欧洲的同行们，但他们的年收入相对于本国的人均收入，要比加拿大以外的所有西方国家的教师都低。美国教师1949年的平均年收入与人均收入之比是1.9；英

---

① 《纽约时报》，1957年11月3日。
② 同上，1957年3月24日。

国该数字之比是2.5，法国是5.1，西德是4.7，意大利是3.1，丹麦是3.2，瑞典是3.6。[1]

美国教职的社会地位也要比其他国家和地区低，更远低于美国其他专业人士。按照迈伦·利伯曼（Myron Lieberman）的说法，有特色的是美国的教师都是"来自中下层社会中的佼佼者"，上层及中上层的人中绝大部分不肯以教书为职业。在学年或暑假期间，老师们往往会去找一些低端工作以弥补自身的收入；他们会去做餐厅服务员、酒吧招待、管家、看管人、农场帮工、酒店随从、挤牛奶工，以及其他类似的杂工。他们的社会背景也局限在底层或中等家庭，家里能找到的读物一般只有《周六晚报》或《读者文摘》。[2] 对大部分老师来说，当老师还是意味着在经济上比他们的父母略有改善，虽然改善的程度没有该有的那么大。而接下来，他们的孩子又会比他们过得更好，因为得到了更好的教育。

尽管《黑板丛林》中有令人震惊的描述，很多乡下贫民窟学校也令人触目的混乱，但有一点可以让我们相信在美国的中等教育学校里，老师和学生之间的关系还是不错的，中高年级的关系尤其好；他们会对学校的教育目标做出积极地回应，即使低年级的学生表现出了同等的能力，高年级的学生也更能获得老师们的青睐。重要的是，美国青少年对他们老师的同情要甚于敬佩。他们知道老师薪水

---

[1] Myron Lieberman:《作为一个职业的教育》(*Education as a Profession*, New York, 1956), p.383; 这本著作的第 12 章提供了很多有关美国教师经济地位的信息。数据中的美国教师收入总额并没有包括其他非工资收入，比如退休金和免费医疗。

[2] Lieberman: 同上，第 14 章。这章就教师职业的社会地位做了最好的概括。有研究表明教师享受社会地位要比我讲的更高，但这些结论是基于问卷调查，在我看来，这种手段无法准确地反映社会地位的高低。有关教师的地位，还可以阅读 Willard Waller 的《教学社会学》(*The Sociology of Teaching*, New York, 1932)，这本书写得非常精彩，但不太为人所知。

低，也会欣然同意提高老师的报酬，但那些更有抱负和能力的学生也断然不会选择教职作为他们未来的职业。[1] 这样，教师素质就会一直停留在中庸的水平。当一位老师站在学生面前时，他代表的是智识生活本身及其结果，不知不觉中这种生活也会失去吸引力。

这种教师地位低下的状况可以追溯到美国历史的最初阶段，美国人对教育的热情从未高涨到足以优待老师的程度。部分原因似乎要归于英美对教书功能的一种普遍态度，它跟欧洲大陆奉行的态度有着天壤之别。[2] 无论如何，教师职业的劳动力市场在美国始终存在各种问题，早期美国社区就已经很难找到并留住适合的学校校长了。在殖民地时期，受过教育的人本身就非常有限，他们有太多的选择和机会，根本不会满足于一个社区为一位校长所支付的薪酬。大家也尝试过不同的解决途径。有一些小学教育由"女子学校"里的女士来负责，主要是由私人资助，但有时部分或一大部分出自公共基金。不过，直到19世纪，美国社区才普遍地选择女性来担任

---

[1] 有关青少年对老师的态度，可见 H. H. Remmers 与 D. H. Radler 合著的《美国青少年》(*The American Teenager*, Indianapolis, 1957)。有关师生关系中的阶级因素，可见 August B. Hollingshead 的《榆树镇的青年》(*Elmtown's Youth*, New York, 1949) 以及 W. Lloyd Warner, Robert J. Havighurst 与 Martin B. Loeb 合著的《谁该受教育？》(*Who Shall Be Educated?*, New York, 1944)。

[2] 据推测，19世纪早期英格兰的劳动力市场可能有所不同，但公办学校老师的社会和经济状况似乎不像美国人那样令人羡慕。见 Asher Tropp 的《学校教师》(*The School Teachers*, London, 1957)。这是女王陛下的一位视察员 H. S. Tremenheere 在1850年代访问美国的时候指出来的。他写道："任何从英国来访问这些学校的人，*不管他们的工作性质如何*，都会被男女教师这么高的社会地位所震惊……"《美加访问笔记之公共事务》(*Notes on Public Subjects Made during a Tour in the United States and Canada*, London, 1852), pp. 57-58. 我相信英国和美国读者都能理解在这里用斜体字标出的"不管他们的工作性质如何"的用意，但大部分欧洲大陆的读者未必能够明白。另外一位英国观察者也发现美国教师的社会地位很高，尽管他们的报酬跟英国的教师一样低，见 Francis Adams:《美国义务教育体系》(*The Free School System of the United States*, London, 1875), 详见 pp.176-178, 181-182, 194-195, 197-198, 238.

学校的老师。有些城镇由牧师兼任校长，或者让校长兼任当地的某一份普通市民工作，市政或教会里的很多工作，从教堂敲钟人到本地记者、市政法警及书记员。还有些地方接受了不可能有人长期甘于校长职位这一事实，转而临时聘任一些雄心勃勃的、还在寻找其他像牧师或律师这样的工作的年轻人。这样，很多社区能临时性地找到一些品学兼优的老师。但是，这种工作的短暂性会给人造成这样一种印象，似乎教书对一个真正有能力的人来说，只能是一个过渡。

那些长期固定地担任校长职务的人又似乎总是一些资质平平的人，往往与其工作特别不匹配，这或许是好事不出门，坏事传千里之故吧。威拉德·S. 埃尔斯布里（Willard S. Elsbree）在他写的历史书《美国教师》中描写过殖民地时期的中小学校长，他们的主要特点就是整天一副醉醺醺的样子，造谣生事、满嘴脏话、官司缠身、威逼引诱。[①] 书中还暗示殖民地社区有时候不得不找一些契约用人去当老师。一位特拉华州的牧师在1725年前后发现，"当有一艘船靠岸的时候，当地人就会认为站在岸边的那个人肯定想给自己的孩子找个老师——我们去买个学校老师吧"。1776年，《马里兰报》上刊登了一个广告，有一艘从北爱尔兰的贝尔法斯特和科克过来的船刚到达巴尔的摩，报上罗列了很多船上销售的货物，有"各种爱尔兰商品，包括老师、牛肉、猪肉和土豆"。几乎是同一时期，康涅狄格州的一份报纸上印有这样一份悬赏缉拿广告，上面这样描述："一位逃跑的学校老师，皮肤苍白、短发。他有严重的皮肤瘙痒症，腿脚不便。"身体残疾的人往往会去当老师，因为没有更好的工作适合他们

---

① 《美国教师》（*The American Teacher*, New York, 1939），第2章。

做。1673年,奥尔巴尼市给现有的三位教师的队伍增补了一位当地的面包师,理由是"他手没法用力了"。[1]尽管这样的选择是出于一种滥用的慈善之心,不过这也反映出找到一名合格老师的困难程度。唯有马萨诸塞州与众不同,这里有足够的受过教育的人才,因此相当一部分大学毕业生都成了中小学校长。

尽管偶尔也能找到称职且热忱的中小学校长,但是不适合的人似乎更多更突出,他们给老师的形象蒙上了阴影。1725年,一位学者写道:"真相是,这些人的品行总是卑鄙而恶劣,这样的状况不会改善,除非公众开始真正认真地考虑孩子的教育问题。"[2]这种状况一直持续到了19世纪,我们遗憾地发现"那些身体残疾到无法从事体力劳动的人——瘸腿的、过胖的、弱不禁风的、肺结核患者、癫痫发作的人或者懒于工作的人——中小学校长竟然都是出自这样的人群,也只有这些人才会愿意接受这份工作"。这让人对老师产生了一些刻板印象:独眼独腿的老师、因酗酒而被逐出牧师队伍的老师、瘸腿的老师、应该去当小提琴手的老师,以及"一到周末就喝醉,一到周一就打人的老师"。[3]

一些严肃的教育家表达了对普遍的、不分地区的教师品质的担心。詹姆斯·戈登·卡特在描述1824年马萨诸塞州的学校状况时,宣称[4]男性教师主要分为三类:(1)认为教书要比其他体力劳动更简单且有可能报酬更多的人;(2)那些受过良好的教育,但只是将教书视为权宜之计的人,或为生存所需赚钱的人,抑或想要给

---

[1] Howard K. Beale:《美国义务教育史》(*A History of Freedom of Teaching in American Schools*, New York, 141), pp.11–12; Elsbree: 同上, pp.26–267, 34.

[2] Beale: 同上, p. 13.

[3] R. Carlyle Buley: 同上, Vol. II, pp 370–371.

[4] James G. Carter,《1824年马萨诸塞州的学校》(*The Schools of Massachusetts in 1824*), 旧南方传单, 第135号, pp.15–16, 19, 21.

自己多些时间选择一份更稳定工作的人;(3)那些自知有缺陷,因歧视而失望或失去其他就业途径的人:"只要一位年轻人的品德没有坏到要被抓进监狱的程度,他就会发现要得到一份中小学的教职简直易如反掌。"

几年后,北卡罗来纳大学的约瑟夫·卡德维尔校长对本州教师队伍进行了抨击:①

> 要是有谁一贯懒惰成性,是所有支持他的人的负担,有一种方式可以摆脱这样的人,就是让他去做小学校长。因为在很多人看来,在学校教书不过是坐在那里一动不动地发呆就好了。要是有谁挥霍光家产,或者因轻率和行为不端而背了一身债务,那看管学校的这份差事就会向他敞开大门,到了这里他就能够死心塌地,只想着养活自己。要是有谁的人生已经被毁,做尽坏事,挥霍放纵、酗酒纵欲,以及种种不端行为;还有,他是否因为违反法律,有过一段耻辱的赎罪经历后从监狱中返回;他品行不端,没人信任他,但他却可开一所学校,孩子们都会蜂拥而至,我们都承认只要他能读能写、能算平方根,就能成为一名出色的小学老师。

不过,要是没有华盛顿·欧文笔下的伊卡博德·克兰,中小学校长这一深入人心的刻板印象又会是怎样的呢?

---

① Beale:同上,p. 93;参阅早期教育的条款,Samuel Hall 的《学校管理演讲集》(*Lectures on school-keeping*, Boston, 1829),详见 pp. 26–28. 有关西南地区教师职业的条件("我们大量的老师都是冒险家"),可见由 Richard Hofstadter 和 Wilson Smith 合编的,由 Philip Lindsley 所写的《美国高等教育文献史研究》(*American Higher Education: A Documentary History*, Chicago, 1961),Vol. I, pp. 332–333.

克兰这个名字简直是恰如其人,他身材高挑,瘦骨嶙峋,窄窄的肩膀下晃动着一双长长的手臂,手伸出袖子有一英里长,腿也同样瘦长,脚掌就像是一把铲子,整个骨架松松垮垮,像要散架了。他的头小耳朵大,头顶是平的,绿色的眼睛大而无光,鼻子又长又尖,看起来就像是一只风信鸡,伸着那细长的脖子告诉你风在朝哪吹。在一个大风天,看见他沿着山的一侧大踏步走来,衣服绕着他在风中摇摆飘扬,你会误以为是什么饥饿之神降临人间或是麦田里的一个稻草人。

在欧文的描述中,伊卡博德·克兰总的来说不算是个坏人。他在四处游荡打杂的时候,为了赢得农夫家庭的认可,做了很多力所能及的事情,从做家务到照看幼小的孩子。在当地妇女中,他也算是个重要的人物,要比她们寻常接触的乡巴佬们更有教养。但是,"这种既有点小聪明又显得单纯的奇怪组合"在男人眼中却完全不中用。当布罗姆·波尼斯假扮鬼吓得伊卡博德逃出小镇,并将一个南瓜砸在他那无辜的脑袋上时,他表达的是美国男性对中小学校长极具代表性的一种评价。

5

像卡德维尔和卡特这样希望能够为教育改革做点事情的人,他们的抱怨或许会夸大其词,即使这样,也不过是反映出一个已经在美国人脑海中留下深刻烙印的教师形象。不过,这会产生恶性循环。美国社会发现很难找到、培训或者聘请好老师。他们安于所能得到的,而他们能得到的大部分都是不适合且不能胜任的。他们倾向于认为教书这行当只会对下三滥的人有吸引力,正是因为有这样的观念，他们愿意支付给老师的报酬自然不超过下三滥的价值。当然，如果能找到的话，品行优良且有能力的教师定会大受欢迎，他也很快能够在该社区赢得比其他地方任教的同事更高的社会地位。不过，在大家开始竭力改进教师队伍的整体水平之前还有很长一段时间。

帮助美国教育打破这种恶性循环的是分级制小学以及女教师的出现。分级制学校是大城市为解决教育问题而采取的一个措施，出现在19世纪20年代，而到了1860年已经开始流行。这一时期大部分城市都有这样的学校，学生大概在6岁时入学，14岁毕业。分级学校主要是参照德国的体系，它让更多程度相当的学生在一个更小的教室学习，也让美国教学达到了一个受人尊敬的水平。它增加了对教师的需求，并让教师职业向妇女开放。直到1830年，大部分的教师还是男性，妇女主要教一些低龄儿童或在暑期班里任教。当时盛行这样的观念，女性不适合应对教室纪律问题，尤其是大教室以及高年级的孩子。分级学校的出现部分地解决了女性教师的这些问题。在很多社区，依然能听到一些反对女性教师的声音，不过，一旦有人指出女教师的工资只有男老师的三分之一或一半的时候，反对者就立马闭嘴。这也应验了一句话：伟大的美国想让每个人都受到教育，但却不想花太多的钱。到了1860年，在有些州女教师的数量已经超过了男性，美国内战又加速了女教师取代男教师的速度。到1870年，据估计，女教师几乎占了师资力量的60%，女性教师数量飞速增长。到1900年，超过70%的教师是女性，在接下来的四分之一个世纪里，这个数字达到了最顶点，超过了83%。[①]

[①] Elsbree: 同上，pp.194-208, 553-554. 到1956年，这一数字降到73%。在乡村，女教师的收入大概是男教师的三分之二，男女教师在城市的收入都会高些，但女教师的底薪只是男教师的三分之一略多。

接受女教师解决了教师的品行以及薪酬问题，因为只要她的个人行为举止符合学校董事会制定的严谨、纯洁的标准，并愿意接受低报酬，就可以留在教职岗位上，这样令人钦佩的年轻女性数量还是非常可观的。但是，这并没有一并解决是否胜任的问题。新教师的特点是年轻且经验不足，长期以来，几乎完全没有公共设施给她们提供特殊的培训，以此为目的的私人讲习班数量也不多。在美国开始想到这个问题的时候，欧洲国家尝试培训教师已长达百年之久。贺莱斯·曼恩为1839年马萨诸塞州第一家公立师范学校的创办做出了贡献，但在内战开始的时候，只有区区十二个这样的机构。1862年后，师范类学校迅猛发展，不过，到19世纪末期，依然不能赶上教师需求迅速增加的步伐。1898年，新教师中只有一小部分——大概五分之一——是从公立或私立的师范类学校毕业的。

另外，这些学校提供培训的层次也不是很高，入学标准也不严格，甚至到了1900年，入学门槛中都很少有学校提出高中文凭的要求，两年高中学习或同等学力常常是进入师范学校，再进行两年或三年学习的前奏。四年制师范学校的流行是1920年之后的事情，而那时师范学校正逐渐被师范大学所替代。甚至在1930年，美国教育部开展的一项调查表明，当时美国师范大学和师范学校毕业的学生中只有18%的人学够了四年，三分之二的人只完成了一年或两年的课程学习。[①]

在世纪之交及之后的时间里，美国社会做了大量工作以满足社会对有能力的教师的需求，他们在税收和学龄人口暴涨之间权衡利弊，教师市场上的需求远远大于供给，并不利于提高师资水平。

---

① Elsbree：同上，pp.311–334.

1919—1920年间,一个最好的估算表明,一半的美国教师在25岁以下,有一半的教龄没有超过四五年,一半的教师在八年级之后就没有接受过四年以上的教育。在接下来的几年时间里,有过一段教师培训人员数量的快速增长时期。1933年,美国教育部发布了一份《全国教师教育状况调研报告》,发现只有10%的小学教师,56%的初中老师,以及85%的高中老师有学士学位。学士学位以上的老师几乎凤毛麟角,除非高中老师,他们中大概略多于六分之一的人拿到了硕士学位。教师教育状况和西欧国家的比较显示,美国存在着巨大的不足,跟英国比更是遥不可及,也远远落后于法国、德国和瑞典。调查报告的作者写道:"引起我们极度担忧的是这样一个事实,我们的学生整体,以及一些重要的教师队伍的智识程度,总的来说并没有比普通人的样本更高。"[①]

我们很难说清,优秀的学生不愿当老师有多大程度是因为报酬低,又有多大程度是因为老师的教育内容乏善可陈。显然,老师在他们所教授的科目上并没有受到足够的培训,而更令人惊讶是,即使老师在他有兴趣教授的科目上做好充分准备,他们上这门课的机会也并不能因此而提高。在整理调查数据时,研究人员发现,在学术性科目上准备充分的高中老师能上这门课的概率并不高于50%。这部分是因为管理层的漫不经心,更主要归咎于存在大量不盈利的小型高中,詹姆斯·布赖恩特·科南特(James Bryant Conant)在

---

① E. S. Evenden:《教师培养的全国调查问卷》(*National Survey of the Education of Teachers*)中的"总结和解释"部分,Vol. VI,(华盛顿,1935年),pp.32, 49, 89. 了解之后从事教育行业人员的信息,见 Henry Chauncey 的《延期大学生资格考试中选修课程的使用》(*The Use of Selective Service College Qualification Test in the Deferment of College Students*),《科学》(Science),Vol. CXVI,(1952年7月25日),pp.73–79. 也可参阅 Lieberman: 同上,pp. 227–231.

1959年仍然在抱怨这点。①

当我们纵观美国师范教育的整个历史，就会同意埃尔斯布里的观点，"我们在努力给公立学校提供足够的老师时，为了追求数量而牺牲了质量。"② 当时大家普遍认同的观点是，每一个人都应该接受国民教育，总体上，除了南方之外，这一目标基本实现。然而，美国不能也不会为了让每一个人受到教育而投入太多，去提供所必需的受过高等教育的师资力量，寻找廉价的老师才是它自然的选择。大家认为学校老师属于公务员，按照美国平均主义的思想，公务员的工资不应该太高。在殖民地时代，学校老师的工资差别很大，总的来说，似乎与技术工人的工资相当或略低，明显低于专业人士。1843年，贺莱斯·曼恩在马萨诸塞州的一个社区对不同职业的工资水平进行调查后指出，不管在哪个地区，熟练工人的收入正在超出同一地方教师收入的50%到100%不等。他发现女教师的工资要比工厂女工的低。1855年，一位新泽西学校的管理员相信，尽管教师总的来说"资历不配其职"，但他们的"付出要超过自己所得"。他指出，期待有能力和有诚信的人为这点可怜的工资来当老师是可笑的，主要是这个原因，"老师这一称号一直以来在一定程度上是一个贬义词。"很多农民宁可付更高的价钱给他的马修马蹄，也不愿"请一个适合的人来塑造他孩子的品性"。③

---

① 根据他所观察的结果，Conant 总结"除非一个毕业班中至少有100名学生，否则将他们分为不同的等级授课是不可能的，其成本将非常高昂。"他的调查表明，美国有73.9%的高中里第12年级的学生都不到100人，而该年级的学生在这样的高中上学的占31.8%。《当下美国高中教育》(*The American High School Today*, New York, 1959), pp.37–38, 77–85, 132–133. 当然，未能充分利用教师学术素质的一个重要原因是在实践中对取得教师证书所需修完的课程有明确要求，却没有给予学术要求以充分的重视。

② 同上，p.334.

③ 同上，p.273；有关 Mann 的，见 pp.279–280.

可以确定的是，工资低所造成的不足并没有得到精神上及社会地位上的补偿。不仅如此，女性教师数量正逐渐占多数，在很大程度上修复了教师职业的坏名声，但也带来了一个新的严重问题。不管在世界上哪个地方，都盛行这样一个理念，即"男性在整个教育过程中起到至关重要的作用，在中等教育中应该占主导作用"，在实际教师的录用工作中也基本践行这一理念。美国是西方国家中唯一一个小学几乎由女教师垄断，中等教育女教师也占多数的国家。1953年，这个国家教师的女性化程度在全世界所有国家中显得鹤立鸡群：小学老师中女教师比例高达93%，而60%的中学老师是女性。西欧国家中只有一个国家（意大利，52%）中学老师的女性比例超过一半。[1]

当然，重点并不是女性教师不如男性教师（事实上，在有些水平，尤其是在小学低年级，有理由相信女教师更加适合）；但在美国，教学本身就一直被看作是偏女性化的职业，它没有给男性提供充分发挥男性优势的空间。教育和文化都是女性化的，男生通过在学校的经历验证了这种美国男性化的视角，当然也部分地塑造了这种视角。在他们的老师中，没有足够多的男性榜样或偶像让人觉得智识世界是男人的世界，能够在智识思考和文化生活中提供男性榜样，以及能被人认为在世界上取得成功或重要地位，足以让那些蠢蠢欲动的年轻人为了谋生而选择当老师。男生长大后会认为男老师都有点女性化，对待他们的态度既有礼节性的敬重（或对女性的敬重），

---

[1] Lieberman：同上，p.244，给出了25个国家的数字。四个西方国家，即英国、法国、西德和加拿大，女性中学教师的比例从34%到45%不等，其平均值为41%。在苏联，有60%的小学教师和45%的中学教师是女性。有关该问题的讨论可见pp.241–255.

又有浓厚的男性轻蔑，两种情绪奇怪地交织在一起。①用一句话概括这种感觉，就是男老师应该受人尊重，但他不属于"男生的一员"。

不过，教师角色的男性化问题只是美国教育问题中的一小部分。19世纪，男性选择当老师绝大部分是临时性的——是成为律师、牧师、政客或大学教授的一个跳板——或是经历过很多职场失利后最终的一个出路。调查显示，即使今天最有能力的人选择当老师也是期待日后能够成为教育部门的管理者，或彻底离开这个领域。近几十年来，出现了一个新领域，吸引了很多刚从公立中等学校出来的有能力的青年男女：大量涌现的三年制大学或社区大学，这些大学入学人数众多，让那些勤奋努力的教师经过能力提高及培训后有可能从高中升到社区大学任教，或者跃升进学术机构，这些地方往往工作更轻松，工资更高，也更有社会地位。不过，他们提供的一些教导也就跟一所一流的中等学校差不多。在公共教育改革的第十三

---

① 比如，Waller 所看到的事实可见：同上，pp.49-50. Waller 评论说："据说，妇女和黑人从未得到白人男性的完全认可。或许我们还应该在这个被排斥的名单中加上男教师的名字。"笼罩在教师职业公众形象上的无性别差异的光环，以及对已婚女教师的长期偏见，令这个问题更加复杂。19世纪的美国被一种奇怪的信念所支配，即教师的个人生活会比较古怪孤僻，小城镇的人尤其会这么认为，或许这种观念在最近有所消退。无疑，与校长的不愉快经历会助长这样的想法，但是想分性别来上学的愿望也形成了这样的观念。这种想法经久不衰，到今天还折磨着很多无辜的女孩，并且给善意的校长施加了一些无谓的限制。可以参阅 1852 年一位校长为反对有人阻止他同他的女助理共同进出学校所写的一封感人至深的信。Elsbree：同上，pp. 300-302. Howard Beale 在《美国教师自由吗？》(Are American Teachers Free？)中有大量关于强加在教师身上的个人限制的信息，我尤其想提南方一个社区在 1927 年强加在教师身上的一个誓词，其中有大量的承诺："我保证不谈恋爱、不订婚，以及不隐婚。"Waller：同上，p. 43. 即使在今天，Martin Mayer 还发现："有趣的是，大多数欧洲学校男女学生分校，但教师却是混合的；而大多数美国学校男女学生是混校的，但他们的老师却被严格区分。"《学校》(The Schools，New York，1961)，p.4. 最后，过去对已婚女教师的普遍偏见通常就发展成已婚女教师的自动离职制度，而很多职业也会把入职女性限制在老处女或非常年轻的女生范围内。了解限制已婚女性就业的原因，见 D. W. Peters:《已婚教师的地位》(The Status of the Married Woman Teacher，New York，1934)。

和十四个年头,一个独立教育机构的设立有很多的优点,但它本身并不能增加这个国家优秀教师的储备。为了获得充足的训练有素的教师,这个国家陷入了一种循环模式中。高等教育——大学或专科学校——的回报越丰厚,就有越多的年轻人进入到这些学校学习,他们也就更有能力从更底层的系统中脱离出来。因而,在一个教书没有吸引力的社会里,很难找到足够的受过训练的人才去教育底层的广大民众。

第十三章 人生调整之路

1

职业教育领域掀起一场具有深远影响力的反知识分子运动，这是美国思想中非常引人瞩目的特征之一。这场运动对美国青少年教育产生了至关重要的影响，要理解这场运动，我们必须了解1870年以来公共教育的变化。正是在1870年代，这个国家开始大范围发展免费公立中等教育，而公立高中成为大众普及性教育只是20世纪的事。

民主性和普识性目标是美国教育里最重要的特质。美国之外的其他地方并没有设定所有的孩子都应该统一在学校里接受多年教育。大部分欧洲国家的教育体系基本跟他们的阶级体系相匹配，虽然今天他们的阶级性已经淡化了很多。欧洲的孩子一般在10到11岁前接受普通学校教育，之后就分别进入一些职业专科学校或者至少参加某个特殊课程。14岁之后，大概80%的孩子就会结束正规学校生活，剩下的进入预备大学的学业高中。美国孩子则要到16岁甚至以上才会结束普通教育，随后进入大学学习的比例也比欧洲国家上学术预科学校的多。美国人也愿意让处在中等教育学龄的孩子都待在同一栋大楼的学校里，大多是综合性的社区高中，沿着单一的教育轨道（尽管课程并没有完全统一）完成学业。尽管贫困和种族偏见这样的残酷社会现实从未消失，大部分的阶级分化也依然保有，这是美国民主教育理念所不接受的，他们内心并不想再按照阶级地位的高低进行社会或学业上的划分。但不管怎样，因为早期教育没有分级，美国的孩子没有像其他地方的孩子那样很早就决定自己最终的职业命运。在美国，职业教育推迟到了大学毕业后，或最早到大学的最后两年。美国教育系统为更多的人提供了更长久的教育，它更加广泛、更加民主、节奏更慢，也没有那么严格，当然它也更加浪费：阶级划分的教育系统压制了出身底层的天才学生，而美国教育对所有有才华的学生都是一种限制。

这种结构上的区别起初并没有那么大，尤其是中学教育。在大众公立高中出现之前，美国的中等教育对民主理念的贯彻并没有超过欧洲阶级分化理念很多。在19世纪，为大多数美国人服务的公共教育在分级小学的最后几年就结束了，甚至更早。小学以上的免费教育是在1870后的30年间才建立的。1870年前，美国和欧洲一样，阶级是决定13或14岁之后的孩子学业方向的一个指标。做得不错的父母，要是有能力支付学费，并且希望自己的孩子有文化、有专长，就会送孩子上私立学校，它们往往是寄宿学校。自富兰克林时期以来，这些私立学院就提供一种集传统和"实用"于一体的混合式教育：有以拉丁文、希腊语和数学为基础的自由古典类课程，辅之以科学与历史课；不过很多学校的学生认为要是在拉丁语课和英语课之间选择的话，"英语课"更实用：现代课程体系强调那些能用于商业的科目。学院间的质量参差不齐，最差的一些是对公立学校的复制，最好的则是复制大学课程。从这些最好的高中毕业的学生进入大学后，在一年级甚至二年级有可能会因课程重复而觉得无聊。①

教育民主化及中等教育对私立学校的过度依赖招至褒贬不一的评价，也没有逃过教育评论家的注意。一方面是面向所有人的公立小学；另一方面是各种大学的迅速增加，虽然不是免费的，但却是廉价且没有歧视的。两者之间存在一个巨大的鸿沟，填补空缺的只有少数几个开风气之先的公立高中，主要还是私立学校。据估计，1850年私立高中有约6000所。早在1830年代，这种私立学校就被人批评为专断的、贵族化的、非美国式的，对一个已经承诺提供免费普通教育的国家来说，将公众教育体系延伸到中学教育似乎是合理且必要的。工业化程度越来越高，职业技能也变得越来越复杂，社会对技能的要求也越来越多，而且初中阶段的免费公立教育似乎能够很好地体现实用性和平等性。

成立公立高中的倡议能在道义上和就业上得到充分的支撑，现有的公共教育系统已经提供了现成法案通过的法律基础，唯一的阻碍就是那些目光短浅、心胸狭隘的人担心会增加税收，不过他们也坚持不了多久。1860年后，公立高中的数量开始迅猛增加。从1890年（这年开始有入学登记的统计数据）到1940年，高中总入学人数每十年翻一番。到1910年，35%的17岁孩子还在上学。今天这个数字已经超过了70%。按照这个节奏，高中已经成为所有美国年轻人都要进入的一个机构，三分之二的人能够高中毕业。

---

① 为上大学做准备是没有必要的；你也可以在许多学院的"预科部"注册，这些学院会给未来的申请者提供足够的基础课，让他们在古典、数学和英语方面过渡到大学课程。这样的预科部大量存在——直到1889年，400所学院中有335所学院开设了预科部——此一事实证明了中学没有为那些想上大学的人提供足够的准备。埃德加·B. 卫斯理（Edgar B. Wesley）：《全国教育协会：第一个百年》（*N.E.A : The First Hundred Years*，纽约，1957年），第95页。关于私立学校，请参见 E. E. 布朗（E. E. Brown）：《我们中学的形成》（*The Making of Our Middle Schools*，纽约，1903年）。

美国高中的质量参差不齐、因地而异，不管大家如何谈论它，没有人能否认给年轻人提供免费的中等教育是教育历史上的一个突出成就，是将上学作为提升大众就业机会和促进社会流动的一个重要标志。由于我将对高中课程存在的问题开展诸多批评，此时重要的是先强调这一成就的积极意义，不说教育水平方面的，但它在民主领域的价值特别突出，最近十年来欧洲的教育体系在某种程度上就效仿了美国高中模式。

高中发展成一个普及性机构戏剧性地改变了它的特点。在世纪之交，只有一小部分的高中入学还进行严格筛选。上高中的学生主要是因为他们想上，因为他们及其父母已经知道了高中所能提供的就业机会。据说，不过是误传，六七十年前只有那些准备上大学的人才会去读高中，即使近十五年里情况也并非如此。今天，大概有一半的高中毕业生进入大学——这个数据已经令人非常震惊了。我不知道在世纪之交实际上大学的高中毕业生比例是多少，但有一个信息表明到底有多少人准备上大学。1891年，这一数据是29%，到1910年，准备上大学以及攻读更高学位的学生比例是49%。此后，这一数字一直上下波动。①

美国高中所发生的巨大变化包括，过去它完全是自愿的，因此也需要经过筛选；而现在，至少对那些十六岁及以下的学生来说是义务的，且不需要经过考试。在高中开始显著发展期间，进步主义和工会运动分子还在抨击旧式工厂使用童工的罪行，而对抗这种抨击最有效的途径就是提高义务教育的最大年龄。1890年，27个州

---

① 参见 John F. Latimer:《我们的高中发生了什么？》(*What's Happened to Our High school*，华盛顿，1958年)，第75—78页。关于1870年以来中等教育在美国社会中的地位，请参见马丁·特罗（Martin Trow）的《美国中等教育的第二次转型》(*The Second Transformation of American Secondary Education*)，《国际比较社会学杂志》(*International Journal of Comparative Sociology*)，第二卷(1961年9月)，第144—166页。

要求实行义务高中教育，到1918年所有的州都制定了这样的法律。通过立法调整接受学校教育的毕业年龄也变得更加迫切。1900年，在那些具有相关法律规定的州，这一年龄设定是十四岁零五个月。到20世纪20年代，这个年龄已经接近了今天的法定年龄——十六岁零三个月。社会福利团体和强大的工会监督着这些法律得到严格执行，这样年轻人就不会受到剥削，那些不让年轻人过早进入劳动力市场的长辈也受到保护。

现在，高中生不仅不需考试，而且还非自愿，他们上高中不是因为他们想要多学些知识，而是因为法律规定他们必须去上。义务制的压力因具体情况而不同：免费的高中给那些选择上学的人提供了一个宝贵的机会，而高中却接纳了大量并不情愿来的听众，让学校管理层不得不去对付。美国青年委员会的一位委员在20世纪40年代写道："即使对一个学习能力很差的学生，也必须牢牢记住上高中并非他自己的决定，适当的教育是他可以向社会提出的一个合理诉求。"[1]

经过几年，学校里塞满了日益增多的学生，他们充满了疑惑不安、不情愿，甚至敌意。不难推测这些学生的平均学习能力和兴趣都在下降。显然，过去的学业课程体系不再适用于几百万的高中学生，1890年的学生数量才359000人。当公共教育让大部分学生去上小学时，美国人觉得实现每个人能够也应该受到教育这一理念也没那么困难。然而，一旦公共教育包括了中等教育时，大家开始对每个人都受教育的理念有了更多的怀疑，并越来越确信并非每一个人都能按照同一种方式接受教育。怀疑之后，便是改变。

学校管理层的处境确实也令我们同情。即使在20世纪20年代，

---

[1] 《高中应该教什么》(*What the High Schools Ought to Teach*，华盛顿，1940年)，pp.11-12.

他们在很大程度上还是受社会委托行使准监护机构的管理权。学校作为一个监护机构，不得不接受一些对学习没兴趣，但受法律限制不得不来的学生。此外，学校的职责不光是执行法律这么简单，而是要竭尽所能让学校变得有吸引力，让更多的学生自愿来上高中。①教育者果敢地履行自己的职责，他们开始搜罗越来越多有趣的，或许能够吸引年轻人的课程，而按照传统教育的标准，这些课程的品质令人怀疑。对于高中应该提供或具备学术型课程体系这样的想法，他们也开始变得不太在意。（反正想要上大学的男生和女生无论如何都会坚持下去的；他们需要取悦的是另一部分学生。）大家对中等教育的讨论越来越多地掺进了一个新的、清晰的评价标准——"学校留住学生的能力"。

学校需要接纳数量众多且目标和能力迥异的学生，并承担起监护人的职责，这就有必要在课程体系里也体现多元化。高中课程体系就不能跟1890年或1910年时一样原封不动。不过，摆在公共教育决策者面前的问题是：学校根据学生的意愿和能力为每一个孩子制定的学习内容和智识标准是否应该尽量高些，或者是否有很好的理由放弃学术和智识的目标。要想努力保持课程体系中的智识内容需要大众和教育界能够认可智识的价值，还需要管理者们付出巨大的努力，以及社区提供更多的财政支持。

不过，所有这些也就只能想象一下。人数上的问题未能让想象变为现实，之后职业教育领域开始了一场运动，鼓吹数量胜过质量，实用性需求超过智识的发展。美国教育部门非但没有认为那些平庸的、勉为其难的、学习能力差的学生阻碍了有兴趣的、学习能力强

---

① 当然，由于大萧条的影响和工会势力的增长，这种情况更加严重了。但即使在1918年，N.E.A 也提倡正常儿童到18岁前都应接受教育。《中学教育基本原则》（*Cardinal Principles of Secondary Education*，华盛顿，1918年），第30页。

且有天赋的学生的培养,反而发起了一场变革,将那些在学术上没有兴趣且无天赋的孩子奉为某种文化英雄。美国社会生活的现实没有令他们向传统的重视学识和智识的教育理念妥协,他们反而公然宣称这种教育已经过时且没用,一个真正民主的教育体系应满足学生现有的兴趣,提供一些具有实用价值的东西。这场革新风潮最终以 20 世纪 40 年代和 50 年代的一场命运多舛的"生活导向教育"运动为终点,它值得我们给予特别关注,因为它用行动反映了美国人对儿童、学校教育、品性、人生目标及智识的一种普遍态度。

2

美国教育部和全国教育协会各大委员会发布的一些非官方声明中已经出现了这种对高中教育的新解释。当然,这些声明对地方学校董事会或督导并没有约束力,但反映了教育思想的改变还没有在课程体系中体现出来。

在临近 19 世纪末的时候,对公立高中有两种观点针锋相对。[①]一个是 1910 年之前的观点,且至少在接下来的十年间依然继续发挥其影响。根据它对智识的偏爱态度,我们称它为老式观点或智识派。持有这个观点的人认为,学术类课程的学习与发展学生的思维应是高中最为重要的任务,那些见多识广的支持智识派的人很清楚,其实大部分学生高中毕业后不会继续上学;但他们依然坚持认为,高中教育既然能为上大学做好准备,也定能为步入社会做好准备。因此,就如学术课程的主要倡导者之一威廉·T. 哈里斯(William T. Harris)所说,即使上大学不是孩子们的目的,高中教育也应该以"心

---

① 这场争论的观点大纲在卫斯理(Wesley)的《全国教育协会:第一个百年》第 66—77 页中有所概述。

智文化"的培养为主。这种学校的支持者非常关注的是,不管所学课程的具体内容是什么,学生都应该投入足够的时间和精力去真正地掌握相关内容。(在持续不断的有关教育的争论中,"掌握"课程内容这个概念主导了知识分子的想法,而满足孩子们的"需求"则成了他们对手的核心理念。)

全国教育协会十人委员会在1893年发布了一份报告,它是阐述智识派观点最为经典的文献。这个委员会负责处理大学与高中关系中的各种杂事,对高中课程体系进行修补。有意思的是,跟后来基于类似目的而成立的委员会相比,十人委员会的成员中大学老师占多数,该委员会的主席是哈佛大学的查尔斯·威廉·艾略特校长,成员有教育委员威廉·T.哈里斯,还有四位其他大学的校长,两所非常杰出的私立高中的校长,一位大学教授,只有一位是公立高中的校长。为了确立高中项目中学术原则的主要地位,该委员会召集了一系列的听证会,这些听证会显示大学权威占主导地位。虽然有很多高中校长参加了听证会,但还有很多在美国智识历史上响当当的大学教授——本杰明·I.惠勒、乔治·莱曼·基特雷奇、弗洛里安·卡乔里、西蒙·纽科姆、艾拉·雷姆森、查尔斯·K.亚当斯、爱德华·G.伯恩、阿尔伯特·B.哈特、詹姆斯·哈维·罗宾逊、伍德罗·威尔逊。

十人委员会向高中推荐了一套四选一的课程体系——古典文学、拉丁语、现代语言、英语。这些课程因对古典文学、现代语言和英语的侧重点不同而有所区别。所有科目都是必修课,学制规定是至少四年的英语和一门外语,三年的历史、数学和科学。当代读者或许会注意到这个方案和最近由詹姆斯·布莱恩特·科南特在一份高中调研报告中为"具有学术才华的学生"推荐的学制方案非常接近。①

十人委员会设计的这个课程方案表明他们认为高中是一个培养学术能力的场所。但是，他们并没有错误地认为这些学校只是为上大学做准备的机构，恰恰相反，委员会几乎夸大了这个观点的对立面，他们提出高中毕业生中"只有微不足道的一小部分人"去上大学或科技学校。委员会认为，高中的主要功能是"为承担人生责任做准备"，而不是为了上大学，但是，假如主要课程都"能得到持续而完整的教授，并……遵循相同的教育理念……都致力于培养学生的观察、记忆、表达和推理能力"，那么学生们就能得到良好的智识训练，既能为进入大学也能为进入社会做好充分准备："只要学生选了这门课，高中所教的每一门课程的教学方式和教学程度就应该一视同仁，不管该学生未来的目标是什么或者他的学习生涯在哪结束。"② 委员会意识到能在高中课程中给音乐和艺术留出更多的空间自然是值得称赞的，但显然这些内容是次要的，于是建议将这些内容的决策权交给地方。委员会中有人提议小学的最后四年就应开始学习语言类课程，不过很可惜这个建议根本没有引起重视。他们认识到建议要得到有效实施就必须提升高中教师的素质。他们呼吁师范学校标准应当提高，而大学自身也能从充足的师资培训中获

---

① 科南特（Conant）推荐了四年数学、四年外语、三年科学、四年英语、三年历史和社会课程。此外，他认为许多有学术天赋的学生可能希望选修第二外语或社会研究方面的额外课程。《今日美国高中》(*The American High School Today*，纽约，1959 年)，第 57 页。科南特认为，所有学生毕业的最低要求应该包括至少一年科学、四年英语和三到四年的社会研究。

② 相关段落参见 1892 年 7 月 9 日全国教育协会会议上指派的《中学研究委员会的报告》(Washington, 1893)，pp.8-11, 16-17, 34-47, 51-55. 委员会认为，学生们在高中所学的知识应该为他们日后上大学做好准备，如果他们决定去的话。大学和科学院应该录取任何一个优秀中学毕业生，不管他的课程是什么。目前，委员会发现，这是不可能的，因为学生可能经历了一个薄弱而不连贯的高中课程："许多学科都浅尝辄止，没有一门课经过严格的训练。"

益良多。

实际上,高中并没有完全按照委员会偏保守的理念去发展。甚至在1880年代,高中一直有大量实用的职业培训项目——手工培训、车间作业及其他类似的学习。那些密切关注高中管理和课程体系的人越来越对这种学术理念的长期统领感到不满,他们认为这是高中成为大学"附庸"和"奴隶"的表现。他们坚持高中应该以教育公民以职责,为工厂培训工人,而不是为了往大学输送新生;应该把高中看作"人民的大学",而不是大学的预备学校。他们认为,从民主角度来看,应该更多地考虑那些不上大学的孩子的需求。出于对他们需求的考虑及对孩子发展规律的应有尊重,"权威"的概念应该放弃,年轻人应该在考试和选课上拥有更多的自由,从中探索有用的经验并将这种经验传承给他人。让孩子一成不变地学习专门的几门课只会提高他们辍学的风险。

历史发展潮流也越来越支持这种新的教育思想。商界开始有意于教育事业时,也倾向于赞同并鼓励新派的做法。学生数量增加带来了实实在在的压力,需要新派的方案来舒缓,1890年后复兴的民主主义思潮也在公众中激起了积极的回应。大学自身数量众多,竞争激烈,质量参差不齐,因此他们在招生时也不再严格维持过去的入学标准了,尤其对自己所传承的古典课程体系的价值和意义有所质疑,大概在1870年就开始尝试选修课体系以及一个范围更宽的学习计划。大学教育者对中等教育的问题不再那么感兴趣,教育改革者也不会面临那么多的批评和反对。新的州立师范学院向高中输送越来越多的老师,高中教材原来由大学里各领域的权威撰写,现在则由公立学校的督导、高中校长、教导主任或教育理论专业的学生来编撰。

3

十人委员会对新的治校理念做了些许的妥协,但不足以平息改革派的不满。它未能预见到高中就学人数的激增,以及随之而来的学生群体的日益多元化。显然,十人委员会对高中课程体系的看法正失去市场。到 1908 年,全国教育委员会的规模和影响力迅猛增长,它通过了一项决议,反对将公立高中看作大学预备学校的观点(其实这也不是十人委员会的主张),高中"应该同时满足学生求知的欲望和找工作的需求",学院和大学也应该面向这样的需求调整课程体系。[①] 情形正在发生逆转:高中教育不再需要迎合大学了,相反大学教育应该向高中靠拢或接轨。

1911 年,全国教育协会成立了一个新的衔接高中与大学的九人委员会,它提交的另外一份报告显示教育思想领域正在酝酿一场革命。委员会的人事变动就是一个迹象。1893 年的报告中,声名显赫的大学校长和成就卓越的教授们消失了,一同消失的还有精英高中的校长们。九人委员会的主席是布鲁克林一所手工培训学校的老师,这个委员会成员中没有一个人在任何基础学科领域享有权威,大多是由学校的督导、委员和校长组成,只有一个教育学教授和一个学院院长。十人委员会是一帮大学里的人想为高中设计课程体系,而新的九人委员会则是一帮公立高中的人通过全国教育委员会向大学施压:"更高学府的入学条件要求有任一专门课程四年的学习经历,除非该课程对所有高中学生都适用的,否则按照委员会的决定应当立即取消。"

九人委员会坚持认为高中的职责是"塑造良好的公民素质,并

---

① 《全国教育协会会议记录》,1908 年,第 39 页。

帮助学生正确选择职业",但它也应该培养独特的个人品质和专长,这"和发展共同的文化同样重要"。学校要努力开发"每个男孩和女孩这个时期都具有的"的主要兴趣。九人委员会不赞同通识教育优于职业教育的观念:"一个灵活的教育理念应该是机动的,应为个体提供切实有效的早期职业培训,将通识教育和职业教育结合起来……"它更加重视机械、农业、"家政学",认为这些学科应该是针对所有学生的基础性教育。因为大学预科和公立高中传统的教育理念是:①

> 引导成千上万个男生和女生偏离了他们所适应的且真正需要的,而去追求其他既不适合又不被需要的东西。通过专属的书本课程,学生们对文化产生了错误的观念,在物质财富的生产及由此决定的分配和消费之间产生了巨大的鸿沟。

到1918年,高中至少在理论层面基本摆脱了学院派理念的控制,只是在全国高中课程体系还没完全实现。同一年,全国教育委员会中等教育重建小组在一份文件中确立了美国学校的目标,该声明叫《美国中等教育之基本原则》,埃德加·B.卫斯理(Edgar B. Wesley)评价"美国教育史上没有哪份文件的重要性能超过这本只有32页、价格为5美分的小册子"②,它也得到了美国教育部一定程度上的官方认可,印刷并发行了130000册,引起了全美国对教育政策的广泛讨论。一些教师培训机构高度评价了这份手册,甚至要求学生背诵其中的关键段落(这又违背了新教育原则的核心理念)。

---

① 《高中和大学九人委员会报告》,《全国教育协会会议记录》,1911年,第559—561页。

② Wesley:同上,p.75.

新委员会指出有超过三分之二的四年制高中生没有毕业，而在那些毕业了的学生中，大部分人都没有上大学。这些学生的需求不应该被忽视，应该重新审视将全民智识教育作为教育目标的旧观念，个体在能力和态度上的差异性应该受到更多重视。课程考试和教学方法应该贯彻新的法则，它们不能再"主要按照任何学科系统的、逻辑的科学要求"[①]来加以评判。简而言之，要弱化作为教育评价标准的学科内在结构，取而代之的是尊重新总结出来的教学规律。

此外，学生不仅是有待培养理性的孩子，还是需接受学校训练的公民。新式教育相信丰富的知识和智识的提升并不一定能让个人成为优秀的公民，应该直接教会学生公民素质、民主精神和市民美德。在委员会确立的一系列教育目标中，智识能力的培养和中级学术科目的掌握都没有提及。委员会说到，通过培养每一个学生成为合格公民以体现民主，这正是学校的职责所在。"因此，应该将培养学生成为有价值的家庭、职场和公民成员设为教育首当其冲的三个目标，"委员会继续道，"因此，本委员会认为教育的主要目标应该为如下所示：1. 健康；2. 基本技能（从上下文得知，此处指的是读、写、算三项基本技能，虽然不算完全正确，但委员会认为中等教育水平应继续进行学习）；3. 家庭教育；4. 职业教育；5. 公民教育；6. 良好的休闲爱好；7. 道德品质。"

委员会客观地指出传统高中并没有过多培养学生在音乐、艺术和戏剧方面的兴趣，但把它们看作对智识课程体系的一个有效补充，作为选修课供学生选择。委员会谈到，高中"过于注重智识课程，几乎很少将文学、艺术和音乐类课程看作能够唤起学生美好情感，

---

① 这一段和下一段都摘自《中学教育基本原则》。

培养学生积极兴趣的手段"。而且,高中还过于强调对大部分课程的全面学习。课程学习应该重新调整,一年专注于一门课的学习"对那些想要深入学习的人绝对有帮助"。这将会让课程"更好地同时满足想要上大学和想要步入社会的学生要求"。

委员会进一步指出,大学应该以高中为榜样,令自己成为大众教育机构,并相应调整教学内容。委员会预言,"高等教育应该限制在少数人的观念必定会因民主意愿被淘汰"。这就意味着不仅那些接受通识教育的高中毕业生可以上大学,那些接受职业教育的也可以,而且一旦上了大学,他们依然能够选择"有利于自身和社会"的受教育形式。为了招收更多的学生,大学也应该在一定程度上用高级的职业教育替代纯学术的学习。委员会建议,应该鼓励所有正常的孩子待在学校里接受全日制教育直到十八岁为止。

委员会提出高中课程应该改成分流制,并提供大范围的选修课,其想法还是相当明智的,但它这样表达这一目的:

> 广义上来理解,基本的学科分流应该按照如农业、商业、职员、工业、手工艺和家政艺术这类名称来划分,同时也应当为那些具有学术兴趣和需求的学生考虑。

"应当……考虑",这句话表明,高中的学业考量已经成为其主要目的的一个附属品,二十五年内,这种说法与十人委员会报告中的主流思想已经相距甚远。

报告中的措辞清楚地表明委员会成员并不认为这是一种教育的倒退,而是实现民主理念的一个进步。报告充斥着进步时代乃至战争时期的理想主义色彩,希望能够通过教育强化美国民主,并给每一个孩子带来充分的机会。委员会指出,我们中等教育的"唯一目标就是让所有年轻人实现自己的人生价值"——这样一来,教育就超越了发展智识能力这一狭隘的目标。高中教师也被督促"要努力探索这场渐入主流的伟大民主运动的内在意义"。当高中在努力培养个体及不同群体的独特品质时,还"必须投入同等的热情去培养这些人拥有共同的理想、观念以及共同的思维、情感和行为模式",这样一来,通过丰富完整且团结一致的生活经验,美国才能在民族与国家之林为实现民主世界而做出最诚挚的奉献。

4

《美国中等教育之基本原则》确立了随后直至"生活导向运动"期间,美国有关中等教育政策的半官方声明的基本论调和主要观点,它的出现正值美国高中学生数量急剧膨胀的中期。1910年,美国高中生人数达到了110万,1930年迅速增长至480万。当该文件单行本发行的时候,所有州都开始实行义务教育法——1918年开始实施的密西西比是最后一个加入该阵营的州。

此外,学校一直以来并将继续多年为应付1880年至第一次世界大战期间蜂拥而入的移民浪潮努力,承担着教育这些孩子的任务。到1911年,在全国37个最大城市的公立高中中大概有57.5%的孩子都是国外出身的移民。① 这些移民的孩子此时正进入初中,同样也带来了当初给小学带来的有关阶级、语言和美国化的种种难题。对于很多学校的管理者来说,让这些孩子了解美国生活方式乃至日

---

① 关于这个主题,参看小艾伦·M. 托马斯(Alan M. Thomas, Jr.):《美国教育与移民》(*American Education and the Immigrant*,《师范学院纪要》,第 LV 卷,1953 年 10 月—1954 年 5 月),pp.253–267.

常卫生常识似乎都要比按照旧式教育理念培养他们的智识重要得多。这也不难理解，对布法罗的一个波兰移民的孩子来说，打好牢固的拉丁语基础并不是首要的需求。移民父母由于并不熟悉美国生活方式，无法给孩子提供所需的指导，这时学校就要承担起父母的职责。不仅如此，孩子们早上跟学校女教师们待在一起，下午就会把学校里学到的行为规范和卫生习惯带回家，并影响到他们的父母，从而成为他们美国化的工具。在这样的背景下，我们就能更好地理解教育基本原则中对"家庭价值观""健康""公民身份"的强调。现代学校承担了太多其他社会机构的职责，包括家庭，这是教育者对这一问题的共同抱怨。

职业教育的变化也支持了中等教育的新理念。师范学校一直以来是填补教师培训空白的最有利途径，而现在正在被师范大学和教育学院所替代，教师的培训和教育过程的研究都变得专业化和职业化了。不幸的是，正如劳伦斯·克雷明所观察到的，教育学院和师范大学变得享有很高的自主权。[①] 职业教育工作者的精神世界逐渐地与从事学术研究的学者的精神世界相分离。有一句俏皮话：第120大街是世界上最宽的马路，指的就是哥伦比亚大学师范学院与其他院系之间的鸿沟，它成了美国教育结构中存在差异性的一个象征。职业教育者逐渐发展出与智识原则不相一致的教育理念，这使得他们被排除出了大学学者的对话圈。与艾略特时代形成鲜明对照的是，如今学院派人士对小学和中学教育存在的问题根本不屑一顾，将之看作蠢人的职业；很多职业教育工作者非常乐于看见他们退出，让自己能自由地实现教育理念，为初中和更低级的学校制订计划。

---

① 《学校的转型》(*The Transformation of the School*，纽约，1961年)，p.176.

当《美国中等教育之基本原则》取代了十人委员会提出的原则时，一种新的教育规范正在形成，它在很大程度上是建立在"民主"与"科学"的信念基础之上。约翰·杜威是那些视教育民主化为核心任务之人的导师；爱德华·李·桑迪克（Edward Lee Thorndike）代表的是那些主张将"科学所告诉我们的"应用于教育领域的人。当时大家并没有认识到民主与科学的结合存在任何问题，有一个普遍存在的信念（据说，桑迪克并不赞同这一观点），两者之间存在着某种与生俱来的和谐统一，因为两者都是好的，都服务于同一目的，并导致同样的结论，实际上还存在着一种民主的科学。①

有关杜威观点的应用或滥用情况，我会在下一节中阐述。不过，重要的是先简要介绍一下有关测试技术和各种各样的心理学和教育学研究的具体应用。尽管这些研究是尝试性的，但依然非常有价值。困难在于，过去只是一个受到持续性质疑的问题在职业教育的狂热氛围下提升为一种信念——而那些实际从事研究的人的信念并没有那些急于发现其实际应用价值，以及热衷于借民主与科学之名为各种运动发声的人那么强烈。依照美国人的思维，他们偏信那些能够用数字表达的知识，认为这种知识就如表达它们的数字那样精准。第一次世界大战中的军队测试便属于这种情况。当时迅速而广泛流传的说法是，美国陆军甲种测验实际上是智商测试，能够测试出受试者的心智年龄，而测试所反映的心智年龄或智商年龄是固定的，而大部分美国人的心智水平只有 14 岁；因此教育体系应该着手解决

---

① 关于近期美国政治思想中科学与民主同样的结合的诙谐分析，可参阅 Bernard Crick:《美国政治科学》(*The American Science of Politics*，伦敦，1959 年）。

孩子心智或多或少的退化现象。① 虽然对测试结果的过度解释从不缺乏尖锐批评意见——其中就有杜威的——这种对测试结果的误用现象在美国教育界反复出现。当然，有些人根据测试结果推演出智商水平应被看低的结论。不同的人对此会有完全不同的解读。那些对美国民主信条不感冒的人——桑迪克就是其中之———心智测试的结果鼓励了精英派的观点。② 但是，那些信奉"民主"价值观的人则表现得颇为冷静，智商测试反映出来的民众智商水平的局限只是对进一步探索教学方法和教学内容的鞭策，以适合那些智识平庸或无感之人的需求。民主派的教育人士会效仿林肯的说法，解释上帝一定是偏爱那些学习较慢的人，因为他创造出更多这样的人。精英派会忽视这些人数众多的人，但民主派教育人士则会像一位深情的母亲拥抱自己残疾的孩子那样接纳他们，尝试建立一个能满足他们需求的课程体系。

进步主义的思想氛围对新教育理念所产生的影响无论怎么强调都不为过。这个教育理念在一种温和的仁慈之心和狂热的理想主义感召下发展起来，它主张那些天赋较差的人以及弱势群体的需求也应该得到积极的回应。教育人士花费了多年所确立的标准和理念，其有效性似乎比以往任何时候都更加明确，它在道德上能得到民主需求的支撑，而在智识上则能被科学发明所论证。在美国大地上比以往任何时候都能更多地听见这样的呼声：为民主而教育；为公民而教育；为了孩子的需求和利益而教育；为所有年轻人而教育。这些美国教育学家身上那种强烈的道德感和不苟言笑的态度，对凡俗

---

① 对测试早期影响的简要描述，参见《学校的转型》（*The Transformation of the School*），第 185—192 页。
② 例如，梅尔·科蒂（Merle Curti）在《美国教育家的社会观念》（*The Social Ideas of American Educators*, 1935）第 14 章中对桑迪克观点的讨论。

人士来说始终是个谜，不为他们所理解。这些教育家所承担的职责越枯燥无趣，他们的表现就越高尚，热情就越高涨。当他们看到有机会引入一门家庭生活或家庭经济方面的课程时，就会立马高弹理想主义的乐章。当他们感到应该为学校管理人员争取获得尊敬的权利时，他们就会两眼放光，斗志昂扬。当他们努力确保学校厕所位置的标识足够清晰，以让最笨拙的学生也能找到时，就会陶醉不已，高唱民主与自我实现的颂歌。

由此开启了教育著述上的荒芜时代。教育的专业化使得他们对每一个平凡无奇的问题都煞有介事地认真对待，教育人士也开始沉湎于装模作样地模仿老学究卖弄起学问来，他们不甘心只是一个低级效用论的鼓吹者，开始包装自己，不管他们的提议有多么简单、常识性和平凡无奇，都会冠以堂皇的社会与教育理念。比如，学校是否应该教给孩子们一些安全知识呢？假如回答是，那么学校校长就会像全国教育委员会宣读一篇像模像样的相关论文，不是着眼于教孩子们仔细行事这一重要但日常的工作，而是冠以《论统一课程体系中引入意外防范教育的意义》这样一个高大上的标题。这时，重点不是让孩子们免于烧伤或被车撞倒，而是要在教孩子们这些事项时冠以更冠冕堂皇的理由——尽管在这个例子中，发言人在结束时承认："意外防范教育不仅是为了统一课程体系，也是为了减少事故。"①

5

一个外国游客若只是从一些教育改革人士写的文章中了解美国的教育，或许会把美国的中等教育想象成呆板的、一成不变的

---

① 《全国教育协会会议记录》，1920 年，第 204—205 页。

依附于高等院校的要求，遵从老式的学术研究理念，无法适应校内学生多元化的趋势。一位发言人在1920年全国教育协会会议上沉痛地指出，高中"依然在迎合大学所需要的规则和标准"，并且充斥着大量"受过学术熏陶并只掌握学术性知识"[①]的教师和校长。在那些新式教育人士的文章中，从来就没有停止过这样的抱怨声。实际上，在取消高中旧式学术课程体系方面，教育改革已经取得了显著的成就。一个教育业余爱好者乃至一个教育专业人士都很难掌握修改的合适程度。不过，有两件事似乎是可以确定的：首先，1910年后的课程变化几乎是革命性的；其次，到了20世纪40—50年代，生活导向运动的教育人士无休止地要求瓦解学术性课程体系。

曾受到十人教育委员会认可的旧式学术课程体系在1910年左右达到了最巅峰，那一年，学习外语、数学、科学或英语的学生——其中任何一门课程——比所有学习非学术类课程的学生总数都要多。在接下来的40年时间里，高中提供的学术类课程占比从四分之三减少到五分之一左右。1910年高中9—12年级的学生中有49%的人学习拉丁语，到了1949年这个比例降到7.8%。报名参加现代语言学习的人数从84.1%降到22%，学习代数的从56.9%降到26.8%，学习几何的从30.9%降到12.8%，所有学习算术的学生从89.7%降到55%。所有学习科学的要是除去一门新的通识课程"综合科学"，上课人数则从81.7%下降至33.3%；要是加上选修"综合科学"的人数，则是54.1%。英语课虽然采取独立的人数统计，在很多学校课程体系中比例也大幅度下降。历史和社会研究的学习情况比较复杂，无法进行数字统计，但学生入学情况的变化都使这

---

① 同前，1920年，pp.73–75.

些课程的内容在时间和空间上更加区域化——即更加注重近代的和美国的历史,而古代和欧洲历史的比重下降。①

当十人委员会在1893年检查高中课程体系时,发现高中教授的课程有40门,但其中13门课程只有极少数的学校在上,所以,基础课程体系立足于27门课程。到了1941年,高中开设的课程不低于274门,而只有59门是属于学术类课程。最不可思议的并不是课程门类翻了近十倍,也不是学术类课程所占比例降到了五分之一,而是教育理论家们对此的反应:他们认为中等教育依然饱受学术类课程之累。在20世纪40年代晚期及20世纪50年代兴起的生活导向运动中,在教育部的鼓动下,美国公立高中的力量被调动起来,努力让教育系统更契合那些原本被认为不适合接受教育的学生的需求。②

---

① 约翰·F. 拉铁摩尔(John F. Latimer)在《我们的高中发生了什么?》一书中,做了一份有用的教育统计汇编,我也选用了他的数据;参见第4章和第7章。重要的是,招生比例并不是为了掩盖这一事实,随着高中生的迅速增长,虽然只有一小部分高中学生在选修这些学术课程,但美国总体上有更多的年轻人在学习这些课程。然而从1933年到1939年,不仅某些学科的学生比例下降,而且绝对入学率也首次出现下降。有一个领域的结果,因为经过充分的调研,正好可以用来检验。在第二次世界大战期间,中学数学教育问题成为一些官方关注的问题。1941年,海军军官训练团报告说,在4200名大学新生候选人中,有62%的人没有通过算术推理测试;只有23%的学生在高中学过一年半以上的数学。后来,1954年的一项调查报告称,全国60%的大学认为有必要对入学新生教授代数。参见 I. L. 坎德尔(I. L. Kandel)《20世纪的美国教育》(*American Education in the Twentieth Century*,马萨诸塞州剑桥,1957年),p.62;以及 H. S. Dyer, R. Kalin, and F. M. Lord:《数学教育中的问题》(*Problems in Mathematical Education*,普林斯顿大学,1956年),第23页。许多高中似乎一直在接受这样一种观点,这种观点在适应生活理论家中广为流传,即外语、代数、几何、三角学"除了为上大学或为某些大学功课做准备之外,相对来说没什么价值","因此这些学科的大部分教学应该推迟到上大学以后。"哈尔·R. 道格拉斯(Harl R. Douglass):《让美国青年适应生活的中学教育》(*Secondary Education for Life Adjustment of American Youth*,纽约,1952年),p.598.

② "不可教育的"这个词当然不会被适应生活教育者所使用。这是我对一个关于中学生的观点的翻译:有人说他既不能接受学术教育,也不能学会一门理想的职业。

在某种程度上，生活导向运动是第二次世界大战后出现的美国青年精神危机的结果。但它又不止于此：它也是美国教育部及其部分教育界领袖努力的结果，他们想要完全主导这场自1910年以来兴起的反智主义运动的价值观。在对美国二战后的中等教育做一番研究后，这一时期的教育委员约翰·W.斯图贝克（John W. Studebaker）发现大概只有十分之七的年轻人去上高中（10—12年级），而不到四成的学生能够待到毕业。① 尽管早在四十年前，人们就为增加学校"留住学生"的能力而努力，但大量的年轻人依然没兴趣完成高中教育。丰富学术类课程的努力在这一主要目的上已然失败，而此时大家给出的建议是课程内容还不够丰富。

生活导向运动旨在通过鼓励"一些与年轻人生活导向需求更一致的教育项目"来改善这种状况。我们所要的教育，是"要让所有美国青年都能更具备民主生活的能力，在担任家庭成员、工人和市民角色中实现自我满足，并有利于社会"。1947年5月，在芝加哥召开的全国教育委员会会议中，与会者通过了一项由一所工业学校明尼阿波利斯邓伍迪学院的校长查尔斯·A.普罗塞尔（Charles A. Prosser）博士起草的决议，在它最初的版本中（"为了避免误导和误解"，措辞做了轻微的调整），表达了参会人员的一个观点，他

---

① 《每个青年的适应生活教育》(*Life Adjustment Education for Every Youth*, 华盛顿，无日期［1948?］), p.iii. 该出版物由联邦安全局教育办公室发行，由中等教育司和职业教育司编写。本文有关陈述，在后续段落中引用，参见 pp.2–5, 15n., 18n., 22, 48–52, 88–90.

在教育部门倡议适应生活的同时，总统高等教育委员会在1947年的报告中提倡，学院本身不应该再选择"拥有语言天赋和理解抽象概念能力的人"作为他们的特殊客户，而应该更多地关注培养其他天赋——"如社会敏感性和多才多艺、艺术能力、运动技能和敏捷性"。参见《美国民主的高等教育：总统高等教育委员会的报告》(*Higher Education for American Democracy: A Report of the President's Commission on Higher Education*, 第Ⅰ卷，华盛顿，1947年), p.32.

们认为大部分美国年轻人并没有从中等教育体系中得到充分的受益。据说，20%的年轻人是想上大学的，还有另外20%的学生想要找有技术的工作。根据生活导向运动发言人的说法，剩下的60%的学生，这两项出路都不适合他们，需给他们提供生活导向的教育。主张生活导向教育的人对那些他们想要提供帮助的，需要生活导向教育的、原来被忽略的这60%的学生素质了如指掌。他们主要来自低收入家庭，父母从事的都是没有技能或半技能型的工作，且没有文化。他们比其他人上学要晚，还经常留级，评分级别低，成绩差，考试分数低，对学校功课不感兴趣，而且"情绪不够成熟——紧张、缺乏安全感"。

在罗列了这些学生令人沮丧的特点后，这位教育部第一部生活导向教育手册的作者继续说道："这些特点并不意味着这些人就低人一等。"这些教育人士持有一种奇怪的适得其反的"民主"意识，让他们竟然会认为不成熟、没有安全感、焦虑、来自没有文化的家庭、学习成绩差的人跟那些更加成熟、有安全感、自信，家庭文化背景浓厚的聪明孩子相比"并不差"。[①] 这种对"民主"的刻意曲解似乎更能让他们自己骗自己，毫无疑问，他们不肯承认的是美国学生的主体或多或少属于朽木不可雕型——按照普罗塞尔的话来讲就是，不仅不适合学习为上大学而准备的学术课，也不适合旨在"掌握熟练的职业技能"的职业培

---

① 如此大比例的美国年轻人的能力竟然被以"民主"的名义抹去，这是令人困惑的特征之一。然而，至少有一名支持者正视了它的含义，他说，这个被忽视的群体缺乏唤起的兴趣或明显的天赋，但这一事实"可能是幸运的，因为一个社会所要完成的大量工作，并不需要特殊的天赋或兴趣"。爱德华·K.汉金（Edward K. Hankin）：《生活适应教育的关键》（"The Crux of Life Adjustment Education"），《全国中学校长协会公报》（1953年11月），p.72.这是对适应生活教育影响的一个观点和更现实的评估。但这很难说是"民主"的。

训项目。到底什么样的教育才适合这些不幸的大众群体？当然不会是智识的培养，也不是知识的积累，而是作为家庭成员、消费者以及市民进行实操训练。他们必须——读过《基本手册》的读者对这一术语肯定不会陌生——具备"生活道德素养"；了解家庭生活和公民职责；学会利用闲暇时间并关注自身健康以及"从事一定职业"的能力。这位《青年生活导向教育》的作者在这里指出："该教育哲学将生活的价值置于知识的获得之上。"上述观察隐含着这一观念，知识本身跟"生活价值"并没有太大的关系，这是整个运动的一个必要前提。主张生活导向的教育人士反复坚持智识的培养对解决普通年轻人所面临的"现实生活困难"毫无用处。

6

从华盛顿教育部编撰的絮絮叨叨的相关文件公告条款中很难捕捉到生活导向运动背后的思想。不过，在这场运动如此命名之前，普罗塞尔博士这位经验丰富的职业学校掌门人，1939年在哈佛大学发表演讲时就确立了它的一些基本概念。[①] 尽管在这个公开发表的演讲中，可以发现杜威民主教育思想的影响，但普罗塞尔主要依赖的是心理学研究，更多地表达了对"科学"发现的虔诚之心。（除了不鼓励孩子们去学习科学之外，生活导向的教育人士会借科学之名做任何事情。）在普罗塞尔的想象中，桑迪克和他的追随者已经表明并不存在这样的智识原理，它在某一项研究、一种状况或一个问题中的作用能够转移到其他地方。"百分之百可以确定的是科学

---

① 《中等教育和生活》（*Secondary Education and Life*，剑桥，马萨诸塞州，1939年）。本文和下文的论述主要在第1—49页；特别是第7—10，15—16，19—21，31—35，47—49页。

已经证明通识教育的原理和它的理论基础是错误的,它竟然认为记忆、想象、理性、意志能像一种能力那样被培养出来。"当这种过时的观念被抛弃时,它也必定会如此,所保留下来的就是各种专业的教育,并不存在像综合机械技能这样的东西,只有在实践运用中训练出来的具体技能。理性也是如此。比如说,并没有记忆这样的东西,只有具体的事实和想法,我们能够想起它们来是因为我们曾经运用过它们。

与旧式以智识培养为原则的教育理念恰好相反的是,他们认为并不存在可以培养的综合智力,只有需要知道的具体事物。事物的有用性和可教授性都是密切相关的,即时有效性越高,这个知识就越容易教会。学校课程的价值也可以通过它在实际生活中能得到立即应用的场合数量来衡量。这样一来,重要的不是教会学生概括总结,而是将他们在日常生活中所需要知道的信息直接灌输给他们——比如,不是教他们生理学知识,而是直接教会他们锻炼身体。传统的课程体系只包括那些曾经适用但已经时过境迁的内容。"通识的法则似乎是,学校学习内容越新,对认识课堂外事物的帮助就越大;而学习内容越陈旧,则与日常生活中的真实需求就越脱节。"当学校所学知识能够迅速直接地运用到生活中去时,学生就学得更轻松,掌握的内容就更多。事实上,一门课程的有用性决定它在心智训练上的价值。"在所有这些课程中,商业计算要比平面或立体几何重要;学习锻炼身体比学习法语重要;找工作的技巧要比代数重要;日常生活中的简单科学原理比代数重要;商务英语比莎士比亚戏剧重要。"

普罗塞尔说道,科学研究得出的结论是不可否认的,最好的教材是"生活导向的,而不是为教育而教育。"因此,为什么高等院校还要坚持在高中巩固这些既无用处又不适合教授的课程呢?先将这些课程授课老师的既得利益放置一边,他认为主要原因就是高等学府需要一些手段来挑选有能力的学生并淘汰其他人。(像教授语言、代数这类课程的目的根本不是为了教育人,而是为了在进入大学之前给那些学习能力弱的学生制造一些障碍。)而这套过时的淘汰手段却要耗费学生宝贵的四年时间,来学习这些无用的所谓"基础性"课程。普罗塞尔认为,现在只需要花几个小时进行智力测试就可以挑选出适合上大学的人选,这不知要经济和准确多少倍了。因而,"作为一个建设性的意见",我们或许可以说服那些传统教育人士至少砍掉一半的学术类课程,只保留少数几门还有些许用处的旧科目。按照这个标准,"所有的外语和数学都应该从大学预备学习的必修课程中砍掉",而改成一些更有实用性的科目——物理科学、英语和社会研究。

一些具有直接使用价值的新科目也应加入课程表:英语是最有实用价值的,它有助于"沟通的技巧";文学涉及现代生活;科学(限指"定性"科学)教会年轻人"日常生活中的科学常识",让他们了解"科学是如何增加生活的舒适度……提升生活的乐趣……帮助人们完成工作……增加财富";商业实践指导和"简单经济学",或许适当补充一些美国经济史方面的资料;聚焦"城市青年问题"和本地社区的市政学;只包括各种应用算术的数学;关注"整个社区生活"的社会研究,包括社区设施、行为、休闲、青年的社会和家庭问题以及"美国青年社会史";最后还有职业教育。这样的课程体系设置才符合现代心理学所揭示的学习规律,所有学生从中等教育中获得的好处才会大得多。①

---

① 后来关于该校课程内容的全面权威的观点陈述,参见 Harold Alberty:《重组中学课程》(*Reorganizing the High School Curriculum*, New York, 1953)。

普罗塞尔在这里非常粗略地阐释了很多教育人士从实验心理学研究中所得出的一个结论，"科学"通过打破心智观念的有效性推翻了通识教育的基础性假设。普罗塞尔充满自信地声称科学已经证明了通识教育的假设是错误的，"没有什么比这点更让人确信的"。而这种高调宣称背后是思想史上颇有意思的一个篇章。19世纪的美国及其他地方所秉持的古典通识教育观念是建立在两个基本假设的基础之上，首先是所谓的"官能心理学"，它认为心智是由各种部分或像推理、现象和记忆以及类似的功能构成的实体。这些功能就像身体器官一样可以通过练习得到加强；在通识教育中，通过持续的心智训练可以逐渐提高心智能力。此外，人们还相信某些课程在心智训练方面具有稳定显著的优势——最主要的是拉丁语、希腊语和数学。培养这些课程的学习能力不仅是为学习更多的拉丁语、希腊语和数学知识奠定基础，更为重要的是，它能够强化心智能力，不管今后面对什么样的问题都能游刃有余。① 不过，大家慢慢发现官能心理学并没有得到哲学分析以及心智功能方面的科学研究的支撑。不仅如此，随着知识量的增加以及相应课程内容的扩充，过去相信古典语言和数学在心智训练方面享有特权的信念似乎显得越来越食古不化了。

不过，大部分现代心理学家和教育理论者都很清楚官能心理学和古典数学课程体系的没落本身并不能回答心智训练是否可实现的教育目标这一问题。假如心智训练是毫无意义的，那么几个

---

① 对美国这种心理训练观点的经典陈述是《1828年耶鲁报告》(Yale Report of 1828)，它最初发表在《美国科学与艺术杂志》(The American Journal of Science and Arts)，第XV卷（1829年1月），第297—351页。大部分重刊在霍夫施塔特和史密斯（Hofstadter and Smith）编的《美国高等教育纪实史》(American Higher Education: A Documentary History)，第Ⅰ卷，pp.275–291.

世纪来以通识教育为名所做的一切的出发点就是错的。心智是否能够训练，或者总体上得到培训，这个问题在官能心理学之后又呈现出一个新的更加具体的形式：某一项心智功能得到训练和发展是否能够转换到其他方面的应用？当然，这一宽泛的问题可以分解成无数个具体的问题：记忆的行为是否有助于提高对其他事物的记忆（就像威廉·詹姆斯在早期给自己做的一个个基础行为实验时所问到的）？某一感觉辨识能力方面的训练是否能够提高其他感觉辨识能力？先前拉丁语的学习是否有助于后来法语的学习？假如这种能力能够得到延伸和转换，那么只需经过几年这样的通识教育，所积累起来的能力转换就能使得心智能力得到总体提升。但是，假如训练效果不能转换，那么大部分学术课程的学习对其他知识来说就毫无意义。

不管怎样，在桑迪克的鼓励下，实验心理学家相信能够找到这一核心问题的答案，他们在20世纪开始搜集心智训练转换的实验证据。任何一个曾经读过他们实验报告的人都清楚地知道，他们对这一问题的研究范围太有限，根本就不足以得出有价值的结论。无论是个人还是整个团体，实验心理学家们都未能对他们所面对的这一终极问题有更多的了解。然而，在经过大量奇思妙想的有趣实验之后，确实也积累了某些证据。其中，桑迪克分别在1901年和1924年发表的两篇论文格外引人注目，很多教育界思想家认为它们提供了确定性的证据，否定了存在任何程度的支持心智训练理念的学习能力转换。不管怎样，这点与其他研究者得出的类似结论一起被一些教育理论者牢牢抓住。正如W.C.巴格利（W.C.Bagley）曾指出："任何支持降低标准的理论都不可避免地会受到拥护。"那些想要改革以让高中更符合大众需求的人会不由自主地扭曲实验结论，以支持自己的观点。①

实际上，逐渐积累起来的实验证据往往是自相矛盾且令人费解的，那些坚持认为结论非常清晰的人忽略了这一事实，其实所有的发现并没能支持他们的观点。实际上，实验证据的滥用是美国教育思想史上的一个重要污点。假如实验数据统计稍有点意义的话，这些教育界人士就会忽略材料的主体部分，即有五分之四的实验研究表明确实存在一定条件下的学习能力转移。似乎也没有证据表明那些著名的实验心理学家们的主流观点是否定存在学习转移，尽管普罗塞尔这样的教育人士声称"科学已经证明"。今天，实验心理学家也没有提供任何能令他们满意的证据。就像杰罗姆·布鲁纳（Jerome Bruner）在他那本著名的小册子《教育过程》中所指出的："实际上，近20年来有关学习性质和转换方面的所有证据都表明……适当的学习的确能够大量地转换成综合学习能力，甚至在最佳状态下的学习还能令人学会如何学习。"② 其实，人类的教育经验比实验心理学能更好地证实通识教育的理念；这种科学上的质疑担任了上诉法庭的角色，与生活导向教育相比，

---

① 这也为大量低劣的教学方法提供了理由。例如，有压倒性的证据表明，古典语言在旧时代的大学里是以一种狭隘的语法学家的方式教授的，而不是作为一种向学生介绍古典时代文化生活的手段。参见理查德·霍夫施塔特（Richard Hofstadter）与沃尔特·P. 梅茨格（Walter P. Metzger）:《美国学术自由的发展》(*The Development of Academic Freedom in the United States*，纽约，1955年），第 226—230 页；理查德·霍夫施塔特（Richard Hofstadter）和 C. 德维特·哈（C. DeWitt Hardy）:《美国高等教育的发展与范围》(*The Development and Scope of Higher Education in the United States*，纽约，1952年），第一章，pp.53–56.

② Jerome S. Bruner:《教育的过程》(*The Process of Education*，剑桥，马萨诸塞州，1960年），p.6. 正如布鲁纳所指出，重要的是，学习者对所学事物有一个结构上的把握。关于智力训练的现代讨论和实验证据的历史简要回顾，请参阅 Walter B. Kolesnik:《现代教育中的智力训练》(*Mental Discipline in Modern Education*，Madison，1958），特别是第 3 章。

它更支持相信心智训练作用的人。

7

生活导向运动是四十多年来美国职业教育发展方向的一个极端表现：在一个大众化中等教育体系中，大部分学生群体不可能完成严格的学术培训。这场运动的发起人立场坚定地确信不适合接受这种教育的学生比例达到60%，虽然一些评论家估计这个数字有点随意，其源头来自对"科学"的盲目信仰。1940年，时任全国青年委员会委员的普罗塞尔博士在青年问题上的看法跟华盛顿联邦政府接近，以智商测试研究出名的心理学家刘易斯·M. 特曼（Lewis M. Terman）在美国青年委员会的一份出版物《美国青年如何成功？》中估计，要成功地修完高中传统经典课程需要智商水平达到110分，而美国青年中的60%都低于这个水平。不管怎样，这个数字跟生活导向教育家们公布的还是有很多不一致的地方。[①] 更为重要的是，将一项全国教育政策的制定建立在这样一种发现上，显然是非常不负责任的。个体的智商是否恒定，心理学家们并没有达成一致意见。（这一问题在1939年依然处在热烈的争论中。）现在却有清晰明确的实验证据表明，只要给予恰当的关注和培养，智商水平可以提高15—20分，甚至更多。（尤其对于那些处在社会底层的儿童，效果更加明显。在纽约"提高智商水平"计划中，很多智商略低于平均水平，或者接近低智商水平的贫民窟孩子，在高中三年级时智商水平和学业表现都有提高，能够进入大学学习，有些孩子甚至能拿到奖学金。）不仅如此，智商作为一个测量个人潜在受教育能力的指

---

① 也就是说，如果接受特曼（Terman）的发现，60%的美国年轻人可能不适合参加高中的学术课程，但其中相当一部分肯定适合普罗塞尔（Prosser）决议中提到的理想职业。

标也并非无懈可击,还有各种各样未考虑进去的因素,比如教学质量、功课数量以及学生的动机和精神状态。在今天这样的教学形势和低落的教育士气下,依然能从学术型课程中得益的高中学生比例是多少,心理学家和教育工作者远未达成共识。①

最后,生活导向教育人士认为他们对美国青年受教育能力的判断具有一定的合理性,是因为他们无视其他国家在中等教育上所取得的成果。西欧国家中等教育的课程体系是"贵族式的",阶级性的,经过筛选的,传统的,对美国民主的、全民的、面向未来的中等教育没有参照价值,这已经成为新式教育工作者的一个共同论点。因此,美国教育工作者不愿将欧洲教育的历史作为制定教育政策时可参考的一个资源,而是转向"现代科学"寻求实践指导,将"民主"作为精神指引。欧洲教育指向的是过去;而科学与民主面向的是未来。这一教育思想也受到了美苏之间科技竞争的影响。苏联的中等教育既不是全民的,也不像美国这么均质化,但它提供了一个不能完全用贵族式或传统式加以甄别的教育体系样板;尽管如此,西欧国家的中等教育体系依然是它的基础。这意味着我们不能轻易地否认高标准、高要求的学术类课程的有用性。

我们自然会认为,对生活导向派教育人士来说,教育的目标只需面向落后的60%青年群体。这就低估了这场运动背后想要努力实现的理想,普罗塞尔在1947年生活导向大会上的闭幕词中对此阐释

---

① 关于学术能力分布的不同估计及其对教育政策的影响,参见总统高等教育委员会报告:《美国民主的高等教育》(*Higher Education for American Democracy*),第Ⅰ卷,第41页;Byron S. Hollinshead:《谁应该去上大学》(*Who should Go to College*,纽约,1952),尤其是第39—40页;《美国专业人才资源》(*America's Resources of Specialized Talent*, New York, 1954);和小查尔斯·C. 科尔:《鼓励科学天才》(纽约,1956年)。"我相信,"一位教育心理学家写道,"有了更好的教学……我们高中一半或更多的学生……可以从[经典课程]中获益。"保罗·伍德林(Paul Woodring):《四分之一国民》(纽约,1957年),第49页。

得再清楚不过,他说:"整个教育史上从未有过这样一个会议……人们如此真诚地相信,该是让所有的美国青年都能享受到受教育权利的时候了,此时不做,更待何时。"普罗塞尔向与会人员倡议"为了心中的理想奋斗、牺牲"。

于是,生活导向的教育人士很快就相信他们的教育理想不应该只针对被忽视的那60%,有利于这些人的也应该有利于所有美国青年,包括那些天资优渥的。正如一位编撰生活导向宣传册的作者坦言,他们设想的不过是"一个乌托邦式高中"——他补充道,一个"只能由出类拔萃的老师管理"[1]的学校。当I.L.坎德尔(I.L.Kandel)略带讽刺地评论生活导向运动的信念是"对60%的高中生有好处的事情自然也会对所有学生有利。"[2] 这些改革派就这样成功地将观点立足在这个普遍性推论上,这个普遍性推论曾是古典课程体系的支持者们提出的,他们之前认为通识性课程有利于所有学生。现在它却声称,所有的学生都应该接受那些曾为学习能力差的学生设置的培训课程。美国的实用主义和民主此刻就会在所有青年的教育中实现。生活导向运动一以贯之地确立这样一个信念:学习迟钝者"一点儿"也不比天资聪慧的学生低人一等,所有的课程科目就像所有的孩子一样也都是平等的。1952年,全国教育协会的教育政策委员会在描述乡村学校的办学理念时说道,学习迟钝者"没有课程间的等级差别,算术与机械、艺术与农业、历史与家政都受到同等的重

---

[1] 《中学教育展望》(*A Look Ahead in Secondary Education*,美国教育办公室,华盛顿,1954年),p.76.
[2] 《20世纪的美国教育》(*American Education in the Twentieth Century*),第156页;参看173—181页。《关于适应生活运动的普遍愿望》,见莫蒂默·史密斯:《心智的削弱》(*The Diminished Mind*,芝加哥,1954年),p.46.

视。"①

在实用主义、民主和科学的名义下,很多教育人士也开始接受将学习能力差或较差的学生作为中等院校的主体,而天资聪慧的学生则降为附属地位。这批教育人士展望着未来有一天"贵族式的教育文化传统(终将)彻底被放弃",在谈到那些对智识表现出特别好奇心的学生时,他们会说:"除了让这些优势群体直接从周围环境中学习之外,我们所能够给他们提供的就是让他们自由发挥。我们的教育对他们的发展并不重要。因此,学校也没必要为满足这些特殊人群的需求而去设计课程项目。"② 在这种氛围下,杰罗姆·布鲁纳指出:"公立学校最优异的四分之一学生,或许是最近这些年来最被我们学校体制所忽略的群体,他们本来有望成为下一代的智识领袖的。"③ 这个群体确实被很多教育人士忽视,没有人将他们视为教育体系的希望、挑战或是可以实现的标杆,而是被看作异类、附属品、特例,有时甚至是一种病态。或许我有点夸大其词,但不

---

① 《美国青年教育》(Education for All American Youth, A Further Look, 华盛顿,1952年),第140页。

② Charles M. MacConnell、Ernest O. Melby、Christian O. Arndt 和 Leslee J. Bishop:《体现新文化的新学校》(New Schools for a New Culture, New York, 1953), pp.154-155. 这种奇谈怪论也有部分的合理性,据称,我们的中学经常会发现能够为那些天才少年或有着智识诉求的学生做的并不多。

③ 布鲁纳:参见 James B. Conant:"特别是,我们往往忽视了这些天赋异禀的年轻人,我们没有及早发现他,或者没有正确地引导他,也没有在高中对他进行充分的教育。"《分裂世界中的教育》(Education in a Divided World, 剑桥,马萨诸塞州,1948), p.65; 参见 p.228.《关于天才的教育问题》(On the problems of educating the talented),见弗兰克 O. 科普利的《美国高中与天才学生》(The American High School and the Talented Student, 安娜堡, 1961年)。

20世纪50年代中期,美国学校里大约有5%的天才受到特殊照顾。早前的一项调查(1948年)显示,约有2万名学生进入特殊学校或大才班,约有87000名学生进入特殊学校或智力缺陷班。对于这些和其他关于天才项目的数据,请参见科尔(Cole):《鼓励科学天才》(Encouraging Scientific Talent),第116—119页。

这样做的话就无法理解一个教育部的官员竟然会写下以下这段令人无语的话：①

> 大概有400万的孩子在心智、生理和行为方面都存在不足，需要提供特殊的教育。他们中有盲人、弱视者、聋人和听障者、语障者、残疾人、癫痫病患者、易感人士、智障人士、社交障碍人士以及天赋异禀之人。

8

其实，很多这样的教育理念，尤其是普遍性教育的倡议，一直遭到美国很多地方的家长、学校和老师的抵制。尽管如此，为了适应新的教育理念，很多学校在高中三年级和四年级的课程里扩充了很多新课，有乐队、合唱团、驾驶课、人际关系、家庭生活、家政和消费教育等。这样一来，一个在自己社区中达到主流要求的美国孩子就不需担心他在公立学校中所学的课程在其他地方不会得到认可，以及完全不符合他的兴趣。几年前，耶鲁大学校长A.惠特尼·格里斯沃尔德（A.Whitney Griswold）讲述了一个很多大学招生办都非常熟悉的案例。一位来自中西部地区的各个方面都非常优异的年轻人申请耶鲁大学却被拒了，原因就是他高中最后两年只学了两年英语和一年历史，剩下的课程都是两年的合唱队、演讲课以及一年

---

① 作者劳埃德·E. 布劳赫，美国教育办公室高等教育助理专员，见玛丽·欧文编：《美国大学和学院》(*American Universities and Colleges*, 美国教育理事会出版，华盛顿，1956年), p.8. 有人指出，作者是在提议为有天赋的人设计专门的课程，但在我看来，这种考虑似乎并不能减轻这个特别清单的影响。

的打字、体育、新闻、婚姻家庭及个性发展。①

假如仔细考察高中新开设课程的内容和特点,以及新旧教育派别之间的争论,就会清楚地看到,围绕着生活导向教育所展开的争论,实际上是一个更为宏大的有关大众文化争议的一部分。在诸多争议中,学校需要确定的是大部分高中生群体应该以及能够接受什么样的文化教育与培养什么样的个性。传统教育一贯秉持的信念认为,多种课程学习是有价值的,通过掌握一定程度的学业课程,孩子们能够开发心智,为未来从事具体的职业和工作做好准备,并有助于实现人生目标。(职业培训则是为那些不能或者不愿参与竞争的人准备的。)与新派教育人士的断言正好相反,传统教育并不是完全不在意孩子的想法,而是相信孩子在学术课程的思维训练中能够找到一些乐趣,并且能够在循序渐进中获得成就感。至于学习过程的枯燥乏味,至少我们能够从克服这种厌烦情绪中提升自律。(的确,还有人进一步宣称,枯燥乏味本身就有很高的内在价值,受到了如下嘲讽:他学的是什么不重要,只要他不喜欢就够了;对这种观点的偏激表述让新派教育人士抓住了一个传统教育的把柄。)旧式教育在政治上属于保守派,它承认既定的社会秩序,要求孩子们在其框架内实现自我——这一主要思想是19世纪的个人主义。但其中也含有民主的思想,它也并未由此假定,来自社会各个阶级的大多数人注定就不具备在学术性竞争、课程内容掌握以及心智与个性培养中取胜的能力。

而新式教育在本质上也属于政治上的保守主义,它热情洋溢地鼓吹民主,和蔼可亲地接近孩子(先不说一些极端右翼分子的做法对孩子已经成了一种骚扰),尤其是对它的支持者来说,显得"进

---

① 《自由教育与民主理想》(*Liberal Education and the Democratic Ideal*, New Haven, 1959),第29页;Griswold在1954年首次报道了这个事件。

步"，甚至激进。它意识到并接受大众群体在智识能力上存在局限，同时接纳、鼓励学生群体中能力最差的人，为他们提供机会，新式教育者以持有这种观念为傲。它将孩子放在第一位，避免提出超出他能力范围的要求。它对孩子能在智识活动中享受到的乐趣以及所获得的成就感不抱有太高的期望，尤其是这种活动具有一定难度时。恰恰相反的是，他认为乐趣是孩子们待在学校的首要目标，而这则来自需求和兴趣的满足，要将教育过程建立在兴趣基础之上。新派教育人士并不认为他们忽略了对学生思考能力的培养，只是在应该鼓励学生思考什么，以及要具备有效的思考能力需要储备多少知识、付出多少努力这几个问题上与传统派存在分歧。他们首先认定孩子的世界是固化的，并乐于引导孩子们在自己的世界中去思考，而不管这一范围是多么狭隘与浅薄。新派教育人士也不肯承认他们在放弃对学生品德与个性的培养——而坚持认为自己是在鼓励学生更加社会化，更善于交际以及具备更多的民主品质。

当我们审视一下新派教育人士要求开设的那些新课程的范围和内容时——他们实际上在某种程度上已经成功地开设——就会意识到新式教育正在努力教育出一个"学生整体"，塑造他们的品性以及相应的人格，其主要目标并不是让他们成为竞争世界里受过良好训练的一员，不是让他们充满野心与创造力，能够权衡利弊与谋得一份职业，而是要帮助他们学会消费、娱乐、休闲以及服从社会秩序——简而言之，就是乐于接受这种消极享乐的生活方式，用一个词来概括就是"调整"。在这样的生活世界里，学生重要的不是学习化学，而是学会使用洗涤剂；不是学习物理，而是学习如何开车及修车；不是学习历史，而是学习如何加油换气；不是学习生物，而是了解动物；不是学习莎士比亚或狄更斯，而是学习如何写商业信函。新式教育没有将消费及人格方面的事务留给家庭及其他机构去解决,而是把家庭和家政事务转换成可供仔细研究的对象,有时还会断然加以重新评估。(比如,"如何让家庭更加民主?")一位生活导向教育人士解释他想要让孩子们在学校里学会如何提问(以此来抵制一些老师带有"明显的学术倾向"的顽固不化):"怎样让自己更加健康?怎样让自己更加漂亮?怎样让自己和别人相处融洽?什么样的兴趣爱好能够有助社交?"[1]学校里反复灌输的思想要符合青少年的兴趣,甚至包括大众媒体广告中的内容。让我们看看纽约一家州立社区学校开设的课程,"家庭生活课"是七到十年级的学生每年都要学的课程,内容包括这些主题:"学校精神的培养""保姆的职责""大众交往""如何建立人缘""处理粉刺""如何整理房间"。八年级的学生则会碰到这样的判断题:"只有女孩需要使用体香剂""肥皂可以用来洗头"。[2]

今天,生活导向教育运动在美国的影响力已日渐式微,并已经开始消退。这部分归功于美国社会中等教育功能已经发生了深远的变化。马丁·特罗(Martin Trow)发现美国中等教育"最初是精英培养的预备阶段;在其飞速发展过程中成为一个大众教育系统的尾巴,现在正面临着艰难的第二次转型,成为一个大众化的大学预备系统"[3]。新派教育人士最初设计教育项目时所面临的状况已经不再存在,不再拥有那么广大的支持者了。从 1900 年代到 1930 年代,

---

[1] Richard A. Mumma:《实用课程体系的真正障碍:教师》(*The Real Barrier to a More Realisic Curriculum: The Teacher*),《教育管理与监督》(*Educational Administration and Supervision*), Vol. XXXVI(1950 年 1 月), pp. 41–42.

[2] 《基础教育理事会公报》(1957 年 4 月),第 11 页。这些学科在学校的实际探索是不寻常的,但它们在核心课程教育者的计划中的位置却并非如此。例如,"学生兴趣被推荐为课程基础的列表",参见 Alberty:《重组中学课程》(*Reorganizing the High School Curriculum*),第 15 章。

[3] 《第二次转型》(*The Second Transformation*), p.154.

大部分高中生的父母都没有上过高中，他们对这个国家还很陌生，语言也不通，他们会被动地接受新涌现出来的那些教育专家提出的建议和项目安排。今天，高中生的家长大多都已是高中毕业生，还有大量大学毕业的中产阶级加入进来，他们对教育问题更加关注。这个群体对高中教育有着自己的想法，有自己的课程兴趣点，不会全盘接受新派教育理论，像阿瑟·贝斯特（Arthur Bestor）、莫蒂默·史密斯（Mortimer Smith）写的批驳新派教育思想的书籍越来越多，在高中生家长中也拥有大量读者。不仅如此，高中也不再像上一代那样是大众教育的终点站。现在一半的高中毕业生会进入某个高等学府再深造，高中的理念和课程项目需要调整以适应这一事实，他们所需掌握的技能和专长要比旧式高中所教授的普通白领工作技能复杂得多。父母越来越意识到落伍的本地学校将会危及他们孩子考上好大学的机会，因此，他们也更加愿意主动向地方教育部门施压，要求提高教育水平。最后，苏联斯普特尼克号登月后，美国的教育氛围也促使那些呼吁增加教育难度的人加快了进度，他们可以宣称这是一场与苏联之间开展的教育之战。近年来，这些施压开始产生作用。但是，引发生活导向运动的理念并没有从教育部门及公众心中消失。职业教育理念在管理层和培训中心依然拥有很多支持者，他们对于学术方面的新需求漠然视之。美国教育此刻所处的位置就像一个新上任的执政党，它制定的所有政策都需要内政部门来执行，可是在这个部门里却到处都是它的坚定反对者。

第十四章　孩子与世界

1

新教育理念有两个思想支柱：科学的应用或滥用，以及杜威的教育哲学。两者中杜威的哲学更为重要，因为它相信科学能促进教育思想发展；不仅如此，它还给教育者提供了一个宏伟而博大的世界观，满足他们的博爱之心，以及让教育服务于民主的热情。杜威的贡献在于提出了一些在19世纪末颇有影响力的儿童观，并且将之与实用主义哲学及社会改革的呼声联系起来。这样他就将新的儿童观和新的世界观完美地联系在一起。

但凡关心新式教育的人一定避不开杜威的思想。在一本有关反智的书中提到杜威，难免会让人对杜威留下反智的印象——其实杜威是一个非常注重培养儿童思考能力的人，谈不上反智；也会让人觉得这是想把美国教育的失败归咎于他——这样的印象似乎无法避免——但我的本意并非如此：此举是为了审视某些观念的思想倾向和特点，而杜威则是这些观念的最佳阐释者。

探讨这些观念的误用和局限性不应被理解为是对进步主义教育流派的全盘否定，劳伦斯·克雷明在对美国教育历史进行客观公正地研究时指出，进步主义教育思想包含了好几种思潮和倾向。尽管其边缘的一些观念受到极端分子的影响而声誉不佳,但进步主义的核心思想是不错且重要的。今天,我们能如此轻易地忘记过去保守教育思想的自大及缺陷,忘记了它是如何认可甚至鼓励孩子在课堂上表现得消极被动,它赋予了老师多大的权力以及又是如何倚重死记硬背,其部分原因在于很多"保守"学校选择性地借用进步主义思想进行一些改革。进步主义主要的优势在于方法上的创新。它努力调动孩子们的兴趣,充分利用孩子们喜欢活动的需求,在制定教学规则的时候,会更多照顾老师和教育者内心的感受,不让老师背负过多的权威包袱,而是让孩子掌握表达和学习能力。在一个大多数人认为所有真理都已经确立的领域进行这样的尝试有巨大的好处。在一个实验学校里,找到一些挑选好的学生和老师,逐渐给他们灌输一种特别的奉献精神与热情,那我们就能得到显著的实验结果,就像很多学校过去做过并且还在继续的那样。① 不幸的是,这种结果虽然富有启发性,但在一个特殊实验状态下所获得的结果无法得到更普遍的应用。

　　进步主义的价值体现在对实验主义的推行以及对低龄儿童的研究,而弱点是它无力推广其学说,也没有能力认识到其教育项目的现实局限性,尤其是,存在取消课程体系的倾向。在高年级的教育中这种倾向尤为严重,特别是到了高中阶段,需要进行更加复杂、系统的学习时,课程体系的问题就变得非常尖锐。以上,我所要谈论的都不是教育中的进步主义,而是一种更为宽泛、内涵更加丰富的思想,我用"新式教育"这一词语加以概括。新式教育将一些进步主义的原理精心打造成一种信条,试图成为大众教育体系的独家代言人,他们将主要在低龄儿童身上进行的实验性研究扩展到所有

---

① 在这方面,实验学校的情况可以与工业社会学领域中著名的霍桑实验相提并论。在霍桑实验中,人们试图找出什么样的工作条件可以提高生产力,结果却发现实验本身的心理状况,而不是任何一种特定的设备,才是刺激生产力不断进步的原因。

年龄段的公立教育规划上,最后在"进步主义"的旗帜下对通识教育及其系统的课程体系展开攻击。在整个过程中,从头到尾都是打着杜威思想的旗帜。在1918年的《基本法则》中清晰可见杜威的思想,主张新式教育的每一个文献中都引用了杜威的话。他一直受到推崇,他的思想被反复地阐释、讨论和美化,甚至在很多场合被诵读。

大家普遍认为杜威的思想被误读了,有人会反复指出他本人一定会抗议那些假借他的名义进行教育实验的行为。或许杜威的思想确实受到了广泛甚至是习惯性地曲解,不过要读懂杜威也非易事。他写过一篇非常模棱两可的短文,曾被威廉·詹姆斯评价为"简直糟糕透顶"。他的文风就像远方敌人发射过来的隆隆炮声:让人觉得看似不同凡响,却又难以捉摸,遥不可及。这种文风在杜威最重要的一些教育文章中表现到了极致,这不免令人怀疑杜威能成为教育改革的代言人有一部分原因是没人能读懂他的确切意思。很多教育思想流派一直都是按照自己的意愿去解读杜威。若说新式教育中绝大多数反智人士都在肆意地曲解杜威的著作也不为过,不过即使是生活导向的教育人士也能够通过认真、诚恳地解读而从杜威的思想中获得支持,承认这点或许更为公允些。劳伦斯·克雷明曾说:"不管《民主与教育》与生活导向运动之间的智识关联是多么蜿蜒曲折,也还是能够找到两者之间的联系。"[1]

我们有理由怀疑它们之间的关联实际上不应该如此隐晦不清。文章的晦涩难懂当然不只是文风的问题,其中有些概念也确实难以表明。杜威的思想被一些迟钝或头脑发热的追随者过度曲解了,更可能的是,他文章中无法解决的阐释难题表明其思想本身存在一些

---

[1] 《学校的转型》(*The Transformation of the School*),p.239.

模糊不清的地方和断裂之处，反映了我们的文化和教育理论中的一些困难以及难以解决的问题。不管有没有杜威本人的认可，他的很多信徒所做的就是攻击应由文化和智识引领生活的观念，而倡导民主、自觉和实践的理念。为此，他们在教育中反复强调一些被平民政治、宗教福音派和商业实用主义所欣赏的原则。在了解杜威哲学是如何发挥其作用前，让我们首先了解该哲学的一些基本命题以及其他的思想背景。

2

杜威的教育理论与他总体的哲学思想紧密相连，是由一套崇高的目标组成的。首先，他试图设计一种跟达尔文进化论完全契合的教育理论——注重智识的发展，肯定知识的作用。对于一个与《物种起源》一起问世，并在进化论盛行时期成长起来的思想家来说，现代教育要是不科学就毫无价值。

杜威先预设一个学习者要运用心智工具去解决周遭环境带来的各种问题，然后再从该学习者成长的角度去发展教育理论。他明白民主、科学和工业化乃是现代教育体系所处的时代背景，教育必须满足这个时代的要求。最重要的是，教育要放弃前民主以及前工业化时代的一些做法，过去接受的是特权贵族式的教育理念，认为知识就是对确定性真理的探寻。杜威觉得他和同龄人必须超越过去这种人为的二元对立的思想遗产，而首当其冲要打破的是知识和行动之间的对立。在杜威看来，知识包含了行动——但这并不像那些不理解他思想的人所指控的那样，是因为知识附属于行动，比"实践经验"地位还低，而是说知也是行的一种表现形式，而获得知识和运用知识也是一种行为。

杜威也想要找到一种能促进民主和社会进步的教育形式。如何建构一种教育系统，以避免现存社会的种种弊端通过塑造儿童而从根本上得以延续永存？假如一个民主的社会是真正地服务于所有社会成员，它就必须设计一种教育，能够在童年时期就培养所有社会成员具备创造性的能力，不是简单地去复制社会既有的品质，而是要学习如何去改善它们。正是基于以上这些认识，杜威视教育为重建社会的一股重要力量。简而言之，假如要重建一个社会，首先要让儿童身上具备复兴社会的能力。杜威认为，除非学校将重心放在孩子身上，除非孩子自我发展的兴趣和动力能够取代刻板威严的教师和传统繁重的学业，否则就无法做到这点。要调动孩子在成人指导下学习的兴趣和动力，让学习过程变得更加轻松容易，培养一种适于社会改革的品性和精神面貌。

以上对杜威理论的阐述过于简要，但至少能够让我们了解杜威对教育问题的见解以及解决问题要调整的重心所在，即儿童。儿童是新式教育的核心，在这里，儿童的概念不仅包含了智识的结构，而且汇集了众多的感性需求与付出。杜威及其同时代人形成的儿童概念后来被新式教育所采用，稍后会对这个概念加以详细地阐述，我相信它要比后达尔文时代的儿童观更理想和质朴。这一儿童概念及关于儿童自然成长的相关假定，令杜威及其追随者在解决他们认为必须去解决的那些二元对立关系时倍感困难，虽然他也不断努力地加以澄清，但依然难以调和学生的中心地位与教育中依然必要的权威与秩序之间的矛盾。最后，孩子角色被赋予了神圣的光环，这就很难实实在在地讨论民主在教育中的作用了。

要想了解杜威及其同代人对儿童所付出的情感，就有必要重新回顾一下世纪之交，他们那一代人开始着手改革美国教育之初的智识氛围。那时，欧洲和美国突然都对儿童教育产生了兴趣，那些职业跟儿童教育相关的人士的态度也有一个新的转变。1909年，瑞典女权主义者艾伦·凯（Ellen Key）写了一本书《儿童的世纪》（*The Century of the Child*），代表了那些刚刚对儿童有了重新认识的人的期待，而这样的期待正在被普遍接受。1900年，佐治亚州公共教育部门的负责人在全国教育联合会年会上提交了一份鼓舞人心的文章《孩子将来会怎样？》。文中，他宣称：①

> 假如有人问我，这个世纪最伟大的发现是什么，我不会去考虑那些人类用金木石铁等锻造出来的丰功伟绩；也不会从印刷机、织布机、蒸汽机、轮船、海底电缆、电报、无线电、电话、留声机这些名目中进行选择；我不会说是那些新发现的星星，也不会从那些太阳系的新成员中选择任何一颗；我不会将票投给有望给人脑以及人体研究带来革新的X光线；也不会投给那些已经令社会生产不可思议地成倍增加的节省劳动力的机器和设备。在历史的长河中，超越所有这些文明进步标志的，成为这个正快步走向终点的世纪中最伟大发现的无疑就是儿童。

在阐述了发现儿童的重要性后，这位教育负责人继续总结20世纪所取得的进步，教育从"少数人独有的特权"时代进入了"一个全能民主的大多数"掌控的时代。美国儿童已经获得了机会平等，但还需要进一步的改革。"我们美国发现旧有的教育系统已经落伍了……我们不该还让孩子们去适应这个系统，而应该努力为了他们去调整这个系统。"这位教育负责人借用宗教意象，把美国教师比作耶稣，将美国儿童从裹尸布般的束缚中解放

---

① 关于此处的其他引文，参见 G. R. Glenn:《孩子将来会怎样？》（*What Manner of Child Shall This Be?*），《全国教育协会会议记录》，1900年，pp.176–178.

出来，让他们成长。他极具洞察力地预言道，未来美国教师的任务将会更加繁重，因为这些最天真的孩子需要他们去拯救："过去，教师的能力是根据他教的孩子有多聪明来衡量。从新世纪开始，教师的能力将由他能教会多笨以及有缺陷的孩子来衡量。以往人类历史上，从未有过这样的情况，教学能力不是根据所教出来的最好学生来评价，而是根据学校里最差学生的教学情况来衡量。"① 新的教育心理学将会"研究那些浪荡子和迷途羔羊们的心理"。当美国教育系统能够满足每一个美国儿童的发展需求时，儿童能在这样的系统中学习，学校能够在这样的系统中发展，这将是美国生活中"最大快人心"的事了。"当我们拯救了每一个美国儿童，把每一个孩子都培养成为财富、智识的创造者，为我们这个伟大的民主政治体制做出贡献时，我们才有资格欢欣鼓舞。"

我引述这些评论是因为虽然是由第一线的教育工作者而不是理论家所写，但它们简要地概括出了很多教育思想中迄今依然盛行的信念。它们反映了教育思想中包含的宗教热情和仁慈之心，具备了现代社会儿童中心地位的思想；将民主与机会视为衡量教育成就的尺度；相信教育系统中那些反应迟钝的学生及其需求也是非常重要的；积极乐观地看待教育研究和孩子的学习；相信教育本质上是为了孩子的成长，笃信一种有效的教育虽然以个人的自我实现为核心，但也会自动地为民主社会的实现和维系做出贡献。

这位佐治亚的教育官员也许读过当代该领域的一些前沿著作，因为他对儿童的观点和这些著作中所写的大部分一致。刚开

---

① 这当然与 Charles William Eliot 等更传统、更不像福音派的教育家的观点相左，他曾写道："一个教育机构的政策，无论哪个年级，都不应该由能力最差的学生的需求来决定……"《教育改革》(*Educational Reform*，纽约，1898 年)

始从事教育领域研究的 40 岁出头的杜威自然也是其中之一，不过比他年长的两位前辈教育家弗朗西斯·威兰德·帕克（Francis Wayland Parker）和心理学家 G. 史丹利·霍尔（G.Stanley Hall）在当时的影响力更值得一提。杜威称威兰德·帕克是进步主义教育之父，他是一位精力充沛、成绩出众的教师，一位出色的学校管理者。他在 1870 年代重建了马萨诸塞州昆西市的学校体系，即使用最完美的传统教育标准来衡量，该体系所取得的成就也是非凡的。不久以后，他又担任芝加哥库克县师范学校的校长，在那里进一步完善了他的教育理论及教学技巧，这无疑给杜威树立了一个重要的榜样：杜威在 1896 年建立自己的"实验学校"之前就受到了库克县师范学校的影响。同时，他也为史丹利·霍尔树立了榜样，他经常访问帕克的学校，"进行教育方面的研究与观察"。

帕克教育理论中的术语在很多方面都过于陈旧，以致无法跟上新思想潮流的步伐。举例来说，他们都属于前达尔文主义，没有更为复杂的功能心理学的溯源，而这正是杜威的文章能受到如此广泛欢迎的原因。虽然在很大程度上是承袭了福禄贝尔的（Froebel）的思想，但帕克的儿童观却至关重要。他说道，"孩子是世界上最宝贵的东西"，"孩子天生就具备了一种神性"，他呼吁，"我们这些老师在此只有一个目的，那就是了解这些孩子的潜能，让它们能够继续跟随本性任意发展"。假如这个孩子天生就具备了神性，"这就是过去历史的成果以及所有未来的种子"，那么自然"孩子是所有教育的中心"。有人会大胆地猜测，帕克对儿童自发性的关注让人觉得很有意义，部分是因为他还认为孩子充满了对各种事物的好奇心，会对某些事物产生一种天然的兴趣，就像有的天生就是一副学究的派头，还有的天生就是艺术家或能工巧匠。因此，他提出了一个相当具有挑战性的课程体系，与最近的进步主义教育不同的是，他相信小学所有年级都应该开设语法课程，因为他认为语法应该得到"完全地掌握"。

就像杜威后来所做的那样，帕克也把学校看作一个社团："学校应该是一个模范家庭、一个完整的社区以及一个民主国家的雏形。"假如运用得当，学校将在塑造儿童上取得非凡成就："我们必须相信我们可以拯救每一个孩子。身为公民，心中会默念'我期待美国公立学校的教育能重建这个世界。'"①

在以上这些文字发表的同时，儿童学习运动领袖史丹利·霍尔也讲道："儿童的监护人应该首先阻挡所有那些妨碍天性的做法……他们应该深刻地认识到涉世未深的儿童还没有被玷污，是世界上最绝妙的创造物……没有什么比这些成长中的儿童的身心更值得让人爱护、崇敬与照顾的。"杜威本人也在同一时期说道："孩子自身的直觉和能力是教育的原材料，也是所有教育的起点"，以及"如果贸然让孩子去学习大量特殊的课程，让他们去阅读、写作和学习地理知识等等这些与他们社会生活无关的东西，那就是在违反孩子的天性，阻挠孩子们发挥出最好品质。学校真正的核心既不是科学、文学，也非历史、地理，而是孩子们自己的社会交往活动"。②

显然，新式教育是作为一种信念呈现在世人面前，而不是一种途径和手段，其意义已经远远超越了教育的范畴，而成了个人或者种族的某种终极救赎。比如，我们现在能理解史丹利·霍尔预见到的，按照孩子成长的本性来进行教育是如何培养"未来超人"的。杜威早年对教育可能性的观点也受到过这样的追捧。他在那个标题绝妙

---

① Francis W. Parker.《关于教育学的谈话》(*Talks on Pedagogics*，纽约，1894)，pp.3, 5–6, 16, 23–24, 320–330, 383, 434, 450.

② G. Stanley Hall:《以儿童学习为基础的理想学校》(*The Ideal School as Based on Child Study*)，《论坛》，第ⅩⅩⅩⅡ卷（1901年9月），.p.24–25; John Dewey:《我的教学信条》(*My Pedagogic Creed*,1897;new ed.Washington, 1929)，pp.4, 9.

的小册子《我的教育信条》中说，教育是"实现社会进步和改革最基本的手段"。因而，"老师就不能仅是一个个体的培训者，而是一种恰当的社会生活方式的塑造者。""每一位老师也都应该把自己定位为一个维持合理的社会秩序，保障正确的社会发展方向的社会工作者。"① 坦率地说，对教育抱这么高的期待则给任何倡导教育改革的人带来了极大的负担。

这个带有昂扬斗志的信条在成为主导性信条之前必然会遭到大量顽强的抵制，想要加入改革阵营的人并不太在意这些思想的细微差别，或者探究这些思想的局限性和危险性。不幸的是，像在教育这样的实践领域，重要的东西跟哲学或信条中的内容是不一样的，它们是一些在执行过程中产生的焦点及部分问题，从一个完整的思想中无法自动剥离出部分观点。比如，新式教育的早期代言人要求尊重每一位儿童，但却很难区分要尊重到什么程度，以及敬畏到什么程度。尽管杜威本人在1930年代就开始警告对他理论的滥用和简化，但他发现很难在确定界限的同时还不放弃他的一些基本原理，即使在他后来的著作中也是如此。

3

杜威和他同时代的人所形成的儿童理念之所以有魅力或许在于其传承了浪漫主义的文化遗产，它跟后达尔文时代的自然主义一样，甚至更有吸引力。欧洲很多对儿童抱有浪漫主义态度的作家都精心阐述了这个概念——杜威有时会充满敬意地提到卢梭、裴斯泰洛奇、福禄贝尔这些人的名字，也会提到爱默生，他的《文化》一文给了杜威很大启发。在这些教育改革者的推动下，世纪之交的教育观念

---

① 《我的教学信条》，pp.15，17.

有了很大的进步，这种观念带有浪漫色彩，因为在个人发展与社会秩序的需要之间还存在着对立，前者是指感性、想象的空间、个人成长的迫切性；后者包括特殊的知识、既定的行为规范、道德品质以及适合传统和组织要求的个人技能。他们想要用自然的儿童去对抗人为的社会。在他们看来，孩子是披着五彩祥云来到这个世界上的，老师的神圣职责就是保留这份天生的自由，而不是不断往他身上灌输一些外在的东西。他们认为孩子就应该直接跟大自然接触，多从事一些活动，而不是去吸收一些只对成人有意义的传统，按成人社会的设定，而不是根据自己的兴趣和爱好去读书或掌握技能。①

这种教育观在世纪之交再一次获得了西方思想家们的青睐。美国则是接受这种观念的最佳温床。这个国家一贯偏好纵容儿童，这也是很多 19 世纪来美国的游客发现的一个共同点。不仅如此，身为一个独一无二的自由国度，美国教育对这些新鲜事物的吸引根本就没有什么抵抗力。欧洲国家那些背负传统外壳的教育系统则要无动于衷得多。这个国家的福音派氛围也是一个推动力：新派教师们嚷嚷着要"拯救"每一个美国孩子，并暗示被拯救的孩子又会去救赎文明，这些都支持了前面这一判断。几十年后，像杜威这样世俗化的思想家，才对 1897 年的青年教育改革者失去信心。这些青年教育改革者相信，好老师将是通往"真正天国"的引路人。

假如我们仔细地琢磨这位新式教育者宣告中的言外之意，它们对自发性、本能、活动与天性这些词汇的强调，就会觉察到教育问题被提及的方式。儿童即刻成了一种自然的神圣的现象——此时后

---

① 我们可以用卢梭在《爱弥儿》中的这种联系来思考："当我摆脱了儿童的教育，我就摆脱了儿童悲伤的主要因素，也就是他们的书。阅读是童年的诅咒，但几乎是孩子们唯一的职业。12 岁的爱弥儿几乎不知道一本书是什么。当阅读对他有用时，我承认他必须学会阅读，但在那之前他只会觉得讨厌。"

达尔文时代的自然主义和欧洲浪漫主义遗产紧密联系在一起——儿童"自然"的需求和本能成了教育者们不可亵渎的东西。

我们现在准备好好品味一下新式教育思想中的一些核心理念：学校的学习不应建立在社会需求的基础上，也不应建立在一个对所谓有教养之人的概念理解上，而是应该建立在儿童自身的发展需求和兴趣上。这并不意味着孩子的天性在教育过程中起到了反作用，而是想要超越天性是徒劳无功的：这么说会有点多余。它意味着孩子的天性在教育过程中会起到积极的引导作用——孩子会自然地、自发地产生需求和动力，从而会激发出教育过程的活力。

史丹利·霍尔在 1901 年发表了一篇题为《基于儿童研究的理想学校》的文章，文中试图说明这个首要原则意味着什么。他说，他要"暂时从现行所有的措施、传统、方法和哲学中脱离出来，然后思考这个以儿童的天性与需求为核心的全新的宏伟教育思想将会带来什么样的教育"。[1] 简而言之，他想要抛开传统的教育观念，它们已被陈腐的历史所束缚，他认为现代儿童研究成果与教育目标更加契合。霍尔指出，从词源上说，上学这个词的意思就是休闲，"不用工作，就像是人类开始为生存而斗争之前的伊甸园生活。"这样理解的话，学校就代表着健康、成长与传承，"每一个细微的点都值得详细加以阐述。"

因为孩子的健康、休闲和成长乃是自然和神圣的天性，所以每一次对他们时间的占用，每一门课程的要求都必须先反复尝试，在

---

[1] Hall: 前揭，p.24. 以下各段引文，见第 25，26，30，39 页。让我们来比较一下 Francis W. Parker 的观点："我希望这些话用斜体突出：我们并不认为自然是中心，我们也不认为历史和文学是中心，我们主张孩子是中心，这个中心是神的最高的创造，以其身体、心灵和灵魂的规律，决定了自身成长的性质和条件。"《赫尔巴特俱乐部公开会议讨论》(*Discussions at the Open Session of the Herbart Club*)，1895 年 7 月 10 日，科罗拉多州丹佛市，(1895)，pp.155–156.

确定无恙之后才交给孩子。

> 我们必须克服对字母、乘法表、语法、度量表和书本知识的崇拜……卡德摩斯发明的字母表①就像是在大脑里装了副巨龙的牙齿,在不断地撕咬。查理曼大帝和其他很多伟大的人物都不会读写,学者们笔下的科妮莉亚、奥菲利亚、比阿特丽斯②,乃至圣母都不识字,中世纪的精英领袖,那些骑士们认为写作不过是小职员们的伎俩,不值得给予关注,他们根本不屑于费心去了解别人的想法,自己的想法就足够好了。

霍尔所接受的是当时世界上最好的教育之一——也是非常传统的教育——哈佛大学和德国的大学,当然没有人会想到他会认为新式教育应该将取消读书写字作为一个目标。③他观点的重要性就在于他相信儿童发展中会有一个自然而然地产生读写兴趣的过程。他所提的建议中有些是最有说服力的,④有些迄今还在发挥好的影响。有意思的是,就像帕克紧紧抓住语法的价值一样,霍尔在强调学习的自然过程时,并不主张一并取消古典语言的学习,他认为至少有一些孩子会喜欢学习语言。回溯过去七十年的发展历程,对当代读者来说,特别有趣的是,霍尔觉得他非常精准地知道在这些课程的学习中,孩

---

① 译注:卡德摩斯,古希腊神话中的英雄人物,传说他发明了腓尼基文字的字母表。
② 译注:她们都是莎士比亚以及但丁笔下的女主人公,聪明机智。
③ 这一目标的确立要等到以后的教育工作者。见上文,第1章的举例。
④ 我发现这条建议尤其敏锐:"富人的孩子,通常过早地被个性化或过度个性化,尤其是当他们还只是孩子时,必须受到管教和服从;而穷人的孩子,往往个性化不足,应该被宽容。"这表明,比起霍尔对"自然"模式的承诺所暗示的,他对社会环境更敏感。

子每个发展阶段所对应的哪个程度点是"自然"的。"假如要教授那些不再使用的语言,拉丁语应该在十岁或十一岁前开始学,希腊语则绝不要迟于十二三岁。"十年后,大部分新式教育的支持者都认为这些语言的学习没有用处,要是看到在小学阶段就开始学习这两门课程中任意一门,他们一定会觉得惊恐不安。

霍尔希望能通过儿童学习行为的科学研究来决定教育能实现一些什么目标,这种期待带有显而易见的乌托邦色彩。得到了一大笔科研基金的资助并有了五年实验探索经验,他已经"无所畏惧",他认为设计出一个能令教育改革派满意又能说服保守派的教育方案并不困难,因为"所有最好的东西都包括在内了"。

> 这个方案不是以学术为中心,而是一种根本上的重心偏移。这有点像宗教改革中强调安息日、《圣经》以及教会等都是为了人而设置的,而不是人为了它们服务。这个方案也符合现代科学与心理学研究的实践及成果,它会让宗教和道德更加有效,或许更重要的是它会给学校中的个人充分的权力,以适应共和政体形式,并想为这个国家的民族素质提高到一个超人级别的水平做点事情,并有效推动艺术、科学、宗教、家庭、国家、文化以及每一种社会形式最终衡量指标的发展。

霍尔期望十岁儿童学习拉丁语,号召他们成为未来的超人,不过,这些与生活导向教育者的工作有着天壤之别;他们反对严苛的课程体系,建议在课堂上讨论像"如何能让每一个人都参加晚会中的活动?"或"高中三年级应不应该约会?"[①] 这样的问题。不过,

---

① 这些例子来自 Alberty:《重组中学课程》, pp.472–473.

乌托邦在它的构建者眼中总是有另辟捷径的办法。

4

新派教育具有浪漫主义与达尔文主义的背景，因此也就很容易理解为何杜威会把教育定义为成长。教育是成长，杜威的这个定义并非随意为之，也不是一个无谓的比喻：它代表的是对教育过程的本质进行定位及重申的一种尝试。《民主与教育》中有一段经常被引用的话，充分体现了杜威那令人捉摸不透的文风，以及他对教育是成长这一定义的重视。他写道：①

> 我们一直只关注成长的条件和意义……当有人说教育是发展时，如何看待发展则是关键。我们单纯的结论是生命就是发展，而发展、成长就是生命。将这个代入教育的公式中，它的意思便是：(1)不存在教育过程之外的其他目的，教育本身就是目的；(2)教育过程是不断重组、再造和转型的过程之一……
>
> 由于现实中没有什么成长是相对的，除了更多地成长；也没有什么教育是次要的，除了更多的教育……教育意味着源源不断地提供营养，以保证成长或丰盈生命，不论年龄……
>
> 由于成长是生命的特质，而教育又和成长合二为一，除了教育本身之外没有别的目的。学校教育的价值就是要激发学生持续成长的渴求，并为实现这些渴求提供方法。

我们可以这样来理解这段话：它不是让我们将教育与成长等同

---

① 《民主与教育》，纽约，1916年，pp.59–62.

起来，或者认为教育与成长有共同之处，抑或满怀期望地看作成长的一种特殊形式，而是让我们去相信教育是成长，成长是生命，生命是发展，而最重要的是要让我们知道给教育设定一个目的是毫无意义的，因为除了教育之外就没有什么其他的目的了。"教育的目标就是让个体有能力继续他们的教育。"①

教育就是成长这个观念，乍看之下确实无法批驳，教育当然不会是一种退化的形式。我们讲教育是成长就是要指出在学习过程与自然世界之间存在着一种令人称羡的联结。这个概念令人耳目一新，一点也不机械呆板。它也符合我们对教育的感性认识，它是渐进的、自我拓展的，会让我们的思想和个性变得更加宽广、深刻、强大，从而也变得更加精良。不过，也有几个批评者认为教育是成长的概念是无穷无尽的困难之源，我相信在杜威的追随者手中，这一思想成为现代教育历史上最被恶搞的一个比喻。成长是自然的、动物性的过程；而教育则是一个社会化的过程。儿童时期的成长确实是自发的，不需要给予超常的关注和营养，其结果在很大程度上也是由基因遗传所决定，而教育的结果则有赖于后天外在的补充。在考虑孩子的教育问题时，我们尽可以去想他是否应该学习两门语言，但在考虑孩子的自然成长时，我们却不能去想是不是可以让他有两个脑袋。

由于成长的概念是内在的、生理上的、个人化的概念，这种概念定然会把我们的注意力从教育的社会功能转移到个人身上来。它不是为儿童在社会上的地位发声，而是要遵循儿童的兴趣而非社会

---

① 同上，第117页。杜威在早期的著作中说过："教育的过程和目标是一样的。在教育之外建立任何目的，作为它的目标和标准，就是剥夺了教育过程的很多意义，并且会使我们在对待孩子时依赖虚假和外部刺激。"《我的教学信条》，p.12.

的。① 成长的概念激发教育思想家们在内在的自我决定、自我成长与外在的塑造之间建立了一种紧张的对立关系，前者是好的，而后者则是坏的。若有人认为杜威的教育思想带有过度的生物主义、个人主义倾向，并缺乏对集体和社会的充分考虑，杜威哲学的门徒们定会马上反对。他们会问，在教育方面，有哪位作家对教育过程及其最终社会功能的积极态度比他还要明确？

然而，问题并不在于杜威本人缺乏对教育社会角色的认识，而是那些执迷于"学校应以儿童为中心"的教育思想家绑架了个人成长的概念。尽管杜威本人并不接受其思想造成了儿童与社会之间的对立，事实上他希望两者能够和谐统一，将教育视为成长这一观念的历史意义在于提升了孩子的地位，但忽略了社会存在的问题。归根结底说，儿童成长代表的是健康，而社会传统（包括学校课程传统）则代表的是过时及过度的权威。一位心理学权威人士写道："社会权威或任何社会部门都不是对儿童进行行为指导，每一个孩子都要依靠自己的经验，在经验中去发现什么样的行为规范是有效的，而什么样的又是没用的，只有孩子发现适合自己才会去遵循。"②

正如杜威的批评者和追随者们常以为的那样，杜威从未支持一种漫无目的的教育。至少在这点上他的态度是非常明确的。在早期以及晚期的教育论著中，他经常说不受管制的儿童自己是无法滋生出恰当的教育内容的；孩子的每一个肤浅的行为与兴趣，每一个迷茫的冲动并不都是有意义的。老师则必须适时地加以引导，为他

---

① 参考博伊德（Boyd H.Bode）的批评：《十字路口的教育》（*Education at the Crossroads*，New York，1938），第 73 页及之后内容。在各种批评中，我发现了这部作品和 I.L. 坎德尔（I.L.Kandel）的《不确定性崇拜》（*The Cult of Uncertainty*，纽约，1943 年）最有启发性。

② 古德温·沃森（Goodwin Watson），被引用于 I.L 坎德尔的《不确定性崇拜》，p.79.

们指明方向,甚至培养孩子们不断向前的主动性,但不用强加什么外在的目的。①

杜威的困难来自另一方面:因为一贯秉持教育即成长,除了更多的教育之外没有其他目标的理念,他就无法提出一套规范,让社会通过教师能对孩子的冲动加以引导。他只是明确要求教师要发挥指导作用,并且对孩子们的冲动和需求加以鉴别,但没有提供明确的指导方向。②要培养孩子们不断向前的主动性——但是前往哪个方向呢?这样的一套标准需要预设一个教育目标,对儿童应该知道什么以及将成为怎样的人都必须有一个成人的期待。杜威主张"充分施展儿童的天性以完成它的使命"③,但儿童有一种使命,这就隐含着某种随时间消散的、未被孩子看到的目标或终点。因为这个原因,进步主义教育思想虽然在教学手段方面富有创意与成效,但在教育目的方面却迷惑且毫无建树;它在教学方法上的论述大多都具有极高的价值,但涉及运用这些方法来教什么的时候,它则表现得非常不清晰,往往是不置可否。进步主义教育在调动孩子兴趣上起了一个了不起的好头,但这些兴趣却轻易将学习取而代之。进步主义教育越是对其技术确信无疑,就越对他们的目标含糊其词——这或许也正是美国生活的真实写照吧。

---

① 参看《孩子和课程》(*The Child and the Curriculum*,1902;芝加哥,1956 年)全文,尤其在第 14—18 页和第 30—31 页的重要段落中,他恳请施教者在孩子的兴趣和他所确定的方向之间有某种持续的互动,这样两者就会达到某种动态和谐。另见《民主与教育》,第 61—62 页,以及第 133 页:"在所有的教育中,自然的或天然的能力提供了启动和限制的力量;它们没有提供达成目标和方向的力量。"在 1926 年的某一时刻,杜威背离了他一贯善意的警示,他说,一些进步学校刻意回避指导的做法"真的很愚蠢"。

② "父母或老师把自己的目标作为孩子成长的恰当目标是荒谬的,就像农民树立耕作的理想条件一样。"《民主和教育》,p.125.

③ 《孩子和课程》,p.31.

从教育即成长这一概念来看，杜威本人对课程体系的态度含糊不清是可以理解的。当然，他在职业生涯中写了大量有关课程体系的文章，但是，却很难从他有关教育的主要著述中发现他认为的美国学校体系中优质的课程体系应该是怎样的，或者那些可选课程应该是怎样的。推荐课程的缺失和杜威不应设定教育目标的提议相一致，因为教育的唯一合法目的就是为了具备继续受教育的能力。在他写下《民主与教育》一书的时候，杜威已经坚信"仅为了继承传统，课程体系正变得越来越繁重"，因此需要"不断地检查、批判和修正"。他也担心课程体系"代表的是成人的价值观，而非儿童和青年的，抑或十年前学生的，而非当前学生的价值观。"他在这里似乎又支持了那些认为课程体系应该从根本上根据儿童表达出来的愿望进行设定的观点，如果课程体系不是一年一换，至少应该十年一大换——因此，对课程体系的检查和修正应该是持续性的，而不是间断性的。①

有一点杜威是直言相陈的："只要这个主题能够马上引起兴趣，就没有必要问它是否有益。"他在这个地方非常难得地给读者做了一个非常具体的阐述："若说拉丁语具有某种抽象的学习价值就足以成为教授它的正当理由，这是一种谬误。"当然，我们也很容易赞同这个观点，但杜威继续补充说，拉丁语也不需要通过其在未来的一些明确作用来证明它的价值。"当学生天生喜欢学习拉丁语，这就是它具有价值的天然证据。"②

---

① 这里让我们想起了弗朗西斯·W.帕克之言："凡事不可重复。不要做你以前做过的事。如果孩子以前站立，现在就让他坐下。无论你做什么，要做不同的事情。没有模式，千篇一律就是死亡，变化就是生命。"
② 《民主和教育》，pp.283-284.

这种说法倒也无可挑剔，因为从上下文看杜威只是说他对学生在学习中表现出来的自发兴趣给予高度评价。但这并不意味着只要感兴趣他们就会去学。至少在一本著作中，杜威警告教育者不要试图取消"那些只是单纯地给予短暂的快乐和兴奋的东西"。① 不过，这样我们就无法避免得出这样的结论，假如每一门课程价值就如他所主张的那样都要视当时做出选择的具体情况而定，那么课程长期价值的确定就变得非常困难，而这在课程体系设置中是非常必要的。杜威说："笼统地说，不存在价值尺度或标准这样的东西"，因此，"我们也不能建立学习上的价值等级体系。"②

我们再一次被说服，假如有了这样的价值等级体系，我们在思想上就会有这样的概念，课程所赋予的永久性价值应该平等地适用于所有学生。但是，我们不能从这个提议中轻易得出任何一门课程都跟其他课程是平等的结论——恰如全国教育协会后来指出，"数学和机械、艺术和农业、历史和家政这些课程一律平等"。一个"天生喜欢"学习拉丁语的学生对杜威来说就足以证明这门课的价值。假如将这句话中的"拉丁语"替换成"汽车驾驶"与"美容"课，并且认为，只要每个都符合"能够马上引起兴趣"的要求，它就是合理的，那么，我们就明白这样做是在玩弄杜威的理论。杜威本人大概不会做出这样的替换，但他的哲学思想中并没有明确反对这样做。

杜威哲学对课程体系设置的影响是灾难性的。即使有人意识到，任何人为设置的课程等级秩序都是有条件限制的，但在设置

---

① 《学校与社会》，第136页。这个警告的背景是一个请求，不是为了学术研究，而是为了对杜威所谓的"职业工作"进行持续的研究。杜威对攻击课程的有序组织的异议，见克雷明：前揭，第234—236页。

② 《民主和教育》，pp.280–281.

一个对时间跨度几年的课程体系时，他的心中还是会有这样一个等级体系，因为低年级的一些课程必须是高年级课程选择的前提条件。学习拉丁语或其他类似课程的迫切愿望不会是一个孩子的"天生"冲动。只有在成人世界认定提供这些选择对一些孩子有利，以及在什么样的年龄给他们提供这样的学习机会，当然，也只有在成人社会先前安排好了相关课程、社会的和智识方面的经验，让孩子在是否学习拉丁语之间权衡利弊时，孩子才会变得"天生喜欢"学习拉丁语。简而言之，成人社会里有一部分人必须对课程体系抱有信念并愿意进行相应的设置。① 这样的安排，虽然给了孩子们很大的选择空间，但显然已经超出了杜威所允许的课堂"引导""指挥"范围。

5

杜威对个体的关注主要通过成长这个概念表达出来，而教育为社会民主服务的观念则表达了他对教育社会功能的认识。尽管如我已经介绍过的，成长的概念为很多教育工作者提供了一个反社会的借口，但这并非杜威本人的观点，他认为个人成长与民主社会秩序的利益之间绝不属于不可调和的对立关系，彼此完全可以相辅相成。在他眼中，新式教育绝非无政府主义或极端个人主义。儿童从传统的束缚中解放出来，但依然会接受社会责任，而这些社会责任是由他们这一代人来决定，并且是面向未来的。新式教育也有自身的社会职责，比过去教育的社会责任更加重大和艰巨。它的目标无非就是最充分地体现民主原则。在阐述这个观点的时候，杜威坚定地站

---

① 但相反，见杜威："在教育中，这些外部强加的目标强调为遥远的未来做准备，此种概念使教师和学生的工作变得机械且具有奴性。"同前，参见关于教育目标的整篇文章，第124—129页。

在美国传统的一边，因为那些曾经建立美国公立教育体制的伟大教育改革家们一直关注的也是民主的潜在价值；他也完全跟他所处的时代保持步调一致，因为美国民主的复兴与传播是进步主义运动最主要的愿望之一。

杜威相信传统教育建立的基础是前民主社会的知识体系和道德伦理，只要它们还在民主社会起作用，就会阻碍民主理念的实现。由于从古希腊时代开始，社会就被划分为负责学习的有闲贵族阶级，以及从事劳动和接触实用知识的奴隶或劳工阶级，这也就促使了知识与行动的最终分离。①

在一个民主社会，几乎每一个人都有其作用，大家拥有共同的利益和目标，因此这种分裂就有望得到弥补，并且大家对知识达成一个共同的理解，对社会活动中所涉及的知识都完全公平对待。一个既民主又进步的社会"必须有一种教育，让个体对社会关系和社会控制产生兴趣，养成种种思维习惯，从而防止社会变革引发动乱"。②

杜威在任何时候都不会陷入这样的误区中，将社会变化的全部重担都放在了教育肩上。他在《民主与教育》中谈到，直接的指导和劝告本身并不能带来思想和个性上的改变，这样的改变还需要在"经济和政治条件"上发生某种变化，杜威对此并未明确地进行界定。但是，教育能做出至关重要的贡献："我们可以在学校里培养学生对我们想要实现的社会产生向往，并塑造他们的心智，为今后能在成人社会中变得更加坚定、更加宽广做好准备。"③这段话主要表达的是杜威对民主社会的学校提出的要求，同时也反映出他教育

---

① 杜威对这一主题的阐发，见《哲学的重建》（*Reconstruction in Philosophy*，New York，1920）。

② 《民主和教育》，p.115.

③ 同前，p.370.

哲学中的一个核心问题：他不得不假定在儿童的兴趣需求和"我们想要实现的社会"之间存在一个预设的和谐统一，否则在教育即成长与按照成人来"塑造心智"这两个观念之间必须牺牲一个，而一个好社会的图景是外在强加给儿童的。

杜威对教育服务民主的方式在概念上与之前教育改革人士所确定的不同。他们认为公立学校体系不但可以扩大普通大众的机遇，同时，还能赋予整个国民一个大众民主政府所必需的思想道德素养。他们认为成人社会要制定教育目标，并设计与此相适应的课程体系，从这点来看，他们是传统的。但这点是杜威不能接受的，他想要在民主和教育的关系之间探索另外一种更潜移默化、更"自然"的方式。《民主与教育》就是他这一想法的成果之一，该书中所有对有闲阶层和工人阶级的讨论并没有涉及美国社会特殊的阶级结构，也没有讨论这个阶级结构与教育机会之间的关系，以及打破阶级隔阂、拓展就业机会以增加社会流动性的手段。简而言之，他对民主与教育问题的看法若非从广义的角度去理解，则既不是经济学角度，也非社会学的角度，甚至连政治学的也不是；它主要是从心理学或社会心理学的角度去看。在杜威的理论中，民主教育的目的应该是为儿童的社会化服务，要教会儿童合作而非竞争，让他们具有服务社会的精神。

杜威从强烈反对建立在阶级分化基础上的教育系统入手，正是因为有闲阶层、知识分子阶层和奴隶或工人阶级的并存导致了知识与实用之间一种病态的分裂。知识和效用、思想和行动之间的对立只有在一个民主的教育体系下才能得到消除，在这样的体系下，不同背景的儿童学习生活在一起，学校里不应去复制社会上存在的阶级差别。他呼吁，民主"不只是一种政体形式，它主要还是一种联合生活的方式，大家互助合作，分享经验。"① 民主教育者的问题在于想要把学校变成一个特殊的环境、一个微型的社区、一个雏形社会，尽量消除更大的社会环境中存在的不良特质。"一个带有启蒙色彩的社会不只是想要传播它已有的成就，它还想要创造一个更加美好的未来。"②

那么民主学校的特征是什么呢？当然，老师不再是严苛的权威，通过呆板枯燥的方法将外在的目标强加到孩子身上，他会呵护儿童的自发性和自然动机，会抓住那些能有发展前途的自发性和天性，必要的时候给予适当的引导。学生自身则在制定教育目标及实施计划过程中发挥积极主动的作用。学习不再是个体的、被动的，而是集体的、主动的；在学习过程中，学生将学会分享思想和经验，学会彼此尊重和体谅，并获得合作的能力。显然，这些习惯终有一天会改变社会。正如杜威在一段没那么著名的话中所说："在对年轻人的活动加以指导时，社会在决定青年未来的同时就在决定自身的未来。"③

民主目标对教育的内容和方法产生极其深远的影响。当学习是有闲阶层的活动这一观念遭到摒弃后，它所匹配的教育方式也遭到了质疑，因为既不适合民主社会，也不适合工业社会，更不适合科学时代。现代知识传播的阶级差异已经淡化了很多，但智识性的话题还是随处可见。"纯粹的智性生活，即从事学习和做学问的生活的价值已经发生了巨大转变。大学教师和学者不再是一种令人肃然

---

① 《民主和教育》，p.101. 的确，民主的标准适用于其他社会机构以及政府机构，但如果鼓励男人把民主制度看作家庭和学校这类机构的普遍和唯一令人满意的标准，那么失去的东西太多了。我认为杜威对美国教育造成了很大的伤害，因为他提供了一种权威的制裁，对于"民主生活"的单调而令人窒息的修辞，让美国教育家扼杀了对教育手段和目的的讨论。

② 同上，第22—24页；参见《学校与社会》，第18页。

③ 《民主和教育》，p.49.

起敬的头衔了，有时候甚至会作为责难之词。"但我们依然在努力摆脱"中世纪教育观念"的束缚——这一教育观念"大部分只是对天性中的智识方面，学习的渴望、积累的智识和掌控的学习符号这些事情感兴趣，对我们创造性的、生产性的欲望和冲动则没有兴趣，不管它是实用形式还是艺术形式。"

事实上，智识型教育只是对少数群体有重要意义："显而易见，大部分人对智识的天然兴趣都不占支配地位，他们对追求实用性有更多的兴趣和意向。"正因为此，很多年轻人一学会了基本的读写和算术，就离开学校。另一方面，"假如我们在设定教育目的和目标的时候不那么狭隘专断，假如我们在教育过程中引入一些能够引起学生们天然兴趣的活动，我们就会发现学校对其成员的影响，变得更加关键，更为持久，文化上更具有包容性。"杜威提到，教育已经在朝这个方向改变，当这种趋势在"我们的学校体系完全、彻底地"出现时，我们的未来将充满希望。"当学校将每一位学生都引导培养成这么一个小团体中的一分子，让他受到服务精神的熏陶，教他进行有效的自我指导时，那么建立一个团结、友爱、和睦的社会大家庭就有更加深厚和稳固的保障。"①

在努力实现社会理想的过程中，杜威及其追随者们面临对成人权威的畏惧与对社会变革的渴望之间的对立。我已经指出，杜威一直认可成人在课堂上的引导作用，他反对的是由成人来决定教育目的，因为教育即成长观念中有一条就是没有教育目的。但是，社会改革派在教育界中的力量越强，社会改革派思想中的成人目的性就

---

① 《学校与社会》，第24—29页.《民主和教育》，pp.9-10，46-47，82-83，88-89，97-98，226，286-290，293-305. 一位对"民主生活的技能培养"感兴趣的当代教育家说："学校的民主生活应当与外界动态关联，从而让学生理解生活的意义，并把它延伸到所有与他们有关的情况。"Alberty:《重组中学课程》，p.50.

表现得越明显,要实现这个目的,就不能指望儿童自觉自愿地进行合作。

这种情况在应对大萧条时变得更加明显。到1938年,当杜威写《经验与教育》时,他感到必须比以前更加尖锐地提出警告,当老师都不敢在教室里给学生提出建议的时候,新式教育的改革已经过头了。他听到过这样一种情况,老师把教材和教具扔给学生,完全让他们自己去学习,因为老师觉得给学生一些暗示都是不对的。"那么,为什么还要给他们教材呢,这不也是某种暗示或别的指导吗?"老师还是要发挥作用的,只是他担当的是团队活动中的领导者,只就团队利益有关的事项提出一些指导,而不是要"展现个人的权威"。

成人权威依然阴魂不散——有人担心"年轻人会做出替老师表达意图而不是自己真实想法的行为"。杜威重申,新式教育最难得的事情就是"让学习者参与教育目的的形成,在学习过程中用这一目标来指导学生的活动"。不过,他还说过,"教育目的的形成是……一个相当复杂的智识活动",而讲清楚如何让小小年纪的人完成这样的任务是非常困难的,[①]杜威自己也没有讲明这点。他非常难过地意识到进步主义的学校在课程体系设置上面临巨大的困难,[②]只是我们不确定他是否意识到了这个困难跟期待年轻人参与这个复杂的智识决策具有一定的相关性。

杜威对成人权威的担忧源于他渴望避免我们目前还非常难以避免的情况,即教导孩子墨守成规。若要说一个杜威不想要的东西,那就是培养顺从听话的个性。不过,他认为服从的危险只会在成人

[①] 《经验与教育》(*Experience and Education*),第84—85页;参见第4,59,64,66,77,80页。

[②] 同上,第95—96页。

社会或者老师身上才能看到。当谈到传统教育时，杜威写道：①

> 由于顺从是教育的目标，年轻人身上独特的个性和气质被放在次要位置，或者被看作错误行径或混乱之源。顺从就相当于统一。于是，又可以推导出缺乏好奇心、厌恶进步、担心不确定性和害怕未知的东西。

杜威认为成人权威是对儿童的威胁，他满脑子都装满了这样的担心，以至于很难意识到儿童本身也会成为一个威胁。把儿童扔进一个更加混乱的同龄人文化氛围之中，我们很难相信杜威真的想把儿童从成人世界中解放出来。然而，在杜威所提倡的教室里只有很小的空间留给那些喜欢沉思、爱好读书的孩子，对他们来说，把上学视为一种社交活动并不是一个完全令人满意的过程。杜威言辞凿凿地写道："在社会情境中，年轻人必须参照别人的行为来调整自己的行为方式。"② 恰是这种行为方式让社会成员能达成共识。杜威对此的看法是，那些远离或不参与社交活动，总是特立独行的孩子难道不让人觉得奇怪吗？杜威写道：③

> 依赖性是一种力量而不是弱点，它包含了相互依存。个人

---

① 《民主和教育》，第60页。杜威对传统教育的看法，有时似乎就像对进步主义更辛辣的讽刺一样，几乎是一幅漫画。尽管传统教育经常是僵化和缺乏想象力的，但我怀疑杜威只是简单地把它描述为"专制的"和"严厉的"，就像使用"紧箍衣和镣铐的程序"，而不是完全培养个性，它只提供了"容易消化的物质important节食"，并提供了一种制度，在这种制度下，个人在获取信息时，"失去了自己的灵魂：失去了对事物价值的欣赏，失去了这些事物（信息）相对的价值。"《经验与教育》，第2—5，11，24，46，50，70页。
② 《民主和教育》，第47页。
③ 《民主和教育》，第52页。

独立性的增强总会存在弱化个体社会交往能力的危险。在让自己变得自我依赖时，就会变得更加自给自足；这也会导致情感麻木冷漠，对他人漠不关心，并产生一种能够独自生存的错觉——这是一种莫名的精神错乱，人类社会的很多无谓的苦难都是因它而起。

在19世纪的美国，这段话总的来说还是可以理解的。在杜威成长时期正盛行的经济个人主义造就了一些个性独立的人，虽然还没到"精神错乱"的程度，但至少具有反社会的色彩。旧式教育的课堂给了老师们偶尔施展权威的机会。在1916年，人们很难预测在儿童中会出现大卫·莱斯曼（David Riesman）在《孤独的人群》中所描绘的同伴顺从现象，以及在课堂或规范儿童生活时的成人权威的下降。今天，当我们对孩子的顺从性感到忧心忡忡时，比起他们对父母和老师表现出来的顺从，我们更担心的是他们对同龄人的命令以及大众媒体的顺从。我们也意识到，成人的权威过于弱势给孩子所增添的困难与成人专制引起的问题不相上下。

杜威在酝酿他的教育理论时并没有考虑到这些问题，不过他的理论本身也可能为一些超出他预期的状况起到了推波助澜的作用。主张以课程为核心的教育人士在学校里鼓励孩子们讨论像"如何受欢迎？"或者"为什么我的父母这么严格？""如何与老派父母相处？""我该追随小伙伴还是满足父母的希望？"[①]这些含蓄地抵制父母干预的问题时，会援引杜威的直接性、效用性和社会性的原则。这些话题表明同伴顺从问题已经在课程内容上体现出来，杜威肯定会觉得这样的做法是不合适的。顺从与权威的问题是非常现实的一

---

① Alberty: 同上，第470, 474页。

个问题,但没有通过旧式课堂的改革加以解决。

或许,杜威有点高估了学习的社会性功能。他和其他同时代的思想家,著名的乔治·H.米德(George H. Mead)都非常热心于建立一种内在的社会心理素质,在这方面他们取得了巨大的成功。然而,在某种意义上,在评价杜威教育思想时似乎过度强调了心智的概念。假如心智活动本质上是社会的,那我们就可以继而宣称,各种多样的学习类型都能满足学习的社会前提条件,不仅局限于在课堂上对社会合作进行实操练习。正如新式教育者所不愿看到的,一个独自坐在一旁阅读有关哥伦布航行书籍的孩子也是在从事一种社会交往活动,跟在学校车间里与其他学生一起制造船模的孩子相比,两种活动虽说不一样,但至少它们的复杂程度是一样的。在杜威的著作中,有一个观点认为一个事物在社会化后会获得其存在的意义,然而这一重要且极具说服力的观点有时却嬗变为一个更不可靠的观点:所有的学习都必须在社会活动中公开分享。[①]

教育过程及其结果之间的关系甚至更加重要,它们似乎过于机械化,尤其是在杜威这样的人看来,他一直希望能够为实现一种辩证地变化着的生活做点什么。要培养顺从的思想就必须树立课堂上的权威,社会化学习方式能够培养出理想的社交型个性,它最初会受到很多人的欢迎,但这种方式包含着一种严谨因果律,这是在现实生活中很难完全加以实践的。举例来说,杜威真的认为传统教育导致了美国所有地方都有非常明显的"缺乏好奇心、厌恶进步、担心不确定性和害怕未知"的精神特征吗?建立在权威基础上的教育培养出的一定是顺从的精神,教育体系的类型及其所培养出来的学生素质是一一对应的关系,这些观点一定是正确的吗?伏尔泰是

---

① 参见《民主和教育》第46页的一段,其中杜威阐述了"社会"一词的含义。

在耶稣会受的教育,在高度权威的清教徒家庭中培养出了一个推动现代民主发展的重要人物,在杜威有关教育过程的思想中,这种情况几乎是不可能发生的。期待教育能够培养出如你所愿的品质,这已经超出了历史经验范围。

最后,教育绝不应该被视为孩子未来生活的一种预备——杜威总是称"遥远的未来"——而应该是生活本身,是生活的虚拟,或是对生活经验的彩排,论证这一观点还面临一些难题。这一观点像要在学校经验与其他经验之间达成统一连贯性,这一初衷是好的。但是,杜威不仅认为教育是生活,他还继续说学校应该给孩子提供一个经过筛选的环境,这个环境应尽量符合公众认为的好标准,并剔除掉不好的东西。然而,学校在这方面做得越成功,那它对代表或体现生活观点的支撑就越弱。当有人承认在学校中呈现给孩子的并非生活的全部,就等于承认学校教育过程受到了由外在目的所决定的选择性的干预,而这就相当于再次接受传统教育理念,教育毕竟不是对生活进行全面地再现或复制,而只是生活的一部分,是为其独特的功能而专门设置的。

假如新式教育真的想在课堂上复制生活本身,他们就必须对生活是什么有一个非常准确的把握。对每一个成年人来说,生活除了需要一定程度的合作之外,还会带来成功与快乐,会充满竞争与失败。但新式教育人士并不认为学校这样专门为孩子们准备的小环境里应该包含这些东西。恰恰相反,他们最强烈的愿望就是要不要让孩子强烈地意识到自己在成人世界中会因自身的局限性而付出太大的代价。这一思想非常接近玛丽埃塔·约翰逊的观点,她是"有机教育"的先驱之一,进步主义教育委员会的创办者,她说道:"不应让儿童知道失败……学校应该满足儿童天然的需求,而不是制造需求。在学校体系中只要有一个孩子失败而另外一个成功,这个体系就是不公正、不民主，不适合教育的。"① 她在阿拉巴马州的费尔霍普建立了一个实验学校，杜威夫妇在《明日学校》中对此大加赞赏，这个学校没有考试、没有分数、没有留级；成功不是根据所学到的课程数量或上升的级别来衡量，而是根据在学习中所付出的努力和收获的快乐。跟传统教育相比，且不说这种教育观念对孩子的影响是好是坏，但要是认为它更接近"生活"则显然是无法让人信服的。

针对这个质疑，新式教育人士自认为满意地进行了回答：新式教育不是要培养孩子去了解或适应过去那种艰苦而又自私自利的个人主义生活，而是去了解并接受当前及未来的生活，我们有理由相信它的社会化程度、合作程度会更高、更人性化——杜威认为这样的生活也能更符合"今天科学民主的社会"。②

不过，这个回答只不过将注意力转移到了设计一个既适应孩子成长的教育体制，同时又要打造一个新社会所面临的困难上来。随着时间的推移，一些新式教育者自己也开始怀疑杜威是否成功地将孩子成长与社会重建这两种教育思想结合在一起。博伊德·H. 博德（Boyd H. Bode）在1938年发现儿童成长的教育思想在当时的状态下"阻碍了（老师）去发现他也需要一种社会哲学的指引"。③ 要相信杜威的结合是成功的就需要相信孩子的天性与民主文化之间存在着预设的和谐统一关系，但并非所有人都这么认为。有些批评者认为，新式教育要不放弃对孩子天性和自发性的强调，

---

① Marietta Johnson:《男人世界中的青年》（*Youth in a World of Men*，纽约，1929），第42,261页；参见约翰和伊芙林·杜威对她所在学校这一特色的赞美，《未来的学校》（*Schools of Tomorrow*，纽约，1915年），p.27.
② 《未来的学校》，p.165.
③ 《十字路口的进步教育》（*Progressive Education at the Crossroads*），p.78.

要不就要放弃为民主服务的目的。毕竟反对这个或那个是孩子的天性使然，但很难将社会重建的兴趣和头脑中充溢着服务社会的精神也归为天性。在大萧条时期，所有持社会改造教育观的人士都十分坦诚地意识到这种精神的缺乏；未来良好的社会就需要教育者承认所有的教育都包含有灌输的手段；教育过程中不可避免地存在着外在的目的。[1] 大家对重建社会教育思想的兴趣并没有持续很长时间，但是它让进步主义教育者们意识到了"外在"，即成人的目标在学校里占支配地位是不可避免的。对那些希望教育能成为如杜威在1897年所说的"社会进步和改革的基本手段"的人来说，像他们所希望的那样，将教育全然交到孩子们手中也是不可能的。

6

杜威在建构教育理论时希望能综合各种教育思想，克服教育思想中长期以来的二元对立和两极分化。儿童与社会、兴趣与纪律、职业与文化、知识与行动之间的对立都能得以解决并最终实现和谐统一——这些对立最初都源自贵族特权阶层的思想，如今在现代民主社会中也理应被超越。这种乐观主义在杜威的教育思想中至关重要：他认为这些教育中的二元对立并非人类本性问题的表现，而是从历史中传承过来的可以消除掉的一种现象。正如他在早年出版的最有影响力的教育书籍中所看到的，这个世界确实正在进步，他认为，科学民主的时代将比过去人类所知的任何东西都更好、更理性、

---

[1] 弗雷德里克·利奇（Frederic Lilge）对杜威理论中的一些政治难题进行的透彻分析《教育理论的政治化》(The Politicizing of Educational Theory)，《伦理学》(Ethics)，第LXVI卷（1956年4月），pp.188–197.

更智性。它很快就会更好地为教育创造条件，并进一步促进民主科学的发展。

杜威教育思想中有着虽隐晦但非常独特的乌托邦色彩——正是这种乌托邦色彩让很多教育理论家喜欢杜威的思想。杜威的乌托邦主义不是指他对教育体系进行的描述，明智如他的人是不会为一个已经结束的世界描述蓝图的，他认为教育就是经验的不断重构，这一论点也不支持他如此做。他的乌托邦主义是一种方法：他相信旧式二元对立并不是现实中必须抵制、消除、管理和控制的特性，而是因过去盛行的一种错误认识世界的方式导致的误解。比起用各种不同的、有限的和注定不能令人满意的方式，简单解决这些对立，我们其实可以做得更好，在一个更高层次上加以整合，我们可以一并克服这些对立。

在这方面，杜威其实是对之前很多美国思想家所支持的一种反历史的观点进行了呼应。从他的话语中，我们可以感觉到他将人类经验的整个历史都看成了需要加以纠正的错误之源。要保证像教育这样现有的组织机构的活力就需要剥离掉历史的残余。他在《民主与教育》中有一段气宇轩昂的话："现在不只是对过去的承袭……而是将历史抛在脑后的生活应有的样子。"因此，对过去文化"产品"的研究并不能帮助我们理解现在。它是过去生活留下的印记，这些文化"产品"只是一堆没有生机的宝藏——而生活本身也是一个尽最大可能超越过去的过程。"有关过去及其遗产的知识只有被带到现在才有重要的作用，否则就毫无价值。"让历史研究成为教育的主要内容则会失去过去和现在之间极为重要的关联，"让过去与现在竞争，现在则或多或少是对过去的无谓模仿"，杜威接着推出了他整个论述中的最高潮的部分："在这样的情形下，文化变成了一种点缀、安慰剂及避难所。"①这样文化就失去了能够改善现状、创造未来的转换功能。

这时，我们必须重新回到孩子身上，因为儿童是未来的关键，他拥有从沉重的历史中解放出来的潜力。不过，在他能够这样做之前，孩子首先要获得自由——在一个恰当的教育体制下可以获得的自由——摆脱世界的压迫，摆脱所有僵死的文化，摆脱社会对学校的禁锢。杜威本人也非常现实地看到并且反复声明，儿童自发性的冲动在这个过程中的指导作用是有限的。但正是这些自发性的冲动令美国教育者们兴致盎然。由于杜威的目标是要将孩子们从历史的束缚中解放出来，并让孩子们能够利用历史文化来重建一种新的文化。美国教育者认为杜威的理论贬低了历史文化，把它看作一种修饰或安慰剂，最终是要推出一个项目能够解放孩子，让他们能不受约束地成长。杜威坚定地把孩子放在教育的中心地位，把教育定义为没有目的的成长。在有关教育目标的讨论中，杜威的理论举足轻重，即使长达四分之一个世纪的澄清都无济于事，也不能抵消对杜威理论的反智化解读。

就像弗洛伊德一样，杜威把社会反复教导青年守纪律、禁欲、养成良好习惯的行为看作一种强加在他们身上的束缚。但是，杜威提出了一个比弗洛伊德更加乐观的假设。弗洛伊德把个体社会化的过程看作对本能需求的削弱，而且可悲的是这是无法避免的。而杜威则认为社会破坏了儿童的"可塑性"，这是他们"改变主流

---

① 《民主和教育》，第 88 页。在这里，我想让读者看看小约翰·赫尔曼·兰德尔（John Herman Randall, Jr.）对杜威关于哲学史的解释所做的构思优美而不失同情的批评，他在其中发问："杜威会不会因为世界还没有通过行动而变得完全崭新，就毫不理会那些使生存更可忍受的想象呢?"《杜威的哲学》（*The Philosophy of John Dewey*，芝加哥，1939 年），第 77—102 页，特别是第 101 页。

传统力量"的源泉。"蛮横的强迫、拐弯抹角的欺骗和教学上的严苛令年轻人的活力泯灭，失去对新鲜事物的好奇心"，这样的教育已经变成了"利用无助青年的一门艺术"①，社会自我提升能力中最好的东西也受到了该艺术的抑制。对杜威来说，这个对孩子来说是痛苦之源的世界还是可以通过教育过程得到修复的。而在弗洛伊德看来，世界与儿童彼此是一种对立关系，虽然不是一成不变的，甚至在一定程度上某些细节是可以调和的，但本质上是不可克服的。②

进步主义教育十多年的实验证实了弗洛伊德的观点。旧式教育的一些缺陷已经得到了弥补，有些算是非常成功，但还有一些问题因新的弥补措施反而被强化了。年轻人不再顺从专断的成人，但对同龄人的顺从现在似乎成了一个更加严重的问题。老师独断的权威减少了，但是出现一种不易察觉的操控，这需要老师的自我欺骗，常常还会引起学生的不满情绪。对学业失败的担心依然在，但用来消除这种心理的措施因为缺乏标准、成就感以及不被认可而引起了更多的困惑。

在他最后一份重要的教育申明中，杜威观察到："原有的教育机构的愿望就是吸收新式教育，并将它改造成与己一致。"在对进步主义教育所带来的某些改善表示满意的时候，杜威还颇为遗憾地

---

① 《人性与行为》(Human Nature and Conduct, 1922；现代文库版,纽约,1929年), p.64.
② 像杜威一样，弗洛伊德思想对教育的影响有好有坏。在许多方面，弗洛伊德关于教育意义的观点甚至比杜威的观点更加错误。在20世纪20年代，弗洛伊德的心理学经常被进步的教育家当作支持本能解放的指导哲学。它还导致了教育心理学，这心理学常常将注意力从基本的教学任务上转移开，试图将教育过程作为一种业余的心理治疗的替代品。把学生的心理需求作为教育过程的一部分的合理考虑和用心理关注甚至心理操纵取代教育学的倾向之间很难划清界限。我看过的关于弗洛伊德和杜威对本能和冲动与社会关系的最简短讨论，是在菲利普·里夫(Philip Rieff)的《弗洛伊德:道德家的心灵》(Freud: The Mind of the Moralist, 纽约, 1959年) 的第二章。

提到，他用来帮助发展的思想和原则也屈服于这种制度化的过程。"在师范学院和其他地方，思想和原则转换成了一种固定的课程式的东西，成了已经定好的规则，等着像某种标准化流程一样被教授和背诵……"这又是那套死记硬背和标准化的东西！杜威说，用"错误的手段和正确的原则"来培训老师并没有什么好处。杜威拥有一种吃苦耐劳的勇气，这很容易招来大家的羡慕，他再一次也是最后一次提醒进步主义教育者，正是这种正确的训练方法，形成了老师的性格，而不是他们所教的课程和规则。只有采取正确的方法，一个民主社会才会被创造出来；如果遵守"威权原则"，教育则只适合去"扭曲以及毁坏民主社会的基础"。[1] 因此，这种要求用制度化的方法去规范反制度方法的呼声会一直持续下去。

---

[1] 为 Elsie R. Clapp:《教育资源的使用》(*The Use of Resources in Education*, New York, 1952) 所撰《导论》，第 x-xi 页。

第六部分
结　语

第十五章　知识分子：疏离与同化

1

不同形式的反智主义不断渗入到美国生活的各个方面，与此同时，智识在社会中也有了新的更积极的意义。知识分子也得到了更多的认可并在一些方面拥有更令其满意的社会地位。不过，这种新的认可尴尬地落在了他们肩上，他们已经习惯了被拒绝，并且多年来形成了一种顽固的思维定式，认为社会的敌意不会改变，很多知识分子认为唯一适合又不失尊严的方法就是和社会保持一定的疏离。令他们害怕的并不是拒绝和敌意，因为这些他们已经知道如何去面对，并且逐渐把这种态度看作是自己的一种宿命，他们真正害怕的是失去这种疏离感。那些最具才华的年轻知识分子中有很多都被这种恐惧所困扰，他们最害怕的是当越来越得到认可和重用、越来越融入这个社会时，就会失去创造力，而停止对社会的批判，也就失去了自己的真正价值。这就是知识分子处境的根本矛盾——他们痛恨反智主义，把它视为我们社会中的一个毒瘤，可一旦被社会所认可，他们又会烦恼不已，态度上存在复杂的分歧。当今知识分子群体内最大的争议恐怕是对于过去的疏离和今天的接纳在意义上的不同理解。让我们先了解一下近几年来对这个问题的看法，再看看知识分子群体在历史上的地位，从而发现这中间缺了什么。

对于 20 世纪 50 年代所有流行的反智主义浪潮，知识分子，尤其是中生代及老一代的知识分子都没有像 20 世纪 20 年代所做的那样抨击美国价值观。相反，在遭到最猛烈的攻击，被指责为缺乏忠诚之心时，他们却很有讽刺性地"重新拥抱"了这个国家。就连麦卡锡主义都阻挡不了他们这样做：他们害怕这位参议员及其拥护他的暴民会摧毁美国一直以来都被视为理所当然的价值观，而正是这种恐惧让大家看到了他们对美国过去一些价值观的珍视。某些对抗麦卡锡主义的、老派的保守主义参议员就被奉为具备美国诚实正直品质的楷模。

1952 年，相当于美国知识分子群体机关报的《党派评论》（*Partisan Review*）对知识分子的新立场给予了半官方的认可，他们连续刊登了几篇文章，组织了一个以"我们的国家与我们的文化"[①]为题的研讨会。"美国知识分子，"他们解释道，"正以一种新的方式来看待美国及其制度……很多作家与知识分子都觉得与他们的国家与文化更加亲近了……无论好坏，大多数作家不再认为保持疏离是艺术家们在美国的一种宿命。相反，他们还非常想成为美国生活的一部分。"

针对编辑提出的有关知识分子与美国关系的问题，25 位研讨会参加者的回答表明绝大部分人不仅知道知识分子与社会的关系正在和解，而且大部分人对此都表示认同。假如我们不去看其中包含的限定条件以及紧随其后的不能过度自满的警告，我们就会过度夸大或者扭曲知识分子的认可了，或许还会附加上本没有的骄傲自大。不过，综合他们的观点可以看出，曾经与社会格格不入的知识分子阶层已经改变了他们的态度。大部分受访者都同意，"仅仅

---

① 重刊为《美国与知识分子》（*America and the Intellectuals*，纽约，1953 年）。

加剧与社会的疏离"似乎已经不再是一个有效的自我保护手段。他们中有些人认为疏离是一种历史现象,这种观点强调疏离往往是一种充满矛盾和冲突的内心感受,历史上那些伟大的作家和思想家抨击美国社会的同时,又夹杂着对美国一些价值观的肯定以及深深的认同——有些伟大的作品往往就是因这种爱恨交织的情感而造就的。

没有人怀疑批评性和不妥协性乃是知识分子必备的品质,也没有人认为他们应该放弃这种品质并成为所处社会的代言人或辩护者。不过,美国知识分子已经不再把美国视为一片他们必须逃离的文化沙漠,或者像一位作家所说的那样,在欧洲面前美国表现得像个"青涩的少年"。比起二三十年前,知识分子在美国感到更加自在,逐渐接受了美国的现实。有人写道:"我们目睹着美国知识分子正在资产阶级化。"改变的不只是知识分子,这个国家也正变得更好。美国文化日渐成熟,不再仰仗欧洲。权贵阶层也学会接受,甚至遵从知识分子以及艺术家们的意见。于是,美国成为一个适合从事智识及艺术活动的地方,从事这些活动也能获得丰厚的回报。有一位觉得研讨会带有自满色彩的参会者也承认:"要是现在还认为美国是文化沙漠,就显得很愚蠢了。"

2

在25位参会者中只有三位——欧文·豪、诺曼·梅勒、C. 赖特·米尔斯彻底反对编辑所提问题中的那种妥协腔调,而还有一位参会者——德尔莫·施瓦茨认为,反抗"知识分子中盛行的从众意愿"乃是当务之急。在这些反对者们看来,这场重新拥抱美国的浪潮是向保守主义和爱国主义势力妥协,向舒适与骄矜低头。尤其是"我们的祖国""我们的文化"这些用词令他们愤懑——C. 赖特·

米尔斯说道:"这是退缩和安于现状,一种软弱和焦虑下的妥协",以及"想为这种智识行为正名的一种无力的探索"。老一代知识分子对30年代甚至20年代的文化论战依然记忆犹新,他们认为这个浪潮不过是想要放弃一厢情愿地疏离社会的立场,却真的成为之前曾被社会所误解的样子,而这种想法对于青年一代来说是难以理解的,是一种思想上的不足。

两年后,四位反对者之一的布兰戴斯大学教授、评论家欧文·豪对《党派评论》研讨会中的主要观点发起了更加猛烈的抨击。他在一篇名为《顺从时代》①的文章中声称,这场研讨会已经令人不安地成为"知识分子向文化妥协到何种程度"的重要迹象。他说,资本主义"在其最近的阶段已经为知识分子找到一个荣誉的位置",知识分子不再抵制合作,而是享受回到"祖国的怀抱","我们多多少少都属于妥协派",哪怕是那些依然持有批判立场的人也已经变得"担当、温和,而且驯良"。大众文化产业、发展中的大学体系给知识分子提供了更多的职位,这有助于让他们理解这种固化的战争经济状态。"美国知识分子的自由正受到严重的破坏,而令人悲哀的是,知识分子总体上缺乏一种捍卫他们赖以生存条件的战斗精神。"

豪用来对抗这种同化现象的理想是旧式的波希米亚社区。福楼拜曾说过,波希米亚是"我血脉的故乡",而豪相信它也是美国文化创造力的源泉。他指出,"美国智识生活最活跃的时期,也是波希米亚风兴起之际",尽管这一观点不容易论证,但他还是补充道:"康科德就是波希米亚式的,同时兼备稳重性、颠覆性与超越性。"波希米亚风格曾经是一种将艺术家和作家们团结在一起反抗世界、

---

① 《党派评论》(*Partisan Review*),第XXI卷(1954年1—2月),第7—33页。

为世界而战的策略，而今这一角色已经不复存在。"波希米亚风作为我们智识生活的标配逐渐消失了，留下的似乎只有刻意和虚假。"很多知识分子身上都能看到的孤独感都跟波希米亚风的消散密不可分，还有沮丧消沉的隔绝感去除了自由的乐观主义理想的价值。年轻的作家们曾经共同面对这个世界，而如今他们则"在乡间小屋和大学城中沉沦"。

豪说，这并不是斥责有人出卖灵魂或号召知识分子克制物质欲望。重要的是，这种一连串的妥协正在慢慢消磨知识分子的意志，破坏他们简单的立场和独立的能力，"最值得我们警惕的是，整个知识分子的身份——投身于那种无法通过商业手段实现价值的人生——已经逐渐失去了吸引力。"在豪的眼中，对抗商业文明有其自身的价值所在。因为假如商业文明和艺术价值之间的冲突不再像我们曾经以为的那样紧迫，他认为，"我们就必须放弃 20 世纪的绝大部分最好的文学作品、评论文章和思辨的观点"。

豪为"先前那些至少能更容易抵制商业文明的优越感的丧失"感到遗憾，尤其令他感到恼怒的是莱昂内尔·特里林（Lionel Trilling）在研讨会中提出，尽管有诸多缺陷，但 20 世纪 50 年代美国的文化状况要比 30 年前有所提升。豪反驳道，"1923 年轻松愉快的文化生活与乏味的 1953 年之间的任何比较，或者他们文学成就上的比较"，都不过是一种一厢情愿的幻想而已。假如财富接受了知识分子，那是因为知识分子被驯服了，不再想要去挑战金钱，而是"毫无尊严地臣服"在金钱面前。知识分子比以前更加软弱，最不可思议的是，新现实主义者"与权力勾结在一起，放弃表达的自由，却没有换取到政治上的重要角色"。就在知识分子"被吸收进社会的建制中时，他们不仅失去了传统的批判性，而且在某种程度上也失去了其作为知识分子的功能"。几乎任何选择都比屈才为他人所用要强,"彻底远离权力名望,或者对文化的所有方面进行盲目的、非理性的斥责都较之更为健康,因为它还允许你肆意自由地进行攻击。"

豪的文章并不只是代表了他个人的想法,而是一份左翼知识分子的宣言书。几年后,一位年轻的历史学家洛伦·巴里兹(Loren Baritz)用类似的观点看待当时的社会秩序,他阐述了这样一个信念:"任何一位接受或认可其所处社会现状的知识分子无异于一个出卖知识的娼妓,是智识传统的背叛者。"他问道,是否"根据定义,一个有思想的人就必须保持一种批判者的姿态呢?那些真诚地相信并认同更大规模社会运动的知识分子是否能够调和他的智识需求和社会需求之间的冲突呢?"[①] 他号召知识分子从社会机构中以及相应的职责和权力中有序地退出,"让知识分子融入社会,是在让他冒极大的危险——允许自己被吞噬……当他去触及权力的时候,权力就会触及它。"正确的应对方法就是要刻意与社会保持一定距离:"当知识分子变得社会化而不是智性化,并为其意识负责的时候,就注定会失去至少部分的自由和弹性,而这是身为知识分子最基本的特性。"假如知识分子退回到象牙塔中去,那也是出于"社会责任的需要、中立态度的需要,以及源自疏远与隔离所获得的自由的需要"。

3

当有人先听闻了《政党论坛》研讨会中的主导基调,再听到豪及其他持不同意见者的声音,那他听到的实为一个对话中的两种声

---

① 洛伦·巴利兹(Loren Baritz):《权力的仆人》(*The Servants of Power*, Middletown, Connecticut, 1960);参见这位作家1961年1月21日发表在《国家》杂志上的文章,以及我本人对该问题的讨论,《关于智识和权力的评论》(*A Note on Intellect and Power*,《美国学者》,第XXX卷,1961年秋季),第588—598页。

音，它们古老而又熟悉。有意识地与社会保持一定的疏离是两个世纪以来西方社会里知识分子生活中的一个主要命题，远非今天美国知识分子所独有。在早年，知识分子的生活和工作跟教会或贵族紧密联系在一起，因而很少能和社会保持疏离。但自18世纪以来，近代社会的发展创造了一套新的物质和社会条件，以及一种新的自觉意识。西方社会到处充斥着早期资本主义对人残酷无情的剥削、物质主义带来的丑陋不堪的现象，深深地刺激着知识分子敏感的神经。贵族赞助智识活动的系统已经停止，思想和艺术交易市场的发展让艺术家和知识分子与中产阶级意识产生了尖锐的、令人不适的冲突。知识分子通过各种方式对新布尔乔亚的物质条件给予反抗——个体对抗社会的浪漫主义、团结合作的波希米亚主义，以及政治上的激进主义。

　　当豪想要在历史上寻找一位伟大的前辈时，他很自然地就会想到福楼拜，这位一直孜孜不倦地揭示法国资产阶级昏庸愚昧的作家。[①] 在英国，马修·阿诺德在《文化与无政府状态》中用不同的方式想要分析文化所处的这种新境遇。在美国，某些超验主义者不断地撰文表达面对现代社会时个人情感的困惑。

　　正如每个国家资产阶级的发展都各有不同，其文化困境的表现也各种各样。美国知识分子与社会保持疏离的历史使得这种疏离的态度对20世纪美国的知识分子来说也成了一种正统的、标准的，而又合乎惯例的、不可撼动的立场。对19世纪的美国社会来说，无论是被认可的成功作家还是那些另类先锋派作家都与社会保持或远或近的距离。我们可以这样说，19世纪中期的美国社会中，即使那些已经归属于美国社会的知识分子们也并非真正意义上的归

---

① 必须指出，福楼拜在自己的角色中看到了一些危险。他曾写道："一个人因为责骂白痴，就冒着自己变成白痴的风险。"

属。因而，到了我们这个时代，那些接受这一历史传统的美国知识分子会对成功或权力感到陌生，甚至排斥。

但事实并非一贯如此。早期，有两种知识分子与社会权力保持关联，清教徒的牧师和美国的国父们。最后，这两种人都失去位高权重的地位，部分原因乃是自身的失败，还有部分原因则非他们所能控制的历史原因。不过，他们分别留下了鲜明的历史遗产。清教徒牧师创建了新英格兰智识主义传统，这一传统也随着新英格兰人大规模地迁徙而向外传播，它是整个19世纪甚至20世纪美国智识生活得以蓬勃发展的主要原因。[①] 清教徒的创立者们虽然犯过一些严重的错误，但他们至少尊重理性且对精神生活有较高的诉求，这些是取得非凡智识成就的必要条件，这种高诉求一旦得到满足，往往会带来勃勃生机。

而本身带有新教思想色彩的美国国父们的精神遗产的影响也同样重要。在这个新兴国家的发展进程中，人民还在努力摆脱殖民地身份并塑造一个新的地位时，知识分子起到了关键性的作用。美国启蒙时期的领军人物建立的丰功伟绩有：为新共和国提供了一个统一且连贯可行的思想体系；确立了共和国的特点及其理念；对历史地位的认知程度以及民族感；一套政治体系及其政治规范。

大约在1820年后，旧式共和秩序被一系列的经济和社会变革迅速摧毁，这一秩序曾滋养了大革命，写进了宪法，并孕育了联邦党人和杰斐逊派。随着美国西进运动的开拓、工业的发展、政治上平等主义呼声升高、南方杰斐逊派的没落，曾经领导并掌控着美

---

① 事实上，人们很少认识到，在这个多元的大国里，智识和文化生活将会多么贫乏，如果没有这三种文化品类的贡献：第一种是主宰19世纪的新英格兰文化；第二和第三种是犹太文化和文化复兴的南方作家创作的作品，他们在20世纪的文化生活中发挥了重要的作用。

国民主化的贵族阶层日渐式微。福音派信徒和俗人信徒已经将职业的神职人员淘汰。现在一种具有新的政治风格的新型民主派领导要把专职商人阶层从政治领导位置上赶下来。很快，一种新型实业家和创业者也会在商业中抢过他们的风头。

现在留下的是一批拥有巨额财富的、过着悠闲生活的、有文化的绅士阶层，但他们的影响力和权力相对小了很多。这个阶层是一些严肃文学作品和文化机构的受众与资助者。这些人阅读那些由"标准"的美国作家所写的书籍，订阅追求旧式文化品位的杂志，资助创办图书馆和博物馆，将自己的孩子送往旧式通识性大学学习古典类课程。他们建立了一套更为温和的对抗社会的传统，他们身上既带有与各地正在滋生的平民民主主义浪潮中最为粗俗的一些特征格格不入的贵族气息，其言谈举止又与那些新兴的资本家和种植园主们散发出来的暴发户气质形成鲜明的反差。美国最具标志性的道德抗议传统便是由这样一小部分执着的、精神高贵的人士所建立的。

不过，要是有人认为他们是依葫芦画瓢地继承了旧式共和秩序以及国父们所构建的传统的话，就会立即发现他们的一个弱点，即他们虽保留有贵族阶层的行为特点和志向，却没有了他们拥有的权威。旧式共和秩序领导人的价值观经由几代贵族阶层的传承，其思想性和影响力都已下降。国父们的文化演变成了一种我称之为中立派的文化——此处的中立派不是针对黄金时代上层阶级的改革运动，这是它比较常见的用法，指的是这个没落贵族阶层在智识上和文化上的一种态度。纵观整个19世纪，这一阶层是独立、开化的美国思想自我表达的主要受众。中立派思想明显受到新英格兰宗教思想的影响——从清教徒那里继承了某种严肃而高尚的品位，却没有了他们的热情，更加直接并迅速地从国父们以及美国启蒙者们那里继承了一系列的智识追求和对公共事务的关注。不过，在这些中立派身上，18世纪共和式的那种智识德行已经快消失殆尽，这主要是因为中立派思想家已经没有机会和场合将这些理念与经验紧密而有机地联系起来。在国父们的思想文化中，实践的检验是必不可少的，它要求思想直接去解决复杂而重大的权力问题。而在中立派文化中，实践经验与权利之间的关系变得越来越遥远。

中立派思想仿效国父们的古典主义，他们渴望秩序，尊重理性，渴望让这个世界变得更加合理，让政治性机构的职能更加具体，他们设想社会是体现政治领导的恰当舞台，他们还暗自想为良好的社会角色做出表率。然而，这个国家正在经历激动人心的巨大变革，他们却未能参与，在商业和政治领域一些关键部门的管理层也被边缘化，并且不再与普通民众站在同一战线上，贵族阶级就这样制造出一种过于精致、干枯、冷漠、势力的文化——当桑塔亚纳想要找一些合适的词汇来描述它的时候，脑海中出现的都是这样的词语。他们的领袖更专注的是智识是否得到了应有的尊重，而不是智识的创造性。G.K 切斯特顿在讲到另外一种关系时用的那句话同样对他们适用：他们更多的表现是拥有智识的骄傲，而不是享受智识所带来的乐趣。

与大部分美国人所不同的是，这些人有一种执着的传统观念，而传统对他们来说并非一种力量的源泉或者某种偶像崇拜的源起。在传统和个人才华不可避免的冲突中，他们坚定地站在了反对个体自信与创造性这一边，因为在他们的哲学中，这样的明确与坚定是盲目自大与自我陶醉的表现。他们批判风格中体现出来的信念尤其适用于这个顽固而又急于维护自身地位的阶级。批判的目的就是为了培养"正确的品位"和"高尚的道德"——品位和道德被小心翼翼地定义为否定一切背叛现行政治和美学观点的行为，不能违背现存的秩序。文学也成为"道德教化"的护卫士,道德上的意义总是由传统社会道德来界定,而不是艺术家和思想家们那些受制于艺术形式的要求或对真理认识而形成的独立的道德观。文学要积极乐观,要面向生活中更美好的一面,而不是要去揭露无情的现实与阴暗面。幻想、晦涩、神秘、个性和反叛都一样属于离经叛道。

因而,美国评论家萨缪尔·吉尔曼在 1923 年的《北美评论》中批评华兹华斯与骚塞的作品"没有体现出应有的智性风格及普通大众的思想"。吉尔曼认为像这样的作家就只能孤芳自赏:"他们的作品不过是个人内心的独白,远离甚至凌驾于现实世界。他们最初的目标似乎只是为了施展一下自己满腹的诗才。"[①] 当然,此时对创造性的反对与 19 世纪欧洲很多最优秀的诗人所遭受的反对并没有显著的差异,所不同的只是环境而已,尽管也有吉尔曼在欧洲的同道中人的批判,但欧洲环境复杂,足以给这些作家们一些空间坚守自己的立场。美国文化环境则要简单得多,更容易被某种单一的世界观支配,这个世界观虽立意良善,但智性的格局有限。

这种人在真正的天才面前所表现出来的不适感可以从托马斯·温特沃斯·希金森与艾米丽·狄金森之间的关系中真切地体现出来:希金森对艾米丽非常欣赏和友善,大多数时候也理解她,但依然无法摆脱她是一位有抱负的女诗人的想法,时不时地称她是"我那住在阿姆赫斯特镇上有点失常的女诗人"。他也忍不住建议她去参加波士顿妇女俱乐部的聚会以消除寂寞。[②]

---

① William Charvat:《美国批判思想的起源》(*The Origins of American Critical Thought*,1810—1835 年,费城,1936 年),第 25 页。就我所知,最能唤起骑墙派文学和知识氛围的,是佩里·米勒的作品《乌鸦与鲸鱼》(*The Raven and The Whale*,纽约,1956 年)的开篇章节。

② 乔治·弗里斯比·惠彻尔(George Frisbie Whicher):《这是一个诗人》(*This Was A Poet*,安娜堡,1960 年),第 119—120 页。

多年来，众所周知的文学评论都是努力让作家们具备一种细腻敏感的气质类型，"与社会保持一定距离又凌驾于社会之上"。清教徒的强烈信仰曾经造就了激进的异见者和律法守护者，而今已经消逝。随之消逝的还有挑战现实的精神和显赫的权力，它们曾有助于建国者思想的塑造与践行。清教徒社群虽然人口规模不大且物质生活条件恶劣，但奠定了一个令人赞叹的智识传统基础，并滋生出一种重要的文学形式，先是在宗教领域，后来又发展至政治领域。处在高压政治环境下的国父们给世界提供了一个政治理性应用的典范，他们那一代人推动文学、科学和艺术向前迈进了一大步。中立文化虽然成长于一个更加富足的社会，但无论在政治作品还是科学成果上都没有显著的成就，最好的也就是一些历史作品或雅致小文，但它对自发的、创造性的东西没有兴趣，这更有利于一些二流人才的发展，而非那些天才级的人物。当还有一个二流作家人选时，它几乎很少把最高的评价留给一流的作家，它对那些最具原创性的本土思想不屑一顾——霍桑、梅尔维尔、爱伦·坡、梭罗与惠特曼——却把最响亮的掌声给了库珀，这是他们认为最卓越的人物，还有洛威尔与惠蒂尔。人们很容易对这些中立派人物产生微词，毕竟他们占据了美国文化生活的主流，却没能欣赏或鼓励美国一流的天才人物，这将在历史上留下不可磨灭的印记。

无论如何，疏离以及缺乏智识是中立文化的特点，它给美国文化所带来的影响在美国评论界早已广为人知，令人唏嘘不已。1915年，范·维克·布鲁克斯（Van Wyck Brooks）抱怨美国文学已经出现了精英化和通俗化两极分化的现象；最近，菲利普·拉夫借用D.H.劳伦斯的话将这种分歧表述为白脸和红脸之间的差别，而以亨利·詹姆斯与沃尔特·惠特曼间的区别最具代表性。在这些批评家心中，美国的文学和思想界已经分为两大阵营：一方追求感性与精致，注重理论与规则；而另一方则追求随性与热情，享受现实的快感，抓住机遇——简而言之，这是思想性和经验性之间的痛苦决裂。这种分裂可以追溯到中立文化的影响，在今天还能从大量美国文学作品的只言片语中找到这种思想的蛛丝马迹。"我未曾活过，我只有过活着的梦想……对于这个世界我所知甚少，只能凭空捏造出我的故事……"当霍桑写下这段话的时候，其实不仅是自怨自艾，而是在为19世纪所有那些拥有教养和思想的美国人抱怨。

所有这些或许有助于我们明白为什么反智会采用19世纪的形式。当主张粗犷、豪迈、力行的人反对智识时，他们的观点是有一定道理的，因为他们针对的是贵族式的、娘娘腔和脱离现实的文化。但他们却将周围所看到的苍白无力的智识表象误解为智识本身。他们未能看到正是自己的行为在某种程度上造成了智识的此种表现，正是他们的批判——还有恶名昭彰的民粹主义和无所顾忌的功利主义——造成了美国智识的发育不良。因此，反智就变成了一种预言的自我实现。部分地受制于自己的原则，智识变成了一种失败的代名词，代表了社会上一个力量和影响力都在下降的群体，被挤压在一个密不透风的世界里。

4

如果我们把关注从大众转移到美国作家身上，就会发现直到19世纪末，美国作家们主要关心的还是一些有关自己身份地位以及写作技巧方面的问题。他们必须找到属于自己的美国之音，把自己从英国文学的区域性限制中解放出来，摆脱对英国文学批评的过分依赖，同时又要避免陷入文学沙文主义错误。他们身上除了极少部分人——库珀就是一个最为突出的例子——都具备一种贵族气，而他们又对周围正蓬勃发展的美国民主的势头、社会力量以及前景表示欣赏，他们不得不在这两者之间调和。他们中最优秀的也不得不接受自己的这种疏离状态，这本身就是一个很有意思的课题。美国给多产的作家提供了与欧洲作家迥然不同的丰厚物质生活条件，面对这些他们必须阐明自己的立场和态度。没有纪念碑，没有历史遗迹，没有伊顿公学，没有牛津，没有赛马会，没有古代往事，没有传奇，甚至没有字面意义上的社会——在霍桑、亨利·詹姆斯及其他人身上笼罩着一种哀伤的情绪，虽然偶尔会有像克雷夫科尔这样的作家能看到美国摆脱了封建主义压迫这样的正面意义，但像爱默生这样的作家则认为将美国社会视为一个文学繁荣之地是需要一定想象力的。①

为读书人（也是为那些在大学里教书的学者，这些大学大多条件恶劣，连个图书馆都没有，只为那些狂躁的青年及其宿舍提供一处弹丸之地）打造一种职业再一次变得十分必要。当时，几乎没有人能通过几部杰作就立刻获得足够的版税，加上作家经济状况普遍不佳，而由于缺乏国际产权保护，英国著名作家的作品被猖獗盗版，不良的出版商低价销售他们的书籍。大概在 1840 年代，朗费罗和惠蒂尔开始吸引大众之前，或许能从作品中赚到钱的人只有欧文与库珀，但版税对他俩都没有太大吸引力。实际上，每个文人都有自

---

① 爱默生在 19 世纪 40 年代写道，美国还没有这样的天才，他能从这个时代的野蛮和物质主义中看到另一场"神的狂欢"，就像任何人都能看到的像欧洲从荷马时代走向加尔文主义的斗争那样。"银行和关税，报纸和党团会议，卫理公会派和一神教派，对无趣的人们来说，都是单调乏味的，但就像特洛伊城和德尔斐神庙一样建立在神奇的基础上，而且很快就会消逝。我们的滚木法、伐木技艺、渔场、黑奴和印第安人、我们的船只和放弃的小舟、愤怒的恶棍和懦弱的好人、北方的贸易、南方的种植、西部的拓荒、俄勒冈州和得克萨斯州，这些都还没有被歌颂。然而，在我们眼中，美国是一首诗；它丰富的地理环境让人眼花缭乱，它不会等太久。"《波士顿全集》(*Complete Works*，波士顿)，第Ⅲ卷，第 37—38 页。

己的收入渠道，不是有继承的财产、妻子的信托基金，就是从事演讲、在大学教书、为杂志或报纸撰稿，抑或像梭罗那样从事多年的体力劳动，版税只能起到一点贴补作用。①

几十年来，美国作家用各种方式表达了他们对这种艰难处境的抗议——转行、移居国外以及公开的评判。但是，他们更倾向于把自己的疏离看作追求其他价值的一种手段，而非一种价值追求。现代思想家们所遭遇的最大困境之一就是认识到人在一定程度上是自我意识的产物，但美国作家整体上并不需面对这样的困境。令他们苦恼的是身处其中的社会，但意识到这点也没有让他们太抓狂。（我们不禁会想到梭伦在说起他房间里堆积的《康科德和梅里麦克河上的一周》时的那种无奈、郁闷的幽默感，这本书他印了1000册，却还有700多本没卖掉，"我图书馆里有近900本藏书，其中有700多册是我自己写的，一个作家能时时看到自己的劳动成果难道不是一件挺好的事情吗？"一个现代作家要是碰到类似的失意，肯定无法克制自己对现代文化大放一番厥词的。）当我们将美国作家的状况和其他更加糟糕的情况——比如来自爱尔兰的乔伊斯——相比，美国的情况似乎要好很多。实际上，这些作家对美国爱恨交加，而后来的评论家们受自身的疏离感所迫也能从这些早期作家的文本中找到相似的情感依据。"我感到自己是这里的一名异客"，梅尔维尔的这句话受到关注也不足为奇；"出于为国家而不是作家着想，我希望美国能够关注美国作家群体中正涌现出来的伟大之处。假如其他国家抢在美国之前为这些文坛巨匠加冕的话，

---

① William Charvat 在对创作者经济状况的有趣研究中观察到："在1850年之前，没有一部以书籍形式出版的具有独创性的文学作品具有任何商业价值；我们的大多数经典著作在经济上都失败了……《文学出版在美国，1790–1850》(*Literary Publishing in America*，1790—1850，费城，1959年)，p.23."

那是多么耻辱啊！"而这句他在其他地方表达美国认同感的话则不为人所知。整体而言，《党派评论》杂志研讨会中理查德·蔡斯（Richard Chase）的说法还是比较中肯，他绝不相信"过去美国的伟大作家会如很多现代评论家所说的那样，与社会保持疏离或被边缘化，连一半的程度都没有"。

大概在1890年后，美国作家和其他知识分子组成了一个较之以往更加紧密的阶层，他们想要摆脱温文尔雅和保守姿态的束缚，开始与美国社会进行抗争。在1890至1930年间，他们主要争取的是表达和批判的自由，他们自身的疏离感成为联结的纽带，成为他们思想和政治斗争中的一部分。在这之前，美国的知识分子主要是以维护旧式价值观为己任，而如今，则与对新生事物——政治、道德、艺术和文学上的新思想——的鼓吹紧密联系在一起，这是历史的现实，公众也已经意识到了这点。美国知识分子曾在19世纪被安全而斯文的理想主义所围绕的地方，迅速地建立起智识群体的权利乃至义务，去染指腐败、剥削、性及暴力等现实性问题。长期以来，无论是在其对手还是支持者眼中，智识都被看作是消极无用的，而现在却一点点地再次获得权力和认可。公众曾经将知识分子阶层与保守阶级以及偏右的政治立场联系起来，而1890年后知识分子的政治立场开始左倾，在大萧条期间甚至有很多人滑向了极左。

这就把我们带到了有关知识分子地位最为尖锐的一个问题上来。正如我希望在前文中清楚阐明的那样，反智主义在美国有其民主体制和平等观念的基础。智识阶级无论是否享受到精英人士的很多特权，在思维方式和功能上注定就属于社会精英。大概在1890年左右，大部分美国知识分子都出身贵族阶层，虽然他们在其他方面存在着一定的局限性，但从未质疑过自己精英的社会地位。但1890年后，情况就不再如此了。身份认同的问题再一次困扰了美国知识分子，因为就在他们的关注和情感比过去更偏离公众之时，却比以往更加努力地去拥护那些自以为代表人民的反对特殊利益的政策——也不管这些政策在人们看来是民粹主义、激进主义还是马克思主义。

20世纪的知识分子发现自己处在一种可悲的境地之中：他们想要成为社会中一个拥有民主信念的良民，同时又在抗拒这个社会不断滋生出来的文化平庸。很少有知识分子能够坦然面对精英阶层的社会角色与民主的精神诉求之间不可调和的冲突。有些作家一边批判阶级隔阂，一边又想要谋求特殊对待，他们是不愿意面对这种冲突最极端的例子。既然知识分子和人民之间的任何联盟都注定是不完美的，那么这个对民主忠心耿耿的知识分子阶层就注定经常会遭遇巨大的失望。在政治氛围充满希望，民主热诚高涨之时——就像在进步时代和新政时期高涨的民主氛围——这些失望还不是非常突出，甚至会被人遗忘，但这种时刻不会持续很长时间。进步时代之后便是20世纪20年代的反动，紧随新政的就是麦卡锡主义。当公众没能满足知识分子在政治和文化上的需求时，知识分子迟早会受到伤害或打击，并会寻求一些方式，既表达了情绪又不会背离他们对民主的忠诚。大众文化现象正好给他们提供了发泄渠道，以表明自己与人民的距离。社会主义的希望破灭，大家也不再期待任何社会变革运动的复苏。而这么多的知识分子却对大众文化如此痴迷的原因之一——暂且不提该问题的深层原因——竟然是他们发现可以借此合情合理地（非政治性）表达自己与民主社会的隔阂。对大众文化最为尖锐的一些批判都明显来自民主社会主义的作家，他们因大众未能达到期待而被压抑的不满情绪能够部分地说明有关大众文化的讨论中掺杂的批评为何如此刺耳且不堪。

或许最能证明20世纪知识分子境遇改变的是1890年后我们

第一次将知识分子看作一个阶层。当知识分子群体开始将自己与有闲阶层区分开来时，整个知识分子与社会之间的问题将重新开启。19世纪早期有许多智识人物，还有一些属于职业知识分子，但当时还没有学校机构大量培养知识分子，使得他们能形成一个在全国范围内都具有凝聚力和共性的群体性社会力量。直到19世纪末，这个国家才有了真正意义上的大学系统及能开展前沿研究的大型图书馆；拥有高发行量的杂志吸收新的思想且能给投稿人支付丰厚报酬；一些实力雄厚的出版社在国际版权法的限制下开始挖掘本土作家的潜力，并摆脱了文雅风格的局限；各种学术领域都有精心组织起来的专业社团；各类学术期刊；正在扩大规模的政府机构需要大量具有专业技能的人才；最后，还有一些雄厚的基金会为科学、学术和文学的发展提供资助。之前不曾有过的一些智识行业在全国各地开始涌现。要想捕捉到这一变化的广度，我们只需想象一下19世纪30年代那些揭发内幕丑闻的杂志、杰克逊时代的《哈佛法律评论》、波尔克时代的古根海姆基金会或者在克利夫兰设立的"W.P.A大剧院计划"。

　　恰在知识分子人数开始增多，更有效率、更多地参与到美国社会及其机构和市场时，他们也越来越意识到自己与社会的格格不入。过去的疏离感是在中立文化的特殊背景下产生的，那些孤独的被忽略的作家或失意落寞的贵族是这种文化产生的源头，亨利·亚当斯的《论教育》是在中立文化末期写的，乃是这个时期最有代表性的宣言。亚当斯青年时期写的这本书在1918年才第一次出现在公众面前，但立即获得了一战后知识分子的认可，他们将该书视为自己的心声，并反映了他们在美国文化中的处境。这本书，也正好给了这一代人一个机会，重新发现长期被遗忘的梅尔维尔的价值。显然，战后知识分子对亚当斯的书能够产生如此巨大的共鸣并不是因为他们同情亚当斯孤独的生活或遭遇的重大挫折，而是因为他把战后的美国控诉为一个野蛮的、物质主义的、没有思想的社会，这正好符合他们对20世纪20年代美国的感觉。尽管中立文化刻意保持的疏离态度总体上和这一代人的疏离感有所不同，但他们还是拥有共同的疏离感和对社会的不适应感，经历了相同的失败和落魄，两者之间也存在共同的精神纽带。"民主派"知识分子并不见得比贵族知识分子更加受人待见，至少对有些人来说，这一点已经非常明显。

具有讽刺意味的是，疏离变成了一战爆发之前青年知识分子之间一种固定的原则。这正好是"小文艺复兴"时期，美国的政治文化和文学似乎再次充满了创造力和活力，似乎是对以往悲观论调的一个回应。这样，知识分子和艺术家们在与自身的民族性进行某种教派式斗争的时候，长期以来存在的疏离感就开始形成某种意识形态。对美国作家们来说，他们所疏离的不是处在总体或现代工业化进程中的现代社会或现代中产阶级，而是它们在美国所呈现出来的具体形式。

范·维克·布鲁克斯在1915年出版的《成年的美国》（America's Coming-of-age）及1918年出版的《文字与领导》（Letters and Leadership）中对美国早期文化的一大段悲叹是最具代表性的。文中充满热诚并颇具说服力的语气虽然令后来的布鲁克斯都感到惭愧，但他揭示了一件可悲的事实："美国这个民族从来没有培养其为生活本身而生活的观念。"他认为，从一开始，美国人的思想就处在清教徒的清规戒律和赤裸裸的个人财富追求的夹缝之中，因而养成了一种不健全的双重性，这种双重性对文学创作，至少是对一流艺术家和思想家们的出现产生了不利的影响。它一方面塑造了一个脱离任何现实世界的抽象的观念世界，另一方面又建立一个冷冰冰的追求财富的金钱世界；而夹在中间的则是知识分子阶层，从青年到中年,他们的创造力生涯飞逝而过,渐至凋谢。美国的生活就这样"处在一种停滞的发展状态","美国思想拒绝从文学作品中汲取任何有价值的营养",而听任大把的才智被浪费、扭曲,或没能兑现。①

我们发现在美国社会的微小缩影中,诗人、画家、哲学家、科学和宗教人士等都受到阻碍,被打压,肉体上忍受饥饿,精神上备受磨砺,甚至连自我发展的第一步都被阻挠。这个社会因缺乏睿智的领导而停滞不前,同时却无可救药地质疑着领导的观念,将社会上那些有助于培养领袖的重要元素都剔除干净。

美国的现实经验中还没有产生智性的传统或有利于智识产生的土壤,因此"我们这个最需要伟大人物和伟大思想的民族却不能发挥出自己所具备的最大潜质,并且(通过放逐)丧失了一个无法估量的伟大成就,尽管它还是成功地实现了自我发展"。过度的、泛滥的个人主义已经阻碍了集体精神生活的形成。立足于掠夺和征服的开拓精神催生了与质疑精神、创造力和想象力水火不容的物质主义,并由清教思想加以强化。清教是开拓者们的哲学思想,它在鄙视人的天性,同时允许人们获得物质财富满足并抑制人们美学上的追求。美国商业在这种开拓精神、清教思想氛围中发展起来,面临着大把的机会,与其他地方相比确实更富有冒险精神和吸引力,但也正因为如此,它也过度地利用并依赖了"美国性格"中的优秀品质。美国曾是一个多元的社会,却没有"自发的本土文化",所以,

---

① 《美国的成年》(*America's Coming of Age*, New York: Anchor ed,, 1958),第 99 页;参看第 91—110 页。

"我们的旧式文人,不管他们之前以什么为楷模,都无法超越这种将艺术视为一种消遣或催眠的部落式艺术观",这也不足为怪。

布鲁克斯对美国文化无情的批判受到他本人对马克·吐温和亨利·詹姆斯作品研究的影响,而这一观点又相继在同时代的作家们之间传播,并成为美国文学批判的主要基调。H.L.门肯的抨击长文以及匙河、温斯堡及泽尼斯的文学作品里都能看到同样的批评,但措辞更加严厉,写作目的不同,也更加为人所知——刻画了众多美国小镇上刻薄、扭曲、饥渴的人物形象,以及一种充满压抑蛮横、狭隘晦涩的文化氛围。① 迅速形成于19世纪90年代的微弱反叛中,并在小文艺复兴期间变得更加清晰明确的美国观念,此时已经发展成为一种固定的信念,甚至在旅居海外的一代人中达到了痴迷的程度。1922年,当哈罗德·斯特恩斯(Harold Stearns)编撰了一辑《美国的文明》时,布鲁克斯和门肯的文章都收录在内,几位作者似乎在竞相证明美国根本就没有文明。他们所代言的这一代人认为"萨科-万泽蒂案"是美式公正的代表,"斯科普斯案"表明了美国人对科学的认识,三K党体现了美国人的包容,禁酒令反映了美式生活的福利,大都会的黑帮表达了美国人对法律的尊重,而股市狂潮则是这个国家精神生活最深刻的体现。

---

① 这是一个多么古老的主题啊!1837年,就连朗费罗也曾说过,波士顿完全是一个"大村庄",在这里,"舆论的专制压倒一切信仰"。四分之三个世纪后,约翰·杰伊·查普曼(John Jay Chapman)写道:"没有面临过的人无法想象美国一个小镇的暴政。我相信,老式的美第奇家族、教皇式或者奥匈帝国的暴政跟它比起来,简直就是小儿科。"塞缪尔·朗费罗(Samuel Longfellow),《亨利·沃兹沃斯·朗费罗的一生》(*Life of Henry Wadsworth Longfellow*,波士顿,1886年),第Ⅰ卷,第267页;雅克·巴赞(Jacques Barzun)主编:《约翰·杰伊·查普曼文选》(*The Selected Writings of John Jay Chapman*,纽约:铁锚板,1959年),p. xi.

5

美国的文化问题并非异类，或许更准确地来说，它是现代社会的一个通病，只是唯有美国表现得尤为病态，这种认识是知识分子疏离风潮背后的潜在依据之一。他们认为似乎其他国家并不存在着对艺术不感兴趣的中产阶级与具有反叛精神的艺术家、失意的作家，抑或避世者之间棘手的冲突。疏离浪潮使得大众对欧洲与美国相互比较的态度发生了反转。在大众心目中，欧洲长期以来代表着压迫、腐败、堕落，而美国则是民主、无瑕、活力的象征。在知识分子看来，这种单纯的看法完全颠倒了事实：文明的欧洲映照下的是粗鄙的美国。自本杰明·韦斯特和华盛顿·欧文以来，艺术家和作家已经开始付诸行动，大部分的创作生涯都没有待在美国，1920年代，一批知识分子群体竟然相继移居巴黎。

但1930年代后，这种欧洲—美国的对照模式被打破。随着时间的推移，大家强烈地认识到这种比较模式越来越缺乏根据，甚至很可能从来就没有真正准确过。欧洲国家已经机械化，并像美国那样培育出了大众社群。有些敏感的欧洲人会把这看作欧洲的美国化或可口可乐化，好像大众社会完全是美国的舶来品或美国文化的入侵；而在托克维尔时期，一些更为明智的阐释者却将美国视为工业化与大众文化的先驱，它不过是给了欧洲一些预示而非改变。

从1930年代开始，美国与欧洲间的文化对立就发生了戏剧性的改变。经济大萧条令很多旅居国外的知识分子回到美国，而他们则发现一个新的美国正在形成。30年代中期，一个全新的道德和社会氛围已然成形。美国人的政治神经突然被激活，从麻木中苏醒过来。新政起初遭到了知识分子的质疑，但最后却赢得了他们中绝大部分的拥护。这个国家似乎对思想有了新的需求，对知识分子产生了新的尊重。劳工运动的兴起并不意味着产生了另外一个利益群体，而是成为一股推动社会变革的力量。无论是表达自己的悲惨境地还是正在强化的反抗旧统治者的自我意识，民众都比之前表现得更加积极。空气中弥漫着不满和审视的氛围，20年代那种漫不经心的讽刺挖苦似乎都已经不合时宜了，他们身上的那种虚无主义和道德泛化无法满足与国内反动派及国外法西斯势力做斗争的需要。现在最需要的乃是一个积极信条以及一个可借鉴的过去。

一旦旧有的情怀烟消云散，一种新的情绪开始形成，社会整体所发生的改变会令人啧啧称奇——诸多有着完全不同风格、动机和出发点的思想家和作家都开始重新整合，并聚集在一个共同的精神目标下。一股文学上的民族主义风潮再次兴起，阿尔弗雷德·卡津（Alfred Kazin）在《美国本土观》(*On Native Grounds*)的最后一章中给予了精辟的评论。知识分子满怀热情地想要重新认识美国，报道、记录和拍摄着这一切。作家们也对美国历史产生了新的兴趣，并有了更大的敬意。比如，20年代出版的传记主要风格就是打压贬低——就像 W.E. 伍德沃德对华盛顿展开的恶意攻击，埃德加·李·马斯特斯给予林肯的无情评价，以及范·维克·布鲁克斯强加给马克·吐温的批评谩骂——而三四十年代的传记风格就变得大度、温和，其中卡尔·桑德堡（Carl Sandburg）为林肯的一生所写的传记就对他做了全面和感性的描绘。

而曾经大张旗鼓地鼓吹疏离的布鲁克斯这时再一次站在了拥抱美国的前沿队伍中。在1936年出版的《新英格兰的盛世》(*The Flowering of New England*)中，他做了一项可列入我们这个时代最具里程碑意义的创举，他编辑了《创造者和发现者》系列，我们追随他精心编辑的内容，可以了解1800年至1915年间美国文学历史上所有一流、二流，甚至是三流的人物。对他来说，除了自己早年的作品之外，美国似乎没有什么是格格不入的了，早年他对美国文化尖酸刻薄的批判也令他后悔不已。他从不停地对一些重要作家吹毛求疵转变为一个努力从一些不出名的作家身上挖掘闪光点的人。他就像一个家族史学家或谱系学家一样，对家族的历史抱着永不满足的兴趣，用不知疲倦的耐心去挖掘家族的所有轶事，他几乎重新建构了美国文学史，很多地方充满了洞见，但昔日的批判态度则难得一见了。

当然，并非只有布鲁克斯如此。就连门肯也不禁会缅怀过往，他幽默诙谐的风格曾与布鲁克斯严肃认真的批判交相辉映。确实，当初他对新政尖酸刻薄的反对使得他身上带着不可磨灭的上一代人的烙印：他的粗俗无礼似乎跟哈定和柯立芝总统时代更般配，在罗斯福总统时代则显得傲慢无礼，他身上幽默的天赋此时也无用武之地。但是，当他最后开始撰写自己那部令人爱不释手的三卷本自传时，这部作品充满了布鲁克斯式的温情脉脉的怀旧情绪，那些对门肯曾经的桀骜不驯有所了解的人都能从中看到一点温良恭俭，过去的环境给他独特的讽刺才能提供了广阔的发挥空间，个人才华得以充分展现。同样，辛克莱·刘易斯在《多兹沃思》中也展现了一种新的风格，在他1938年出版的《浪荡父母》中，这种美国主义情感变得更加公开，甚至充满了自豪感，这是一本沉闷的小说，除了弘扬美国中产阶级价值观，批判青年一代的反抗意识之外，别无其他。最后，他向一个顾虑重重的欧洲读者宣布，他写作《巴比特》一书的初衷不是出于仇恨，而是爱，一些美国批评家对此表示质疑。甚至像约翰·多斯·帕索斯这样更为年轻的作家，他曾在一些激进的小说中最早表达了对美国文明的厌恶，而在《我们的立场》(*The Ground We Stand on*) 中则对美国历史上存在的催生新的政治信仰的有利因素进行了一番探讨。

这种兴起的美国爱国主义浪潮一部分源于知识分子心目中欧洲

旧式文化和道德中心地位的逐渐丧失，两者之间存在的文化地位关系慢慢地颠倒过来。T.S.艾略特、格特鲁德·斯坦因和庞德是最后一批羁旅海外的重要文学人物。大萧条使得知识分子们纷纷回到美国，而欧洲法西斯主义又送来了很多流亡的艺术家和学者，疏离浪潮发生了方向性的改变。美国不再是一个人们要逃离的地方，而成为一个奔赴的圣地。欧洲知识分子也开始考虑前往美国，他们并不是为了活命而逃离，仅仅是因为他们发现美国是一个舒适且充满机会的生活之地。甚至在1933年之前，这一趋势就零零星星地开始出现，很快便成了一股浪潮：赫胥黎、奥登、托马斯·曼、爱因斯坦、勋伯格（Schoenberg）、斯特拉文斯基、米约、辛德米特（Hindemith），以及许多不知名的人物，还有整个艺术史学派、政治学派和社会学派也都移入美国。美国这个曾经的工业巨头，如今成为西方世界的"智识之都"，假如确有这样一个地方存在的话。① 从很多欧洲人的立场来看，成为文化领域的老二并没有太难接受，毕竟美国—欧洲的相互对立已经在大西洋两岸都失去了大部分的文化意义。欧洲和美国之间的对话交流相比将所有西方人和西方社会视为一个整体的观念已经没有那么重要了。

1930年代，欧洲失去了政治上和道德上的权威。法西斯主义在政治上所表现出来的暴虐行径超出了美国人的认知，民主政权对法西斯主义的绥靖政策也暴露出了整个西方政治体制的弊端。美国已经无法从其他国家的政治体制中找到政治上、道德上或者意识形态上的借鉴。甚至在二战结束时，当法西斯死亡集中营的消息传播出来时，美国历史上最不得体的丑陋行径也变得微不足道。同时，欧

---

① 参考查尔斯·斯诺爵士（Sir Charles Snow）最近的判断："有多少英国人明白或者想要明白，在过去的20年里，美国在整个西方世界的科学和学术领域占据了大约80%的比重？"《论宽宏大量》（*On Magnanimity*，哈珀，第CCXXV卷，1962年7月），p.40.

洲的苦难则赋予了美国一种全新的神圣职责。1947年,美国启动了救援欧洲的马歇尔计划,最没有地方观念的作家埃德蒙·威尔逊在从欧洲回到美国后也会说道:"美国目前在政治上是世界上最先进的国家。"① 而美国20世纪的文化则"激发了民主政治的创造性,它在美利坚国创立之时便发挥了重要作用,并且在美国内战中得以发扬光大"。他认为,20世纪"美国的艺术和文学迎来了非凡的振兴"。

6

现在我们已经完整地梳理了《党派评论》研讨会召集时的时代背景以及当时所表达的观点。对主要因1920和1930年代的某些过激事件而产生疏离感的知识分子来说,这种想法已不复存在。但在一些愤世嫉俗的作家中,过去那种对社会的疏离又开始蠢蠢欲动,它强烈地吸引着正在成长的这一代作家,而对那些批判意识最强的人吸引力最大。这些新的社会批判者非常理性地强调,从来没有哪个时代像今天这样需要知识分子的不同意见和自由的批评,正因为如此,他们还发现过去的那种疏离之风在今天依然很有意义。这些作家并不满意当今世界的文化和政治状况——谁又能指责他们呢?——基于这种反感,他们对思想家、艺术家和知识分子的角色确立了自己的概念。不过,我认为这个概念过于简化了历史,并给知识分子行为披上了一件虚假的外衣。

这些作家所要讨论的事情是,将保持疏离看作知识分子不可推卸的道德义务对完成社会启蒙任务是起到促进还是阻碍作用。无论如何,他们争论的焦点表明自20世纪30年代以来,知识分子的不满已经发生了戏剧性的改变。过去,大家没有充分地意识到美国学

---

① 《没有导游书的欧洲》(*Europe Without Baedeker*,纽约,1947年),第408—409页。

者或文人的社会角色和任务的重要性和合理性，因此，他们并没有得到社会应有的认可和激励，甚至连像样的收入都没有。而如今，这些抱怨依然存在。但是，过去20年来的写作领域出现了一些新的特点：人们越来越多地听到，当知识分子拥有了大量的自由和机会以及新的影响力时，便会发生潜移默化的影响，在赢得社会认可的同时，便会失去独立性，甚至失去其作为知识分子的身份。他得到这种成功付出了不可估量的代价。当他在大学或政府机关获得一个职位，或者为大众媒体服务的时候，他变得贪图享受，或许还能拥有不错的发展前景，不过，他必须迎合这些机构的需求。他失去了对一位一流作家来说难能可贵的批判性，以及对一名公正的社会评论家来说必要的否定和对立的立场，以及杰出的科学研究中不可或缺的原创性和独立性。

于是，知识分子命中注定，要么拒财富、成功和名誉于千里之外，要么就背负着没能脱俗的负罪感。比如，他们会为权力对智识的置之不理而烦忧，但当权力开始向知识分子寻求意见的时候，他们却因为害怕被腐蚀而更加担忧。用豪教授的话来说：当资本主义社会排斥智识的时候，那只是表明了自己物质主义的立场；而当它给知识分子一份"体面的职位"时，则是典型的收买行为。知识分子不是被排斥，就是被出卖。

对那些刻意保持冷淡态度的人来说，这些似是而非的批评似乎不近情理，甚至可笑。但事实上，他们却成为知识分子的一个典型的形象，一个处在"悲剧性困境"中的人，在强烈的理想主义诉求与更加紧迫的现实目标之间只能二选一。在历史上，美国社会只有在最为迫切地需要知识分子的服务和进行独立的自我评判时才愿意接纳知识分子，这一点令一些异议作家们倍感不适。我想，他们产生这种不适感无可非议，但若是对隐含其中的悲剧性困境缺乏清醒的认识则是不应该的。

在西方世界的知识分子中，美国的知识分子恐怕是最饱受良心谴责的了，这也许是因为他们总是不断地反省自身的角色。英国和法国的知识分子则能坦然接受自己所做事情的价值以及获得相应报酬的合理性。但今天，过去曾令美国知识分子倍受折磨的负罪感因美国世界地位的变化而变本加厉，美国经典政治话语的漫不经心和伪善也特别让人烦恼。但是，与所有这些当代问题同样重要的是这样一个事实，此即不久之前，疏离的传统成为一个强有力的道德规范。老一代知识分子在努力践行这一规范的过程中会首先遵循它；但如今，因为感觉到被误导，他们发现这一规范不再具有约束力。20多年来，经验上的挫败也使得知识分子得以解脱。从不同的视角来看待自身的道德立场后，知识分子不再简单化地看待这一问题，像任何一个充分地考虑到事物复杂性的人一样，他们也放弃了咄咄逼人的姿态。年轻一代的知识分子，尤其是那些直接或间接受到马克思主义影响的人更无法认同这种疏离态度，他们用天性叛逆的年轻人及伪装成廉洁的左派政党惯用的语调加以谴责。

今天美国年轻的知识分子，在其职业生涯之初就会经常感到伴随成功而来的诱惑与压力，这是美国文化生活呈现出一种新状态的结果，这既让人感到振奋，同时也令人沮丧。在1890年至1914年间成长起来的那一代知识分子满怀热诚的努力抗争早已取得了胜利：艺术和政治某种程度的自由，自然主义与现实主义的一些主张，对于性、暴力和腐败等问题进行自由表达的权利，以及攻击批判权威的权利都已经基本实现。但是，这些胜利却已经变质，我们所处的时代，前卫的事物本身已经被体制所吸纳，不再拥有过去那种坚定而尖锐的社会批判力量。我们已经掌握了吸纳新鲜事物的能力，而这种能力本身已经成为一种传统——"新一代的传统"。过去还是新奇前卫的事物今天已经成为时尚,也将成为未来的"陈词滥调"。美国那些想要从抽象的表现主义中寻找艺术自由的突破口的画家们,几年后发现他们的油画已经能够卖到五位数的价格。"垮掉的一代"在大学校园里受到推崇,在那里他们被看作演艺人士,并且能将深奥复杂的东西用喜剧方式表现出来。在社会评论中,像万斯·帕卡德(Vance Packard)这样的职业预言家成了畅销书作家;而像 C. 赖特·米尔斯这样将美国生活中的方方面面都加以严厉斥责的严肃作家也获得了大家的尊重,其作品也被大家所推崇。大卫·莱斯曼的《孤独的人群》曾经被认为对美国人的个性持悲观态度,却成了社会学历史上阅读量最大的书,威廉·H. 怀特见解精辟的《体制人》则被体制内的人广泛阅读。

其实不难理解为何这些现象会令一些严肃的头脑感到沮丧而不是充满希望。那些不真实的成功比失败还要糟糕。所有的这些包容有赖于数量庞大的开明中产阶级,他们对知识分子的工作更加温和、包容和接纳,但这种态度并没有切入要害。作家们椎心泣血地改变了生活方式,放弃了自我尊严,而读者们却只是说了句"挺有趣的!"甚至有时会说:"讲得太对了!"对于一个竭尽才华与精力想要影响世界并在这个时代的思想意识中留下印记的作家来说,这种消极的不痛不痒的态度只会让他恼羞成怒。他发现严肃的思想被当作某种消遣娱乐,而不是一种思想挑战。他常常会反思是否错在自身:是否因为自己个人的妥协——他确实不同程度地做出了妥协——让自己的批判性失去了锋芒,抑或与他所批判的大众相比,他们之间本质上相距就不大。①

有人或许会期望这种自我探索的真诚只会带来好处,然而不幸的是,它会产生一种绝望的情绪,这种情绪本身也会引起别人的同情,但最后却只是找到一个"位置"或者做出某种姿态而已。格格不入的知识分子似乎常常会感到身为知识分子要经受道德上的审判,而他们道德上的主要职责就是排斥和解构。这样一来,知识分子的优良品质就不是用想象力或精确性来衡量,而是看它对社会是否能进行最大限度的批判。一开始,知识分子的职责并不是去启蒙社会,而是要扛起反对社会的大旗——不过,理论上来说,任何这样的大旗都会被视为一种启蒙思想,无论如何它都会重新建构作家的正直与勇气。

那些宣扬疏离主义的左派人士无疑想为批判政治行为确立某种道德基础,但当社会开始考虑知识分子的境遇时,他们批评的声音更加尖锐。于是,甚至有人认为"盲目的、无理的抗议"也远远胜过道德上的妥协;这种论调抱有一种怀旧的情怀,"早期的确定性令抵抗轻而易举",知识分子们的主要需求就是对社会展开批判和攻击,而"出卖"或"背叛"知识分子的基本职责是他面临的主要危险,在社会与知识分子的职责之间存在着二元对立的冲突,前者代表的是不好的,而后者则是好的。这里的关键是知识分子的疏离并没有被简单地理解为追求真理或者某种艺术诉求的必然结果,而是只有采取这种对抗社会的立场与姿态,才能够带来艺术创造力、社会洞见以及道德上的正义。知识分子的主要职责是追求真理或提供创造

---

① 我并不想说这种趋势是普遍的;许多作家仅仅满足于这种情况带来的好处。正如阿尔弗雷德·卡津所言:"现在有太多的美国人希望完全依附于我们的社会体系,同时也希望从对它的一点世俗(而且完全来自外部)的批评中获得回报。"《当代人》(Contemporaries,纽约,1962 年),p.439.

性的视野，即使这让他们显得与社会格格不入也要坚持贯彻，这个观念并非争论的焦点，按照巴里茨教授的话来说，是他必须将拒斥社会视为其首要责任。他的疏离，并不被认为是保持正直而必须付出的代价，而是作为一个知识分子必须遵循的首要先决条件。疏离成为一个既定的生活现状，并成为一个真正的知识分子必须养成或保持的腔调。

我们只需稍微深入地了解疏离浪潮，就会发现还有一些更为极端的疏离倡导者，虽然左翼作家在核心问题上对他们并不认可，但在将疏离视为主导性原则这点上却十分相似——如诺曼·梅勒所指出的，他们中最好的属于浪漫的无政府主义的倡导者，最坏的就是"垮掉的一代"里的叛逆少年，疏离文学的特点之一就是当它的作家渴望维护和平、促进民主、培养文化、解放个人时，他们政治和文化上的言论却总是令人不得其解的空洞、无趣而呆板，有时甚至缺乏人性。

这些不同政见者所表达的疏离至少在政治上是有意义的，无论他们如何极端过分，他们也算是与其他的智识世界有过对话，并感受到了一种责任。而隐藏在他们背后的"垮掉的一代"如今已经构成了数量可观的群体，自成一派，并成为我们文化问题的一个可怕症状。很难判断垮掉派属于持不同政见者中的左派——按现在的行话来说，他们只是局外人。假如用我曾给知识分子的气质进行定义时所用的术语来说，不同政见者往往被他们的虔诚所累，而"垮掉的一代"则是带着一种戏谑的心态。探讨社会问题时，在商业精神、大众文化、核武器和人权问题等事项上，他们倾向于赞同持不同政见者的意见，不过总的来说，他们已经退出了与资本主义世界的抗争，垮掉派所代表的疏离按他们自己的话来说是脱离关系。他们已经走出了禁锢自己的世界①,在很大程度上放弃了职业责任感——无论是在智识上取得成就或是为社会进行抗争都需要这种职业意识。

"垮掉的一代"按照他们自己的方式拒绝了智识之路,并投身于感性的生活当中——劳伦斯·利普顿在他那本富有启发性的书中用了《神圣的野蛮人》为标题来描述他们,或许对他们太过同情,改变了神圣的概念,而把接受贫困生活,即使没有职业的满足感和稳定收入的满足感也愿意付出的行为贴上神圣的标签。因而,"垮掉的一代"中优秀的著述极少,这也不足为怪了,即使那些最为偏袒他们的评论家也不得不承认这点。他们对美国文化最突出的贡献或许就是那些能逗人一笑的诙谐话语。他们在文学上的实验性探索主要就是形式的解放,但正如达达主义者那样,似乎并没有提供一种新的理解或建构方式,或没有像格特鲁德·斯坦因那样,承诺为散文确立一种新的方向。这场运动似乎无法跳脱出青少年的气息。当杰克·凯鲁亚克建议:"把文学上和语法上的那些限制都拿掉",并提出"除了那些用于表达情感和规劝的话语之外,不要别的约束",这让人觉得,与早期文学表达实验派相比,杰克更接近于进步主义教育改革运动中那些狂热分子对孩子教育采取放任态度的主张。正如诺曼·波德霍雷茨(Norman Podhoretz)曾说过的:"垮掉派主张的原始主义成了美国反智主义的一块遮羞布,令人感到苦涩的是普通美国人对知识分子的憎恨似乎也成了一种正面的优秀品质。"②

从他们疏离的风格来看,"垮掉的一代"跟波希米亚风格是一

---

① 在这一点上,他们有梭罗的先例作为支持。梭罗说,他不愿被视为任何他没有自愿加入的社会的一员。(有趣的是,反制度主题总是在美国人的思想中反复出现。)当然,不同之处在于梭罗的作家职业感。
② 《无知的波希米亚派》(*The Know Nothing Bohemians*), Seymour Krim, ed.: *The Beats* (Greenwich, Conn., 1960), p.119.

脉相承的,但他们的幽默感和自我疏离比旧式的波希米亚派要少得多,而且完全不考虑个性。哈里·T. 莫尔(Harry T. Moore)曾指出,"天才型的个体往往自由散漫,尤其是从事艺术的人,但是群体性的自由散漫则完全是另外一回事。大部分的垮掉派对历史和政治科学都没有足够正式、充分地了解,而无法客观地看待这些问题,不过他们也不想这样做:对他们来说不喜欢也不信任这方寸世界就足够了……"① 他们整体上的疏离倾向和不作为不禁让人想起一位大学生在一篇有关现代文化的论文中令人难以忘怀的一句话:"我们无法拯救这个世界,除非个体能从整体中挣脱出来。"迅速招来大众媒体以及其他文学作品对"垮掉派"进行嘲讽的特点之一就是这独特的一致性——垮掉派已经有了自己的标识,他们创造了一个新的悖论:疏离的一致性。在这个过程中,他们扭曲、夸大了疏离的姿态,以至于其他倡导疏离的人觉得这是一种对疏离的背叛,是不可原谅的。

于是,我们也能理解,一些严苛的倡导疏离的人会认为"垮掉的一代"代表了一种不成熟的无序混乱,他们的行为不仅令愤怒"颓废运动"鼻祖肯尼斯·雷克斯罗斯(Kenneth Rexroth)无法接受,而且也无法博得像诺曼·梅勒这样的批评家的同情,梅勒曾高度评价了"垮掉派"对感性和性欲的追求,但受不了他们的消极被动以及立场不坚定。梅勒几年前在《异议》杂志上刊登的题为《白种的黑人:对嬉皮士的浅思》这一著名的文章中就直言不讳地指出了这种相当顽固的冲突。梅勒对于嬉皮士的评价要高于"垮掉派",他们从黑人身上汲取并形成了类似于面对终极死亡的恐惧意识,"没

---

① 他为 Albert Parry 写的 1960 年版《阁楼与伪装者:波希米亚主义在美国的历史》(*Garrets and Pretenders:A History of Bohemianism in America*,纽约:多佛出版社,1960 年)关于垮掉派的后记,第 30 章。

有一个黑人在街头漫步时不担心暴力随时会降临在他身上。"

直面身边的暴力和死亡此时成了一个重要的美德,我们集体的生存条件就是要去面对这样的两难选择,要么死于核战争,要么"就在一体化的制约下慢慢死亡"。梅勒说道,他钦佩嬉皮士的地方在于他们愿意接受死亡的挑战,"脱离社会,如浮萍般,或者把漫无目的的人生旅程演变成一场反叛自我的征途。简而言之,不管生命是否是罪恶的,其目的就在于不断地在精神上激励自己,在乏味而不完美的经验中不断探索……"嬉皮士有自身的"人格魅力",这种魅力难以言传,因为"嬉皮士对广袤丛林里原始智慧的领悟,它的魅力是现代人类所不能理解的"。嬉皮士之所以重要并不在于他们的数量——梅勒估计嬉皮士的人数不超过 10 万——而在于他们有着精英人士通常具有的冷漠,青少年凭直觉就能领悟到他们的话语,因为嬉皮士们对存在的深刻认识正好与他们的经验以及叛逆精神相契合。

如果由此促成的生活结局被证明是罪恶的,梅勒则清楚地指出——假设两个年轻的流氓击打一个糖果店老板的脑袋——这个行为不可能是一种能够"疗愈"自己精神状况的勇敢行径,但至少"这样的勇气对一位谋杀犯来说是必要的,面对一个虚弱的五十岁老人是如此,面对一种制度也是一样,有人侵占私人财产,有人挑战警察,将自己的生活置于危险的境地。因此,这些暴徒敢于去做未知之事"。① 美国早期的疏离派从未想到过这些。

7

垮掉派、嬉皮士和左翼的代言人对于疏离的适当形式以及表达

---

① 《异见之声》(Voices of Dissent,纽约,1958 年),第 198—200,202,205 页;这篇文章也出现在《自我宣传》(Advertisements for Myself,纽约,1959 年),第 337—358 页。

方式的局限性有着各自的想法，但他们一直相信存在一种值得大家推崇的恰当方式或者姿态，它将解放艺术家的个性和创造力，或者维系社会批评家们的批判力，而不是被腐化。疏离本身存在着某种价值，这一信念有着双重的历史根源，一个是浪漫个人主义，一个就是马克思主义。超过一个半世纪以来，在资本主义世界里富有创造性才华的人在各地的处境让我们充分地意识到个体的独创性与社会的需求之间一直存在着某种紧张关系。此外，西方世界的艺术家和知识分子群体自我意识越强，就会越痛苦地发现，他们的才华在社会上并没有用武之地，尤其是那些杰出的天才人物，他们只是社会不得不接受的存在。我们参照越多关于创造力的杰出案例，就越能证明创造性的思维并不是典型的"优秀"或适应性强、随和温顺，天才往往伴随着一些个人怪癖，社会想要利用这些天分，就必须容忍他们离经叛道的行径——埃德蒙·威尔逊在《伤者和弓》（*The Wound and the Bow*）里探讨帕特洛克罗斯神话对这一问题做了我们这个时代最令人难忘的审视。我们对艺术家们的疏离倾向有了越来越多地了解，这主要是浪漫主义留给我们的遗产。思想家的疏离倾向所具有的社会价值则是马克思主义确立的，在资本主义危机爆发之际，很多知识分子将会脱离资本主义体系，与即将到来的历史运动并肩作战，而不会留在那里，与一个腐朽的秩序为伍。

一旦我们接受疏离的观念是实现某种艺术或政治价值的必然结局，就很容易得出这样的假设，疏离本身是有价值的，这就如很多人会因为天才通常是"乖僻的"，所以我们可以通过培养乖僻的性格来创造出天才一样。当然，没有人会真的去争论，一个青年作家培养出好赌的癖好就有望获得像陀思妥耶夫斯基那样的才华。但只要这样的假设没有明说，就很容易导出这样的信念，知识分子要是没有恰当的个人风格，就算不上是个知识分子。就像"乖僻"会被误以为是成为天才的一个路径,这种与天斗与地斗的立场也被认为是对知识分子批判性工作的一种变形。认真对待疏离的作家并不会维护这样的混淆,但它依然声称自己是他们最为冲动和极端陈述的一种基本假设。

此外,因为美国文化生活的不足,总是让美国作家们去寻找一种想象中的社会秩序,以符合自己对社会模型的期待,为智识生活提供一个理想的环境。19 世纪的美国学术界向往德国的大学,艺术家们羡慕法国或意大利的艺术圈,作家们则钦慕法国"大作家"的地位。① 由于各种原因,尽管它们曾经在美国文化生活创建和改进的过程中扮演过重要的角色,但这些文化形象都已经被玷污。豪教授按照一种非常古老的传统去追求一个理想的社群,作家在与社会进行抗争后能找到一个避风港,或者一个维护自信的支撑点。由于欧洲将不再提供这个理想的模型,知识分子心中只剩下没有国界的波希米亚主义可视为典范,它提供了一把通往自由和创造的钥匙。但是,对于波希米亚依然存在一些反对的声音。没有人会有意去否定波希米亚社会在智识和政治生活中具有很大的价值——但这种价值不是主要为个体在早期发展阶段提供一个理想天堂的吗? 在青年作家和艺术家的人生中有这么一段时间,主要是以经验主义为主导,试图发现自我与个性,追求自由,逃避责任,而波希米亚式的生活就正好能提供这样的自由。但是,全世界的重要文学作品中只有一小部分是由那些按照波希米亚风格生活的作家完成的,有人认为很

---

① 法国以外的知识分子仍然把法国视为知识分子声望和影响力的理想范例,但即使是法国的知识分子也有他们的外国理想。对司汤达来说,意大利曾经是范例。今天,对于雷蒙·阿隆来说,这个范例是英国:"在所有西方国家中,英国可能是一个以最明智的方式对待其知识分子的国家。"《知识分子的鸦片》(*The Opium of the Intellectuals*, 伦敦, 1957 年),第 234 页;参见他对法国知识分子地位的批判,第 220—221 页。

多知识分子成熟和高产的时期都是按照波希米亚方式度过的，这种观点经不住历史的检验，这在美国尤其如此。在这个国家，一流的作家大多是孤僻独处的。豪教授认为马萨诸塞州的康科德镇（和谐镇）是一个超现实主义的波希米亚小镇，这只能当作一句玩笑话，并不符合历史事实。康科德镇是让知识分子逃离波士顿的一个避难所，但它并没有建立起一个跟波希米亚风格有联系的社群，却令人奇怪地形成了小规模的知识分子社群。比如，我们只要想想梭罗和爱默生、霍桑与他邻居之间的关系，或者几乎不跟任何人交往的布朗森·奥尔科特，便会意识到康科德镇的真实状况，因为它所具备的近距离条件并没有构成一个智识群体。

　　豪教授描述了康科德镇的冷清气氛之后赶紧澄清，那里不仅没有波希米亚式的热闹，而且连社交活动也几乎没有。梭罗在他的游记中写道，当他跟爱默生"讨论或者试图讨论"时，陷入了毫无意义的争论之中，"浪费了我的时间——不，几乎也失去了我的尊严"，而爱默生则抱怨梭罗"要是不跟你对着干就没有存在感"。（他是否清楚，除了不去读爱默生的文章，其他都属于梭罗"自然而然"的表现呢？）爱默生在谈到超经验主义时，写道："他们的研究都是独立进行的。"①

从事创作时,创作者往往会有意地保持某种严谨而隔绝的状态,而不是波希米亚式纵情狂欢。我们不应该去贬低知识分子间的团结一致,尤其是当他们处在某种外在的压力或相互间的认可和鼓励之下,也不应该将它跟面对面的轻松愉快的社交往来混淆起来,后者是波希米亚式生活的重要体现。没有什么比努力维持社交活动更让真正有创造力的思想觉得孤独了。与将波希米亚看作"与他人共同面对世界"的一种手段相比,多产的知识分子更多的是努力开发资源,独自面对世界。共同面对这个世界是一种政治策略,而独立面对似乎是他们特有的立场。

对那些关心政治上显著分歧的批评者们来说,波希米亚的历史又一次令人泄气。在第一次世界大战之前美国自身的历史确实也有过光辉灿烂的时刻,艺术领域的实验性探索,勇敢无畏的社会评论,波希米亚式的生活,所有这些似乎都聚集在一起——像马克斯·伊斯曼时代的旧版《群众》杂志就是其代表。但总体上,特立独行的波希米亚风格开始向个性的张扬、私下的反叛倾斜,而丝毫不谋取政治上的实现——至少在这一方面,"垮掉派"是符合波希米亚传

---

① Marcus Cunliffe 在他的《美国文学》一书中很好地估计了当时的情况:"从爱伦·坡的时代开始,孤独和离群索居一直是美国作家的特点。即使是那些热情洋溢的美国人,比如惠特曼,也几乎没有什么职业上的朋友可以来往。在新英格兰,如果我们不考虑波士顿人的圈子,这一点尤其正确……爱默生、梭罗和霍桑曾在同一村庄康科德(Concord)生活过一段时间。他们和其他人物不断地在彼此的日记和信件中出现。但说他们相互认识还不如说他们相互听说过来得准确。每个人都有些袖手旁观,对同伴有些批评,有些嘲笑,而不愿投入其中。"但是,"这些人都是那么孤僻和令人难过的孤独。"爱默生在他的日记中说:"这就是我们认识的所有人!"在同一份资料中,他指出,快乐的作者是那种无视公众舆论,"总是给不认识的朋友写信"的人。在已知的情况下,他说:"我和我的朋友都是遵循自己习性的鱼。要我挽住梭罗的胳膊,我宁愿挽住一棵榆树的胳膊。"霍桑死后,他悲伤地回忆说,他等待得太久了,希望"有朝一日能征服一段友谊"。

统的。一想到行动上要是没有波希米亚派该是多么沉闷乏味，但若是让波希米亚式的生活服务于严肃的创作性或政治性任务，则实在是太高估了波希米亚派的能力。

8

疏离倡导者们不喜欢加入"正规机构"是他们根本上厌恶智识与权力勾结的表现。一名知识分子一旦进入一家正规的机构工作（这会立即将所有美国的大学教授排除在智识生活之外），便开始不再履行智识的职责，这种可怕的想法其实是一个更为真切的问题的衍生品：从事创作性工作的必要条件和创作体制的需求存在着冲突。学者早就意识到，在体制内工作所付出的代价没有脱离体制的生活大。确实，他们并没有什么选择：他们需要图书馆和实验室——甚至还需要学生——而这些只有正规机构才能提供。

这一问题在那些想象力丰富的作家眼里显得更加严重。正规学术生活所提供的种种福利以及提出的种种要求与那些富有创造力的心智是格格不入的，很容易窒息他们的创作性。此外，学院生活的条件还是大大限制了他们的经验范围，一想到我们的文学作品都是出自那些在大学里上"写作创作"的老师之手就浑身不舒服，他们的写作经验也不过是从这些课堂上听来的。假如让一个才华横溢的诗人去担任什么委员会的委员，花时间修改新人的作品，那也是浪费精力——让人不禁想起门肯创造的意象，即陷入土豆汤的蜂鸟。学术机构给作家及艺术家提供了部分或者临时的支持，在很多情况下都是有帮助的，而这样的支持往往防止了大量失落的文化无产阶级的出现。

然而，对于那些受专业技能问题影响的学科内的知识分子来说，大学不过是知识分子与权力之间关系冲突的一个体现,这是一个更大更突出的问题:我们几乎本能地反对知识脱离权力,但按照现代理念,又反对它们的结合。过去的情况并非如此:古代异教世界的伟大知识分子、中世纪大学里的博士们、文艺复兴时期的学者们、启蒙时期的哲学家们都追求知识与权力的结合,并甘于接受其带来的风险,而非盲目乐观或太天真。他们希望通过与权力的结合拓展知识,而权力本身也通过与知识的联结得到规制教化。我之前探讨过,美国创建时期,权力与知识就能够彼此协调地结合在一起:在同一社交圈内,往往还在这些人的思想深处,知识和权力被认为地位相当。但这不是某些现代评论家所想象的那样,因为国父们的素质要高于我们,虽然他们素质的确是高,也不是简单地因为杰斐逊总统会读亚当·斯密的书,而艾森豪威尔总统读的是西部小说。其根本的原因在于 18 世纪的社会还没有专业分化。在富兰克林时代,人们还能在小木屋里做一些科学实验;一些在政治上有天分的业余人士还有可能从种植园转行到法律事务所,再成为一名驻外大使。而如今,知识和权力各有不同的功能。当权力就像现在这样越来越多地求助于知识时,并不是为了具有自由思辨和批判性功能的智识,而是为了满足权力需求的专业技巧。通常,权力普遍缺乏对公正中立原则的尊重,而这是专家职能正确履行的必要条件——有一位州长在一次讨论会中叫来了几个著名的社会学家,请他们针对一个正在讨论的议案做一项民意调查,却又仔细地给他们限定了民意调查所要得出的结论。

假如说典型的政客只是想把知识当作工具,那现代美国的典型知识分子就是专家。之前我曾指出,知识分子作为一股力量在美国的复出,主要是因为他们能提供专业指导的功能。但接下来的问题是,一名专家是否称得上一位真正的知识分子——还是按照 H. 斯图尔特·休斯（H.Stuart Hughes）的话来说，只是一个从事脑力工作的技术员，为雇用他的人效力。对这个问题，就像大学和其他学术机构的情况一样，我认为很难一言概之，而且我几乎可以肯定地说，真正的答案是不会令敏感的现代知识分子们满意的。培养没有知识分子气息的，或者说没有文化熏陶的专家才是美国教育的目标，这才是事情的真相：当这样的人进入政府或商界、大学里工作时，不会突然成为一名知识分子。

不过，确实也有一些具有真正智识修养的人也会为权力服务，这种情况更加复杂。一位善于独立思考的人会只是因为当了印度或南斯拉夫大使、总统的幕僚便突然不再是一名知识分子了吗？无疑，当他开始站在与权力接近的视角来看问题，面对权力不得不做出某些妥协时，有些知识分子的反应就不会发生。但对我来说，这似乎是一个个人选择问题，他们牺牲某种程度的批判性自由，不管是期望能够让权力多听从智识的劝导，还是像浮士德那样为了获得无法在学院条件下轻松得到的对这个世界的了解，这些都不是被迫的道德异化行为。

拒绝与权力有任何关联的知识分子非常清楚——几乎是过于明白——这种脱离权力的状态有助于保持头脑清醒。他可能容易忘记的是，接近权力以及面对它所带来的问题或许会带来其他的启迪和洞见。权力批判者努力通过影响公众的观点来影响世界，而权力合作者则试图直接让权力的实施更符合智识群体的想法。两者的功能并不一定是彼此排斥和对立的。让个人为规避道德风险而做出的选择变成普遍性的规范，这是不可能的。权力批判者所犯的典型智识错误是对权力所带来的限制缺乏了解。他们道德上的失败在于精神上的洁癖，而一个没有什么职责的人想要保持思想的纯洁并不困难。那些向权力建言献策的专家们所犯的典型错误是不愿意运用自己独立思考的能力去对当权者展开批判。他或许会因为被卷入权力观点的形成中而失去客观中立的能力。对美国知识分子来说，被排斥在权力之外已经很长时间了，突然与权力结合就很容易迷失自己，导致智识能力的丧失。

正如我所讲的，为何而为之是个人的选择，但对社会整体来说，重要的是知识分子群体不应该这样不可救药地分裂为两类，一类是只关心权力并默默接受权力制约的技术专家，一类则是与社会保持一定距离的知识分子，他们更在意的是保持自己思想的纯洁无瑕，而不是让自己的思想得以贯彻实施。无疑，我们并不缺技术专家，或许也不缺那些在思想上能够与社会保持距离的批判者，他们都执着地盯着自己的理论，各自阵容庞大，并拥有充分的自由展现自己。可以预见，他们之间的争论将会一直持续下去，知识分子群体也会在这两种思想类型中具备调和权力世界与批判世界间矛盾的能力。假如能够如此，智识社会将会避免分裂为彼此对立且互不沟通的阵营。我们的社会将在很多方面出现问题，但是，若想要一个健康的社会就需要保证构成要素的多元化和彼此之间的自由沟通。假如所有的知识分子效力于权力是一种悲哀，那么所有与权力接触的知识分子都被迫相信他们不再跟智识群体有任何瓜葛，也同样是一种悲哀：因为他们将不可避免地得出这样的结论，即他们只需向权力负责。

9

几年前，马库斯·坎利夫在一篇颇有洞见的历史文章中命名了美国智识上具有突出成就的两类人物：一是仕士（这词是柯勒律治最早提出的），包括与社会保持密切联系，并在一定程度上担任其发言人的作家；二是先锋派，他们离群索居。① 我们智识传统中的原动力以及创作才华中比较优秀的一部分都来自先锋派，但是仕士中也有一些极负盛名的人物。富兰克林、杰斐逊、约翰·亚当斯都是仕士，还有库珀、爱默生（至少在他思想成熟时期），大法官霍姆斯、威廉·詹姆斯、威廉·迪恩·豪威尔斯以及沃尔特·李普曼这些人也都是。先锋派的名单更令人难忘，但有趣的灵魂和卓越的才华是多元的，正是因为这样，才需要有第三类知识分子，来囊括这些动机不同且难以区分的人：比如马克·吐温，他身上既有疏离社会的倾向，又有受人欢迎的一面；亨利·亚当斯也是如此，只是风格不同。不！最能打动我们的难道不正是这些才华的捉摸不定吗！而不是简单地对他们进行分门别类。疏离问题也是如此，心灵的状态和生活的方式更是这样。打动我们的并不是单一的模式，不管是波希米亚还是布尔乔亚，而是它的多样性和广泛性：想想在阿姆赫斯特镇离群索居的艾米莉·狄金森、过着多元而粗犷生活的惠特曼、在保险公司总裁办公室从事写作的华莱士·史蒂文斯、在银行业和出版业中穿梭的 T.S. 艾略特、当医生的威廉·卡洛斯·威廉姆斯。比如，要是有人想要把约翰·杜威与查尔斯·S. 皮尔斯、凡勃伦与威廉·詹姆斯、威廉·迪恩·豪威尔斯与亨利·詹姆斯、奥利弗·温德尔·霍尔姆斯与路易斯·D. 布兰戴斯、马克·吐温与赫尔曼·梅尔维尔、爱默生与爱伦·坡、亨利·亚当斯与 H.C. 李、亨利·米勒与威廉·福克纳、查尔斯·A. 比尔德与弗雷德里克·杰克逊·特纳、伊迪斯·沃顿与海明威、约翰·多斯·帕索斯与 F. 斯科特·菲茨杰拉德这些人放在一起比较，是无法将他们归于某一个模式的。

---

① 《美国知识分子》(*The Intellectuals: The United States*)，《文汇》，第Ⅳ卷，1955年5月，第23—33页。

在任何一个作家或思想家在富有创作才华之前，也是出生于一个特殊的生活背景，形成了某种性格与气质，能改变的空间有限，这是命运赋予他的东西，他必须与之共处。若是明白这点，我们就可以对小奥利弗·温德尔·霍尔姆斯与凡勃伦的生活进行比较——他们生活在同一时代，都具有对智识的热情和广泛的知识面，却又颇具讽刺性地与社会保持一定距离，但除此之外，他们几乎没有一处地方是相同的。他们中任何一个在职业之初就想要重新塑造自己都是徒劳的——谁能想到像霍尔姆斯会抛弃他的贵族出身，而去过波希米亚式的生活，凡勃伦会成为一位循规蹈矩的人并想要去当美国经济学会的会长。霍尔姆斯看待生活的方式自然受到他的家世渊源、社会地位所决定的阶级立场的影响，他最后进入了美国一个"权威机构"工作，而大家都普遍承认他并未因此停止作为一个知识分子的责任，而且为社会做了一些有益的事情。凡勃伦却在北方文化和挪威移民文化的交叉边缘环境中长大，可他自己从来不重视北方文化，也不承认自己属于挪威文化，因此注定要成为一个边缘人，徘徊在美国主流价值之外。作为一个学者，如果他要找一份工作，就不得不在正规的学术机构谋取一份职业，但在他待过的每一所大学里他都成功地让自己成为一个令人如鲠在喉的存在。我想，某些本能的直觉让他与这个世界保持一定的距离，即使世界在向他发出示好的信号。他本人也肯定觉察到了，他独特的才华也部分存在于这种特立独行的个性之中，而这种怪癖的性格也是导致他个人麻烦不断的原因。我们会认为，这种性格也是他作品中敏感脆弱的源头，也正是这种执拗的性格让他保持了一种尖锐的批判立场，让他成为一个社会学领域的快枪手，被认为是当时最富有原创性思想的人之一。

过去，自由民主社会的一个主要优点就是能够包容这些风格多样的智识生活——我们看到有人会因为热情而叛逆、优雅且奢华、质朴而内敛、精明且复杂、耐心且聪慧被人关注，还有一些人会被训练得观察敏锐且有忍耐力。而重要的是要有一颗包容且慷慨的心灵，这是理解优秀心智的多样性所必需的，即使在一个单一且狭隘的教区社会亦是如此。围绕着自由主义文化的瓦解与精致文化的消失的种种固执的警世恒言有些是对的，也有些是错的，不过有一件事情是可以确定的：他们更可能走向自怨自艾和绝望，而不是激发抵抗的意愿或者持有将创造力最大化的决心。当然，在现代情境下，选择的余地正在缩小，未来的文化将由各个思想派别中单一向度的人所掌控，不过只要我们下定决心从历史中吸取教训，相信未来就不会如此。

致 谢

1953年4月27日,我受邀在密歇根大学发表第一次海沃德·肯尼斯顿(Heyward Keniston)演说时就萌生了写作此书的念头,该演讲经扩充后,在同年8月8日发表在《密歇根教友季刊》上,文章题目为《美国的民主与反智主义》,这也让我意识到还有很多有待解决的问题,它们推动着我继续探索下去。把这本书中不同部分的内容都当作不同的演讲稿,这个方法非常有效:先是在剑桥大学给大量的历史社会学专业的大学生所做的演讲,1958—1959学年,我在该校历史系担任教授;1961—1962学年,我分别在俄亥俄州的希拉姆学院、南卡大学和史密斯大学发表了相关话题的演讲;最后一次是在1962—1963学年的秋季,当时我在普林斯顿大学的人文学科委员会做访问学者。对这些院校师友的热情慷慨,我表示真挚的谢意。

本研究中有些特殊方面是在哥伦比亚大学社会科学研究委员会以及美国教育促进基金会中美国历史中教育之职能委员会的赞助下才得以进行的。卡内基基金会也向我提供了资助,让我得以用学术轮休一年的时间来完成这本书,提前完成写作并得到了原本得不到的更多资源。哥伦比亚大学慷慨地给予我自由写作的时间,我在这里读研,并成为历史系的一名教师,已经25年。寥寥数语不足以概括哥伦比亚大学带给我的无数智识上的裨益。

我的妻子 Beatrice Kevitt Hofstadter 给我提出了很多文字和内容方面的宝贵意见。我的同事 Peter Gay 和 Fritz Stern 阅读了整部手稿并提出了许多关键性的建议。在本书的写作过程中,我的助理 Philip Greven, Jr., Carol Gruber, Neil Harris 以及 Ann Lane 帮我搜集了很多原始资料。这期间,还有很多好朋友跟我一起讨论一些基本概念,向我提出建议,引荐我搜集新资料或者帮我校阅部分章节内容。在此我向他们表示感谢,他们是:Daniel Aron、Daniel Bell、Lee Benson、John M. Blum、Carl Bridenbaugh、Paul Carter、Lawrence Cremin、Barbara Cross、Robert D. Cross、Marcus Cunliffe、Stanley Elkins、Julian Franklin、Henry F. Graff、Robert Handy、H.Stuart Hughes、Edward C. Kirkland、William E. Leuchtenburg、Eric McKitrick、Henry May、Ernest Nagel、David Riesman、Henry Robbins、Dorothy R. Ross、Irving Sanes、Wilson Smith、Gerald Stearn、John William Ward、C.Vann Woodward 以及 Irvin Wyllie。我的观点所激发的大量讨论依然处在悬而未决的状态,若是有人推测这些人中有谁赞同我的观点,那显然是荒唐可笑的。

本书所涵盖的调查研究恐怕受到作者所得到的特殊资料的限制。我希望注释能够显示出本书资料的主要来源,无疑它们并不能将当代美国历史的所有相关材料都包括进来。我注意到本书中所引用的主要文献及文章几乎都是在过去 15 到 20 年间写出来的,这本身就构成了一个非凡的智识成就,或许当我们审视美国智识所处的状态时,也应该把这点考虑进去。